福建省职业技能等级统一认定培训教材

电子商务师基础知识

（三、四级）

指导单位：福建省企业经营管理者评价推荐中心

主　　编：邱春龙　郑明明　陈晓健

厦门大学出版社
XIAMEN UNIVERSITY PRESS
国家一级出版社
全国百佳图书出版单位

图书在版编目（CIP）数据

电子商务师基础知识：三、四级／邱春龙等主编
．--厦门：厦门大学出版社，2023.2
ISBN 978-7-5615-8802-4

Ⅰ．①电… Ⅱ．①邱… Ⅲ．①电子商务－技术培训－教材 Ⅳ．①F713.36

中国版本图书馆CIP数据核字(2022)第189695号

出版人 郑文礼
责任编辑 姚五民
美术编辑 李夏凌

出版发行 厦门大学出版社
社　　址 厦门市软件园二期望海路39号
邮政编码 361008
总　　机 0592-2181111 0592-2181406(传真)
营销中心 0592-2184458 0592-2181365
网　　址 http://www.xmupress.com
邮　　箱 xmup@xmupress.com
印　　刷 厦门市明亮彩印有限公司

开本 889 mm×1 194 mm 1/16
印张 28.25
字数 616千字
版次 2023年2月第1版
印次 2023年2月第1次印刷
定价 74.00元

厦门大学出版社
微信二维码

厦门大学出版社
微博二维码

更多资料，请扫二维码

编 委 会

前 言

“电子商务师”系列教材是在大数据、人工智能、云计算等新技术的推动下，将电商运营的最新理念与工作实践相结合，重构电商运营岗位群工作的知识与技能体系。本书根据《电子商务师国家职业技能标准》（四级、三级）内容编写，理论教材共分为八模块，分别从职业道德、基础知识、产品及服务信息管理、线上店铺设计与装修、营销推广、业务处理、客户服务及商务数据分析模块针对性地设置了典型学习单元。在编写过程中，通过挖掘与电商运营相关的岗位招聘需求，用自然语言处理技术提炼岗位知识和技能，并通过调研阿里巴巴、京东、字节跳动等行业龙头企业形成第一手素材。本书具有如下鲜明特色：

1. 体现课程思政特色，落实立德树人根本任务

本书在编写中以践行社会主义核心价值观为基本原则，通过加入素养目标和德技并修等特色栏目，挖掘思政元素，将人才技能培养与价值观养成并重，充分体现了社会主义核心价值观的内涵。

2. 以标准为引领，推进“三教”改革理念落地

本书依据2022年《电子商务师国家职业技能标准》，采用理实一体化设计的内容编排方式，融入模块化教学、任务式教学和案例式教学，全方位助力教师教学水平提升，进一步推进了“三教”改革落地。

3. 融入新技术、新工艺、新规范和新要求，突出核心知识和技能培养

本书将电商行业的新技术、新工艺、新规范及对人才培养提出的新要求，有机融入理论课程体系和实操任务体系中，强化了职业技能、知识和素养，拓展了职业领域和职业能力。

4. 资源丰富，形式多元化，形成线上线下融合的新形态一体化教材

本书配套开发有在线开放课程、教学课件、微课、动画、习题答案等类型丰富的数字化教学资源，精选其中具有典型性和实用性的优质资源与职业技能测试练习，在教材中以二维码方式进行了标注，供读者即扫即学。

本书的编写立足于岗位需要，内容全面，案例新颖，重点突出，具有较强的实用性，既可作为高等职业教育专科、本科，应用型本科及中等职业教育相关专业的教材，也可作为电子商务师职业技能等级证书的培训教材，还可作为电子商务运营和新媒体从业人员的自学用书。

在本书的编写过程中，编写团队参阅了大量文献和报告，并得到了厦门大学出版社的精心指导和大力支持，在此对各位专家、老师的辛勤工作表示衷心感谢！

由于电子商务行业发展具有较强的前瞻性和时效性，加之编写时间及作者水平有限，书中难免存在不足之处，恳请广大读者批评指正，以使本书日臻完善。

国以才立、政以才治、业以才兴。党的二十大报告提出要加快建设网络强国、数字中国，发展数字经济，促进数字经济和实体经济的深度融合，这为我国电子商务产业发展，尤其是电商人才培养指明了方向。为培育更多电商人才，福建省在全国率先开展电商人才技能评价。希望读者通过学习教材，能够领会二十大精神，为建设网络强国、数字中国贡献自己的力量。

编者

2022年12月

目 录

第一部分 公共部分

第二部分 四级部分

第三部分　三级部分

第一部分

公共部分

模块一 职业道德

学习目标

知识目标

- 了解道德的概念
- 了解职业道德的概念
- 了解职业道德的特点
- 了解职业道德的社会作用
- 了解社会主义职业道德的基本特征和客观要求
- 掌握职业守则

技能目标

- 遵守社会主义职业道德基本规范

素养目标

- 遵纪守法，爱岗敬业
- 诚信为本，热情服务
- 保守秘密，注重安全
- 勇于开拓，积极创新

单元一　职业道德

社会主义职业道德是我国各行各业的劳动者在职业活动中必须共同遵守的基本行为准则。它是衡量劳动者职业行为优劣的具体标准，也是社会主义道德在职业生活中的反映。《中共中央关于加强社会主义精神文明建设若干重要问题的决议》规定了各行各业都应共同遵守的职业道德的五项基本规范，即“爱岗敬业、诚实守信、办事公道、服务群众、奉献社会”。其中，服务群众是社会主义职业道德的核心规范，它是贯穿于全社会共同的职业道德之中的基本精神。

一、道德

马克思主义认为，道德是一种社会意识形态，它是人们共同生活及其行为的准则和规范。不同的时代、不同的阶级有不同的道德观念，没有任何一种道德是永恒不变的。道德不是天生的，人类的道德观念是受到后天的宣传教育及社会舆论的长期影响而逐渐形成的。它渗透于生活的各个方面，既是人们应当遵守的行为准则，又是对人们思想和行为进行评价的标准。

二、职业道德

职业道德是指在一定职业活动中应遵循的、体现一定职业特征的、调整一定职业关系的职业行为准则和规范，是人们在从事职业活动的过程中形成的一种内在的、非强制性的约束机制。职业道德是社会道德在职业活动中的具体化，是从业人员在职业活动中的行为标准和要求，而且是本行业对社会所承担的道德责任和义务。

1. 职业道德的特点

职业道德与一般的道德有着密切的联系，同时也有自己的特征。第一是适用范围的有限性，即每种职业都担负着一种特定的职业责任和职业义务，由于各种职业的职业责任和义务不同，从而形成各自特定的职业道德的具体规范。第二是历史继承性，即具有不断发展和世代延续的特征和一定的历史继承性。第三是实用性及规范性，即根据职业活动的具体要求，遵守纪律又带有强制性，具有法令的要求。职业道德又以制度、章程、条例的形式表达，让从业人员认识到职业道德又具有纪律的规范性。第四是社会性和时代性。职业道德是一定的社会或阶级的道德原则和规范的“职业佬”，不是离开阶级道德或社会道德而独立存在的。随着时代的变化，职业道德也在发展，在一定程度上体现着当时社会道德的普遍要求，具有时代性。

2. 职业道德的作用

职业道德具有重要的社会作用。它能调节职业交往中从业人员内部以及从业人员与服务对象间的关系；从业人员良好的职业道德有助于维护和提高本行业的信誉，促进本行业的发展，并且有助于提高全社会的道德水平。

三、社会主义职业道德

社会主义职业道德是社会主义社会各行各业的劳动者在职业活动中必须共同遵守的基本行为准则。它是判断人们职业行为优劣的具体标准，也是社会主义道德在职业生活中的反映。社会主义职业道德伴随着社会主义事业的实践而产生、形成和发展，是社会主义职业活动不断完善和经验的总结。

1. 社会主义职业道德的基本特征

社会主义职业道德是衡量个人职业行为和职业品质的基本准则，是社会主义社会的客观要求。人们不论从事哪种职业，都不仅是为个人谋生，都贯穿着为社会、为人民、为集体服务这一根本要求。

2. 社会主义职业道德的产生是社会主义事业发展的客观要求

要保障社会领域中出现的各种职业、行业和事业的顺利发展，保持个人利益、职业集体利益和整个社会利益的基本一致，平衡各职业集体之间的关系，需要适用于不同产业、行业、职业的职业道德去调整。

3. 社会主义职业道德是在对古今中外职业道德扬弃的基础上逐步形成和发展起来的

社会主义职业道德是历史上劳动人民优秀职业道德的继承和发展，对已往社会统治集团和其他阶级职业活动中所产生的职业道德也有间接的继承并批判地继承了西方职业道德的精华。社会主义职业道德亦是在同各种腐朽的道德思想不懈斗争的过程中建立和发展的。

单元二 职业道德基本规范

社会主义职业道德基本规范包含四个方面的内容，即遵纪守法，爱岗敬业；诚信为本，热情服务；保守秘密，注重安全；勇于开拓，积极创新。

一、遵纪守法，爱岗敬业

爱岗敬业是为人民服务和集体主义精神的具体体现，是社会主义职业道德一切基本规范的基础。爱岗就是热爱自己的工作岗位，热爱本职工作。爱岗是对人们工作态度的一种普遍要求。敬业就是用一种严肃的态度对待自己的工作，勤勤恳恳、兢兢业业、忠于职守、尽职尽责。爱岗是敬业的基础，敬业是爱岗的具体表现，爱岗敬业是为人民服务精神的具体体现。电子商务师不仅要在理论上有一定的造诣，还要具有实干精神，能够围绕电子商务各项活动的开展，脚踏实地，埋头苦干，任劳任怨；要有强烈的事业心和责任感，坚持原则。

二、诚信为本，热情服务

诚实，就是忠诚老实，不讲假话。诚实的人能忠实于事物的本来面目，不歪曲事实，同时也不隐瞒自己的真实思想，光明磊落，言语真切，处事实在。诚实的人反对投机取巧，趋炎附势，弄虚作假，口是心非。守信，就是信守诺言，说话算数，讲信誉，重信用，履行自己应承担的义务。诚实和守信两者意思是相通的，诚实是守信的基础，守信是诚实的具体表现。诚实守信是为人处世的一种美德，也是一种社会公德，是任何一个有自尊心的人进行自我约束的基本要求。电子商务师必须遵守诺言，恪守信用，自觉维护企业的商业信用。

三、保守秘密，注重安全

党的二十大报告对国家安全形势作出了科学的分析和判断，强调推进国家安全体系和能力现代化，坚决维护国家安全和社会稳定。数字化在带来种种便利的同时，也加大了信息泄露风险。从网络偷窥、非法获取个人信息、网络诈骗等违法犯罪活动，到网络攻击、网络窃密等危及国家安全行为，伴随万物互联而生的风险互联，给社会生产生活带来了不少安全隐患。电子商务师必须具备严守机密的职业道德，无论是上机操作还是文字工作都要严格遵守国家的有关保密规定，自觉加强保密观念，防止机密泄露。

四、勇于开拓，积极创新

勇于开拓是超前谋划、提前介入、未雨绸缪、解放思想、大胆创新。创新是一个民族进步的灵魂，创新是人类发展的不竭动力，创新是人类智慧的结晶，创新是一个团队凝聚力与创造力的具体表现，创新是对精华的萃取，创新是对糟粕的摒弃，创新是对传统的继承与发扬。电子商务师应该具有广博的科学文化知识，勤奋学习，刻苦钻研，努力提高自身的思想素质和业务水平，以适应工作需要；要勇于创新，不空谈、重实干，不断提出新问题，研究新方法，走出新路子。

模块二　基础知识

学习目标

知识目标

- 了解网络应用基础知识
- 了解互联网应用知识
- 掌握电子商务的概念及模型
- 掌握网上银行的基本知识
- 了解电子交易的安全技术分类
- 掌握网络营销的概念及基本方法
- 了解物流的概念
- 掌握电子商务物流的配送流程
- 了解客户关系管理的概念

技能目标

- 掌握电子商务客户服务管理的内容
- 掌握第三方支付平台的种类及支付方式
- 了解电子商务数据分析基本概念
- 了解电子商务数据采集工具
- 掌握电子商务数据采集方法

素养目标

- 遵守电子商务法规
- 保护网络信息安全

单元一 网络技术

一、网络应用基础

1.Web 应用系统结构

B/S（browser/server，浏览器 / 服务器）结构是典型的 Web 应用系统结构。这种模式统一了客户端，将系统功能实现的核心部分集中到服务器上，简化了系统的开发、维护和使用。

2. 客户端技术

（1）超文本标记语言

超文本标记语言（hypertext markup language，HTML）是构建 Web 页面的主要工具，是用来表示网上信息的符号标记语言，是对标准通用标记语言（standard generalized markup language，SGML）的一个简化实现。

超文本标记语言文档制作不是很复杂，但功能强大，它支持不同数据格式的文件嵌入，这也是万维网盛行的原因之一。它具备简易性、可扩展性和通用性等特点。

（2）脚本语言

脚本语言（JavaScript）的出现，使信息和用户之间不再仅是显示和浏览的关系，还实现了实时的、动态的、可交互式的表达方式。脚本语言是一种新的描述语言，它可以嵌入超文本标记语言的文件之中。脚本语言可以回应使用者的需求，而不用任何网络来回传输信息，所以当使用者输入一项信息时，它不用经过传给服务器端处理再传回来的过程，直接可以被客户端的应用程序处理。

（3）可扩展标记语言

可扩展标记语言（extensible markup language，XML）是专为 Web 应用而设计的，它是标准通用标记语言（SGML）的一个优化子集，是由万维网联盟（W3C）于1998年2月发布的一种标准。它以一种开放的自我描述方式定义了数据结构，在描述数据内容的同时能突出对结构的描述，从而体现数据之间的关系。所组织的数据对于应用程序和用户都是友好的、可操作的。

3. 服务器端技术

（1）公共网关接口

公共网关接口（common gateway interface，CGI）是运行在网络服务器上的可执行程序，它的作用就是接收从客户端传过来的请求信息，然后运行服务器端的应用程序或数据库，最后再把结果转换为 HTML 代码并传送到客户端。

（2）ASP

ASP（active server pages，活动服务器页面）也是在服务器端执行的程序。ASP 由微软公司推出，实际上是一种在服务器端开发脚本语言的环境。利用 ASP 可以开发动态、交互、高性能的 Web 服务器端应用程序。因为脚本是在服务器端运行的，所以 Web 服务器完成所有处理后，将标准的 HTML 页面送往浏览器。ASP 只能在可以支持它的服务器上运行，用户不可能看到原始脚本程序的代码，只能看到最终产生的 HTML 内容。

（3）JSP

JSP（Java server pages，Java 服务器页面）是由 Sun Microsystems 公司倡导、许多公司参与并一起建立的一种动态网页技术标准。JSP 技术有点类似于 ASP 技术，它是在传统的网页超文本标记语言文档中插入 Java 程序段和 JSP 标记，从而形成 JSP 文件。用 JSP 开发的 Web 应用是跨平台的，既能在 Linux 下运行，也能在其他操作系统上运行。自 JSP 推出后，众多大公司都支持采用 JSP 技术的服务器，如 IBM、Oracle 和 Bea 公司等，所以 JSP 迅速成为商业应用的服务器端语言。

4. 数据库

数据库是存储在计算机中的有组织、可共享的数据集合。数据库管理系统是为管理数据库而设计的电脑软件系统，一般具有存储、截取、安全保障、备份等基础功能。早期比较流行的数据库模型有三种，分别为层次式数据库、网络式数据库和关系型数据库。而在当今的互联网中，最常用的数据库模型主要是两种，即关系型数据库和非关系型数据库。

二、互联网应用知识

1. 万维网信息浏览

万维网是以 HTML 语言和 HTTP（超文本传送协议）为基础，建立在客户机 / 服务器（client/server）模型之上，能够提供各种互联网服务的用户界面统一的信息浏览系统。浏览器提供了一种友好的信息查询界面，用户可以用统一资源定位符（uniform resource location，URL）直接链接到主页，或者从已启动的主页出发通过超链接逐级浏览下去，漫游整个万维网。

2. 电子邮件服务

通过电子邮件系统，用户可以非常快速地与世界上任何一个角落的网络用户取得联系。电子邮件中可以包含文字、图像和声音等。同时，用户可以得到大量免费的新闻和专题邮件，并轻松实现信息搜索。电子邮件的传输是通过 SMTP（simple mail transfer protocol，简单邮件传送协议）来完成的。

3.FTP 文件传输服务

文件传送协议（file transfer protocol，FTP）也是互联网提供的一项基本文本传输服务。用户可以通过 FTP 把自己的计算机与世界各地所有运行 FTP 的服务器相连，访问服务器上的大量信息。FTP 既能将远程计算机上的文件复制到本机上，也能将本地的文件复制到远程计算机上。前者叫作下载（download），后者叫作上传（upload）。

4. 网络社区

网络社区包括 BBS 论坛、社区电子商务、社交电子商务等。

5. 即时通信

（1）QQ 是深圳市腾讯公司开发的一款基于互联网的即时通信软件。

（2）微信是腾讯公司于2011年推出的可在手机、平板电脑上运行的即时通信软件，可发送语音、视频、图片和文字。

（3）阿里旺旺是将原先的淘宝旺旺与阿里巴巴贸易通整合在一起形成的，是淘宝网和阿里巴巴为买卖双方提供的免费网上商务沟通软件。

6. 网络会议

网络会议系统是一个以网络为媒介的多媒体会议平台，使用者可突破时间、地域的限制，利用互联网达到面对面的交流效果。网络会议又称远程协同办公，它可以利用互联网实现不同地点多个用户的数据共享。近几年我国许多公司开发出了网络协同办公软件，如阿里巴巴的钉钉移动办公平台提供免费视频会议功能等。

7. 共享经济

共享经济是互联网背景下的新型应用。共享经济一般是指以获得一定报酬为主要目的、基于陌生人且存在物品使用权暂时转移的一种新的经济模式。其本质是整合线下的闲散物品或服务。对于供给方来说，通过在特定时间内让渡物品的使用权或提供服务，来获得一定的金钱回报；对于需求方而言，不直接拥有物品的所有权，而是通过租、借等方式使用物品。

单元二　电子商务基础

一、电子商务概念及模型

1. 电子商务基本概念

电子商务是指利用互联网及现代通信技术进行任何形式的商务运作、管理或信息交换。它包括企业内部的协调与沟通、企业之间的合作及网上交易三方面的内容。

狭义的电子商务，仅指在互联网上开展的交易或与交易有关的活动。广义的电子商务，是指利用信息技术使整个商务活动实现电子化，包括利用互联网、内联网、外联网等不同形式的网络，以及信息技术进行的商务活动。

2. 电子商务的概念模型

电子商务的概念模型是对现实世界中电子商务活动的抽象描述。它由电子商务实体、交易事务、电子市场和信息流、资金流、商流、物流等基本要素构成。

（1）电子商务实体是指能够从事电子商务活动的客观对象，它可以是企业、银行、商店、政府机构、个人等。

（2）交易事务是指电子商务实体之间所从事的具体的商务活动的内容，如询价、报价、转账支付、广告宣传、商品运输等。

（3）电子市场是指电子商务实体从事商品和服务交易的场所，它是由各种各样的商务活动参与者，利用各种接入设备，通过网络连接成的一个统一的经济整体。

（4）任何一种商务活动都离不开“四流”，即信息流、资金流、商流和物流。电子商务作为电子化手段的商务活动，也同样如此，电子商务的任何一笔交易都包含信息流、资金流、商流和物流4个基本要素。

二、网上银行基础知识

1. 网上银行的发展及用途

20世纪90年代中期，随着互联网的普及和应用，商业银行开始驶入网络发展的快车道，银行经营方式也呈现出网络化趋势。自1995年10月18日世界上第一家网上银行即“安全第一网上银行（SFNB）”诞生至今，网上银行以几何级数的态势扩张，从发达国家到发展中国家，从发达地区到偏远地区，总体呈现出持续稳定增长的态势。网上银行实现了银行与客户之间安全、便捷、实时、友好的对接，可为银行客户提供开 / 销户、查询、转账、对账、投资理财等全方位的服务。

2. 电子政务

电子政务是指运用计算机、网络和通信等现代信息技术手段，实现政府组织结构和工作流程的优化重组，超越时间、空间和部门分隔的限制，建成一种精简、高效、廉洁、公平的政府运作模式，以便全方位地向社会提供优质、规范、透明、符合国际水准的管理与服务。

三、电子交易的安全技术分类

1. 加密技术

加密技术是利用技术手段把原始信息变为乱码（加密）传送，到达目的地后再用相同或不同的手段还原（解密）信息。原始信息通常被称为“明文”，加密后的信息通常被称为“密文”。

加密技术涉及两个元素：算法和密钥。算法是将明文与一串字符（密钥）结合起来，进行加密运算后形成密文。密钥是在将明文转换为密文或将密文转换为明文的算法中输入的一串字符，可以是数字、字母、词汇或短语。

2. 认证技术

在信息安全领域，常见的信息保护手段除了加密技术以外，还有认证技术。目前，认证技术有身份认证（也叫用户认证）和消息认证两种方式。身份认证用于鉴别用户的身份是否合法；消息认证可用于验证所收到的消息确实来自真正的发送方且未被修改（即完整性），也可以用于验证消息的顺序性和及时性。消息认证主要包括数字签名和数字时间戳等技术。

3. 数字签名

数字签名能够确认两点：信息是由签名者发送的；信息自签发后到收到为止未曾做过任何修改。

4. 数字时间戳

在电子商务交易中，需对交易文件的时间信息采取安全措施。数字时间戳服务（digital time-stamp service，DTS）是由专门的机构提供的对电子文件发送时间进行安全保护的服务。

5. 安全协议

（1）安全套接层（secure socket layer，SSL）协议是指使用公钥和私钥技术相组合的安全网络通信协议，是网景公司（Netscape）推出的基于互联网应用的安全协议。安全套接层协议指定了一种在应用程序协议（如 HTTP、Telnet 和 FTP 等）和 TCP/IP 之间提供数据安全性分层的机制。

（2）安全电子交易（secure electronic transaction，SET）协议是由万事达卡（MasterCard）和维萨（Visa）联合网景、微软等公司，于1997年6月1日推出的。该协议主要是为了实现更加完善的即时电子支付。

6. 防火墙技术

防火墙是一种将内部网和外部网（如互联网）相互隔离的技术。防火墙可以通过过滤不安全的服务，降低风险，强化网络安全策略，对网络存取和访问进行监控；防止内部信息外泄，外部用户非法访问或占用内部资源。另外，防火墙还支持具有互联网服务特性的企业内部网络技术体系虚拟专用网（virtual private network，VPN）。

四、网络营销

1. 网络营销基本概念

网络营销是基于互联网络及社会关系网络，连接企业、用户及公众，向用户及公众传递有价值的信息和服务，为实现顾客价值及企业营销目标所进行的规划、实施及运营管理活动。

2. 电子商务与网络营销

（1）网络营销是电子商务的组成部分

电子商务与网络营销关系密切又具有明显的区别，二者很容易造成混淆。以淘宝购物为例，当用户通过各种渠道获得某商品的广告信息，进入淘宝网将该商品加入购物车，完成订单提交、在线支付、收到货物等一系列网上购买流程，对卖家而言，即实现了从网络营销到网上销售的完整流程，淘宝卖家所做的就是电子商务，其中运用了一些网络营销的策略以获得用户的关注。

（2）网络营销推进了电子商务的发展

随着消费需求多元性、多变性和求异性等特征的出现，电子商务环境下网络营销观念也不断发展变化，形成了直复营销、关系营销、软营销、整合营销、数据库营销等一些新的营销观念和方法策略。网络营销成为推进我国企业电子商务进程的最重要、最直接的力量。

3. 网络营销基本方法

（1）搜索引擎营销

搜索引擎营销（search engine marketing，SEM）就是根据用户使用搜索引擎的方式，利用用户检索信息的机会尽可能地将营销信息传递给目标用户。搜索引擎营销的方法包括搜索引擎优化、登录分类目录及关键词竞价排名等。

（2）病毒性营销

病毒性营销是一种快速增强网络信息传播效果的模式，通过用户的口碑宣传，网络信息像病毒一样传播和扩散，传向数以千计、数以万计的受众。

（3）网络社群营销

网络社群是指因某种关系而连接在一个圈子的互联网用户，如QQ群、微信群、同一微信公众号的订阅用户、同一话题的参与者、同一用户（如明星）的共同关注者（粉丝）、微群、微博好友圈、微信朋友圈等。

（4）自媒体营销

自媒体的崛起是近年来互联网的一个发展趋势。自媒体营销就是利用社会化网络、在线社区、博客、百科、短视频、微博、微信、今日头条、百度、搜狐、凤凰、UC等平台或者其他互联网协作平台和媒体来传播和发布资讯，从而形成的营销、销售、公共关系处理和客户关系服务维护及开发的一种方式。

（5）软文营销

一篇够“软”的软文应该是这样的：文笔好，内容引人入胜，使读者有持续阅读的冲动；广告植入“润物细无声”。这种软文甚至会达到读者多读几遍之后才恍然大悟“我刚刚是不是读了几遍广告啊”的效果。即使有些读者很早便发现“这就是一条广告”，但依然会佩服软文的作者相当高明。

（6）网络直播和短视频营销

①网络直播营销

直播即互联网直播，是网络视频的一种，按2016年11月由国家互联网信息办公室发布的《互联网直播服务管理规定》中的定义，互联网直播是指基于互联网，以视频、音频、图文等形式向公众持续发布实时信息的活动；它既包括了网络表演，也包括了网络视听节目。

网络直播营销是指通过数码技术将产品营销现场实时地通过网络将企业形象信息传输到观众的眼前。

②短视频营销

短视频是一种视频长度以秒计，主要依托于移动智能终端实现快速拍摄与美化编辑，可在社交媒体平台上实时分享和无缝对接的一种新型视频形式。

短视频营销就是企业和品牌主借助于短视频这种媒介形式用以社会化营销（social marketing）的一种方式。

五、物流基础

1. 物流基本概念

物流是物品从供应地向接收地的实体流动过程，且根据实际需要，将运输、储存、装卸、搬运、包装、流通加工、配送、信息处理等基本功能实施有机结合。

2. 电子商务的物流配送流程

（1）采购作业流程

在物流专业化情况下，采购作业流程基本上有两种模式：

第一种模式是由提供配送服务的第三方物流企业承担采购任务，直接向生产和经销企业订货或购货；

第二种模式是物流、商流两者相分离的模式，由货主进行订货和购货，配送中心负责进货和理货等工作，货物所有权属于货主。

(2) 仓储作业流程

仓储作业流程是采购作业流程的延续。仓储中心受业务管理部门的统一管理,它的主要作业区是收货区、拣货区和发货区。当仓储中心收到供应商的送货单和货物后,在进货区对新进货物通过条码扫描仪进行验收,确认发货单与货物一致后,对货物做进一步处理(如验收不合格则退货)。一部分货物直接放入发货区,进行暂时储存,属直通型货物。另一部分货物属于存放型货物,要进行入库储备处理,即进入拣货区。

(3) 配送作业流程

配送作业是物流配送的核心环节。配送部门由业务管理部门统一调度,根据客户的具体要求打印相应的送货单,在运输途中通过地理信息系统(geographic information system,GIS)、定位系统进行实时监控,及时沟通和反馈配送信息,并在货物到达目的地经客户确认无误后,凭回单向业务管理部门确认。

(4) 退货及后续处理作业流程

退货及后续处理作业流程是物流配送流程的最后一个环节。客户因种种原因可能会请求退货,企业应制定相应的退货处理政策。

退货可集中由配送企业送回原仓储地点,由专人清理、登记、查明原因。

六、网络客户服务基础

1. 客户关系管理的概念

客户关系管理(customer relationship management,CRM)是企业为了提高核心竞争力,以客户为中心,利用相应的信息技术及互联网技术改进客户服务水平,提高客户的满意度与忠诚度,进而提高企业赢利能力的一种管理理念。

客户关系管理的核心思想是:客户是企业的一项重要资产,客户关怀是客户关系管理的核心,客户关怀的目的是与所选客户建立长期和有效的业务关系,在与客户的每一个“接触点”上都更加接近客户、了解客户,最大限度地增加利润和市场占有率。

2. 电子商务客户服务管理

(1) 客户细分

客户细分是指在明确的战略业务模式和特定市场中,依据客户价值、客户的需求和偏好等因素对客户进行分类,并提供有针对性的产品、服务和营销模式。客户细分过程就是对客户需求进行重新认识的过程。

（2）电子商务客户服务管理的内容

①售前客户服务策略

提供商品的搜索和比较服务，建立客户档案，为老客户提供消费诱导服务。

②售中客户服务策略

提供定制产品服务，提供订单状态跟踪服务、多种安全付款方式和应时配送服务。

③售后客户服务策略

向客户提供持续的支持服务和良好的退货服务。

单元三 网上支付及第三方支付

一、网上支付基本概念

1. 电子支付的特点

（1）电子支付是采用先进技术、通过数字流转来完成信息传输的，各种支付方式都是通过电子化的方式进行的；而传统的支付方式则是通过现金的流转、票据的转让及银行的汇兑等物理实体的转移来完成的。

（2）电子支付是在开放的系统平台上进行的，而传统支付则是在较为封闭的系统中运作的。

（3）电子支付具有方便、快捷、高效、经济的优势。

2. 网上支付工具

（1）银行卡的种类

贷记卡、准贷记卡、借记卡。

（2）银行卡的应用领域

银行卡使用范围大，应用领域广，可用于线下无现金购物、线上电子商务支付，可使用ATM机、网络银行、手机App或银行柜台等方式进行账户操作。

银行卡既可用磁卡又可用集成电路卡，集成电路卡可储存更多的信息。

3. 电子现金

电子现金是纸币现金的电子化。广义上来说，电子现金是指那些以电子形式储存的货币，它可以直接用于电子购物。狭义上来说，它通常是指一种以电子形式存储并流通的货币，它通过把用户银行账户中的资金转换成一系列的加密序列数，通过这些序列数来表示现实中的各种金额。

二、第三方支付平台

1. 第三方支付的概念

第三方支付是指具备一定实力和信誉保障的独立机构，采用与各大银行签约的方式，提供与银行支付结算系统接口的交易支持平台的网上支付模式。

2. 第三方支付平台的交易流程

假设商户和消费者均已拥有第三方支付平台账号，下面以B2C交易为例说明第三方支付模式的流程：

（1）网上消费者浏览检索网上商城并选择商品。

（2）消费者在网上商城下订单。

（3）消费者选择第三方支付平台，直接链接到其安全支付服务器上，在支付页面上选择适合自己的支付方式，之后进入支付页面进行支付操作。

（4）第三方支付平台将消费者的支付信息按照网联支付网关的技术要求传递至网联，再由网联向银行发起支付请求。

（5）相关银行（银联）检查消费者的支付能力，实行冻结、扣账或划账，并将结果信息传至网联，再由网联传至第三方支付平台。

（6）第三方支付平台通知商家，消费者已经付款。

（7）商家向消费者发货或提供服务。

（8）各银行和第三方支付机构通过网联完成资金清算。

三、典型的第三方支付平台

1. 支付宝

支付宝的支付方式包括支付宝账户余额、网上银行、银行卡快捷支付、余额宝、蚂蚁花呗、指纹支付、手表支付、刷脸支付。

2. 蚂蚁金服

2014年10月，蚂蚁金服成立。蚂蚁金服起步于支付宝，以“让信用等于财富”为愿景，致力于打造开放的生态系统，通过“互联网推进器计划”助力金融机构和合作伙伴加速迈向“互联网+”，为小微企业和个人消费者提供普惠金融服务。蚂蚁金服旗下有支付宝、余额宝、蚂蚁财富、网商银行、蚂蚁花呗、芝麻信用、招财宝、蚂蚁达客等子业务。

3. 网商银行

网商银行是以蚂蚁金服为大股东发起设立的商业银行。作为中国首批民营银行之一，网商银行于2015年6月25日正式开业。网商银行为小微企业、大众消费者、农村经营者与农户、中小金融机构提供贷款等金融服务。

4. 财付通

财付通是腾讯公司于2005年9月正式推出的专业在线支付平台，致力于为互联网用户和企业提供安全、便捷、专业的在线支付服务。财付通作为综合支付平台，业务覆盖 B2B、B2C 和 C2C 各领域，提供网上支付及清算服务。它可为个人用户提供在线充值、提现、支付、交易管理等服务，为企业用户提供安全、可靠的支付清算服务和极富特色的 QQ 营销资源支持。

5. 微信支付

2013年8月，财付通联合微信发布微信支付，强势布局移动端支付。2018年，微信月活跃用户达10.8亿，微信支付用户超过8亿。商户平台接入微信支付的方式有公众号支付、App 支付、扫码支付、刷卡支付、微信买单等。

单元四 数据分析基础知识

一、电子商务数据分析基本概念

电子商务相对于传统零售业来说，最大的特点就是一切都可以通过数据化来监控和改进。通过数据可以看到用户从哪里来、如何组织产品可以实现很好的转化率、投放广告的效率如何等等问题。基于数据分析的每一点点改变，就是一点点提升赚钱的能力，所以，电子商务网站的数据分析显得尤为重要。

二、电子商务数据采集工具

数据采集工具是使用数据采集技术，通过识别数据渠道中所需数据指标，将数据进行摘录整理，形成数据文档的工具。掌握数据采集工具的使用是数据采集人员快速准确获取数据的基础。常用的电子商务数据采集工具有以下几种：

1. 生意参谋

生意参谋是淘宝网官方提供的综合性网店数据分析平台，为淘宝 / 天猫卖家提供流量、商品、交易等网店经营全链条的数据展示、分析、解读、预测等功能，不仅是店铺和市场数据的重要来源渠道，而且是淘宝/天猫平台卖家的重要数据采集工具。

2. 店侦探

店侦探是一款专门为淘宝及天猫卖家提供数据采集、数据分析的数据工具。通过对各个店铺、商品运营数据的采集分析，可以快速掌握竞争对手店铺的销售数据、引流途径、广告投放、活动推广、买家购买行为等数据信息。

3. 淘数据

淘数据是一款针对国内和跨境电子商务提供数据采集和分析的工具，为卖家提供行业和店铺的各项数据。

4. 京东商智

京东商智是京东向第三方商家提供数据服务的产品。从 PC、App、微信、手机 QQ、移动网页端五大渠道，提供店铺与行业的流量、销量、客户、商品等数据。

5. 八爪鱼采集器

八爪鱼采集器是一款通用网页数据采集器，使用简单，可进行完全的可视化操作；功能强大，任何网站均可采集，数据可导出为多种格式。它可以用来采集商品的价格、销量、描述等数据内容。

6. 火车采集器

火车采集器（LocoySpider）是一个供各大主流文章系统、论坛系统等使用的多线程内容采集发布程序。

三、电子商务数据采集方法

根据需求不同，数据采集的方法也多种多样。在电子商务运营领域，数据采集的方法大致可以分为以下几类：

1. 网页数据采集

在采集行业及竞争对手的数据时，电子商务平台上的一些公开数据，诸如商品属性数据（商品结构和标题、品牌、价格、销量、评价）可直接进行摘录或使用火车采集器、八爪鱼采集器等爬虫采集工具进行采集。

对于淘宝、京东等电子商务平台卖家，平台提供类似生意参谋、京东商智等工具，对店铺及平台的市场数据进行网页呈现，同样可以采用上述方法进行采集。

2. 系统日志数据采集

在网站日志中记录了访客 IP 地址、访问时间、访问次数、停留时间、访客来源等数据。

通过对这些日志信息进行采集、分析，可以挖掘电子商务企业业务平台日志数据中的潜在价值。

3. 数据库采集

每个电子商务平台都有自己的数据库，在数据库中记录着访客在平台上的注册时间、用户名，联系方式、地址，以及订单的交易时间、购买数量、交易金额、商品加购等信息，用数据库采集系统直接与企业业务后台服务器链接，将企业业务后台每时每刻产生的流通业务记录到数据库中，最后由特定的处理系统进行数据分析。

4. 报表采集

此独立站点可能没有如每天咨询客户数、订单数等数据指标统计功能，在进行报表采集时可以通过每日、每周的工作报表进行相应数据采集。

第二部分

四级部分

模块三 产品及服务信息管理

学习目标

知识目标

- 熟悉产品及服务文字信息采集途径
- 熟悉产品及服务文字信息采集方法
- 掌握产品及服务文字信息撰写注意事项
- 掌握产品及服务文字信息撰写技巧
- 熟悉产品及服务图片拍摄方式选择规则
- 熟悉产品及服务拍摄器材的种类与特点
- 掌握产品及服务图片拍摄原则
- 掌握产品及服务图片处理原则
- 掌握产品及服务视频拍摄方式选择原则
- 熟悉视频拍摄器材的种类与特点
- 掌握产品及服务视频拍摄原则
- 掌握产品及服务视频处理原则

技能目标

- 能够根据电子商务平台发布要求进行产品及服务文字信息采集
- 能够根据电子商务平台要求撰写产品及服务文字信息
- 能够根据电子商务平台对图片的要求，进行产品及服务图片拍摄方式以及拍摄器材、处理软件的选择
- 能够根据电子商务平台对图片的要求，协调产品及服务图片的委托拍摄和处理工作
- 能根据电子商务平台对视频的要求，进行产品及服务视频拍摄方式以及拍摄器材、处理软件的选择

- ◆ 能按照电子商务平台对视频的要求，协调产品及服务视频的委托拍摄和处理工作

素养目标

- ◆ 具备网络平台文案撰写和发布能力
- ◆ 具备电子商务平台图片拍摄及短视频拍摄制作能力
- ◆ 树立正确的网络信息守法思想意识
- ◆ 引导电子商务多平台文案图片视频制作推广能力

单元一　网络文案概述

引导案例

当今社会，网络文案的创作已经成为一种热门的趋势与潮流。各大商家、企业对网络文案的需求也越来越大，纷纷设立了与网络文案相关的岗位来进行产品或品牌的推广与销售，如文案编辑、内容运营、文案策划等。这些文案人员从多元化的传播渠道及人们的心理特征出发，撰写符合人们消费心理及传播需求的文案，使其得到广泛分享与互动，最终达到推广或销售的目的。

江小白的文案一直都十分出彩，在文案界广受好评，不管是致敬1986年版电视连续剧《西游记》，还是回忆青春往事，都能让人们受到心灵的触动，感受到最初的情怀，这样的文案深受网友喜欢。凭借独具特色的文案，江小白一步步打响了在白酒行业的知名度。其微信推文的阅读量每篇都能保持在5万以上的水平上，“10万＋”的文案更是不在少数，足见网友对该品牌的支持与喜爱。这都得益于网络文案传播的便捷性。

还有不少自媒体平台的个人账号专为某些品牌撰写推广文案，并发布于网络平台上。例如，微信公众号“文怡家常菜”曾发布过一篇描写家庭主妇生活的故事文案，以推销一款售价上千元的砧板。文案发布后，短短十分钟，一万多块砧板就售卖一空。其销售量令人吃惊，而这样丰硕的销售业绩对于一家实体店来说是很难达到的，这就是网络文案传播推广带来的巨大效果。

（1）什么是网络文案？它的产生背景是什么？

（2）与传统文案相比，网络文案为什么更受网友的青睐？

知识储备

一、网络文案的概念

网络文案是以现有的新兴媒体（多为移动互联网媒体）为传播平台，利用其网络媒体、社交平台的交互性，进行有创意的广告内容输出，用于辅助商家或企业实现某种营销目标的一种文案。

二、网络文案的特点

1. 内容多元化

文案本身就是对信息的再加工与处理，网络文案更加需要考虑网络中信息被准确接收的可操作性，方便该信息能轻易被人们接收、理解、记住甚至传播，故而网络文案具有内容多元化的特点。文案由单一的文本形式变为文字、动图、超链接、视频等的灵活组合，在不同的网络平台都能得到有效的传播。

2. 成本低廉

相比于传统的广告，网络文案的发布成本更加低廉。网络传播的路径广阔， 只要文案写得足够精彩，自然会有人自发地将文案进行传播与分享，这样一条简单的传播链，很多时候就会产生意想不到的营销效果。而传统广告则是通过电视、杂志等媒体传播，投入成本较大，且很多时候想要传递的信息也并不能准确地传递给受众。

3. 互动性强

网络文案多发布于社交、娱乐及资讯平台上，受众可使用手机随时随地进行操作。这种文案传播不再是单向的，而是多向的沟通与交流。以微博平台为例，微博文案也是网络文案的一种类型，文末常会引导网友留言评论、点赞或转发，互动性强，能较好地维持传播者与受众之间的关系。

4. 推广力度大

得益于网络的便捷性与传播的多元化，网络文案的推广力度相比传统媒体更大。因为现在人们多使用移动端查看网络文案，移动端设备都是触摸屏，操作起来十分方便。以微信公众号文章为例，一般情况下受众可通过扫描文首或文末二维码关注该公众号或其他推广的公众号，十分方便。如图3-1-1所示。

图3-1-1 关注公众号

5. 时效性强

在移动互联网环境下，人们逐渐表现出碎片化阅读的行为特点。且在该背景下，信息的传播与更新速度快，若是文案传达的信息过时了，就很难引起受众的注意。所以在网络文案的写作过程中一定要注意信息的有效获取与及时传达。

6. 定位精确

受众在平台上的各种数据都会被后台记录，平台基于这些浏览记录会精准地为受众推送相关内容，商家或企业一旦与这些平台合作，就可根据这些数据对受众进行精确的定位，从而取得良好的营销效果。

三、网络文案的常见载体

网络文案的常见载体及优势如图3-1-2所示。

图3-1-2　网络文案的常见载体及优势

1. 微信

微信的快速发展使其成为热门的网络营销和推广平台之一，也是网络文案的一个热门载体。很多企业都会建立一个自己的公众账号进行专门的营销与推广，这样积累的受众忠诚度和文案转换率都比较高。

2. 电商平台

网络文案通常也会发布在电子商务交易平台上，如手机淘宝的“微淘”“淘宝头条”“必买清单”板块，京东商城的“发现”“京东快报”板块及小红书等，这些平台上的文案是平台内网店及品牌商家产品推广的一个大的汇总，多为网店商家服务，主要以产品信息的介绍为主。

3. 微博

微博是目前流行的一个信息分享与交流平台，其使用人数众多，并且微博更注重信息的时效性和随意性，能够在任何时间发表所见、所闻、所感和所想。微博有短微博与长微博之分，短微博是指140字左右的小短文，它要求文章或犀利或有趣或经典等，能对受众充满吸引力；长微博无字数限制，它要求主题明确、条理清晰。不管采用哪种方式写作文案，要想文案得到广泛传播，就要紧紧抓住网友的心理特征和需求，或结合时事热点，写出具有影响力的文章。

4. 头条号

头条号是今日头条旗下的一个自媒体内容平台，其内容多为时事、生活、八卦等。相比于微信，它更类似于微博，是一个开放性的网络平台，却比微博更容易获得较高的流量，它会根据用户的订阅内容和阅读习惯为他们推荐相关内容。在这种资讯平台，用户会更多地关注内容而不是提供内容的作者，其文章的阅读量一般取决于内容被推荐的次数，而不是粉丝的数量，所以在这个平台很难形成用户沉淀，文案人员要更重视内容的质量。

5. 论坛

论坛营销是现在很流行的一种营销模式，尤其在移动互联网快速发展之后，各大论坛开始涉及移动阅读 App、电子商务、社交媒体等不同的领域，移动论坛开始兴起。常见的移动论坛有 QQ 群、微信群等（淘宝平台的店铺群、微博兴趣群等利用群员的共同爱好而建立起来的交流群在一定程度上也可被称作论坛）。论坛主要是通过群内成员之间的互动分享来调动成员的积极性，进行产品和品牌的营销变现。论坛文案主要是通过优质的内容或话题来吸引受众，维系成员之间的感情，或是以优惠活动及其他方式进行产品或品牌的宣传。

四、网络文案的常见类型

1. 按表现形式分类

网络文案的传播渠道不同，在各平台中也会有不同的表现形式。如微博文案中的短文案，可以是主图文、主图片、主文字或主视频的文案，但图片和视频很少同时出现在一篇文案中；微信公众号文案则可以支持图片、文字、视频、语音的组合呈现，篇幅较长。

2. 按文案长短分类

根据文案篇幅的长短，文案可分为1000字以上的长文案和1000字以内的短文案。写作长文案时，要么是进行信息的铺叙分析，要么是展开大的故事场景；而短文案则侧重快速触动，表现核心信息。现在无论什么产品或行业，都可以根据其需要和特点确定文案的篇幅。

3. 按广告的植入方式分类

根据广告植入方式的不同，可将网络文案分为硬广和软文。硬广是指通过媒体渠道进行直接的宣传，清楚直白、开门见山；软文则是不直接介绍产品或服务，而是将其巧妙植入情感故事或干货分享中，达到一种“润物细无声”的营销效果。这两种文案都是商家常用的手段，如果商家想要高强度地宣传曝光会选择硬广，如果想要达到出其不意或补充增强的效果，就可以选择软文。

4. 按文案目的分类

根据网络文案的写作目的不同，可大致将其分为销售文案和推广文案。销售文案是指文案发布之后能够立刻带来销量的文案，如电商详情页之类介绍产品信息的文案、为了提高销量而制作的引流广告图等。销售文案一定要打动人，能激发受众的购买欲，引导其产生购买行为。推广文案是指能推广产品或品牌，从而扩大品牌影响力的文案，如品牌形象广告、品牌节假日情怀营销文案等。推广文案重要的是勾起受众的情感共鸣，引发其自主自发的文案传播行为。

德技并修

五、网络文案的岗位职责

1. 知识目标

（1）负责在第三方平台上的内容传播、软文推广。

（2）负责移动互联网自媒体平台（以微信、微博等手机终端为主）的日常运营及推广工作。

（3）挖掘和分析网友使用习惯、情感及体验感受，及时掌握新闻热点，有效完成专题策划活动。

（4）根据公司或企业的品牌定位及产品风格，对产品进行创意思考及文案策划。

（5）抓住卖点，跟进热点，编写能突出产品特点、展现产品价值、使受众产生强烈购买欲的产品文案。

（6）进行产品文案、广告文案、品牌宣传文案、活动文案等各类营销文案或软文的写作。

（7）熟练掌握和运用软文营销等推广方式和手机 App 等推送渠道。

2. 能力目标

——写作能力

——软件能力

——审美能力

——分析能力

——学习能力

3. 理念目标

——树立积极正面的营销意识和行业竞争观，为文案写作提供方向与动力。

——培养创新思维、创新意识和创新能力，形成以创新为立足点的文案策划与写作观。

——形成系统、完整、条理清晰的产品推广理念。

六、网络文案的岗位发展前景

1. 重视内容创作

原创和优质内容会成为网络文案的一个制胜点，成功的内容营销案例有papi酱、同道大叔、丁香医生等。现在的手机淘宝也将内容作为战略重点，开设淘宝头条，让“淘宝达人”撰写产品内容，进行产品的推荐，实现了店铺、内容与变现的共赢。

2. 掌握多平台、多风格创作

各媒体平台凭借各自的方向制定了相应的文案风格（图3-1-3），网络文案人员要根据其特点创作相应风格的文案才不至于被平台受众忽略。

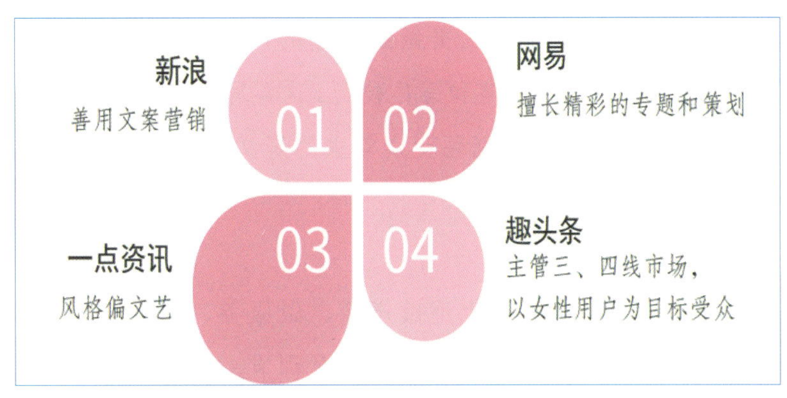

图3-1-3 不同平台的创作网格

3. 偏向移动端，视频、直播型内容比重加大

现在“90后”已经成为主流的消费群体和信息受众，他们更加注重品质化、个性化的产品服务，对内容的多元化变化趋势接受度很高。尤其是在移动互联网广泛运用之后，短视频和直播型内容已经成了受众更感兴趣的形式。

4. 注重正能量引导

现在网络受众多为新一代的年轻人，他们更加关注社会现状、民生等相关的事件和新闻。以这些内容作为网络文案的素材内容，对受众进行社会正面价值观的引导会更容易获得受众的认同与好感，这也是未来网络文案可能的发展趋势。所以文案人员平时还要注意对社会事件和新闻的追寻与关注，创作优质内容，进行正确价值观的引导。

课后练习

通过本章知识的学习，对下列问题展开讨论与练习，在巩固所学知识的同时，拓展视野，进一步提高自己的能力。

(1) 若想在微博上发布一篇文案，该文案应该具备哪些特点？

(2) 若想成为一个合格的网络文案编辑人员，对该职业应该有哪些方面的认识？

单元二 网络文案的前期准备

在创作网络文案之前，文案人员需做好前期的调查与准备工作，不仅要熟悉产品与市场，还要掌握文案创意的输出策略和写作技巧。这样写出来的文案才不会偏离撰写目标，进而才有可能完成一篇高质量的、抓住受众需求的好文案。

引导案例

在这个“互联网+”的时代，无论做产品、做服务、做品牌还是做销售，文案都能成为企业获得成功的一个出其不意的制胜点。深圳有一家叫“轻生活”的公司，开发了一系列卫生巾产品，2015年12月，该公司认识到新媒体强大的营销作用，花了5000元投了一个微信大号，希望能够引进更多的粉丝与流量。然而天不遂人愿，此次收效甚微，只涨了十多个粉丝。“轻生活”联合创始人张致玮感到有些失望。他意识到，这次投放失误的原因应该是文案较差，于是他开始致力于研究并改进文案。功夫不负有心人，多次改稿后，他将文案投放到微信大号“书单”上进行推送。果然，由于文案内容精彩，该篇文案阅读量轻松达到了“10万+”。该文案一共促成了3900多单交易，折合人民币31万多元，这就是一篇网络文案所创造的价值。

据文案撰写人统计，2016年，“轻生活”在微信公众号投入的广告费用约为120万元，其文案转化的销售额约1100多万元。据悉，这个数字每年都还在增加。这正说明了：好产品配上好文案，就像按下印钞机的开关，能创造出源源不断的财富。

确实如此，一篇优秀的网络文案不仅能为产品锦上添花，直接促进产品的销售，甚至还能给产品或品牌带来巨大的推广效果，创造出难以估量的价值。但好文案并不是一蹴而就的。成功，是留给有准备的人的。在写作任何一种类型的文案时，文案人员都需要深入了解产品、市场与行情，掌握科学的写作技巧，为开创自己的成功之路总结经验。

（1）“轻生活”成功的关键在哪里？

（2）在写作网络文案之前应进行哪些准备工作？

知识储备

一、掌握产品特性

1.“把玩”产品

“把玩”是文案撰写前期一个必不可少的重要环节，一定不要急于去下结论，可以带着之前对于一个产品或者服务的所有观感，以“第一次”体验的心态去重新认识产品。

2. 记录观感

经过“把玩”产品的环节之后，就要开始针对“把玩”过程的体验进行记录。这个阶段不要急于定下思路，也不要局限自己的思想。凡是想到的，或者感受到的，甚至在触碰到这个产品时脑海里蹦出来的视觉片段都可以记录下来。

3. 提炼卖点

（1）产品进行横、纵对比。横向对比即同质产品相比较。如华为P30手机摄像比华为畅享7的摄像更高清、运行速度更快。纵向对比即可从领域、类别等相比较。如小米2手机发布之后，为了凸显“快”为产品独特卖点，选择的文案是“小米手机就是快”，既直白又精准，而快本身就是一种比较，和谁相比快？自然是用户体验之后就知道。

（2）直截了当指出产品所能带来的利益点。受众或用户会为产品买单，不是因为对产品具有什么情怀，而是产品能带来某种价值和方便。因此，不管如何渲染产品本身的特性，始终不要忘记向受众或用户直截了当地指出利益、价值点。

（3）建立情感联系。如果是一款全新的产品，受众或用户对该产品完全没有概念，那么，千万不要直接强硬地告诉他们这是什么，而是需要去找已被受众或用户熟知的东西或者体验，从而与之建立联系，凸显该产品的独特价值，这样才能更好地被接受。

（4）找准客户情绪。同一个产品或服务，针对不同人群和不同投放渠道，要讲的话是不一样的。这正如在中秋节人们应该想到“团圆”“和睦”，而不是去谈情人节的“浪漫”。

二、了解客户需求

1. 信念（beliefs）

（1）视觉化。人类在漫长的进化历程中，长期都是通过肢体语言、表情、声音来彼此沟通的，人类大脑对“视觉化”语言异常敏感、易于唤醒。

（2）采用对比。同文字一样，数字也很难在用户大脑中形成形象化的反馈，来帮助用户快速建立对接收到的内容的认知。既然用户很难读出“金钱或数字的实质大小”，那当文案要体现性能、参数、资金等优势时，应该怎么表达才能最容易让用户顺畅认知？

（3）贴标签。在文案中要把握贴标签的原则，告诉用户产品所属的“类别”。一旦告诉用户某个新事物的类别，就能够让用户大脑轻松识别“什么是什么”，同时产生初步的“预期”，类别和预期则可作为产品亮点展示的发力点。

2. 感受（feelings）

（1）贴近现实，增加代入感。有情绪的文案都有着强烈的代入感，如对童年动画片的喜爱、异地情侣毕业的不舍和难过、对一夜成名的渴望。将贴近现实生活情景的情绪代入文案，作者所感受到的喜怒哀乐，用户也同样能感受到。如图3-2-1所示。

图3-2-1　某安全门锁文案

（2）使用第一人称。人类一般只对两类事情感兴趣：与自己相关的和自己喜欢的。文案写作使用第一人称好过第三人称。第一人称可以带有强烈的主观感受，“我”有着什么样的情绪，有着什么样的情感和情绪诉求。“我”来阅读网络文案，就能发现产品是否能解决“我”的问题。

（3）寻找落差感和惊喜感，打造情绪对比。落差能激起人的斗志，惊喜能增加人的热情，而两者强烈的对比可以带动用户情绪的低落或高涨，这种情绪的反差，可以带动用户的情绪，达到产品宣传的效果。

3. 渴望（desires）

尤金·舒瓦兹在《创新广告》中说到，文案无法创造购买商品的欲望，只能唤起原本就存在于百万人心中的希望、梦想、恐惧或者渴望，然后将这些“原本就存在的渴望”导向特定商品。这就是文案创作者的任务所在：要做的不是创造大众的欲望，而是将欲望引导到需要的地方。

三、网络文案的写作方法

1. 品牌名称嵌入法

（1）纯品牌名称

在品牌文案中出现的品牌名，仅指代这个品牌，没有延伸出其他的含义，纯粹作为产品或品牌的名字、称呼。这时候，插入或置换品牌名，对整个文案所表达的意思不会产生任何影响，因此可以参考甚至套用某些好的句式，如："我是 ×××，……"

（2）双关式品牌名称

品牌名称除了代表产品 / 品牌的名字、称呼外，其名词本身还有另外一层意思。当把具有双关含义的品牌名放到文案里面时，一方面，产品 / 品牌得到了突显；另一方面，可以作为关键词引导整个文案的情感基调，提升产品 / 品牌的精神内涵。在创作过程中，要着重利用品牌名的另一层含义。

2. 产品属性分解法

（1）历史

历史是任何品牌都无法模仿的独特优势，能够经历漫长的时光保留至今的品牌，必然是经过重重考验的，消费者更加信赖老品牌足以说明时间对一个品牌的重要性。以历史为切入点，阐述品牌的继承与发展，是文案的创作思路之一。

（2）产地

对于一些品牌来说，原产地也是一个可以被用于文案创作的好主题。

（3）材料

产品制作所使用的材料有时能够与其他的产品形成差异，如独家的配方、研发的新材料、优质的原料等。以材料的某个亮点作为入手点，也能写出好的品牌文案。

（4）加工

技术在不断进步，每个品牌对于制作工艺的把握和研发程度是有区别的，只要掌握了最新的或独家的技术，加工工艺就成了品牌的绝佳优势。因此，文案可以与技术相结合，提炼并阐述工艺上的亮点。

3. 客户利益诉求法

以产品能够带给消费者怎样的好处、满足消费者何种生理或心理上的需求为切入点，即在品牌文案中指出利益。需要深入了解并掌握产品的核心功能点，分析并提炼该功能带给消费者实实在在的好处是什么，然后用文字描述出来，形成产品或品牌文案，让消费者产生相关的认知。

4. 消费场景定位法

这里的场景，特指产品的使用场景。人是一种社会性动物，需要进行各种社会化活动，在不同的场合与不同的人打交道，从事社会工作。而人、时间、场合等要素能组合出若干个消费场景和消费用途，因此大部分的产品都具备场景化的特性。

四、网络文案的写作流程

1. 分析语境

语境即语言环境，不同的人群有不同的交流方式。创作文案时需要考虑到广告文案所针对的目标人群的交流方式，要站在受众的角度去思考，按照受众的语言习惯去创作文案，要进行换位思考，不能以自身的喜好为出发点。这就类似于土匪的黑话“天王盖地虎，宝塔镇河妖”，对于不是目标人群的受众，听了会没反应，而对于那部分特定受众就会觉得很熟悉。所以在文案创作时需要分析所宣传商品目标人群的语境，这是文案创作的一项重要原则。

2. 抓住受众

文案以传播信息为主要目的，需要在短时间内抓住受众者，因此就需要考虑抓住受众的方式方法，以此为基础来进行文案创作。对于如何抓住受众，重要的一点就是“抓第一”，因为人们一般对“第一”的事物有着极大的兴趣，所以在文案创作时如能抓住这一点就能很容易抓住受众。但是文案创作者如何在一个平凡的企业中找到“第一”，这是困扰文案创作的典型问题。

3. 单一诉求

阅读文案时诉求点如果过多，受众就很难留下好印象，感觉不知道产品宣传的重点是什么，想传达的信息是什么。诉求点过多会让人觉得不可信，如宣传一个产品有十大功效，给人的第一感觉就是不专业。而单一诉求会让文案信息高度集中，给人留下深刻印象，同时树立起“专家”形象。

4. 一贯调性

文案创作一贯调性是指在创作网络文案时要考虑到这个文案以往的风格，并尊重以往文案所形成的一贯风格，不能贸然推翻以往的创作风格。要在以往风格的基础上进行创作，持续不断地给受众以冲击力，才会在受众心中留下深刻印象，否则先前所有的努力与积累都会消失不见。无论何种商品要想在受众心中留下印象，使其产生购买行为，在文案创作时都需要注意该品牌的一贯调性，以持续不断的文案创作打动消费者，并在消费者心中留下深刻印象，促使其产生购买行为。

五、网络文案的语言特点

1. 从用户视角出发

“懂用户”不是知道他们是谁，而是要知道他们在想什么，想要什么，知道做什么，如何做，才能引起他们的注意，打动他们，唤起他们的情绪，让他们改变决策。具体到文案，就是将用户对产品的了解当作一张白纸。不要围绕产品写文案，要用心去观察生活中用户所遇到的各种麻烦，找到用户没有开口说出的困扰，然后写出来。

2. 满足用户诉求

文案在介绍产品时，不要急于展示自己的优点，而应该先揭示问题，告诉用户，他们需要这个产品，他们能够从这个产品中获益。

一般情况下，每个人都在为自己考虑，以此来决定是否购买一种产品或服务。从某种程度上来说，文案就是在满足消费者的需求来卖产品，而且要体贴地为消费者把这种需求包装得美好且温暖。

3. 和用户建立情感

交情的建立，首先三观（世界观、人生观和价值观）一致才能一拍即合；其次，要用十二分的诚意去经营，才会有深厚情谊。

4. 善用戏剧化手法

戏剧化手法是更容易让用户心理产生戏剧冲突的印象，它是一种既要出乎意料又是情理之中的表达。在整个语言表达体系当中，戏剧化手法可呈现一些角色特点。

六、网络文案的写作原则

1. 引发关注，创造品牌流行

目前，网络语言越来越成为人们网络生活中必不可少的一部分。网络流行语的使用可以短时间内吸引消费者注意到网络信息，甚至参与网络信息的讨论和分享，让网络信息成为流行，使产品成为家喻户晓的品牌。

2. 制造口碑，降低营销成本

网络流行语的运用也是企业探索用户口碑营销、有效降低企业成本的一种方式。在文案中巧妙地运用新鲜有趣的网络流行语，一旦击中消费者的笑点、痛点或兴奋点，引发二次传播，其传播效果往往是其他手段无法企及的。

3. 注入活力，突出品牌标签

品牌的发展需要企业的不断呵护与创新，企业要适应移动网络时代消费者心理和行为的变化，紧跟时代的步伐，为品牌注入新鲜活力。网络流行语本身具有较强的娱乐元素，选择合适的网络流行语做广告可以突出品牌的时尚感，对强化消费者的品牌忠诚，塑造年轻、时尚、个性的品牌形象有积极的推动作用。同时，使用网络流行语也可以成为企业进行精准化营销、和年轻消费者进行无障碍对话的一种有效的方法。

七、网络文案的写作误区

1. 为了创意而创意

好的创意能吸引眼球，好的视觉冲击能够吸引注意。创意是每一个文案人孜孜不倦的追求，有多少文案人，都梦想着某一天自己的创意能一举成名。然而，需要注意的是，创意需要建立在最初的商业目的之上，不能为了创意而创意，忘掉了出发的初衷。

2. 受众者定位不清

在写作之前，需要对目标受众进行细致界定与划分，有针对性地去写。这样做才能有的放矢，更加有效。往往同一个品牌，商业目的一样，但是目标受众不一样，文案的风格与写作套路也会有区别。在企业文案写作中，有时候同一个商业目的的事情，会针对不同领域的细分受众，写出几套针对性的文案。

3. 逻辑不清，思路混乱

为何会出现这种情况？原因往往都是文案写作人员的逻辑思维缺乏训练，在搭建文案框架的时候，思考不够缜密。要防止陷入逻辑混乱的误区，最好的办法就是套用逻辑清晰的文案框架，依着框架往下写。

4. 标题过于夸大其词

毋庸置疑，标题吸引，引导打开是成功的第一步。然而这也仅仅是一小步而已，离成功还有很长一段路。如果标题过于夸张，甚至与内容不相符，那一定会让人大跌眼镜，从此拉黑。这种现象尤其在企业外包推广中更加严重，外包商为了提高点击率，不惜采取夸大其词、吸引眼球的手法。传播率与点击率是提升了，然而这种得不偿失的做法会伤害目标受众的感情。

5. 理论过多，缺乏可视化应用场景

写文案之前，往往都会对某一件产品或事情进行学习、了解和领悟。而开始写文案的时候，经常会误以为用户也已经有了对产品的认知和理解，因此就直接写，但是读者看了文案，往往会反馈“读不懂”。要解决这种情况，一方面要尝试用“小白用户”的角度去思考问题，或者找许多第一次接触本公司产品的朋友来做调查；另一方面，在写文案的过程中，也要尽量模拟实实在在的生活应用场景，使读者读起来有身临其境的感觉。

6. 缺乏商业文案类型的常识认知

在商业应用中，会接触到形式各样的商用文案。不同文案，自带不同的常识或体系要求。例如，提交给政府部门的汇报文件，往往有固定的模板，公文规范要求较高，甚至有一定的“官方语气”；对于网络品宣，口语化、简单直接的语言更受欢迎；而对于商业合作类策划方案，则更偏向于对双方合作的契合度、价值增强与互补性、执行可行性、收益预期与风险的评估等，因此平和、严谨、充分的论述更加有效。

7. 使用不雅词

在日常生活中，应当注意提高个人修养，避免在写文案中不经意地用不雅词汇，引起众怒与抨击。当然，有些人为了出名也会借故引发各种抨击，实现炒作的目的，即使这样，也要注意自己的言行。

8. 总想说服别人

带着这种想法去写文案，往往会把一个很简单的观点弄得很复杂，会从多种角度翻来覆去地论证某个观点或某件事。这类文案会让人读起来很累，并且由于角度太多，反生漏洞更多。一般来说，读者都是有惰性的，并且大多数时间都是碎片化的，需要快速地去认知并认同某些事，如果角度太多，都是太过肤浅的层次描述，往往就都写得不深入，也就没有办法让读者透彻领悟。这样很难在读者的心中留下深刻的印象，反而更加偏离了“说服”的目的。

课后练习

1. 随机寻找一篇爆款互联网文案，分析该文案的语言特点和写作原则。
2. 假如要为热水袋产品撰写一篇文案，你会使用什么写作技巧？

单元三　网络文案的具体写作

在拿到一篇网络文案时，受众一般会按照标题、开头、正文和结尾的顺序进行阅读，文案也常以此结构来进行设计。大致以标题来激起受众的点击欲，借开头和正文来降低受众的跳出率，用结尾来引导受众采取相应的行动。文案人员想要写出一篇吸引力强、转化率高的网络文案，就需要从这三个方面下功夫。

引导案例

近几年来，手机自拍开始流行，人们对手机像素的要求也越来越高，从而使“像素”成为手机的一个很大卖点。各大品牌手机制造商纷纷开始研发提高像素的核心技术。相应的广告舆论战也一触即发。例如，OPPO 的“前后2000万，拍照更清晰”、vivo 的“1600万柔光自拍，照亮你的美”等文案也借助微博、广告牌等渠道迅速走红。糖果手机在这场没有硝烟的战场上也宣传起自己的高像素产品，虽然其在广告方面没有像 OPPO 等品牌一样借助明星和大规模的广告投放来进行宣传，但借用了如图3-3-1所示的文案来表现产品“可放大22倍”的超高像素，并捆绑 OPPO 做自己的竞争对手，点出自己“比更清晰更清晰”

来博取关注，加深了人们对该品牌的印象。此外，糖果手机因为冠名了某综艺节目，还借此推出了一则“本节目不是由比‘更清晰’更清晰的糖果手机冠名播出”的文案，再一次沿用该套路，十分有趣，被网友疯狂“弹幕”“刷屏”。该文案起到了非常好的营销效果，这就是网络文案的营销效果体现。

图3-3-1　糖果手机文案

（1）为什么“本节目不是由比‘更清晰’更清晰的糖果手机冠名播出”的文案语能被网友疯狂“弹幕”“刷屏”？这意味着什么？

（2）新媒体平台中的软文在内容结构方面应该如何展开？

一、网络文案的标题拟定

1. 拟写标题的原则

（1）真实

真实是标题的第一原则，能让受众明白文案中的准确信息，才能与受众建立稳定的关系。为了吸引受众，靠说谎来获取流量是不可取的行为。例如，某品牌发布了一篇名为“年终大促销，点击就有奖品”的网络文案，打开一看却是一张购买玛莎拉蒂减15元的优惠券，瞬间就让受众觉得自己受到欺骗，进而取消关注。所以文案标题一定要真实，不要让受众有被欺骗的感受，从而影响受众的信任，最终走向“取关”的局面。

（2）有趣

什么样的标题会让人想点击阅读？首要的一点是有趣。为什么现在的人花费长时间在各大网络社交平台上，就是因为在这里人们能够看到很多有趣的内容。面对标题，受众也是一样的态度。有趣的标题对他们来说会更有阅读的欲望。

（3）有受众点

在标题中，文案人员要找准关键点，用它去触动受众。这个点可以是与受众切身相关的利益，也可以是文案正文的关键信息，重点是要让受众觉得标题很有信息量。如图3-3-2所示。

原标题	改后标题
好的创意，抵过千万句文案	1 个好创意，可以帮你省掉 30000 元
孩子越早学英语越好	我为什么让 3 岁儿子学英语

图3-3-2　标题修改对照图（1）

（4）通俗

通俗指的是标题语言要去书面化，不要语焉不详，要尽量使用通俗易懂的语言。现在的手机阅读方式主要是碎片化的阅读，所以网络文案的标题要注意节约受众时间，降低受众的阅读难度，不要用太多长句和艰涩的专业语言，不然受众会产生不好理解或不耐烦的心理，从而放弃继续查看。如图3-3-3所示。

原标题	改后标题
我喜欢这个冷酷直白的商业社会	能用钱解决的事儿，千万不要欠人情
全气候电池革命性突破锂电池在低温下性能的局限	我们发明了“不怕冷”的锂电池

图3-3-3 标题修改对照图（2）

2. 标题的命名方法

（1）宣事式

宣事式标题就是不玩文字游戏，直接点明产品宣传意图的标题，这种标题常会开门见山地宣告某事项或直接告诉受众他会获得哪些利益或服务，让受众一看标题就知道该文案的主题是什么。如图3-3-4所示。

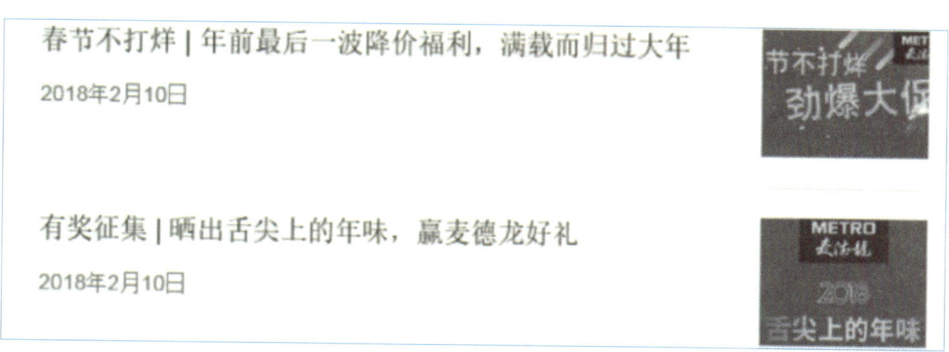

图3-3-4 宣事式标题

（2）“恐吓”式

“恐吓”式标题是通过恐吓的手法来吸引受众的关注，特别是对心里有某种担忧的用户来说，这种恐吓手法可以引起他们的危机感。采用“恐吓”式写法写作标题可以有一定的夸张成分，但不能歪曲事实，要在陈述某一事实的基础上，引导受众意识到他从前的认知是错误的，或使其产生一种危机感，这样才能引起对所推广产品或服务的认同。

（3）提问式

提问式标题是用提问的方式来引起受众的注意，使他们去思考问题，加深他们对文案的印象，让受众想要读完全文一探究竟。但值得注意的是，在考虑要提问的问题时，应从受众关心的利益点出发，这样才能引起他们的兴趣，不然就很可能会让他们产生“关我什么事”“与我无关”的想法。提问式标题可以是反问、设问，也可以是疑问，甚至有时可以用明知故问的方式来表述文案的主题。如图3-3-5所示。

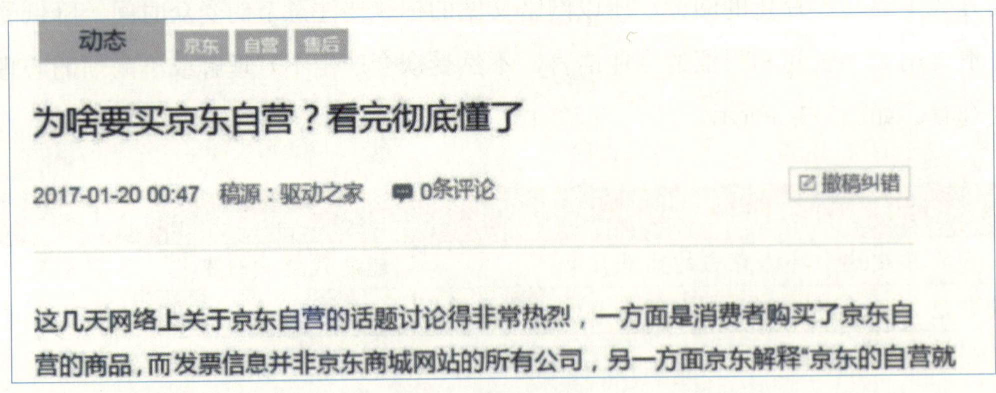

图3-3-5 提问式标题

（4）猎奇式

猎奇式标题就是利用人们的好奇心理和追根究底的心理，引起他们点击文章的兴趣。这类标题的主要目的是吸引人们的眼球，所以写作时可以用背离平常人思维的切入点来思考，如“捡破烂三年，他成了亿万富翁”等让人觉得匪夷所思的标题就是猎奇式写法。如图3-3-6所示。

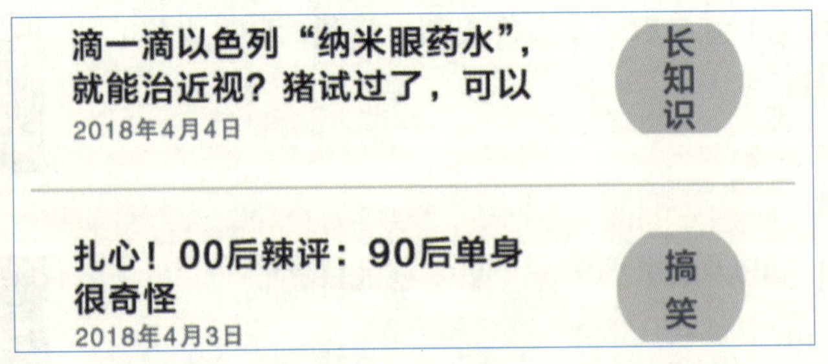

图3-3-6 猎奇式标题

（5）对比式

世界上并没有独立存在的单一事物，任何事物都处在由多种因素构成的相互联系之中。对比式标题就是针对当前事物的某个特性，将其与与之相反的或性质截然不同的事物进行对比，通过这种强烈的对比引起用户的注意。如图3-3-7所示。

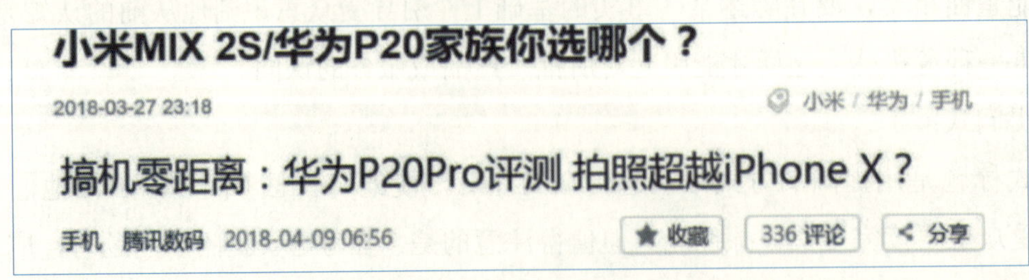

图3-3-7 对比式标题

（6）标语式

标语式标题简短有力，主要由广告的名字或品牌（大都为系列性的）构成。这种标题大都将产品与知名度很高的公司或系列品牌挂钩，从而有助于产品的销售。例如："奥琪没有忘记男士们""喝孔府宴酒，做天下文章""早期发现，高露洁就能挽救蛀牙"等。

（7）新闻式

新闻式标题比较正式且具有权威性，主要以报告事实为主，是对近期发生的有意义的事实的一种表述形式，一般多用来告知受众最近的某些事实变化，包括新产品发布或生产企业的新措施等，目的在于引起受众的关心而转读正文。如图3-3-8所示。

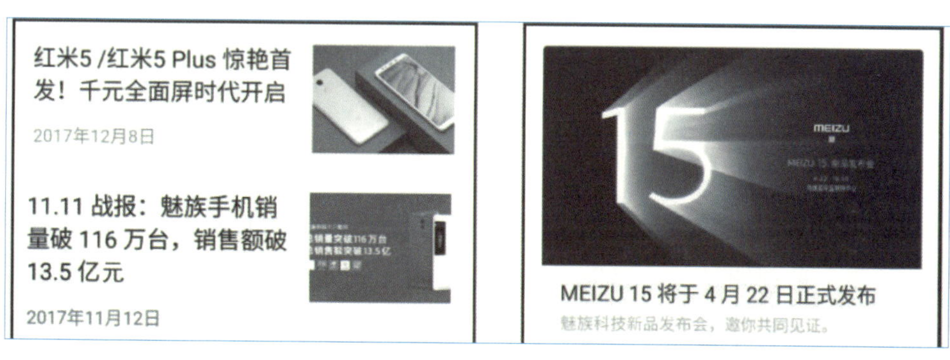

图3-3-8 新闻式标题

（8）证明式

证明式标题就是以见证人的身份阐释产品或品牌的好处，增强受众的信任感，既可以是自证，也可以是他证。该类型常使用口述的形式传递信息，语言自然通俗。例如，"据说用了就可以4天不洗头的洗发水""亲测！这可能是我用过最好用的洗面奶"。

（9）号召式

号召式标题就是用鼓动性的话语作为标题，号召人们做出某种决定或行为。其语言要求具有暗示性和指向性，能让受众受到语言的鼓动，做出标题要求的某种行为。号召式标题一般具有祈使的意味，以动词开头，但在写作时要注意用语委婉，要考虑受众不愿意受人支配或命令要求的心理特点。如图3-3-9所示。

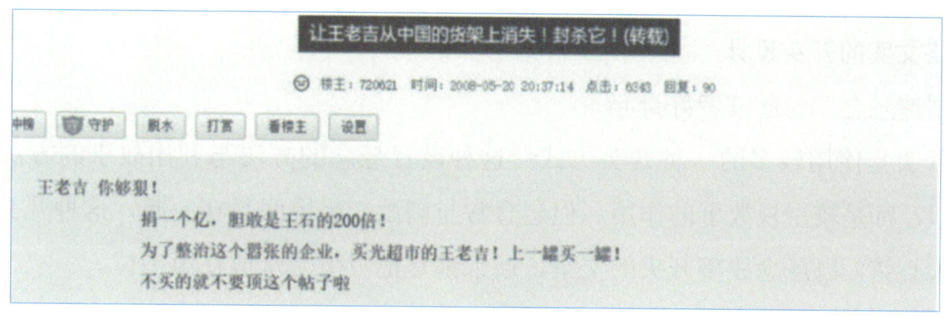

图3-3-9 号召式标题

（10）悬念式

悬念式标题与猎奇式标题类似，但猎奇式侧重于用鲜少听闻的、让人比较震惊或不合常理的消息博取关注，而悬念式侧重于借助某个点去引起人们的好奇和思考，让受众带着思考去阅读，在其中探索答案。例如，“她辞职以后做了自媒体，结果……”“Windows Phone 大势已去？先别给它判死刑”“一张图告诉你营销会议失败的各种可能”“这一次，小黄单车被悄悄抬进地下室……”“十年时间账单，看到最后一条泪奔了”等。

（11）颂扬式

颂扬式标题是指用正面、积极的态度对产品或服务的特征、功能进行适度、合理的称赞，以突出产品或服务的优点。例如，“买了这台车，我的小伙伴们都惊呆了”“帅到爆！超赞外套遭疯抢”等。

（12）数字式

在网络媒体时代，网络文案人员常借助确切的数字来总结正文，用作标题。一方面，数字干净利落，给人一种理性思考的感觉，让人觉得文案十分有条理，可看度强。另一方面，与烦琐的文字相比，数字更有表现力，使用数字标题可以增强事件的可信度，激起读者强烈的阅读欲望。例如，“2大步骤，教你用 PS 调蓝色清新照片”“学会这3个步骤从此不再为上班穿搭而烦恼”“你有100种方法发胖，我就有1000种方式让你显瘦”“20条养生建议，看到第5条毫不犹豫地转了”等。

（13）话题式

话题是用户讨论得最多，也是最容易引起传播的方式。这种话题离不开网络热词和热门影视，例如“套路”“友谊的小船说翻就翻”“春风十里不如你”“世界杯”，以及王健林访谈节目所说的“最好先定一个能达到的小目标，比方说我先挣它一个亿”中的“小目标”等。这些话题一度成为人们热烈追捧和讨论的对象，它们也频繁地出现在餐饮美食、娱乐资讯和房地产广告等各大领域，一篇篇与此相关的文章标题也充斥在新浪微博、微信朋友圈，引起用户的大量转发，登上百度、微博的热搜排行榜。其点击量、转载率与分享效果成为无数商家的参考依据。例如，“时尚的小船，如何不翻”“谁的套路，都比不过物流的套”“春风十里，不如康佳陪你”等。

3. 网络文案的开头设计

（1）制造悬念，勾起读者好奇心

悬念开头是使用较多的一种开头方式，这种设置悬念的方法与利用故事的方法创造的效果有点类似，都是较重视故事的作用。但悬念常与刺激、恐惧联系在一起，这种开头表达的意思较为扣人心弦，以悬念故事开头的文案，通常都是把吸引受众放在第一位。

（2）创造场景，与读者产生共鸣

创造场景也就是情境导入，就是在文案的开头创造一个故事情景，可以用富有哲理的小故事，或者用与要表达的中心思想或段落相关的小故事来作为开头，一句话揭示道理；还可以直接写故事，然后在其中进行商业植入等。

（3）开门见山，直奔文案主题

直截了当地奔向主题，毫不拖泥带水，也就是直接揭示文案主题思想或点明要说明的对象，它要求快速切入文章中心，将文章需要表达的内容直接描述给受众。若是推广某事物，就要马上表述某产品或服务是什么、有什么好处、能解决什么问题等。这种写作方法常以标题为立足点进行直接的阐释，避免受众产生心理落差和跳脱感。

（4）名人金句，打造高级文案

名言开头即在文章开头精心设计一则短小精悍、扣题又意蕴丰厚的句子，或使用名人名言、谚语、诗词等来引领文章的内容，凸显文章的主旨及情感。名句一般言简意赅，运用得当不仅使文案充满吸引力，充分展示文案主题，还能让受众觉得撰写者有文采。这是一种既能吸引读者又能提高文案可读性的方法。

（5）内心独白，直接与读者对话

内心独白是一种在文案开头就把内心的真实想法表露出来的写作手法。互联网时代，人与人之间的交流是隔着网络的有距离交流，有时候屏幕上那些内心独白的文字反而能拉近人与人之间的距离，打动人心。要在文案中写出内心独白，就需要将文案写成类似于戏剧性对白或作者的陈述，向受众道出内心活动。一般来说，由人物独白出的语言，受众听起来会比较亲切，而且这种情感剖白被认为是内心活动的真实反映，不掺杂虚伪和矫情，所以极易给受众以情真意切的印象，引起受众的共鸣，得到受众的信任。

4. 网络文案的具体写作

（1）正文内容的表现形式

①文字式

这是网络文案中使用频率较高的表现形式，一般为微博长文章、微信公众号文案、软文等。这类文案的内容基本上是文字，偶尔也会在文案中插入所推广产品的图片，比较典型的有微信公众号“咪蒙”发表的网易云音乐推文《有些人，其实活到25岁就可以了》和“亚马逊 Kindle 服务号”发布的《没有一个小长假是不能用一本书解决的》微信文章。在写作文字式文案时要重点注意排版的美观和内容的体现，这是非常重要的，文案人员可通过合理规划段落结构与间距、设置不同的字号大小和颜色来实现，确保文案内容详略得当，结构清晰。

②图片式

图片式文案的代表是海报文案，这对图片创意及信息选择的要求比较高，因为图片的大小有限，所以文案人员最好在图片中用简短的文字突出其主题思想和重要的信息。

③图文结合式

现在很多网络文案都要求使用图文结合的形式，因为图片能给人视觉冲击感，文字做解释说明，两者相辅相成。配图可以是产品图、GIF 格式的动图、相关信息截图或者表情包图片等，能和正文内容相融合即可。

④语音式

如今，有些受众不太喜欢看文字，觉得文字读起来麻烦，所以文案人员可以用语音来进行宣传介绍。在论坛中，人们常用语音交流，而且微信公众号也能群发语音，这也是一种可以利用的文案表现形式。有的商家使用音讯 App 来录制自己想说的话，然后将店铺链接复制到语音中，最后将其发送到朋友圈和微信群为店铺做宣传。

⑤视频式

直播和短视频也是现在网络推广的一大趋势，如小红书、淘宝、微博、bilibili 等都是能提供视频内容创作的平台，视频内容多是借助测评、分享、新品现场介绍使用等进行推广营销。

⑥综合混搭式

这样的文案是文字、图片、语音、视频的有机组合，按这种写作方式写出来的文案内容材料十分丰富，表现形式也很强。一般在网络文案中，这种混搭都是“文字＋图片＋短视频”的组合，图片和视频是用于辅助解释文字的。

（2）正文的写作结构

①总分式

总分式结构是现在网络文案中比较常见的一种布局方式，其中，“总”是指文章的总起或总结，起点明主题的作用；“分”指的是分层叙述，即将中心论点分成几个基本上是横向展开的分论点，一一进行论证，逐层深入，最后呈现出一个发散的结构。因为有的文案太长，受众已经不需要总结了，只要看到自己想要的信息即可。

②片段组合式

片段组合式结构主要是将要体现共同主题的几个生动、典型的片段有机地组合起来，用于叙述事件，描写商品特点，烘托品牌。这种方法主要是以叙事的手法来写作，但要注意每个片段的内容不要太多，且不能分散主题，一定要多角度地围绕主题进行展开推广。例如，脑白金的推广软文《人类可以长生不老吗》，该软文就采用片段组合的形式，从“美国人的疯狂”“《新闻周刊》的权威论断”两方面来说明产品的特性，最后再以“脑白金是什么”来解释并推销产品。

③并列式

并列式结构一般是从推广对象的各方面特征入手，不分先后顺序和主次，各部分并列平行地叙述事件、说明事物，或采用几个并列层次的中心论点的结构来进行写作。它的各个组成部分间是相互独立的、完整的，能够从不同角度、不同侧面来阐述推广的对象，即材料与材料间的关系是并行的，前一段材料与后一段材料位置互换，并不会影响文案主题的表现。各材料间联系紧密，可以共同为文案主旨服务，具有知识概括面广、条理性强的特点。

并列式软文的组成形式基本上有两种：一种是围绕中心论点，平行地列出若干个分论点；另一种是围绕一个论点，运用几个并列关系的论据。

④欲扬先抑式

欲扬先抑式也称“抑扬式”，是指为了肯定某人、事、景、物，先用曲解或嘲讽的态度去贬低或否定它的写作方法。例如，要写某个人的好，开头先写他的不好，再通过表扬来说明他的好，但要注意“抑少扬多，扬能压抑”。如图3-3-10所示。

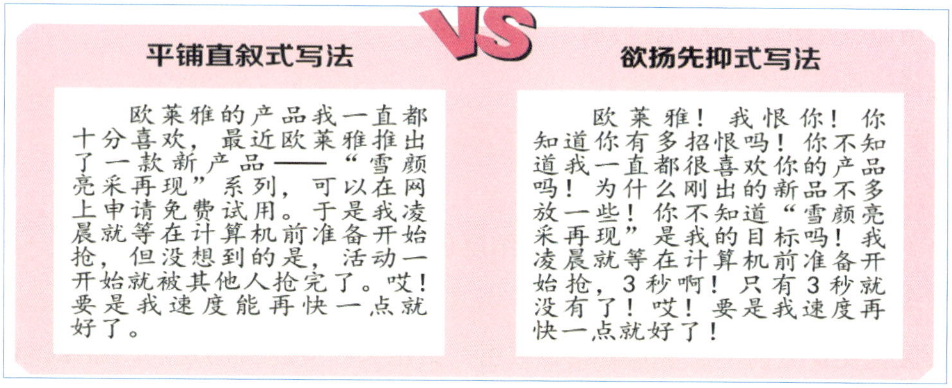

平铺直叙式写法	欲扬先抑式写法
欧莱雅的产品我一直都十分喜欢，最近欧莱雅推出了一款新产品——“雪颜亮采再现”系列，可以在网上申请免费试用。于是我凌晨就等在计算机前准备开始抢，但没想到的是，活动一开始就被其他人抢完了。哎！要是我速度能再快一点就好了。	欧莱雅！我恨你！你知道你有多招恨吗！你不知道我一直都很喜欢你的产品吗！为什么刚出的新品不多放一些！你不知道“雪颜亮采再现”是我的目标吗！我凌晨就等在计算机前准备开始抢，3秒啊！只有3秒就没有了！哎！要是我速度再快一点就好了！

图3-3-10 正文写法对比

⑤递进式

这类结构的文案具有逻辑严密的特点，其内容之间的前后逻辑关系、顺序不可随意颠倒。递进式结构的文案主要是针对一些比较复杂的产品，表现为观点或事件的论证和讲述，常以议论体和故事体的形式进行写作，这种文案的重点内容都在文案的后半段。

⑥三段式

第一段：以简练的语言对事件的主体、客体、时间、地点等进行一个概述性的描述，再以一句话简单概括出这一事件的意义。

第二段：对第一段中的事件展开描述，交代事件发生的背景、过程和相关的细节，重点在于描述事件的“由头”。

第三段：主要是提出针对事件的观点，升华事件的意义。

⑦穿插回放式

穿插回放式是指利用思维可以超越时空的特点，以某物象或思想情感为线索，将描写的内容通过插入、回忆、倒放等方式，形成一个整体。具体操作上需要选好串联素材的线索，围绕一个中心点组织材料。

例如，一篇名为《去年的衣服再贵，今年也不喜欢了》的软文，文案通过与闺蜜购物聊到消费观，再穿插闺蜜入职时候的事情来证实“去年的衣服再贵，今年也不喜欢了”的观点，并借机推广一个购物的小程序。

（3）网络文案的结尾设计

①结尾的作用

制约开头的因素较少，主要来自题目和内容，所以开头形式的发挥空间较大。相比之下，结尾受文章风格、主体内容、写作目的和写作节奏等因素影响，受到的制约较大，所以形式有限，结尾有以下两种作用：第一，加深读者印象。正文得出结论或态度之后，结尾处再次强调，以便加深读者印象。第二，引导读者行动。正文的内容已完结，或者正文的目的就是引导读者时，要在结尾加引导语，引导读者行动。

②结尾设计形式

“加深读者印象”的结尾通常有：

——总结全文

在通篇论证了观点或表达了感情之后，结尾再总结一次，会加深读者的印象。

——呼应题目

在读者阅读文章之前，通常是被题目吸引，结尾再呼应题目的观点，加深读者对观点的印象。

——重申观点

文章的开头就提出观点，结尾再提一遍。

——调侃

常用于严肃说理文章的结尾，通过调侃，让读者轻松。

“引导读者行动”的结尾通常有：

——引导关注或购买

常用于软文的结尾处，通过找到文章内容与软文对象的共同特点，以此引导读者关注或购买。

——引导评论

在正文结束之后，加一句话，引导评论，提高粉丝活跃度。

——呼吁行动

在讲述了观点之后，号召读者在实际生活中运用。

其他形式的结尾还有：

——为下一篇做准备

这是系列文章的常用结尾，以便吸引读者留意下一篇文章。

——固定结尾

无论文章内容是什么，结尾的内容及其排版都不变化，目的是通过长期重复，给读者留下独特的印象，增加公众号的可识别度。

——没有结尾

常见于介绍专业信息的文章。介绍完信息就结尾，干净利落，不拖沓。例如:《10月份，这10款轿车卖得最火！大众占50%，国产仅1款》一文，作者介绍完这10款轿车的信息之后，直接结尾，没有结尾段。

课后练习

1. 在网上搜索一篇优秀文案，并透过现象看本质，分析该文案的标题、开头、正文及结尾分别用了什么写作方法。

2. 如果你要为“美团外卖”平台写一篇推广文案，体现出美团外卖方便、优惠等特点，你会怎么设计标题、开头和结尾？

单元四 网络软文的传播方法

引导案例

网络软文是生命力很强、也很有技巧性的文章，从本质上讲，它是企业软性渗透的商业策略在广告上的实现，能借助文字表达及传播促使受众认同其所想传达的某种观点，从而达到企业品牌宣传或产品销售的目的。早期脑白金的销售策略就是应用软文来营销，这也是较为经典的软文案例。当时史玉柱因巨人集团资金链断裂负债2亿元，就在世人以为他已经穷途末路的时候，他却凭借脑白金的一系列新闻软文《人类可以长生不老》《两颗生物“原子弹”》对脑白金的概念进行重新包装。表面上看这是科普性的普通新闻，其实这是通过抓住受众渴望健康的心理和利用权威数据对脑白金重新定义，达到品牌及产品推广的目的。脑白金后期的《一天不大便＝抽三包烟》《宇航员如何睡觉》等继续沿用健康科普的套路，并使用“恐吓”的语气给受众造成迫切需要解决该类问题的心理。凭借这一系列的软文，巨人集团达到了让受众主动购买脑白金产品的效果，脑白金保健品让史玉柱两年内赚了3亿元，软文营销的方式也自此正式进入了大众眼球。

以前的软文主要是通过报纸、期刊进行传播的，如今，随着社交网络及新媒体平台的创新与发展，软文借助网络传播的便捷性迅速发展起来，将产品消息传达给更多更广的受众，并取得了不错的效益，成为中小型企业进行宣传或营销的首选。文案人员熟练运用网络软文，掌握高传播、高转化的软文写作方法，软文就能更好地服务于市场。

（1）网络软文是什么？

（2）脑白金保健品的网络软文为什么取得了成功？

（3）软文能不能适应现今市场的需要？为什么？

1. 社交类媒体

这里的社交类媒体多指微博、微信、知乎、小红书等，属于现在热门的媒体平台，它们可以由个人管理，并不定期更新内容，用于优质内容的分享。例如，微博广告式、分享式、炒作式文案，微信公众号文章，知乎求助、推荐类主题下的问答内容等都属于软文或产生软文的场所。

2. 视讯类平台

资讯平台如搜狐新闻、网易新闻、天天快报、今日头条等，视频网站如爱奇艺、抖音、优酷、bilibili 中也常包含各种软文。这些网站由于本身内容就很吸引受众的关注，所以流量比较大，在这里发布软文，配合各种图文、视频和链接等，能取得非常好的营销效果。

3. 官方网站

官方网站是企业及品牌信息展示最全面的地方，在其中能提升品牌影响力的软文必不可少，如品牌故事、品牌历史、品牌新闻动态等软文官网几乎都有。

4. 论坛

论坛是一种交互性很强、内容丰富而及时的互联网电子信息服务系统。每个人都能在上面发布看法、讨论聊天，其发布信息的门槛与成本相对较低，不少企业都会利用论坛来进行软文营销，一般是自己写作或引用好的文章，有时还可加入网址或二维码等。

5. 网店

网店中的软文多为描述类软文，所以只需要向读者说明两个问题，即产品的优势和购买的原因，主要是解决信任度的问题。这些文字可以独立成篇，也可以与图片配合在一起。

6. 博客

博客中的软文可以从各个角度、以多种形式进行撰写，不用担心文章被删除和不能添加链接和图片等问题。虽然博客中软文的篇幅不受限制，但也建议不要太长，只要把想要表达的观点阐述透彻即可。

7. 电子邮件

电子邮件虽然“风光不再”，但也还是不少商家和企业喜欢的营销手段，常用来推送各类与产品或品牌相关的消息。

8.QQ 空间

QQ 空间具有方便转载且 QQ 用户数量巨大的特点，无疑是软文营销的重要阵地，尤其是在有些平台对某些软文进行屏蔽的时候，通过QQ空间来进行软文营销的作用就更明显了。

9. 网络媒体

如人民网、凤凰网、四川新闻网等网络媒体中的软文在推广中的首要功能是为了引流和展现搜索的效果，其次才是解决品牌的信任度问题。最值得企业去探讨和研究实践的是，利用网络媒体软文营销与百度竞价相组合，如果运用得当能够“独霸”某些关键词的百度首页。所以，网络媒体适合用来传播营销软文。

课后练习

1. 阅读书中一篇软文，分析这篇网络软文的写作技巧。
2. 自拟主题并写一篇网络软文。

单元五 电商文案创作

互联网的发展给人们的生活带来了巨大的便利，人们的消费方式与消费习惯也发生了巨大的改变，电子商务产业开始繁荣发展。尤其是移动互联网和新媒体平台的兴起，让电商文案逐渐发展成为一个新兴的行业，承担起商品销售、企业品牌传播等方面的重要任务。本章将介绍电商文案的含义、写作攻略、商品详情页的电商文案写作等内容，以帮助文案人员更好地创作电商文案。

引导案例

褚时健是改革开放第一代企业家，在打造褚橙品牌时，他将自己人生的起起落落赋予在这款产品之上，当其创业的报道被发布在微博上后，王石很快就转发了该微博，并引用了巴顿将军的一句话：“一个人的高度不在于他走得多高，而是在于他低到谷底以后能反弹到多高。”其他的一些企业家如潘石屹等也相继转发。结合褚时健的人生经历，这款普通的橙子就被贴上了“励志橙”的标签，当时该产品在百度的搜索量也获得了迅速提升，并引发了人们的购买热潮。接下来不到一周的时间里，第一车20吨货很快就销售一空，从日均70单的销售量，很快上升到日均500～600单，最高达到700～800单的销量。这就是因为品牌故事赋予了这种橙子更加丰富的价值。褚橙的网上销售代理商——本来生活网也靠着褚橙迅速提升了网站的知名度。2013年，在褚橙销售季再次到来的时候，本来生活网又采取了一种个性、幽默、娱乐的方式进行营销，与韩寒及“一个”App合作，经韩寒发布了一则文案：“我觉得，送礼的时候不需要那么精准的……”附图是一个大纸箱，上面仅摆着一个橙子，纸箱上印着一句话：“在复杂的世界里，一个就够了。”该文案一经发布，就获得了网友的大量阅读和转载，不仅引发了大量网友的讨论，还传播了产品的价值，对企业形象和产品质量进行了非常好的宣传。

（1）什么是电商文案？

（2）有哪些成功的电商文案营销案例？

一、电商文案的含义

电商文案是基于网络平台传播的一种文案形式，这种文案以商业目的为写作基础，通过网站、论坛、微博和微信等交流平台进行发布、传播，达到让浏览者信任并引起其购买欲望的目的。电商文案是一种艺术创作，“成功”的电商文案并不是赤裸裸地“王婆卖瓜”，相反，它要把自己的商业动机乃至商业性质巧妙地掩藏起来，给人的感觉仿佛不是在做广告。电商文案于传统文案的区别如图3-5-1所示。

项目	传统文案	电商文案
主体	以大中小企业或工厂为主	以网站站长、网商、店长为主
对象	用于广告和新闻	贯穿整个网络平台，范围更加广泛
媒介	基于纸质媒介，以静态媒介为主	基于网络媒介，以动态媒介为主
渠道	投放渠道有系统、有规模，读者较为固定，忠诚度高	投放渠道不固定，呈散状，忠诚度低
传播	不宜转载，传播力度弱	传播速度快，且极其容易被复制、粘贴和传播
布局	较为正式，一般采用文章的规范写法，有头有尾，娓娓道来	随意性偏强，更注重文案的整体美观效果，更具有设计感
要求	对文章的质量和语言有较高的要求，且有较强的可信度	用语自由，可信度相对较弱
储存	寿命短，难以保存	寿命长，可以储存在电脑中
成本	成本高	成本低
时间	发布时间长	发布及时，且可以迅速得到受众的反应

图3-5-1 电商文案与传统文案的区别

二、电商文案的分类

1. 横幅广告电商文案

横幅展示类广告一般比较简洁，往往只放置一个简短的标题、商品的名称或品牌的Logo（标志、徽标）等，主要起到提示的作用，引起读者注意并单击进去获取更多的广告信息。

2. 商品详情页电商文案

商品详情页文案展示的是商品详情，主要通过文字、图片等元素全面地展示商品的功能、特性，以及销售、物流等方面的信息，从而增加读者对商品的兴趣，激发其潜在需求，引导读者下单购买。

3. 品牌类电商文案

品牌类电商文案主要用于塑造品牌形象，累积品牌资产。品牌类电商文案主要通过讲述品牌故事建立与传播品牌形象。一般来说，品牌类电商文案通过故事进行品牌形象的建立与传播，文案的内容直接决定着品牌故事的好坏，因此要注重故事的塑造和所要表达的思想。一个好的品牌故事能够体现其核心的品牌文化，并达到脍炙人口、源远流长的效果。图3-5-2所示。

图3-5-2　品牌类电商文案

4. 推广类电商文案

推广类电商文案是为了对企业、商品或服务进行宣传推广而创作的文案，其目的在于通过外部链接引发更多读者的关注和转发，从而达到较好的传播效果。常见的推广平台包括网站、论坛、电子邮件、微博、微信及视频直播平台等。推广类文案可以给商家带来更多的外部链接，易引发网友的大量转载，一传十、十传百、百传千，效果将非常可观。

5. 软文类电商文案

软文与硬性广告相对应，软文的精妙之处在于能将宣传的内容与文章内容“合二为一”，让用户在阅读文章内容时不知不觉地接受商品信息。软文类电商文案以“润物细无声”的方式，在电商文案中独树一帜，成为许多商家的选择。如图3-5-3所示。

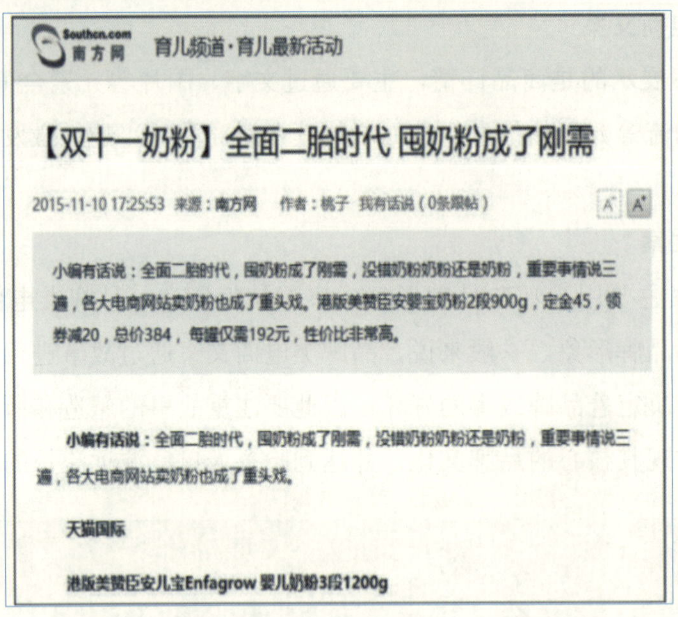
Southcn.com 南方网　育儿频道·育儿最新活动

【双十一奶粉】全面二胎时代 囤奶粉成了刚需

2015-11-10 17:25:53 来源：南方网　作者：桃子　我有话说（0条跟帖）

小编有话说：全面二胎时代，囤奶粉成了刚需，没错奶粉奶粉还是奶粉，重要事情说三遍，各大电商网站卖奶粉也成了重头戏。港版美赞臣安婴宝奶粉2段900g，定金45，领券减20，总价384，每罐仅需192元，性价比非常高。

小编有话说：全面二胎时代，囤奶粉成了刚需，没错奶粉奶粉还是奶粉，重要事情说三遍，各大电商网站卖奶粉也成了重头戏。

天猫国际

港版美赞臣安儿宝Enfagrow 婴儿奶粉3段1200g

图3-5-3　软文类电商文案

三、电商文案的创作思维

1. 聚合思维

聚合思维，又称收敛思维、求同思维、集中思维等，与发散思维正好相反，它是一种异中求同、由外向里的思维方式，主要是指从已知信息中产生逻辑结论，从现成资料中寻求正确答案的一种有方向、有条理的思维方式。如图3-5-4所示。

2. 发散思维

发散思维，又称为辐射思维，是通过对已知的信息进行多方向、多角度、多渠道的思考，从而悟出新问题、探索新知识，或发现多种解答、得出多种结果的思维方式。如图3-5-5所示。

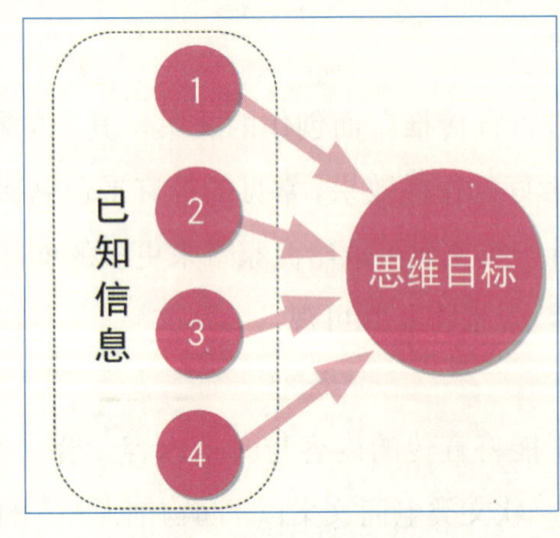

图3-5-4　聚合思维示意

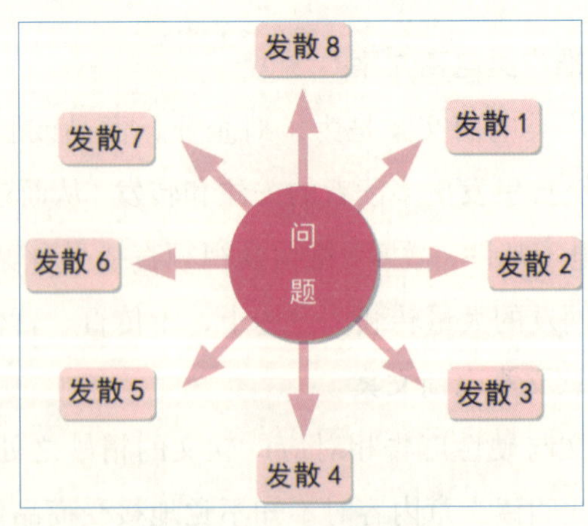

图3-5-5　发散思维示意

3. 横向思维

横向思维又称为水平思维，是指受其他事物的功能、特征和性质的启发而产生新思想的思维方式。这是一种摆脱旧意识、旧经验的约束来思考问题的方法，它往往能打破常规，创造出一些新的想法，适合进行创新。如图3-5-6所示。

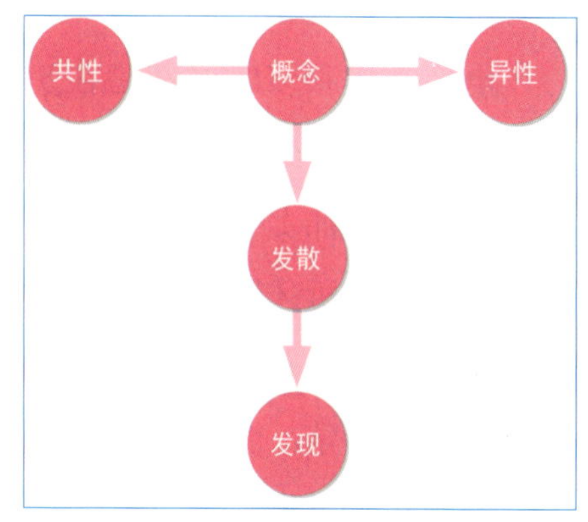

图3-5-6　横向思维示意

4. 逆向思维

逆向思维是指为了实现创造过程中设定的目标，背逆常规现象或常规思维方法与习惯，从问题的相反方向进行思索的一种思维方式。逆向思维最主要的特征是打破原有的思维定式，向传统观念挑战，换位思考，敢于否定。

四、电商文案的写作原则

1. 语言要因人而异

电商文案的类型比较多，不同场合的文案用语要对应不同的风格。如横幅海报文案、产品主图文案等，直接指向的是销售，受众想要了解的是产品和活动规则，这时文案人员就不要用复杂的修辞去表述，最好是用简单的语言直接叙述，这样更有吸引力。而对于详情页文案和品牌推广文案来说，语言可以是充满感情的描述，可以是直白的卖点罗列。对于文案的语言来讲，有的文案要求语言精练严肃，有的则是活用网络词、用语活泼，不必一概而论。如图3-5-7所示。

图3-5-7　语言风格不同的文案示例

2. 突出差异化

电商文案很多时候都是在卖产品，而产品所在市场相对饱和，类似的购买平台、产品和品牌有很多，不少受众购买东西又喜欢“货比三家”。这时，在电商文案中最好突出自家产品的不同点。如都卖手机，同价位手机的差异并不大，这时突出本手机的像素或是大储存空间，与别的产品有所区别，将会增加竞争力。如果同一款手机在不同的电商网站的售卖价格相同，但其中一个平台有其他平台没有的免费1年碎屏险，甚至受众能获得更多的赠品，这就与其他平台产生了差异，也就给了受众一个在该平台购买的理由。

3. 寻找切入点

在电商行业中，找不准切入点的文案就像是没有开刃的武器，无法击倒竞争产品，也就无法受到受众的欢迎。切入点作为一种连接产品和受众的工具，能起到激发受众思考、搭建文案内容和受众已有知识结构之间关系的作用。文案人员可以从创意思维、新闻故事、热点话题、冲突反差、情感营销等方面寻找文案的切入点，让受众觉得这篇文案立意独特，从而对产品或品牌产生兴趣。

4. 图文配合

再精彩绝伦的文案也需要搭配一张具有说服力的图片，尤其是在电商文案中，图文的配合十分重要。这一方面是因为受众不能直接接触产品，产品直观图的缺失容易影响受众的消费欲；另一方面，平白的文字过于单调，而图片的表现力则更强，尤其是在塑造场景时，一张图片总是比语言管用。所以，长篇大论不如图文并茂。如图3-5-8所示。

图3-5-8　图文配合营销文案

五、产品详情页的电商文案写作

1. 产品详情页文案的组成部分

（1）产品全图

产品详情页最不能缺少的就是产品的全景照。网络购物本来就是隔空交易，若是看不见图片，交易基本上不会成功。产品全图可以让受众对产品有一个整体的观感，而且图片相比文字更具有表现力与视觉冲击力。任何电商产品的详情页文案中若是没有图片，受众就会马上离开页面。但有些详情页只展示产品的一部分，如服装，不拍背面图，这样的做法也是不可取的。如果受众购买之后发现背面的设计不能接受，就会产生退换货纠纷，这不利于店铺的评分。所以，在产品详情页文案中一定要展示出产品的全景图。

（2）产品细节图

网上的产品不是实物，有些讲究细节的受众只看到整体外观图，很难放心，细节图的展示能让受众对产品的品质更加放心。如在水杯产品的详情页文案中加入细节展示的内容，如“精致杯盖”“莲花滤网”“加厚底座”等相关细节图。受众对产品有了更多的了解，便会放心购买。

（3）产品功能及设计

产品详情页文案很多时候都是介绍产品的功能、材质和规格等内容。将这些信息作为卖点进行罗列，受众对该产品的了解也就会更加全面。如对于钢笔，会介绍产品尺寸、笔身设计、礼盒配置、颜色展示、笔尖粗细及相应的使用场合等。

（4）产品优惠

不少受众都有“求廉”心态，产品的性价比越高越好。尤其是把产品促销、满减、赠送之类的优惠活动在产品详情页中展示出来，能吸引不少受众的注意。如购买护肤品送小样，购买钢笔礼盒套装赠礼盒手提袋及笔套等。如果这种优惠活动与店内的其他产品绑定销售，还能带动店铺整体的销量。

（5）操作演示图

有些产品会在产品详情页文案中介绍其结构和操作方法。如网上售卖的一些灯饰和书桌，会在主图中介绍其结构与组装步骤；在钢笔的产品详情页中介绍墨囊和吸墨器的使用方法；等等。

（6）产品的其他信息

借助名人（×× 同款）、强调品质（官网正品、原装进口）、从销量出发（月销8000）、物流说明信息（顺丰包邮），以及展示质检证书等，都是可以强调的产品的其他信息。若是知名品牌产品在网上有很多的仿品，其产品详情页可以介绍辨别真假的方法。此外，还可以提供一些附赠服务，如免费代写贺卡，钢笔上、台灯底座接受刻字等，受众会觉得既贴心又有趣，也会优先考虑这种店铺。

2. 产品详情页文案的写作要求

（1）统一叙述风格

产品详情页中需要进行文字描述的部分不止一处，文案人员在进行描述时要先统一文案的用语风格，不能前面使用轻快幽默的语言，后面又使用严肃沉闷的表述方式。否则不仅会降低受众的阅读兴趣，还会让人觉得莫名其妙。产品详情页文案的写作与一般的文案写作相似，只要保证文案风格统一、用语通俗易懂、能够表达产品的特点即可。

（2）确定核心点

核心点就是产品详情页文案的主要表述中心，明确产品的核心竞争点才能更好地组织语言。从中心点展开文字描述，突出产品的优势。

（3）语言个性化

在网店发展如此迅速的环境下，很多店铺的产品详情页文案千篇一律，没有自己的特色和亮点。如果能独树一帜，创造独特的语言描述风格，不仅会吸引受众，还能引领文案潮流，成为真正的赢家。如图3-5-9所示。

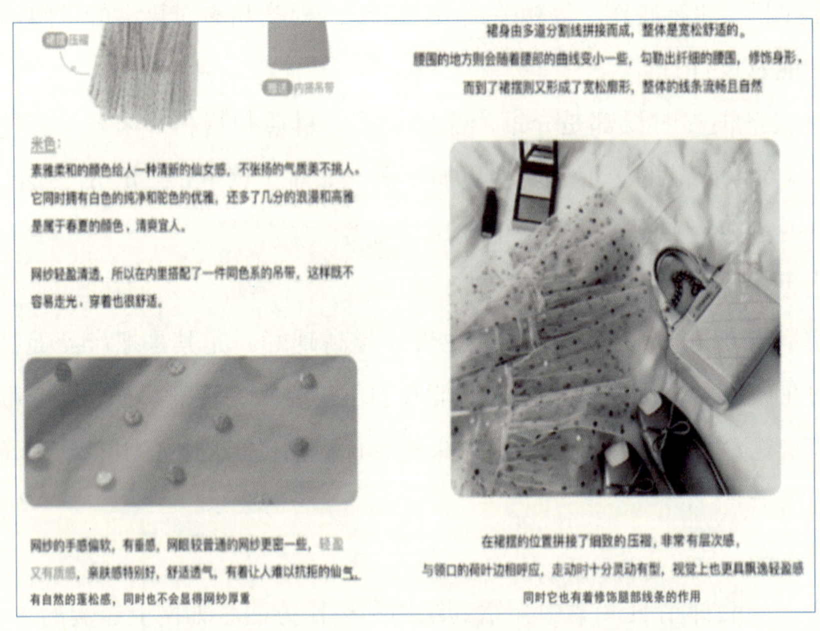

图3-5-9　波点网纱连衣裙产品详情页文案的部分截图

3. 产品详情页文案的写作框架

（1）以清晰的图片为中心

① 焦点图。焦点图一般放在产品详情页的最上方，以图片形式来推广店铺中的产品。

② 产品的总体图和细节图。总体图是指能够展现产品全貌的图片，最好是包含不同角度、不同颜色，能够完美展现产品信息的图片。

③ 场景图。场景是指借助某一地点、人或物品所组成的关于产品的生活画面。电商文案中的场景图是指某个人使用产品的实拍图或将产品置于生活化场景中拍摄而成的图片。

（2）以产品为中心

① 充分做好前期准备。

② 仔细设计产品展示。

③ 注重产品展示的完好性。

④ 强调产品的特色。

⑤ 用语要由浅入深。

（3）以受众为中心

现代销售或服务行业秉承以受众为中心的理念，因此文案写作还要体现受众的需求，并给予受众心理上或精神上的满足。文案写作前可以有针对性地进行一些调研，将受众关心的问题收集起来，并将对应的解决办法一并写入文案中。

（4）造势并借势

“势”是指通过文字、图片或视频等元素向受众传递信息，而这些信息能够对受众的心理产生一定的影响。通过这种影响，造成买家思想上的变化，最终激发他们的购买欲望，达到提高店铺成交量的目的。

（5）关联推荐

文案中可以关联推荐一些同类产品或搭配套餐，以激发受众的购买欲望，提高受众的客单价（就是每一位受众在店铺中平均购买产品的金额）。客单价在一定程度上决定了店铺销售额的高低。店铺的销售额是由客单价和客流量（进店的受众数量）决定的，因此，要想提升店铺的销售额，除了尽可能多地吸引进店的受众、增加受众交易次数外，提高客单价也是非常重要的。

（6）消除买家的风险

网络购物并非像实体店购物一样能够实实在在地触摸到产品，因此具有一定的风险性。很多买家也因为不确定产品的真实性而望而却步。文案人员应该把引起买家担心的问题列举出来，并承诺这些风险由卖家承担；如果交易后出现问题，损失由卖家支付，买家则零风险。如在产品详情页中添加这样的描述：本产品自买家签收后的15天内，若出现任何质量问题，且保证外观、包装、吊牌完好，可直接联系客服更换新品或退货。退换货过程中产生的一切费用由卖家一力承担，不收取您任何费用。

（7）售后及相关信息

关于产品售后服务的相关知识，在产品详情页中必须按照其要求来写作。同时还要注意其相关信息的说明，如什么情况下受众可以申请退换货、退换货的具体流程等。

4. 产品详情页文案的写作技巧

（1）体现产品的价值

①产品的使用价值。使用价值是产品的自然属性，是一切产品都具有的共同属性。任何物品要想成为产品，都必须具备可供人类使用的价值。反之，无使用价值的物品是不能成为产品的。图3-5-10所示的详情页文案就充分展示了锅作为厨房用品的使用价值。

图3-5-10 锅的使用价值展示

②产品的非使用价值。非使用价值通常也叫“存在价值”（有时也称为“保存价值”或“被动使用价值”），它是指人们在知道某种资源的存在（即使他们永远不会使用那种资源）后，对其存在赋予的价值。有很多店铺的产品详情页文案在写作时只体现了产品的使用价值，而忽略了产品的非使用价值，从营销的角度来说这是欠妥的。通过挖掘产品的非使用价值，设计符合受众需求的非使用诉求，可以提升产品的价值，给产品赋予更加丰富的内涵。产品的非使用价值可以从产品的附加价值、身份和形象的提升价值、职业相匹配度、产品的第一感觉等角度来进行挖掘。

（2）手法多样

①对比的运用。产品的质量、材质和服务等都可以作为对比的对象，卖家应该从受众关心的角度出发，对可能引起受众关注的问题进行对比分析，从侧面突出产品自身的优点。如服装类的产品可从做工、面料、厚薄、质地等方面来进行对比，食品类产品可从其产地、包装、密封性、新鲜程度、加工和储存等方面进行比较。

②背景颜色的运用。不同颜色的背景会给受众不同的心理感受，卖家要了解各种颜色所对应的感情色彩和色系，根据自身店铺、产品和促销活动等特点来确定选择哪一种颜色的背景。卖家要注意的是，背景颜色不能太过花哨，最好不要使用太多的颜色来进行搭配，要保证背景

看起来协调且符合大众的审美。产品图片也可通过背景的搭配来提升其气质。

（3）紧贴店铺的定位

文案写作一定要与受众群体的需求相贴合，只有紧贴店铺的定位，不断强调自己的优势与特色，才能打动受众。如裂帛、素罗等店铺的定位为民族风服饰，商家抓住受众对民族风的喜爱与向往，通过一些文艺性的词句和民族风情的语言来进行文案的创作，展现自由与心灵的放飞。这种定位与大多数都市白领的心愿相契合，这些店铺也成为民族风服装品牌中的佼佼者。

（4）抓紧目标消费人群的“痛点”

“痛点”并不是指买了这个产品有多少好处，而是不买这个产品会有什么样的后果。可以设身处地地从受众的角度来思考受众为什么必须购买这款产品，以受众的“痛点”带动店铺产品的卖点，加深受众的认同感，也提升他们的购买欲望。

（5）以情感打动受众

以情感打动受众就是通过“故事”来为产品添加附加价值，让受众更容易接受产品。无论编写什么类型的产品文案，只要能够讲好这个故事，就能调动受众的情绪，让他们在浏览的过程中认同产品的价值，最后促成购买。

（6）用逻辑引导消费者

优秀的产品详情页文案都有一定的逻辑性，它主要围绕产品的某个主题来展开描述，对卖点进行细分，从不同的角度切入。通过众多卖家的实践，产品详情页文案逻辑主要可按照以下顺序进行体现：品牌介绍→焦点图→目标人群设计→场景图→商品详细介绍→商品优势→同类商品对比→消费者第三方评价→使用商品效果→购买理由→购买须知→关联商品推荐。

课后练习

1. 以一篇产品详情页文案为例，分析该产品详情页包含了哪些内容。
2. 以某手机为例写一篇手机产品详情页文案。

单元六 网店商品拍摄与后期处理

引导案例

开店已经三个月，却没有接到过一份订单。小王十分焦虑，想了解问题出在哪里，于是搜了同类产品的皇冠旺铺，发现它们的商品照片非常精美，不仅有背景衬托，还融入道具装饰，再加上各个角度的细节展示，让人看了就有想购买的欲望。再看自己店铺的商品照片，画面过暗、完全看不出商品本来的颜色、无法了解商品的材质，而且只有单一的正面图。小王了解差距之后，决心好好拍摄一组商品照片，却不知道该如何做！

知识储备

通过对本章的学习，读者可以了解到让人心动的网店商品照片的创作过程。本章首先介绍网店商品照片对卖家的重要性，再系统讲解网店商品照片的拍摄和处理流程，包括前期准备、实拍执行、后期处理三个方面。最后教大家如何辨别合格的网店商品照片，包括高品质网店商品照片具有的特征及网店商品照片拍摄时的常见问题。了解网店商品拍摄与后期处理的意义。

- 了解网店商品拍摄与后期处理的流程
- 了解优秀网店商品照片的特征
- 了解网店商品照片的常见问题

一、网店商品拍摄与后期处理的意义

网店是由商品照片和说明文字等构成的虚拟店铺，而网购就是在这种虚拟店铺中进行交易。由于买家在网店中看不到商品的实物，只能通过卖家投放的信息了解商品，因此， 高品质的商品照片是吸引买家关注商品，促进商品销量，并提升网店的整体形象的关键。图3-6-1所示为同一服饰商品的两组照片，你愿意购买哪组照片中展示的商品呢？

图3-6-1 同一服饰商品的两组照片

下面从两个方面介绍高品质的商品照片对网店的重要意义。

（1）有助于提高商品的点击率

很多卖家都曾经疑惑过：为什么相同的商品和推广方式，点击率却千差万别？这说明使用不同的拍摄和处理效果呈现出来的商品照片，给买家带来的视觉感受完全不同。高品质的商品照片能还原及美化商品的品相，从而吸引买家点击浏览，进入店铺看商品的详情页；反之，低品质的商品照片让商品显得劣质、廉价， 无法吸引买家点击浏览，进而影响网店的推广及效益。

（2）有助于提高商品的销量

网店商品照片是对商品的一种展示，目的是让顾客直观地感受商品，判断商品的优劣、做工及质感。在商品详情页中，高品质的商品照片可以使顾客从不同角度了解商品的各种属性和卖点，感受到商品的价值，从而有助于增加顾客下单的信心，提升商品的销量和网店的整体形象。

二、网店商品拍摄与后期处理的流程

网店商品拍摄和后期处理包括前期准备、实拍执行和后期处理三大流程。只有熟练掌握网店商品拍摄和后期处理的完整工作流程，才能制作出高品质的网店商品照片。如图3-6-2所示。

图3-6-2 网店商品拍摄和后期处理流程

1. 前期准备

网店商品拍摄不是简单地给商品拍摄几张照片，而是要对商品进行全面的了解，并根据其外观、功能、材质、工艺方面的信息，制订出详细的拍摄计划。只有将前期工作准备好，才能拍摄出预期的效果。

（1）全面了解商品

首先要对所拍摄商品的外观、包装、功能、特性、材质及工艺等做一个全方位的分析，从而为商品的后续拍摄打好基础。

①了解商品的外观和包装

商品的外观包括形状、尺寸、颜色等。拍摄前，需要对商品的外观和包装进行认真的观察与分析，便于拍摄时选择合适的构图、环境、灯光及拍摄方位，从而完美地展示商品，如图3-6-3所示。

图3-6-3　商品的外观和包装

②了解商品的功能和特性

拍摄前需要熟悉商品的功能和特性，这样才能在拍摄过程中通过搭配合适的道具及选择合适的拍摄视角和区域来传达出商品的亮点，并在后期处理时配合说明文字，对商品的功能和特性等进行具体说明，如图3-6-4所示。

③了解商品的材质和工艺

优良的材质和工艺是商品的一大卖点，因此，在拍摄和处理商品照片时，可以通过光泽、纹理和说明文字等体现商品的质感和做工，以表现商品材质和工艺的优良。此外，规格化的商品标签、维护方法等也可通过拍摄展现出来，以增加消费者的信任感，如图3-6-5和图3-6-6所示。

图3-6-4　商品的功能和特性

图3-6-5　商品的材质

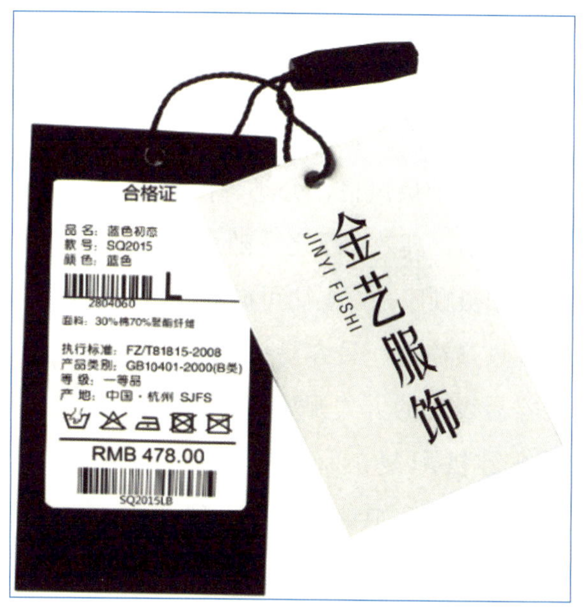

图3-6-6　商品的标签

（2）制订拍摄方案

拍摄方案的制订包括确定拍摄风格、划分商品分类、计划拍摄内容、列出拍摄顺序并制订拍摄计划表。

①确定拍摄风格

首先根据商品的外观、功能、材质、工艺等构思好商品的整体拍摄风格，确定主体的构图、道具的搭配、背景的衬托及灯光的布局，使得拍摄出的商品照片画面统一，充满连贯性和完整性。

例如，拍摄女式草帽时，可采用清新海边风格，以大海沙滩作为背景，并用海星、海螺等作为道具。

②划分商品分类

确定拍摄风格后，还需要把商品进行细致的分类，如果没有对商品进行分类就开始拍摄，可能会导致拍摄过程中临时更换背景、道具、灯光及辅助器材等，耽误工作进度、浪费时间。商品分类时可将商品种类、形状、尺寸、颜色、材质等因素放在一起综合考虑。

例如，服装根据种类分为上装、裤装、裙装、套装等；根据材质分为纯棉、皮质、丝绸等。

③确定拍摄风格

根据划分的商品分类计划好拍摄内容。计划要完整、周密，防止遗漏拍摄内容带来的二次拍摄，耗费人力、物力。根据商品的表面信息、内部结构特点及需要展示的局部细节来确定商品的拍摄内容。同时计划好商品的拍摄张数、分配好商品套图的数量组合，包括主图数量、大图数量、小图数量、细节图数量等。

例如，一款女式红色方形皮质挎包，拍摄时不但需要考虑到各个方位的视角，还要有体现皮质的特写以及包内结构的展示。

④列出拍摄顺序

确定拍摄风格、分类、内容后，列出详细的拍摄顺序。合理的拍摄顺序可以让整个拍摄工作顺畅、高效。反之，随意穿插交替地拍摄会使拍摄者疲劳。

拍摄顺序是有规律可循的，如果是多款商品，需从同类商品开始拍摄；如果是一款商品，则从场景最简单、最容易操作且最容易表现的方式开始，然后再进行搭配复杂、需要用辅助器材才能完成的拍摄，循序渐进。

例如，拍摄一款男式蓝色运动鞋，可先拍摄白背景下的照片，再拍摄模特穿着此款运动鞋跑步的场景。

⑤制订拍摄计划

综合以上内容，可以用表格的形式来制定一个详细的拍摄规划表，如图3-6-7所示，这样比较清晰明确，方便拍摄，有利于掌握时间进度。

名称									
信息									
拍摄内容	拍摄要求		所用器材			拍摄环境		张数	拍摄时间
	拍摄角度	拍摄高度	器材	背景	道具	棚内	外景		
正面图									
侧面图									
斜侧图									
背面图									
底部图									
全家福									
实物对比图									
尺寸对照图									
内部结构图									
商品包装图									
商品配件图									
局部特写图									
商品吊牌图									
组合拍摄									
模特拍摄									
功能写真									

图3-6-7　网店商品拍摄规划表

知识链接

网店商品拍摄规划表信息项可根据实际情况填写商品的外观、功能、材质、工艺等相关内容。而拍摄内容项可根据实际情况变动，也可根据预先列好的拍摄顺序排列。

2. 准备摄影器材

开拍之前，拍摄者需要准备好拍摄中用到的所有器材，如相机、三脚架、照明灯、快门线、存储卡、背景布、柔光箱、反光板等，并检查是否缺少或损坏，以保证拍摄的顺利完成。对于常用辅助器材，如柔光箱、反光板等可多配几个，以备不时之需。如图3-6-8所示。

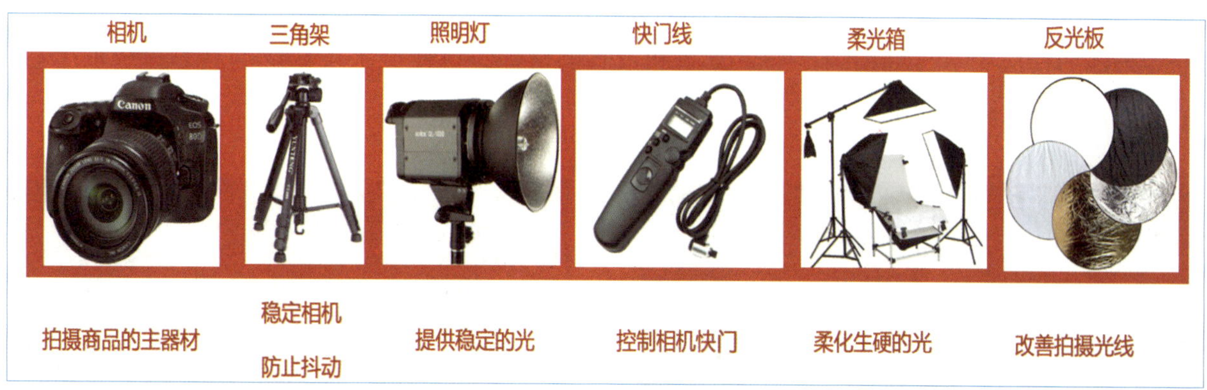

图3-6-8 准备摄影器材

（1）实拍执行

前期准备工作就绪后，就是实际拍摄环节。在拍摄过程中，要对商品的摆放构图、背景道具及布光进行巧妙的设计，最终才能呈现出优秀的商品照片。

①巧妙的摆放和构图

构图是拍摄的关键环节，主体物的摆放位置和角度对整个画面的视觉效果有着巨大影响。

例如，对角线构图能让商品照片显得活泼有张力，竖式构图使得商品照片直观有序，如图3-6-9和图3-6-10所示。

图3-6-9 对角线构图

图3-6-10 垂直线构图

②合适的背景和道具

一组网店商品照片除了主体物的摆放和构图，背景和道具的装饰也必不可少。拍摄者选用的背景不同，画面效果给人感觉也大不相同。例如，无色的背景给人一种干净的感觉，也是棚拍时最常使用的；有色的背景给人一种强烈的感觉，尤其是背景与商品颜色形成对比时，反差感极强。再搭配合适的道具，可以为商品照片增添光彩。

例如，一款女式红色方形皮质挎包，拍摄时不但需要考虑到各个方位的视角，还要有体现皮质的特写以及包内结构的展示。

在日常生活中，很多用品都可以当做商品拍摄的小道具，如相框、杂志、玩具、小家具等。通过巧妙的摆放与美感的构图，加上背景和道具的搭配，可使原来单调的商品显得更加生动，如图3-6-11和图3-6-12所示。

图3-6-11　无色背景

图3-6-12　有色背景

③效果立体化的布光

众所周知，肉眼所看到的一切事物都是因为物体对光线的反射所致。拍摄商品照片时，要如实描述商品本身的结构、颜色、质感，就要通过布光来决定。

利用光线的明暗关系，可通过平面的摄影途径实现商品的立体形态和空间透视效果，使买家在浏览这些商品照片时产生真实的视觉感受，如图3-6-13和图3-6-14所示。

图3-6-13　有立体感的拍摄效果

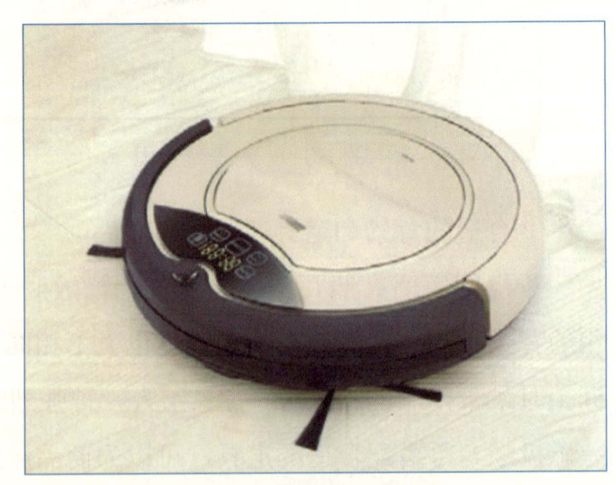
图3-6-14　缺乏立体感的拍摄效果

3. 后期处理

拍摄工作完成后，需要将拍摄的商品照片传入电脑，依据要求进行挑选，然后借助图像处理软件对拍摄不足的地方进行修改和完善，前提是要保证商品照片的真实性。最后可给商品照片添加上水印，防止被盗用，如图3-6-15所示。

图3-6-15 加水印的商品照片

常用的图像处理软件有 Photoshop、光影魔术手及美图秀秀等。如图3-6-16所示。

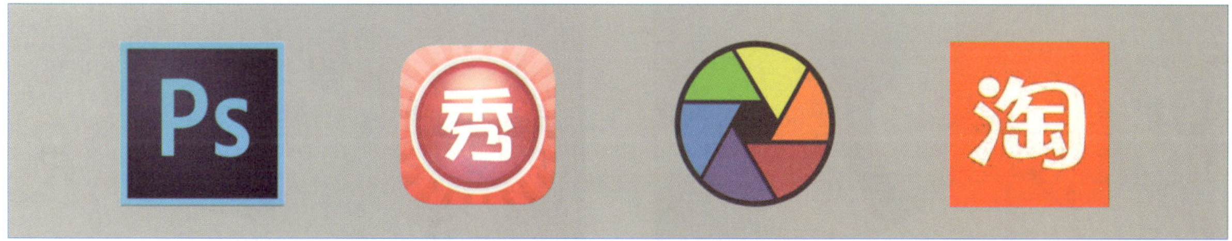

图3-6-16 常用的图像处理软件

三、优秀网店商品照片的特征

好的网店商品照片是吸引买家点击和购买的重要因素，可以让网店推广工作事半功倍。那么，什么样的网店商品照片能打动消费者呢？

1. 主体美观清晰

商品照片中，主体物一定要清晰干净，在画面中不能太大，太大使人觉得压抑，也不能太小，太小让人感觉小气。总体视觉效果要给人以美的享受，从而彰显品质，如图3-6-17所示。

2. 画面色彩还原正确

商品照片一定要色彩还原正确，不能失真，不能偏色，否则视觉上会给人以不舒服的感觉，如图3-6-18所示。

图3-6-17 清新干净的主体物

图3-6-18 色彩还原正确

3. 商品材质细腻明确

商品是由不同材料制造的，具有不同材料的质感特征，只有将商品的材质准确清楚地展现出来，才能更好地让人了解这款商品，如图3-6-19和图3-6-20所示。

图3-6-19 蕾丝布料

图3-6-20 牛仔布料

4. 整体摆放疏密有致

商品全家福照片的布局既要有稀疏浅淡处，也要有茂密浓重处，这样才能使得画面既有规律又有情趣，如图3-6-21所示。

图3-6-21 整体摆放疏密有致

5. 背景和道具搭配适宜

根据商品的风格搭配合适的背景道具，可以更好地衬托主体。背景道具不要遮挡主体物，也不要过大抢了主体物的风头，如图3-6-22是为手机耳机搭配的背景道具。

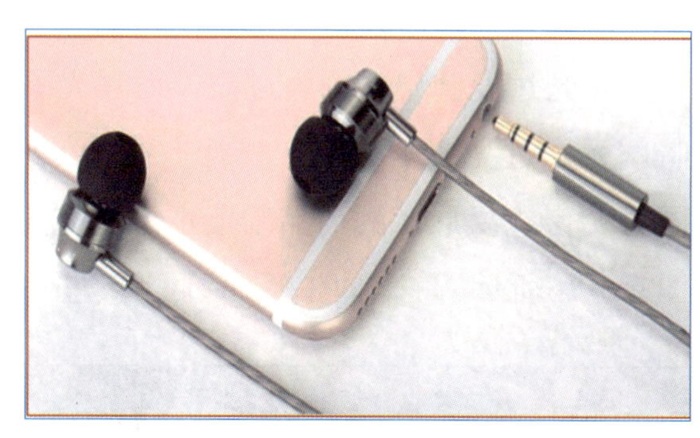

图3-6-22 背景道具搭配适宜

6. 多方位多细节展示

卖家通常会选用一张最满意的商品照片作为主图供买家浏览，但是这样只能展示商品的整体。卖家必须在商品详情页中将商品的所有细节全面地展示出来，让买家多方位、多方面地看清商品。细节展示得越多，买家对商品的了解就越多，疑虑消除得就越多，如图3-6-23所示。

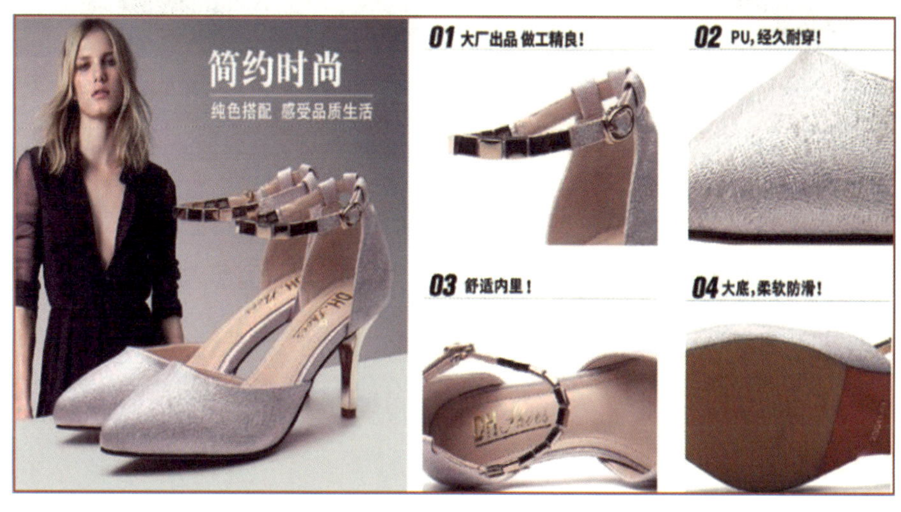

图3-6-23 多方位多细节展示

四、网店商品照片的常见问题

图3-6-24　画面模糊不清

商品照片在网店中扮演着重要的角色，它存在问题会给整个网店带来负面的影响。下面介绍网店商品照片的常见问题。

1. 画面模糊不清

如果商品照片不清晰，看不清商品内容，会给人以虚假的感觉，买家通常不会浏览这样的商品，从而导致卖家减少交易的机会，如图3-6-24所示。

2. 画面曝光失误

曝光过度会导致画面过亮，而曝光不足会导致画面过暗，无论过亮或是过暗，视觉上给人的感觉都是不好的，同时卖家想要展示的商品细节也不会完美，如图3-6-25和图3-6-26所示。

图3-6-25　曝光过度

图3-6-26　曝光不足

3. 画面失真偏色

若拍摄的商品不是它原有的颜色或偏色，如金黄色拍成了橙色或土黄色，那就是一张失败的商品照片，不仅影响商品的美观和销量，还使买家收到的商品与网上看到的不一致，从而导致退换率增加，如图3-6-27和图3-6-28所示。

图3-6-27　画面正常颜色

图3-6-28　画面失真偏色

4. 照片与实物不符

一张商品照片中，虽然主体物清晰、色彩正确，但如果商品照片和实物不符，如商品本来的形状是方形，结果拍摄出来的商品照片却变成梯形，那会让买家觉得图文不符，从而严重影响卖家的可信度，如图3-6-29和图3-6-30所示。

图3-6-29　正常商品照片

图3-6-30　变形商品照片

5. 主体过小或过大

主体物在照片上显示过小会导致商品不明确；而主体物在照片上显示过大，甚至超出了画面范围，不但让买家看不出商品的外轮廓，还会形成一种压迫感，如图3-6-31和图3-6-32所示。

图3-6-31 主体过小

图3-6-32 主体过大

6. 商品过密或过疏

拍摄商品全家福照片时需采用有节奏感、疏密相间的摆放方式，使画面显得饱满又不凌乱。若一味强调整齐则过于呆板，一味强调自然则过于零散，如图3-6-33和图3-6-34所示。

图3-6-33 商品摆放过密

图3-6-34 商品摆放过疏

7. 商品材质不明

拍摄时如果用光不好，会导致商品材质不清晰，从而无法以视觉感受材质，使消费者难以形成对商品材质的正确认知，进而放弃购买，如图3-6-35和图3-6-36所示。

图3-6-35 纯棉材质

图3-6-36 材质不明

8. 背景和道具干扰

如果商品照片中商品主体和背景搭配不得当，会让商品显得不突出，还会让买家产生误解：道具才是商品。切记背景和道具都是商品的陪衬，千万不要喧宾夺主，如图3-6-37所示。

9. 展示不够充分

有些卖家只注重商品主图的拍摄和后期处理，却忽略了细节的展示，这样的拍摄不全面、不成组，对于商品的展示不利，会使买家无法全面地认识这个商品，如图3-6-38所示。

图3-6-37 背景和道具干扰

图3-6-38 只有单一主图

课后练习

1. 商品拍摄的基本流程是什么？

2. 图3-6-39所示为4张网店商品照片，从中找出1张符合网店商品拍摄要求的照片，并说出其余3张网店商品照片存在的问题。

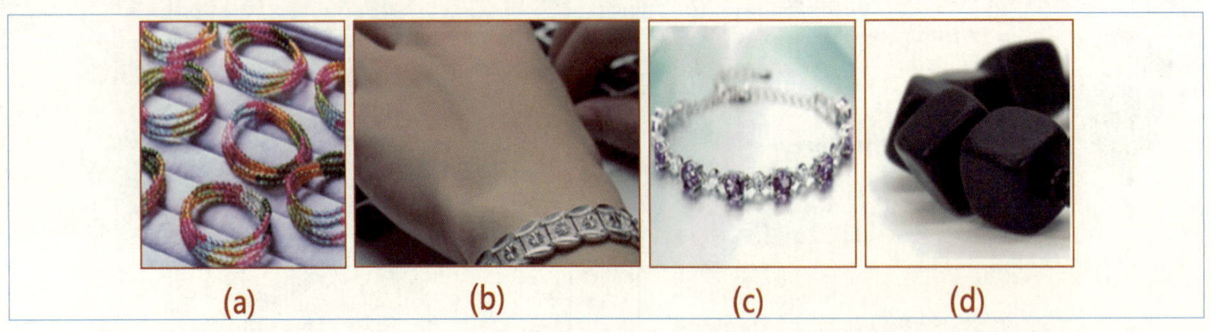

图3-6-39　四张网店商品照片

单元七　摄影器材基础知识及使用

引导案例

小王觉得既然要重新拍摄一组网店商品照片，首要任务是买一部相机及辅助拍摄器材，并熟练掌握这些拍摄器材的使用方法。为此，他决定到网上商城购买这些拍摄器材，但网上商城提供的众多相机和辅助拍摄器材让小王眼花缭乱，不知道如何选择。小王好不容易在朋友的帮助下将相机买回来后，面对相机提供的众多参数和功能，小王却不知道该如何设置才能拍摄出精美的照片。

知识储备

在具体拍摄商品照片前，首先需要购买相关的摄影器材并掌握它们的使用方法。本章将主要介绍摄影器材的基础知识，包括相机的分类、选购要素、操作技巧、参数设定及拍摄商品照片时常用的辅助器材等。

- 了解相机的分类
- 了解相机的选购要素
- 掌握单反相机的结构、组成元素和握持技巧
- 了解拍摄时影响照片品质的因素；理解摄影的相关概念，包括曝光模式、快门和光圈、测光模式、感光度、曝光补偿、对焦、白平衡、景深等，并能根据拍摄需要和拍摄环境熟练地在相机中设置这些参数，拍摄出精美的照片。

● 了解拍摄网店商品照片的常用辅助器材，包括三脚架、照明灯、快门线、背景布、柔光箱、反光板等。

一、相机的分类和选购

俗话说“工欲善其事，必先利其器”，作为一名网店商品拍摄者，首先需要了解数码相机的分类，只有清楚其中差异，才能知道自己需要哪种类型的数码相机。目前市面上比较流行的数码相机类型有卡片相机、微单相机和单反相机三种。

1. 轻便卡片相机

卡片相机由于机身和成本限制，镜头无法做大，图像传感器也很小，导致拍摄时无法充分地吸收光线，再加上不能更换镜头，因此拍摄出的照片质量一般，而且无法实现一些特殊的拍摄。如图3-7-1所示。

图3-7-1 卡片相机

2. 高档微单相机

微单相机结合了卡片相机和单反相机的优点：机身小巧、方便携带，还有接近于单反相机的画质，时尚性和专业性相结合，如图3-7-2所示。

图3-7-2 微单相机

3. 专业单反相机

单反相机是指单镜头反光照相机，是专业的数码相机，属于数码相机中的高端产品。单反相机的特点就是图像传感器比其他类型数码相机的图像传感器尺寸要大，且品质要好，所以单反相机在成像质量方面明显高于其他类型的数码相机，具有专业的拍摄功能，驾驭各种商品样照绰绰有余，如图3-7-3所示。

图3-7-3　单反相机

为了更直观地区别卡片相机、微单相机、单反相机之间的差异，下面列出三种类型数码相机的对比表，如图3-7-4所示。

类型	优点	缺点	适用范围	像素	价格
卡片相机	小巧轻便、样式多变、美观时尚、操作简单、拍摄方便、价格优惠	镜头小采光弱、无法更换镜头、拍照质量一般、拍摄速度慢、手动功能弱	适合对照片要求不高、预算不多的商品拍摄	1 500万左右	1 000～3 000元
微单相机	体积较小、便携性强、手动功能齐全、可更换镜头	较于单反相机画质有差距、可选择更换镜头少	可实现大部分情况下的商品拍摄	2 000万左右	2 000～7 000元
单反相机	专业性强、可随意更换镜头、可自由配装闪光灯和滤镜等辅助工具、画质好	样式单一、机身笨重、不便携带、操作复杂、价格昂贵	适合对画质要求较高的商品拍摄	3 000万左右	5 000元以上

图3-7-4　卡片相机、微单相机、单反相机对比表

知识链接

随着科技的不断发展，手机的拍照功能也越来越强大，已经实现了数码相机的部分专业功能。其机身轻薄、使用方便、拥有网络功能及修图App，拍摄者可随时随地进行拍摄并修图。但是，由于手机的摄像头受机身轻薄的限制，实现光学变焦的难度很大，远距离拍摄时一般是对所拍摄的景物作放大处理，所以拍摄的商品照片噪点较多，其成像质量不如数码相机，如图3-7-5所示。

图3-7-5　手机

二、相机的选购要素

用于网店商品拍摄的数码相机在功能要求上比日常家用的数码相机更高一些，但这并不意味着非要购买价格昂贵的顶级数码相机。合理选购数码相机的原则是不要过分追求高性能，而要选择性价比高的数码相机。至于具体如何选择，下面逐一讲解。

1. 至关重要的图像传感器

图像传感器又称感光元件，其作用是接收景物反射的透过镜头的光并将其转换为电荷，再将电荷经过一系列处理后生成数码照片，存储在相机的存储卡上。图像传感器相当于老式相机的胶卷，是数码相机不用更换的“胶卷”，与数码相机是一体的，被称为数码相机的“心脏”，它在很大程度上决定了数码相机的成像质量，如图3-7-6所示。

图3-7-6　图像传感器

（1）图像传感器的分类

图像传感器根据元件的不同分为CCD（Charge Coupled Device，电荷耦合元件）和CMOS（Complementary Metal-Oxide Semiconductor，金属氧化物半导体元件）两大类。目前，市面上的数码相机大部分都使用CMOS作为图像传感器。

（2）图像传感器的尺寸

图像传感器的尺寸大小被称为画幅，其基本决定了相机的成像质量，是选购数码相机时的重要参考条件。图像传感器的尺寸越大，收集的光线越多，画面记录的信息也就越多，保留的细节越丰富，最终呈现的图像越完美。

单反相机图像传感器的尺寸主要有全景画幅和 APS-C 画幅两种类型。

全景画幅是指单反相机图像传感器的尺寸与原来135胶卷相机底片的尺寸大小相同，为36mm×24mm。

APS-C 画幅是指单反相机图像传感器的尺寸与 APS 胶卷的 C 型画幅大小相仿，约为24mm×16mm，差不多是全景画幅面积的一半。

全景画幅比 APS-C 画幅的成像质量更好，同时价格也十分昂贵，多数入门级的单反相机都是 APS-C 画幅的。全景画幅与 APS-C 画幅的尺寸大小对比如图3-7-7所示。其他数码相机的图像传感器常见尺寸还有1英寸、2/3英寸、1/1.7英寸、1/2.5英寸、1/2.7英寸、1/3.2英寸等。

图3-7-7　全画幅与APS-C画幅的尺寸大小对比

知识链接

图像像素：图像是由许多色块组成的，每个色块就是一个像素，每个像素只显示一种颜色，是构成图像的最小单位。将图像（如照片）显示比例放大后可看到这些色块。我们通常说照片尺寸为1920×1080、2560×1440等，就是指照片的宽、高总像素数。如图3-7-8所示。

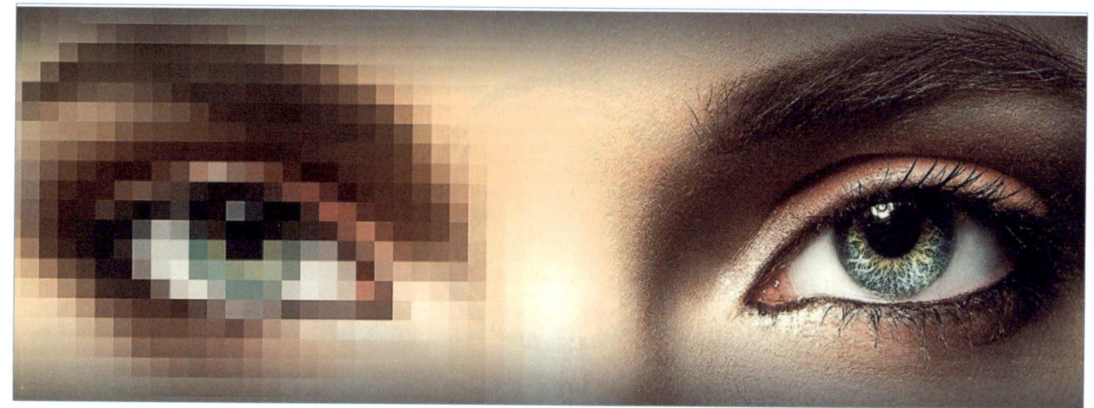
图3-7-8 图像像素

图像分辨率：显示或打印图像时，在每个单位上显示或打印的像素数，通常以“像素／英寸”（pixel/inch，ppi）为单位。很显然，图像分辨率越高，在每英寸上显示的像素越多，图像越清晰。

数码相机的像素大小主要决定了数码相机具体能生成多大尺寸的相片，并不代表画质。虽然高像素可以获得更多的画面细节，但也会使照片文件的体积变大，导致存储的压力变大。而网店商品照片主要是放在网上展示，为了保证传输速度通常会限制照片的尺寸，对尺寸的要求并不高。目前市面上流行的数码相机的像素基本在千万以上，完全能满足商品照片的拍摄需求。

2. 切换自如的手动模式

网店商品拍摄需要选购一款有全手动曝光模式（M）的数码相机，它可以根据场景变化及拍摄需求手动设置光圈和快门速度，从而灵活地对光线进行控制，将商品照片完美地展现出来，如图3-7-9所示。

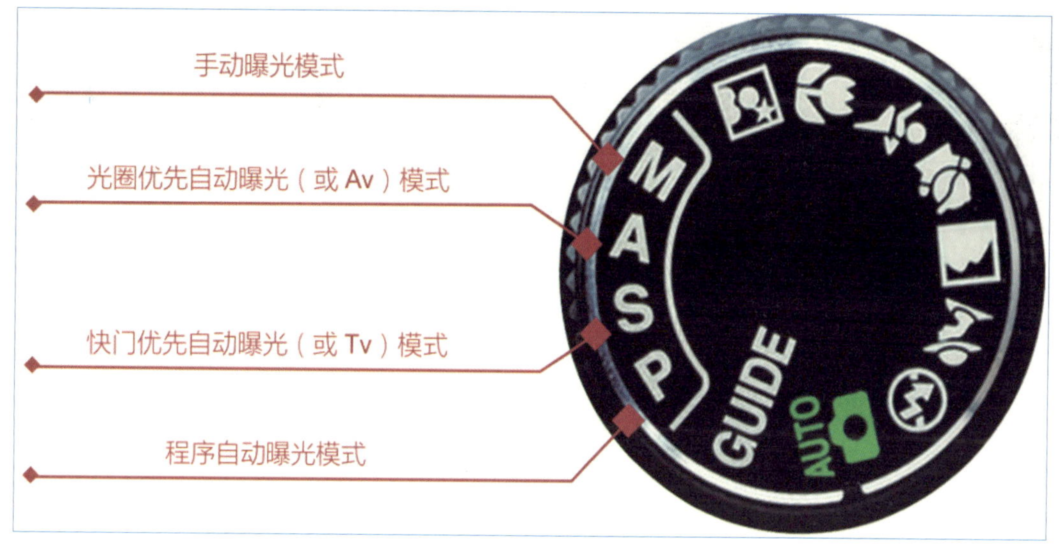

图3-7-9 数码相机的模式拨盘和模式名称

3. 细节呈现的微距拍摄

网店推广商品时，不但需要商品的整体照片，还需要细节的展现，如材质、标签等。微距功能是数码相机与被拍摄对象十分接近也能对上焦的专用摄影模式，数码相机距离商品越近拍摄的画面越清晰，从而将商品细节特写完美地呈现出来，如图3-7-10所示。

图3-7-10　微距模式和微距拍摄效果

4. 无损画质的光学变焦

数码相机的变焦包括光学变焦和数码变焦两种类型。虽然二者都有助于拍摄时放大远方的物体，但是只有光学变焦可以真实地还原拍摄对象，不必担心画面质量的损失。

其中，光学变焦由镜头的焦距控制，它可以在拉近，放大拍摄对象的同时增加更多的像素，所以照片画质不会改变。而数码变焦只是把照片的单个像素面积增大，手法如同使用图像处理软件把照片面积增大，因此，会导致照片细节不清晰。所以在购买数码相机时只需注意光学变焦的倍数即可，如图3-7-11所示。

图3-7-11　正常照片、光学变焦放大照片和数码变焦放大照片

单反相机可以更换不同的镜头，选择合适的镜头才会拍出优质的照片，如图3-7-12所示。例如，拍摄较大系列商品时，如果使用一般数码相机的镜头，由于拍摄范围较小，无法将所有的物品都拍下来，这时就需使用要广角镜头（短焦距镜头），让视野更宽阔。

图3-7-12 镜头

此外，如果拍摄的商品需要特别放大时，使用一般镜头的微距功能拍摄可能会出现变形，或者距离较近时在商品的光面上留下拍摄者的阴影，这时就需要更换望远镜头（长焦距镜头），从稍远处拍摄并将商品拉近，获得影像。如果不想随时更换镜头，可采用变焦镜头，与定焦镜头不同，变焦镜头可以自由调整焦距，只是作为新手难以掌握，而且同档次变焦镜头的成像质量不如定焦镜头。如图3-7-13所示。

图3-7-13 因应拍摄需要调整镜头

三、相机的操作技巧

选购合适的数码相机，是商品拍摄的必要保障，而熟练地掌握数码相机的操作，合理地运用数码相机的参数设定，是拍摄出高品质网店商品照片的必要条件。

1. 相机的机身解析

拍摄者如果想使用好相机，首先要了解它的机身结构，下面就以一款单反相机（佳能 EOS 5DS）

为例来介绍其部件的名称和作用。

单反相机的正面结构如图3-7-14所示，下面简单介绍其主要组成元素的作用。

图3-7-14 单反相机的正面结构及按钮名称

单反相机的正面解析

镜头卡口、镜头安装标志、镜头固定销、镜头释放按钮：详见后面的知识链接。

① 快门按钮

用于对焦和拍摄。按快门按钮过程一般分为两个阶段：先半按快门按钮进行对焦，然后完全按下快门按钮进行拍摄。

② 反光镜

用于将镜头入射的光线反射至取景器，使操作者能够正确地取景和对焦。反光镜可上下动，在拍摄的瞬间升起。

③ 景深预览按钮

拍摄景深照片（主体清晰，背景虚化）时预览设置的景深效果。

④ 手柄（电池仓）

是数码相机的握持部分，只有牢固握持手柄，才能保持数码相机的稳定。

知识链接

镜头安装与拆卸

安装镜头时，将机身镜头卡口上的红色或者白色镜头安装标志与镜头上相同颜色的安装标志相对接，使镜头与机身镜头卡口贴合，然后以顺时针方向旋转，听到镜头固定销发出锁定到位的声音，镜头就安装完毕。镜头上的金属触点与机身触点接触后为镜头导电，使镜头和机身构成一个整体。而拆卸镜头只需按下镜头释放按钮，在镜头固定销降下来后旋转镜头即可。

红色的镜头安装标志为EF镜头的安装标志。EF镜头可以用在全画幅的数码相机上，也可以用在非全画幅（APS-C 画幅）的数码相机上。白色的镜头安装标志为 EF-S 镜头的安装标志，EF-S 镜头只能用在非全画幅的数码相机上。

2. 单反相机的背面解析

单反相机的背面结构如图3-7-15所示，下面介绍其中一些组成元素的作用。

① 取景器目镜

取景器目镜是用于观察所拍摄画面的装置。

② 眼罩

在通过取景器目镜观察拍摄画面时防止外界光线带来的影响。

③ 信息按钮

按信息按钮后，液晶监视器都会根据当前的操作实时显示相关参数。

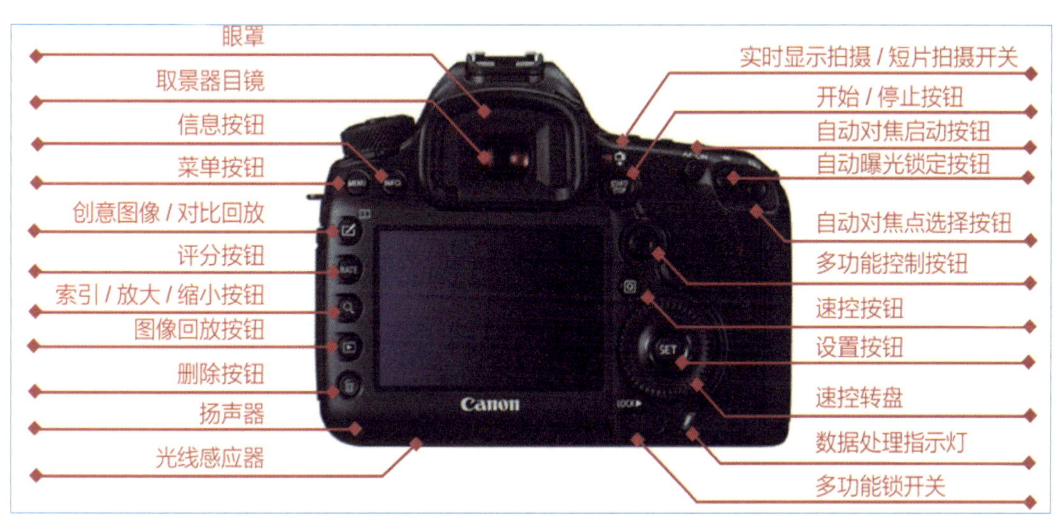

图3-7-15 单反相机的背面结构及按钮名称

④ 菜单按钮（MENU）

在液晶显示器中显示调节数码相机功能的菜单。

⑤ 图像回放按钮

拍摄完成后，按该按钮可观看拍摄的照片效果。

⑥ 删除按钮

用于删除不需要的照片。

⑦ 多功能控制按钮

用于选择自动对焦点，以及选择和设定菜单项等。

⑧ 速控转盘

用于选择白平衡、驱动模式和对焦点等。

⑨ 设置按钮（SET）

用于确认设置，还可用于视频拍摄模式下的启动和停止拍摄。

3. 单反相机的顶面解析

单反相机的顶面结构及按钮名称如图3-7-16所示。

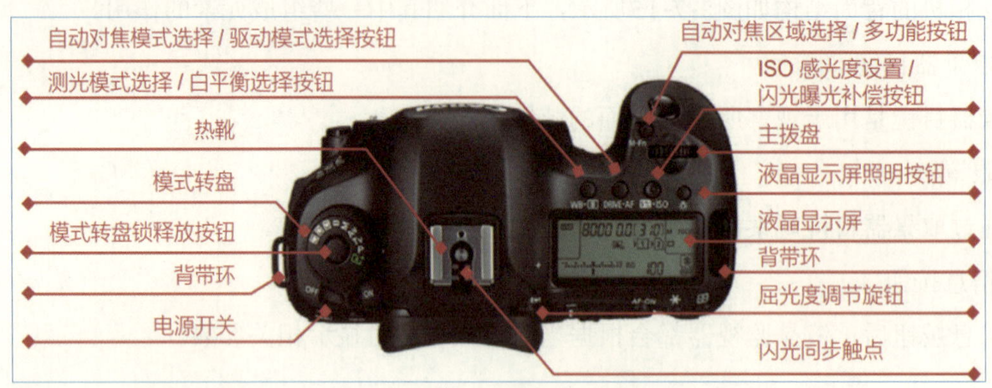

图3-7-16　单反相机的顶面结构及按钮名称标注

① 热靴

是用于连接外置闪光灯的固定接口槽。

② 模式转盘

通过旋转来选择不同的拍摄（曝光）模式。

③ 主拨盘

用于选择设置项目或回放照片时跳转照片等操作。

④ 屈光度调节旋钮

通过旋转屈光度调节旋钮，可以使取景器内的图像与摄影者的视力相适应，调节同时观察取景器，以便选择最清晰的位置。

4. 单反相机的底面解析

单反相机的底面结构及按钮名称如图3-7-17所示，下面简单介绍这些组成元素的作用。

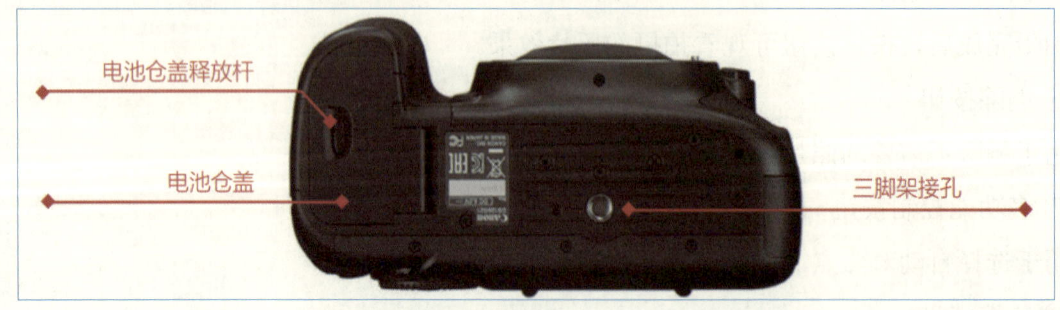

图3-7-17　单反相机的底面结构及按钮名称标注

① 电池仓盖释放杆与电池仓盖

利用电池仓盖释放杆可将电池仓盖打开，装入数码相机附带的电池，安装电池时应确保采用正确的方向插入。

② 三脚架接孔

用于连接三脚架。

5. 单反相机的侧面解析

单反相机的侧面结构及按钮名称如图3-7-18所示，下面简单介绍主要组成元素的作用。

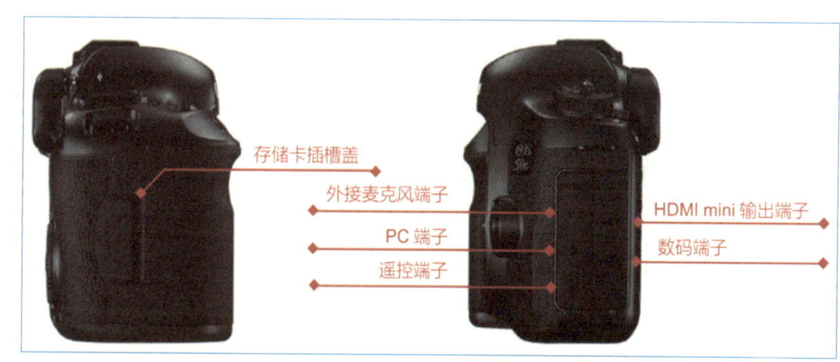

图3-7-18 单反相机的侧面结构及按钮名称标注

① 存储卡插槽盖

打开存储卡槽盖，可放入存储卡。需按照正确的方向插入，完全插入后要注意确保插槽盖关紧。

② 外部连接端子

包括 HDMImini 输出端子、外接麦克风端子、PC 端子、遥控端子、数码端子等，用于与外部设备的连接。

6. 单反相机的镜头解析

单反相机的镜头结构如图3-7-19所示，下面简单介绍主要组成元素的作用。

图3-7-19 镜头结构及按钮名称标注

① 对焦模式开关与对焦环

对焦模式开关用于切换对焦模式，也就是用来切换自动对焦（AF）模式与手动对焦（MF）模式。对焦环在手动对焦（MF）模式时才可以使用，此时可通过旋转对焦环进行对焦。

② 变焦环

通过旋转变焦环可以改变焦距。

知识链接

变焦是指改变镜头的焦距，也就是通常说的把被摄体拉近或推远；对焦是指调整镜头与底片（感光元件）之间的距离，使拍摄主体成像清晰。一般的拍摄步骤是先变焦确定拍摄范围，然后对焦使主体清晰。

四、相机的握机姿势

由于单反相机机身较重，只有正确的握机姿势才能保持单反相机的稳定，从而保证画面的清晰，否则会产生抖动导致画面模糊。下面就来介绍一下单反相机的正确握机姿势。

1. 相机的握法

由于拍摄画面的构图形式不同，拍摄者握持相机的方法也不一样。下面介绍两种常用的相机握持方法——横向握机和竖向握机。

（1）横向握机

横构图时，右手紧握单反相机的手柄，大拇指贴紧机背右上部，食指轻轻放在快门上；左手托住镜头下方，手指弯曲扶着单反相机的镜头，拇指和食指调节焦距或对焦。双臂的肘部紧紧收拢在身体两侧，两脚前后略微分开站立，身体和胳膊形成一个支撑，一只眼睛靠近取景器目镜。取景器目镜是用于观察拍摄画面的装置，同时还能显示数码相机的设置信息，头贴紧它，再加上双手可形成三个支撑点，如图3-7-20所示。

图3-7-20　横向握机

（2）竖向握机

竖构图时，右手握持单反相机的手柄，既可位于上方也可位于下方，但右手位于上方时更有助于手臂张开；左手从镜头底部托起单反相机，此时相机的重心落在了左手上，可以将额头和眼眶紧贴单反相机的取景器目镜以作支撑，如图3-7-21所示。

图3-7-21　竖向握机

2. 相机的稳定

拍摄时，单反相机最好使用三脚架固定。但拍摄者在没有三脚架的情况下，可以把单反相机的背带挂于颈部或缠在胳膊上，这样会有一个支撑点，提高单反相机的稳定性，并且可以防止拍摄时失手将相机滑落，如图3-7-22所示。

图3-7-22　单反相机挂于颈部和缠在胳膊上

拍摄者可根据拍摄对象的高低或拍摄高度决定选用蹲跪拍摄、卧立拍摄或是站立拍摄，如图3-7-23所示。无论哪种姿势，为了确保相机的平稳，都可用身体的某些部位来作为支撑点，又或者借助外部条件增加稳定。例如，靠着墙壁、栏杆、树木等。

图3-7-23　站立拍摄和卧立拍摄

五、相机的参数设置

数码相机提供众多工作模式和参数设置，根据需要进行设定可以帮助拍摄者获得最佳拍摄效果。下面了解一下相机的常用参数设置（相机品牌不同，设置方式也会有所区别，此节出现的相关参数设置以佳能相机为例）。

1. 影响照片品质的因素

一张高品质的照片必须具备美观清晰、亮度适中、色彩正确的特点。这些特点的实现主要由曝光、对焦及色彩还原度来决定。其中曝光占据主要因素，只有曝光恰当的照片才会看上去赏心悦目，如图3-7-24所示。

图3-7-24　曝光过度、曝光恰当、曝光不足

所谓的曝光是用于表示照片整体亮度的术语。照片亮度过大被称为曝光过度（过曝、过亮），照片会因为过于明亮从而失去层次；相反的情况被称为曝光不足（欠曝、过暗），照片会由于过于灰暗导致错失细节。所以在拍摄时应采用合适的曝光，而曝光的控制主要是由光圈值、快门速度、感光度和曝光补偿共同决定。

照片的亮度主要由图像传感器所接收到的光的总量决定，而光圈和快门就像调节阀，快门相当于调节阀打开的时间，光圈则表示调节阀打开的大小，需要分别对两者进行联动调节来控制光线的通过量。例如，采用高速快门配合大光圈以得到一定亮度，同样也可采用低速快门配合小光圈来获得同样的亮度。

数码相机一般会提供自动、半自动和全手动曝光模式。在自动和半自动的曝光模式下，曝光与数码相机提供的测光模式还有着密不可分的关系。测光是指测量拍摄对象表面的反射光。数码相机对物体整体亮度进行测光后才能给出正确的曝光组合，也就是光圈大小与快门速度。此外，影响曝光的因素还有曝光补偿，它是一种曝光的控制方式，指拍摄者根据自己的拍摄需要对相机所计算的亮度进行调整。

2. 设置拍摄（曝光）模式

拍摄模式是指相机的曝光方式，包括全自动曝光模式（Auto）、程序自动曝光模式（P）、光圈优先自动曝光模式（A 或 Av）、快门优先自动曝光模式（S 或 Tv）和全手动曝光模式（M）。要选择不同的拍摄模式，只需按下数码相机上的模式转盘释放按钮，同时转动模式转盘即可，如图3-7-25所示。

图3-7-25　模式释放按钮及模式转盘

（1）全自动曝光模式（Auto）

相机模式转盘上的 Auto 或绿色方块代表全自动曝光模式，它是一种最简单易用的曝光模式。在这种模式下拍照，大多数设置由相机自动决定，无需人为设定参数，拍摄者只需专注于取景、对焦，然后按下快门即可。全自动曝光模式虽然操作简单，但只能保证最基本的拍摄效果，甚至会出现曝光不足或曝光过度等问题。

（2）光圈优先自动曝光模式（A 或 Av）

是由拍摄者决定光圈值的模式，用 A 或 Av 做标志。选择此模式后，拍摄前需要手动设置好所需要的光圈大小，相机会根据拍摄条件自动调节其他参数。

（3）全手动曝光模式（M）

是由拍摄者自由对相机的光圈大小和快门速度进行组合曝光的模式，用 M 做标志。在设定时，相机的测光表会提示拍摄者目前设定的曝光值是不足、过度或是适当，拍摄者可以以此为依据来调整相机光圈大小和快门速度，使其达到最优组合。对于商品拍摄来说，全手动曝光模式能达到最好的拍摄效果，但需要拍摄者有一定的拍摄经验。

拍摄者应根据自己的拍摄水平和需要选择适合自己的拍摄模式，才能拍摄出好的网店商品照片。下面介绍上述五种拍摄模式的差异，如图3-7-26所示。

模式	字母标	类型	适用人群	适合拍摄	适用场景	画面效果
全自动曝光模式	Auto	自动	新手	抓拍	旅行生活纪念照	一般
程序自动曝光模式	P	自动	新手	抓拍	光线快速变化	一般
光圈优先自动曝光模式	A 或 Av	半自动	有一定基础	静止	静止状态	较好
快门优先自动曝光模式	S 或 Tv	半自动	有一定基础	运动	高速运动	较好
全手动曝光模式	M	手动	经验丰富	任意	任意	好

图3-7-26　拍摄模式对比表

知识链接

有些相机还提供了 B 门曝光模式，在该模式下，当拍摄者按下快门时，相机开始曝光，直到松开快门为止，曝光时间长短取决于拍摄者按快门的时间长短，因此，也称为“手控快门”。B 门曝光适合夜景、焰火、天体及其他需要长时间曝光的拍摄。

3. 设置测光模式

使用自动或半自动拍摄模式进行拍摄时，需要先由相机自动测光，再根据测光值判断当前场景下的正确曝光量，从而自动生成光圈值与快门速度的最佳组合。不同的情况下需要使用不同的测光方式，才能得到拍摄对象的正确曝光。一般单反相机的测光方式有四种，其区别如图3-7-27所示。

模式	图标	测光区域图	说明
评价测光			以自动对焦点为中心，照顾画面整体亮度平衡，是测光模式的默认设置。此模式下拍摄照片的特点是在取景范围内整体光线均匀、曝光比较准确。广泛用于风景拍摄、抓拍等多种场景
局部测光			测量灰色圆形部分的光亮，测光范围相对较窄。可用于拍摄背景比拍摄主体更亮的环境
点测光			仅对灰色圆形内的亮度进行测量，范围小、精确。可用于强逆光下，希望仅对人物面部亮度等进行测光的场景。此外，点测光常用于微距拍摄
中央重点平均测光			类似局部测光模式，但对周围的光线也做出一定反应，即注重画面中央部分亮度，同时平衡整体画面亮度。是商品拍摄最常用的测光模式

图3-7-27　不同测光模式对比表

要设置测光模式，需要按机身背面的“Q”（速控）按钮显示速控画面，然后在液晶监视器中选择“测光模式”的图标，进入测光模式页面后选择所需的测光模式，最后按“SET”（设置）按钮即可，如图3-7-28所示。

图3-7-28　设置测光模式

4. 设置快门与光圈

摄影表现主要取决于曝光，而曝光又主要取决于快门速度和光圈大小，合理分配快门速度和光圈大小可以使画面得到更加完美的表现。

（1）快门

快门是相机控制曝光时间的一种装置。快门的主要功能是控制相机的曝光时间，快门速度越大，曝光时间越长，相机的进光量就越多，反之，进光量越少。例如，在光照条件差的情况下，可使用低速快门进行拍摄，从而增加曝光量。

快门速度的单位是“秒”。相机常见的快门速度有1、1/2、1/4、1/8、1/15、1/30、1/60、1/125、1/250、1/500、1/1000、1/2000等，相邻两级快门速度的曝光量相差一倍，也常说差一级或慢一级。

知识链接

使用低速快门时，相机的成像时间会变长，如果用手握持相机，会因手抖而影响成像效果。因此，当使用1/60秒或更慢快门速度时，最好使用三脚架以维持相机的稳定。

在拍摄运动中的物体时，使用不同的快门速度拍摄所产生的效果不同：采用高速快门可以使画面产生凝固效果，采用低速快门则会产生拖影效果，如图3-7-29所示。

图3-7-29 凝固效果和拖影效果

要设置快门速度，应首先选择快门优先自动曝光模式（Tv）或全手动曝光模式（M），然后转动主拨盘设置所需快门速度（在液晶显示屏或取景器目镜中查看设置），如图3-7-30所示。

图3-7-30 设置快门速度

（2）光圈

光圈是一个用来控制光线透过镜头进入相机机身内感光面的装置。它通常位于镜头的中央，是一个环形，光线从中间的通光孔进入。

光圈大小通常用F值表示。常见的光圈值为f/1.4、f/2、f/2.8、f/4、f/5.6、f/8、f/11、f/16、f/22，如图3-7-31所示。相邻两档的透光孔面积相差1倍。例如，f/5.6的光圈透光孔面积是f/8的1倍。

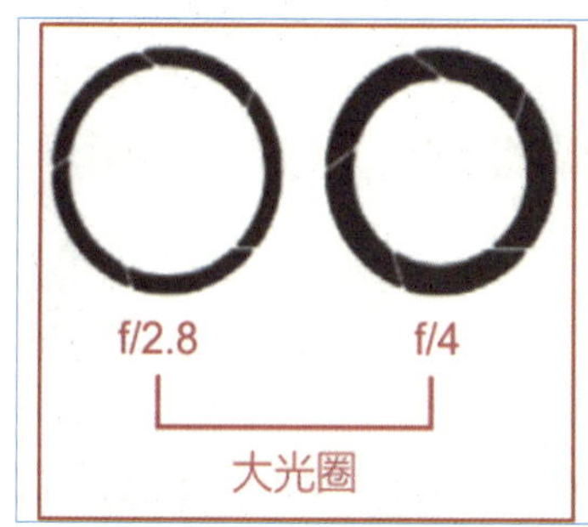

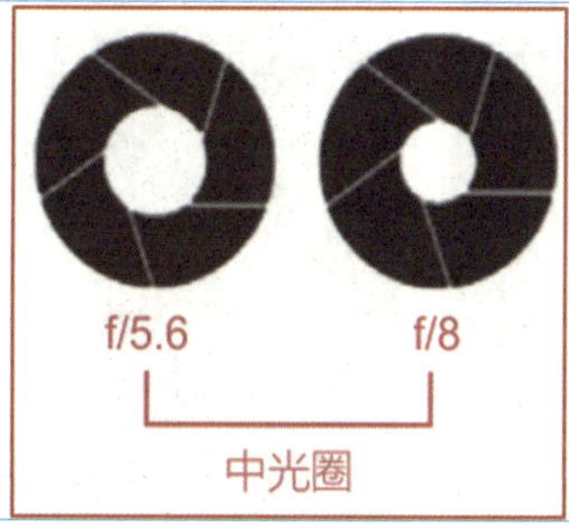

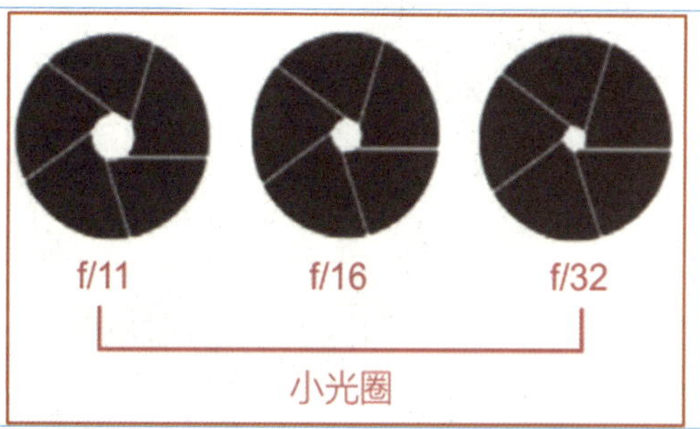

图3-7-31 光圈大小与对应光圈值

光圈F值越小，光圈越大，通光孔径越大，在同一单位时间内的进光量越多，照片越明亮，但是光圈过大可能会导致照片曝光过度；相反，光圈F值越大，光圈越小，在同一单位时间内的进光量越少。在光线充足的情况下，尽量使用小光圈拍摄，这样进光量会比较准确（但光圈太小可能会导致照片产生衍射现象）；在光线不足的环境中，应尽量使用大光圈，获得更大的进光量来保证照片清晰。此外，在小件商品拍摄中，往往需要通过小光圈来体现商品细节。

目前大部分镜头都会标记其最大光圈值。图3-7-32所示的定焦镜头显示1∶2.8，表示光圈最大值为f/2.8；变焦镜头显示1∶3.5-5.6，表示其广角端的最大光圈为f/3.5，而远摄端的最大光圈为f/5.6。

图3-7-32 定焦镜头和变焦镜头

设置光圈大小时先选择光圈优先自动曝光模式（Av），然后转动主拨盘设置所需光圈值即可（在液晶显示屏或取景器目镜中查看设置），如图3-7-33所示，如果在全手动曝光模式（M）下，则转动速控转盘设置圈值。

图3-7-33　设置光圈

知识链接

相机的曝光量由光圈大小和快门速度决定。相同曝光量的照片，可以有不同的光圈值与快门速度组合。光圈开大1级相当于快门速度提高为原来的1倍。例如，同样的光源下，光圈值为 f/5.6、快门速度为1/30秒时得到的曝光量，与光圈值为 f/4、快门速度为1/60秒所得到的曝光量是相同的。

感光度是指相机内部图像传感器对光线的敏感度，用 ISO 作为标示。具体指标有100、200、400、800、1600、3200、6400等，数值之间相差1倍，表示对光线的感光度相差1倍。当拍摄环境的光线不够亮时，通常会用闪光灯或辅助灯来增加亮度，但有时候也会通过增加 ISO 值来提升照片的亮度。例如，光线较为明亮的晴天，ISO 值可设置为100或200；光线较暗的情况下，ISO 值会设置到400以上。

但是，感光度的高低也决定了照片噪点的多少。噪点主要是指图像传感器接收光线并输出的过程中产生的图像中的粗糙部分，是照片中不该出现的外来像素，通常由电子干扰产生。调高 ISO 值可以增加照片的亮度，但是也可能增加照片的噪点；反之，ISO 数值越小，呈现出来的照片细节与材质越清晰，如图3-7-34所示。因此，商品拍摄常用较小的 ISO 值，如ISO100。

图3-7-34 ISO100和ISO200

5. 设置感光度

感光度值对相机的曝光组合有很大影响。随着ISO值的增大，相机对光线极为敏感，成像时相对会用很高的快门速度或很小的光圈以减少进光量来找到其平衡点。例如，在光圈值固定的情况下，若拍摄时所需的正确曝光值为ISO100、快门1/30秒，若此时将ISO值调整为200，则所需要的曝光时间会缩短1倍，即1/60秒。

图3-7-35 设置感光度

设置感光度时按下相机上“ISO”（感光度设置）按钮，然后注视取景器目镜或液晶显示屏，转动主拨盘即可设置相关参数，如图3-7-35所示。“A”表示相机自动设置感光度。

6. 设置曝光补偿

在商品拍摄时，如果出现照片偏亮或者偏暗的情况，而且通过调整光圈与快门也无法到精确的曝光时，可以通过调整曝光补偿得到最佳的曝光量。

曝光值在相机中用EV来表示，一般常见的曝光值为－3EV～＋3EV，主流相机以1/3（0.3）间隔，如－2、－1.7、－1.3、－1、－0.7、－0.3、0、＋0.3、＋0.7、＋1、＋1.3、＋1.7、＋2等级数。每级数值的差就是曝光量的增减倍差，比如＋1就是增加1倍的曝光，也就是光圈放大1档或者快门降低1档，而－1就是减少一半的曝光，也就是光圈缩小1档或者快门提高1档。

图3-7-36所示为在快门速度、光圈大小和感光度相同的情况下，未设置曝光补偿和设置曝光补偿的照片对比。

图3-7-36　未曝光补偿和曝光值+2EV

曝光补偿的要领可以用四个字概括：白加黑减。对白色或浅灰色等高亮度物体拍摄时，应该根据所拍摄物体的光亮程度增加曝光值。

例如，拍摄浅灰色衣服的曝光值为＋1EV，拍摄白色衣服则需要＋2EV甚至＋3EV，这样才能使物体显得更为明亮。对黑色或者深灰色等低亮度物体拍摄时，应该根据物体的昏暗程度减少曝光值。例如，拍摄深灰色衣服的曝光值为－1EV，拍摄黑色则需要－2EV甚至是－3EV，这样才能避免发灰，如图3-7-37所示。

图3-7-37　未曝光补偿和曝光值-2EV

不同相机设置曝光补偿的方法不同。有的相机是在Av、Tv或P拍摄模式下，半按快门按钮在取景器目镜或液晶显示屏中查看曝光量标尺，然后转动速控转盘进行操作，向右为正补偿，向左为负补偿，如图3-7-38所示。

图3-7-38 设置曝光补偿图

有的相机提供了曝光补偿按钮，可首先按下该按钮（见图3-7-39），然后旋转主拨盘进行操作即可。

7. 对焦

对焦也叫对光、聚焦，指的是调节相机镜头，使一定距离外的拍摄对象成像清晰的过程，如图3-7-40所示。一张高品质的商品照片，最基本的条件就是拥有正确对焦。相机一般可以归为两大类，分别是AF（自动对焦）和MF（手动对焦）。

图3-7-39 曝光补偿按钮和主拨盘

（1）自动对焦

现在所有的相机都提供了自动对焦功能，只需将镜头瞄准拍摄对象后，半按“快门”按钮就能够完成对焦了。这种对焦模式操作简单方便，聚焦准确性高，但模式较为固定，有时不

图3-7-40 对焦成功和对焦失败

能自动对焦于理想的部分。

自动对焦的范围在取景器内以小方块的自动对焦点表示。在对焦点自动选择模式下，当听到“嘀嘀”的提示音时，合焦的自动对焦点将闪烁，此时即可按下快门进行拍摄，如图3-7-41所示。

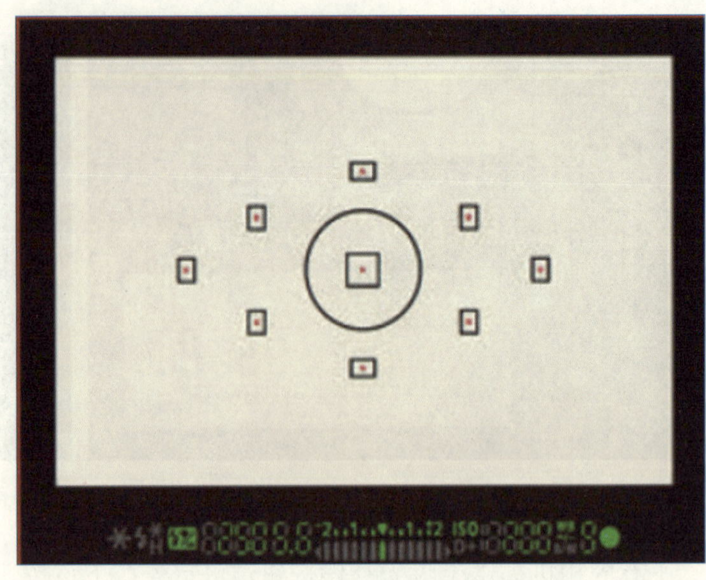
图3-7-41　自动对焦点和合焦

也可以从自动对焦点中根据需要选择对焦点进行合焦，具体操作如下。

步骤1：半按下相机快门后，相机自动对焦功能将启动并开始进行自动对焦，当发出“嘀嘀”音时表示已经合焦，如图3-7-42所示。相机会自动合焦于近前的被摄体，如果合焦位置是我们所希望的，可全按快门进行拍摄。

图3-7-42　自动对焦

步骤2：如果自动对焦的位置不是我们所希望的。例如，我们本意是希望将红酒拍得更清晰些，但却自动合焦到了旁边的红酒杯上。为此，可释放快门并按下自动对焦点选择按钮，启动该功能（此时所有自动对焦点都将闪亮一下），然后旋转主拨盘并观察取景器，自动对焦点将按顺序循环被激活，可从中选择红酒上的对焦点后停止操作，如图3-7-43所示。

图3-7-43 选择对焦点

步骤3：再次半按快门进行合焦，通过电子提示音及取景器内成像进行确认后（见图3-7-44），全按快门进行拍摄。

图3-7-44 半按快门

知识链接

以上介绍的是先构图后对焦的拍摄方式。当要拍摄的主体物不在画面中央时，也可以采用先对焦后构图的拍摄方式。即先半按快门进行对焦、合焦，在要表现的主体物清晰后，保持快门的半按状态并移动相机镜头，将对焦点移动至要表现的主体物上，按下快门进行拍摄。在重新构图的过程中相机不会自动重对焦点。

（2）手动对焦

手动对焦（MF）是通过手工转动对焦环来调节相机的镜头，从而使拍摄对象清晰成像的一种对焦方式。使用手动对焦时，需要将镜头上的对焦模式开关从AF（自动对焦）拨动到MF（手动对焦），在取景器或液晶监视器上观察拍摄对象，转动对焦环，当拍摄对象从模糊变得清楚时，表示对焦正确。此时即可按下快门进行拍摄。

手动对焦只能拍摄相对静止的物体，而且对焦效果取决于拍摄者的熟练程度甚至视力。手动对焦的优点是可以自由地选择画面中想要表现的主体，无论其在哪个位置。此外，在某些特定环境下，AF（自动对焦）不能很好地发挥作用，只能采用 MF（手动对焦）。例如，弱光环境下物体反差小时的拍摄、像光滑墙面这种细节材质不明显的物体拍摄、透过玻璃的拍摄、判断不准焦点的微距拍摄等。

8. 设置白平衡与色温

任何一种色彩只有在白色光线的照射下才能表现其自身颜色，但在绝大多数环境下，光线并不是白色的，如荧光灯的光偏绿、钨丝灯的光偏红或偏橘。当我们用肉眼观看大千世界时，在不同的光线下，对相同颜色的感觉基本是相同的。这是由于在人类出生以后的成长过程中，人的大脑已经对不同光线下的物体的色彩还原有了适应性。

但是，相机没有人眼的适应性，在不同的光线下会造成色彩还原失真，如照片偏黄或偏蓝等，如图3-7-45所示。为了使拍出来的照片能够呈现出人类肉眼所看到的正常颜色，相机就必须根据光线来调整色彩，这种调整就叫白平衡，用WB标示。相机只有能正确地反映白色时，其他色彩才能得到准确的还原。

图3-7-45　正常、偏黄和偏蓝照片

白平衡与色温有着紧密的联系。色温简单来说就是指光线的颜色，其计量单位为“开尔文”（K）。色温越高，光线中蓝色的成分越多，照片就会偏蓝；相反，色温越低，光线中红色的成分就越多，照片就会偏红。调整相机的白平衡就是对不同的色温进行补偿，从而真实地还原拍摄物体的色彩。

相机为拍摄者提供了多种白平衡选项，通常分为四大类：自动白平衡、预设白平衡、自定义白平衡、选择色温。不同白平衡对应不同的色温值，如图3-7-46所示。

模式		图标	色温（K）	说明
自动白平衡		AWB	3000 ~ 7000	一般为默认设置，完全由相机自动处理各种环境下的白平衡，但光线超过色温范围就失去作用
预设白平衡	晴天		5400	在晴天拍摄对象处于日光直射下时使用
	背阴		7000	在晴天拍摄对象处于阴影中时使用，调节偏冷色调，补偿暖色
	阴天		6000	在没有太阳的阴天使用，调节偏冷色调，补偿暖色
	钨丝灯		3000	在钨丝灯照明条件下使用，抑制钨丝灯光线偏红、偏黄的特性，加强蓝色，从而还原照片色彩
	荧光灯		4200	在白色荧光灯照明条件下使用，可抑制荧光灯光线偏绿的特性
	闪光灯		5600	在闪光灯启用时使用，对偏蓝色的闪光灯光线进行补偿
自定义白平衡			2000 ~ 10000	选择“自定义白平衡”后，将一个白色（或灰色）参照物放在相机的拍摄环境中（如白纸），光线在纯白色物体中呈现的颜色就是拍摄环境中光线的颜色，此时相机中会测出一个白平衡值作为此时的白平衡设置参考值
选择色温		K	2800 ~ 10000	选择了“选择色温”模式后，拍摄者需要为白平衡设置一个色温值。相机一般提供若干个高低不同的色温值，拍摄者可根据当前拍摄环境中光线的色温选择合适的色温值，如果拍摄者有专业测量色温的色温计也可根据测定值选择色温，从而获得更加准确的白平衡设置

图3-7-46 相机提供的不同白平衡选项

知识链接

不同的色彩可以使人产生不同的心理感受：红、橙、黄色及由它们构成的色调给人以温暖、热烈的感觉，因而称之为暖色调；紫、绿、蓝等色泽与平静、凉快相连，因而称之为冷色调；灰色、黑色、白色为中间色。

只有正确选择与环境相适应的白平衡效果，才会还原拍摄对象的真实色彩。图3-7-47是拍摄对象处于日光直射下时，选择不同预设白平衡模式拍摄的照片对比效果。

晴天模式：
照片正常显示色彩

背阴模式：
补偿暖色，导致照片略为偏黄

阴天模式：
照片略为偏黄，但补偿力度比背阴模式小

钨丝灯模式：
补偿冷色，导致照片偏青

荧光灯模式：
照片略为偏青

闪光灯模式：
照片略为偏黄

图3-7-47　在阳光下选择不同预设白平衡模式拍摄的照片效果

要设置白平衡，可按相机上的“WB”（白平衡选择）按钮，然后注视取景器目镜或液晶显示屏、液晶监视器中的参照信息，同时转动速控转盘选择希望的白平衡选项，如图3-7-48所示。注意在全自动拍摄模式下不能设置白平衡。

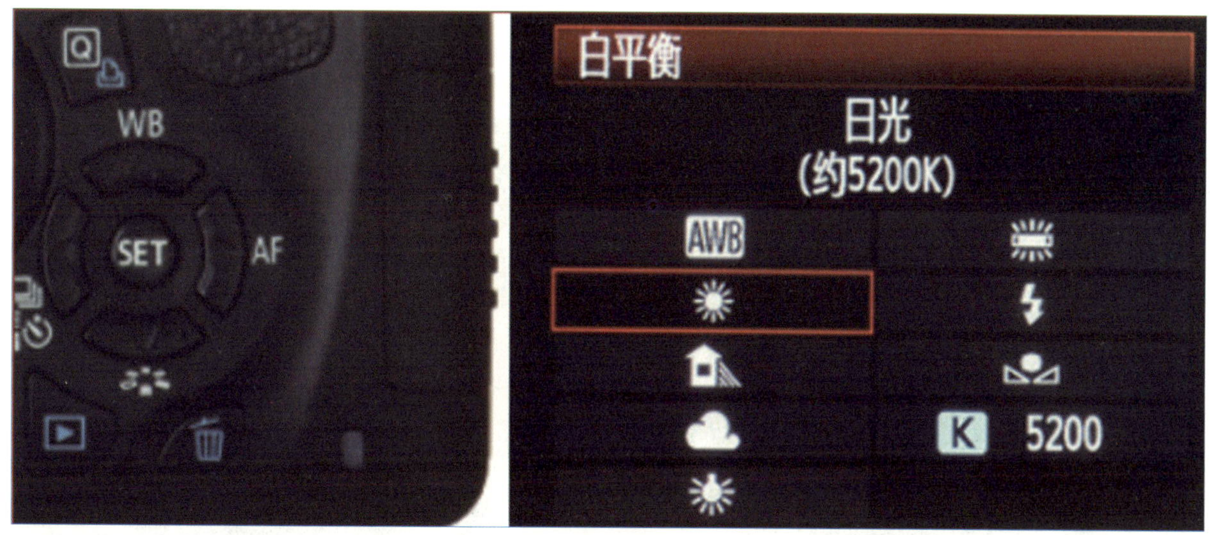

图3-7-48 设置白平衡

知识链接

白平衡本身总是力图实现正确的色调还原，但作为照片来说，正确的色调并不总是我们所需要的。有时候可以有意识地对白平衡进行偏移以获得希望的照片表现效果。

9. 设置景深

所谓景深就是当焦距对准某一点时，其周围画面仍然清晰的范围。它能决定是把背景模糊化来突出拍摄主体，还是拍出主体和背景都清晰的画面。景深越大表示画面中清晰范围越大，景深越小表示画面中清晰范围越小，如图3-7-49所示。

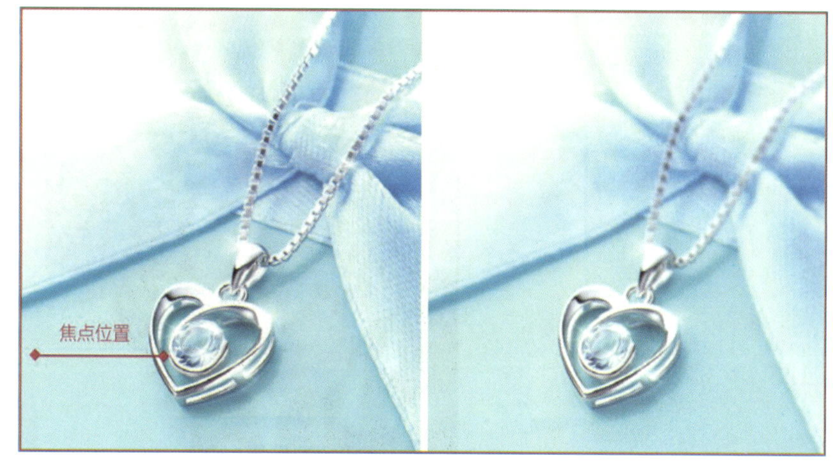

图3-7-49 大景深和小景深

影响景深的要素有光圈、镜头焦距和拍摄距离三个方面：光圈影响，镜头焦距影响，拍摄距离影响。

（1）光圈影响

光圈越大，景深越小；光圈越小，景深越大。图3-7-50为镜头焦距和拍摄距离相同的情况下，分别使用大光圈和小光圈拍摄的同一画面效果。

图3-7-50　光圈对景深的影响

（2）镜头焦距影响

使用中长焦镜头拍摄，景深范围小；使用广角镜头拍摄，景深范围大。镜头焦距越长，所形成的景深范围将会越小。图3-7-51为光圈和拍摄距离相同的情况下，分别使用长焦距和短焦距拍摄的同一束花效果。

图3-7-51　镜头焦距对景深的影响

（3）拍摄距离影响

相机离拍摄对象越近，景深越小；离拍摄对象越远，景深越大。图3-7-52为焦距和光圈相同的情况下，拍摄距离近和拍摄距离远时的照片效果。

图3-7-52 拍摄距离对景深的影响

知识链接

拍摄照片时如果要通过取景器目镜查看景深效果，可按下“景深预测”按钮

10. 照片存储格式及尺寸

数码相机的照片存储格式主要有JPEG和RAW两种。其中，JPEG格式（扩展名为.jpg或.jpeg）是数码照片的默认存储格式，也是各种媒体和网页中最常见的图像文件格式。JPEG格式是一种压缩率很高的图像文件格式，具有图像文件体积小、色彩还原准确等优点，但它采用的是具有破坏性的压缩算法，因此会降低图像的质量。

照片的尺寸越大，画质相对就越高，细节表现得就越充分，但占用的存储空间也会越大。拍摄商品照片时，如果照片准备用来做宣传照、网页主图等，可选用大尺寸；如果照片用来做商品的细节图、网页配图等，可选用中小尺寸，以节省数码相机的存储空间。

要设置照片存储格式和尺寸，需按数码相机上的“MENU”（菜单）按钮进入相机功能设置界面，然后选择“图像画质”或类似选项，进入相应的操作界面进行设置即可。其中，字母“L”代表大，“M”代表中，“S”代表小，如图3-7-53所示。

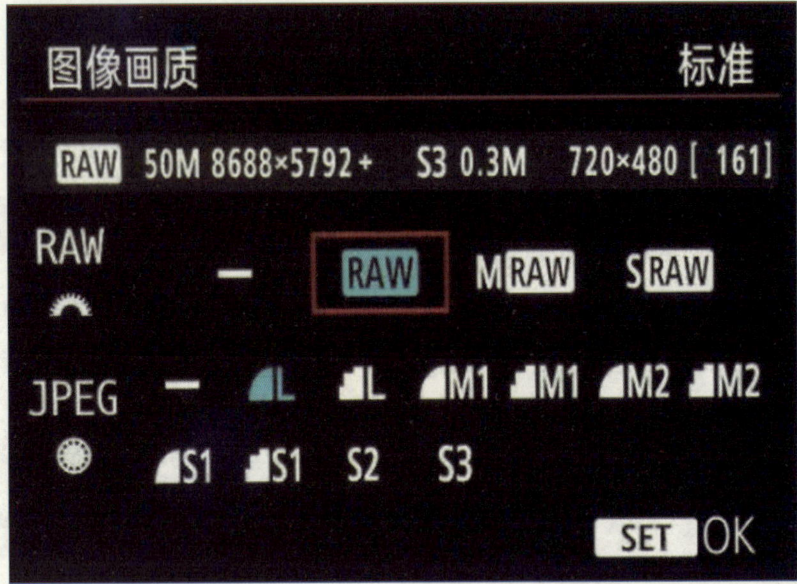

图3-7-53 照片存储格式及尺寸设置

六、 相机常用图标介绍

无论数码相机的品牌、型号区别如何，其常用功能键的图标和英文标称基本相同，分别如图3-7-54和图3-7-55所示。

拍摄模式				驱动模式		闪光灯及其他	
图标	名称	图标	名称	图标	名称	图标	名称
□	全自动		微距	□	单拍		闪光灯开启
CA	创意自动		运动		连拍		闪光灯关闭
P	程序自动曝光		人像	H	高速连续拍摄	A	闪光灯自动
Tv	快门优先自动曝光		风光		自拍 / 遥控		消除红眼
Av	光圈优先自动曝光		夜景人像		自拍定时器：5 秒		图像回放
M	手动曝光		短片拍摄		自拍定时器：连拍		保护图像

图3-7-54 相机常用图标参照表

英文图标	名称	英文图标	名称	英文图标	名称	英文图标	名称
AEL	自动曝光锁定	ISO	感光度	MENU	菜单	W	广角
AE	自动曝光	WB	白平衡	CCD、CMOS	图像传感器	T	长焦
B	长时间曝光	K	色温	JPEG、RAW	存储格式	ON	电源接通
MF	手动调焦	EV	曝光值	SD、XD、CF、SM、记忆棒	储存卡类型	OFF	电源关闭
AF	自动调焦	LCD	液晶监视器				

图3-7-55 相机常用英文标称参照表

七、商品拍摄辅助器材

网店商品拍摄除了需要相机和镜头外，还需要很多辅助器材才能达到更好的拍摄效果。下面介绍一下网店商品拍摄常用到的辅助器材。

为了拍摄出效果更好的网店商品照片，需要为相机配置一些辅助器材，包括维持相机稳定的三脚架、阻挡多余光线的遮光罩、过滤紫外线的UV镜、满足存储空间的存储卡、避免相机抖动的快门线等。

1. 三脚架

三脚架是保证相机稳定的必备配件，可避免拍摄时因相机震动而带来的画面模糊，如图3-7-56所示。由于网店商品拍摄大多在室内进行，因此，选购三脚架时重点关注其稳定性和易用性即可，不必太在意重量。

图3-7-56 三脚架

2. 遮光罩

遮光罩是安装在相机镜头前的常用摄影附件。相机镜头是由多个镜片组成的，当光线射入镜头后，会不断地反射于镜片与镜片之间，导致产生“鬼影”或造成照片灰蒙的感觉。利用遮光罩可以阻挡多余的光线，提高影像的质量；同时还可以起到保护镜头的作用。如图3-7-57所示。

图3-7-57　遮光罩

在同时使用广角镜头和内置闪光灯时，遮光罩容易阻挡闪光，形成黑影，所以在此情况下不要使用遮光罩。

市面上遮光罩的尺寸有大有小，应根据镜头的口径大小购买合适的遮光罩。遮光罩根据形状分为花瓣形遮光罩、长型遮光罩、短形遮光罩3种。其中，花瓣形遮光罩和短形遮光罩主要用于广角镜头，长型遮光罩主要用于长镜头，如图3-7-58所示。

图3-7-58　花瓣形遮光罩、长型遮光罩、短形遮光罩

3.UV镜

UV镜是相机滤镜的一种，也叫紫外镜，是安装在镜头前的一块透明无色玻璃镜片，如图3-7-59所示。天空中分散着大量的紫外线，会影响照片的清晰度和颜色，利用UV镜可以过滤和吸收光源中的紫外线，提高照片的清晰度，轻微降低照片偏蓝的现象；同时UV镜还具有保护镜头的功能，可防止不小心导致的镜头脏污或破损。购买UV镜时要根据镜头的口径大小选择对应的UV镜尺寸。

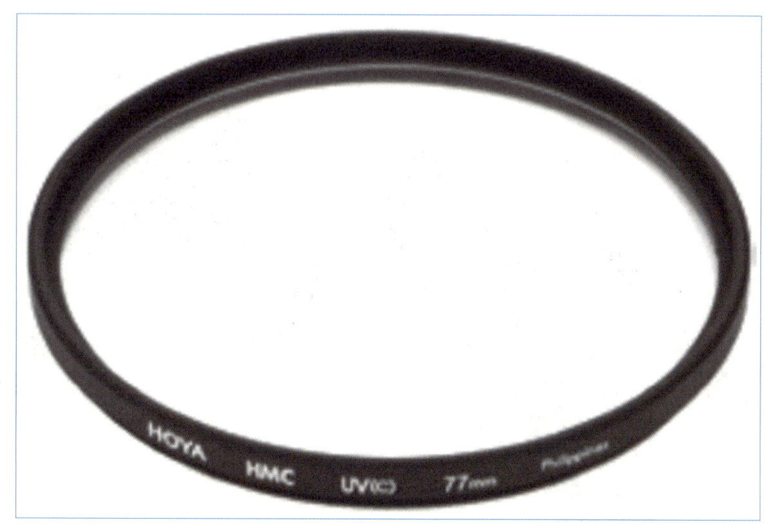

图3-7-59 UV镜

知识链接

相机滤镜是安装在相机镜头前用于过滤自然光的附加镜头，包括滤色镜（对光谱中的各种色光起调节作用）、偏光镜（消除光线在物体表面所形成的闪耀反光）、柔光镜（使光线柔化）、特殊效果镜（星光、多影、中灰、UV、红外线）等多个种类。在摄影创作过程中，利用滤镜可以得到出人意料的拍摄效果。

4. 存储卡

存储卡是数码相机必不可少的配件之一，承担着存储数码照片的任务。目前数码相机使用的存储卡主要是SD卡，其又分为SDHC卡（支持最大32GB存储容量）和SDXC卡（支持最大2TB存储容量）两种类型，如图3-7-60所示。

图3-7-60 存储卡

5. 快门线

拍摄者在按下快门时可能会因为用力过大而导致相机抖动、歪斜，使拍摄画面遭到破坏。快门线是一种可以控制相机快门、防止拍摄者接触相机而导致相机抖动的辅助器材。

快门线分为有线快门线和无线快门线两种，如图3-7-61所示。有线快门线适用于30秒以上的长时间曝光；无线快门线基本可以实现有线快门线的功能，但价格相对贵一些。

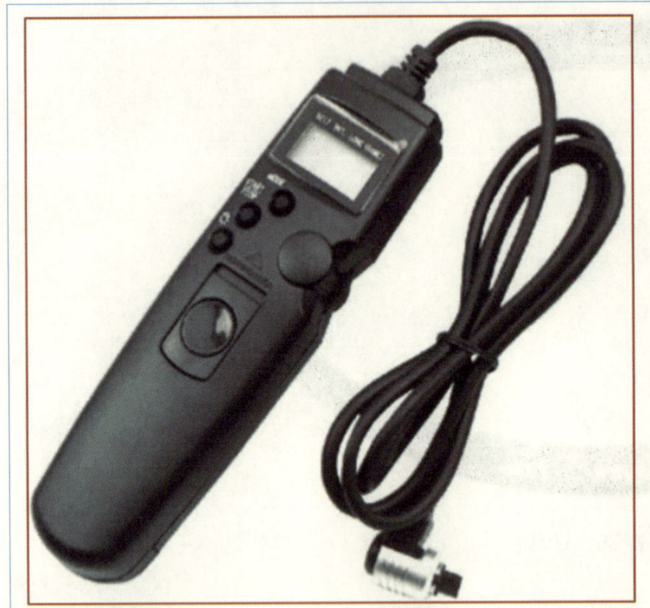

图3-7-61　有线快门线和无线快门线

八、布光辅助器材

摄影是光影的艺术，光在摄影中起着至关重要的作用，相机在不同的光中会拍摄出不同效果的照片。为了让网店商品照片的拍摄效果达到最好，需要有布光相关的摄影器材的辅助。

1. 灯光器材

网店商品拍摄使用的灯光器材主要有闪光灯和照明灯两种类型，下面分别介绍。

闪光灯能够在很短的时间内发出很强的光线，是瞬间光源。当拍摄时自然光和环境光都不能满足需要时，就需要使用闪光灯。闪光灯具有专业的色温、足够的光线强度及很少出现光衰现象等优点，既可用于光线较暗的场合进行瞬间照明，也可在光线较亮的场合为拍摄对象的局部补光。

（1）闪光灯

闪光灯分为内置闪光灯、机顶闪光灯和影棚闪光灯三种类型。使用不同类型的闪光灯会拍摄出不同效果的商品照片，如图3-7-62所示。

图3-7-63为搭配柔光箱并安装在灯架上的影棚闪光灯（柔光箱可以使光线变得柔和）；图3-7-64为安装标准罩、四叶挡板和蜂巢的影棚闪光灯。

类型	外形	使用效果
内置闪光灯		内置闪光灯是相机的标配闪光灯，由于其角度固定，不利于变化，而且直接把强光照射在拍摄的商品上，会产生很难看的阴影，所以网店商品拍摄一般不使用此类闪光灯
机顶闪光灯		比较高端的相机机顶上配有热靴插槽，可以外插机顶闪光灯与相机搭配使用；还可以使用连闪线连接相机和机顶闪光灯，实现离机闪光。离机闪光时，拍摄者可利用墙壁、天花板等物体将光线进行反射，以获得较柔和的光效果
影棚闪光灯		影棚闪光灯集持续灯泡和闪光灯泡为一体。其中，持续灯泡通常为卤素灯，光线强度较低，主要用于提供持续的光线；闪光灯泡提供高强度光，可以通过安装引闪器与相机的热靴接口连接以实现同步闪光。影棚闪光灯的配件十分丰富，包括标准罩、四叶挡板、蜂巢、灯架、引闪器等，价格适中，可以满足室内高要求拍摄，能够有效地还原商品的色彩，最适合商品拍摄使用

图3-7-62　不同类型闪光灯使用效果对比

图3-7-63　影棚闪光灯、柔光箱、灯架

图3-7-64　影棚闪光灯、标准罩、四叶挡板和蜂巢

（2）照明灯

由于外界自然光线的多变性，不易把握和改变，决定了大部分的商品照片都要在摄影棚内拍摄，那么照明灯必不可少。在选择照明灯时，色温值最好在5200K～5600K、显色性（光源对物体的显色能力）指数接近100（最高值，太阳光的显色指数被定义为100），流明值（就

是光通量，衡量来自光源的可视光能的单位）越高越好。

图3-7-65为网店商品拍摄常使用的照明灯类型和使用效果。

类型	外形	使用效果
台灯		照明范围较小，适合小件商品拍摄。如果光线不够均匀，可以使用硫酸纸作为柔光板，从而达到光线均匀柔和的效果
石英灯		常称为射灯，优点是光线柔和、温润，拍摄照片的色彩效果极艳，常用于拍摄较为细致的暖色系商品；缺点是成本高，发热高，使用后需冷却
三基色节能灯		发出的光线近于日光色，柔和、显色性好；发光效率比普通节能灯高30%左右，比白炽灯高5～7倍

图3-7-65　不同类型照明灯使用效果对比

在拍摄网店商品照片时，通常需要根据所拍摄商品的大小、材质、表达效果的不同而选择不同的闪光灯和照明灯组合，并使用柔光箱、反光伞等调节灯光，从而使商品照片的质量达到最好。我们也可购买一个便携式摄影棚，其自带灯光且价格便宜，能满足小型网店商品拍摄的需要。

2. 引闪器

当相机需要外接闪光灯时，可通过引闪器来连接相机和闪光灯，常用的引闪器是无线引闪器，如图3-7-66所示。无线引闪器由发射器和接收器组成，发射器安装在相机的热靴上，接收器安装在闪光灯上。当按下相机快门时，引闪器发射端发出闪光信号，接收端的闪光灯实现同步闪光。简单的引闪器包括两个通道，可以同时控制两个灯，复杂一点的引闪器可以同时控制多个灯。购买引闪器时要注意相机型号匹配，以防不通用。

图3-7-66　引闪器

3. 灯架

灯架在网店商品照片拍摄过程中用于固定闪光灯和柔光箱、移动和升降灯光光位，以及用于搭建拍摄背景等。灯架分为普通灯架和悬臂灯架两种类型，在使用悬臂灯架时，为保持平衡，通常会在悬臂上挂上沙袋，如图3-7-67所示。

图3-7-67　普通灯架和悬臂灯架

4. 光线控制器材

在拍摄商品照片过程中打光时，为了改善各灯光的光质与色彩，如将直射光改变成散射光、聚光等光质，将硬光改变成柔光等光质，可以使用灯光的附属设备，如利用柔光箱、反光伞、四叶挡板、束光筒等设备来改变不同的光质。

（1）标准罩、四叶挡板、蜂巢和色片

标准罩是灯头自带的标注口径灯罩，深度较大，口径较小，产生的光线较硬，光线方向性强，适合表现风格明快的拍摄对象，如图3-7-68所示。

图3-7-68　标准罩

四叶挡板是安装在标准罩上的器材，用于控制光线的方向和范围，如图3-7-69所示。在拍摄商品时使用四叶挡板可在商品边界产生细腻的阴影，使商品成像层次感丰富，轮廓清晰。

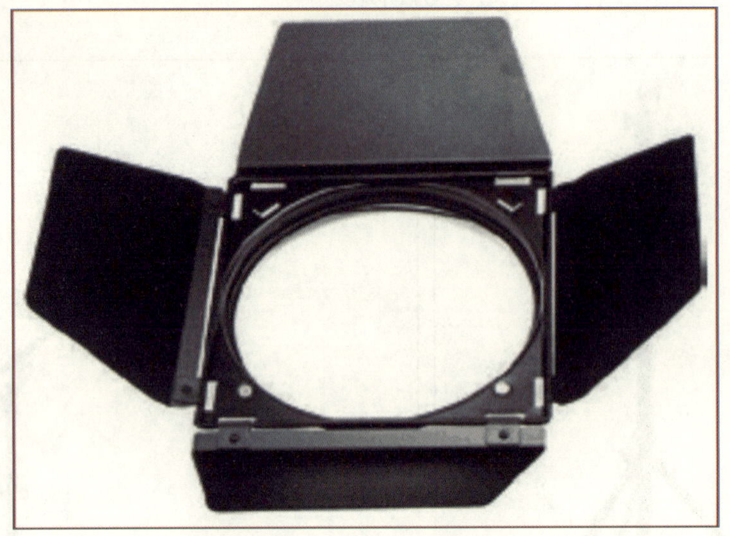

图3-7-69　四叶挡板

还可以在四叶挡板的中央位置安装蜂巢或色片，如图3-7-70所示。

图3-7-70　蜂巢和色片

使用蜂巢可以获得接近平行光（没有衰减的平行的光线）的效果，使光线具有指向性；使用色片可以拍摄出多彩的商品照效果，很适合拍摄时尚个性的商品，如图3-7-71所示。

图3-7-71　使用不同色片拍摄出的商品照片

（2）束光筒

此外，还可以给束光筒套上蜂巢，让光线呈现网格状，产生较重的阴影，从而有利于商品质感的呈现，如玉石、透明物品等的拍摄，如图3-7-72所示。

图3-7-72　束光筒、蜂巢及其使用场景

（3）柔光箱

柔光箱的作用是柔化生硬的光线，使光源的照射范围变得更广（成为漫射光），使光质变得更加柔和，同时挡住干扰光。柔光箱可以很大程度地避免阴影的产生，并使拍摄的商品照片层次清晰、质感更强。图3-7-73为柔光箱及使用影棚闪光灯、柔光箱作为辅助器材拍摄商品照片的场景。柔光箱非常适合拍摄反光商品。

图3-7-73 柔光箱及其使用场景

柔光箱分为长方形柔光箱、正方形柔光箱、八角形柔光箱、柱式形柔光箱、伞形柔光箱等。无论形状如何，柔光箱打出的光效果都是相近的，都是柔和的光。如果为柔光箱添加栅格，会使光线的指向性增强，产生可控的平行光，从而解决光线散逸的问题。图3-7-74所示。

图3-7-74 伞形柔光箱

除了使用柔光箱柔化光线外，也可使用柔光纸、柔光伞等柔化光线，如图3-7-75所示。

图3-7-75　柔光纸和柔光伞使用场景

（4）反光伞

反光伞是一种专用的反光工具，可以使光线扩散，从而在拍摄对象上形成大面积的散光。拍摄商品时将反光伞放置在可以变换角度的云台上，用强光照射反光伞内（反光伞通常与闪光灯配合使用），如图3-7-76所示。反光伞反射后的散射光为软光，其发光面积大，方向性不明显，光线柔和，阴影也比较淡，反差弱。

图3-7-76　反光伞及其使用场景

反光伞是拍摄人像或具有质感的商品的理想光源，如衣料、布娃娃之类，因为其效果不致太柔，也不会太硬，可使商品的层次和细节更易表现出来。

反光伞的伞面有银色、白色、金黄色或蓝色涂层，其中使用最多的是银色。银色和白色的伞面不改变闪光灯光线的色温；金色的伞面可以使闪光灯光线的色温适当降低；蓝色的伞面能够使闪光灯光线的色温适当提高。

（5）反光板

反光板（见图3-7-77）是拍摄中的补光设备，尤其是使用阳光作为主光源时，反光板必不可少。反光板拥有不平整的表面或不规则的纹理，光线在其平面上会产生漫反射的效果，从而被柔化并扩散至一个更大的区域。使用反光板进行补光，光线柔和，不会造成闪光灯补光带来的尖锐感，可以让平淡的画面更加饱满，有立体感和良好的质感。

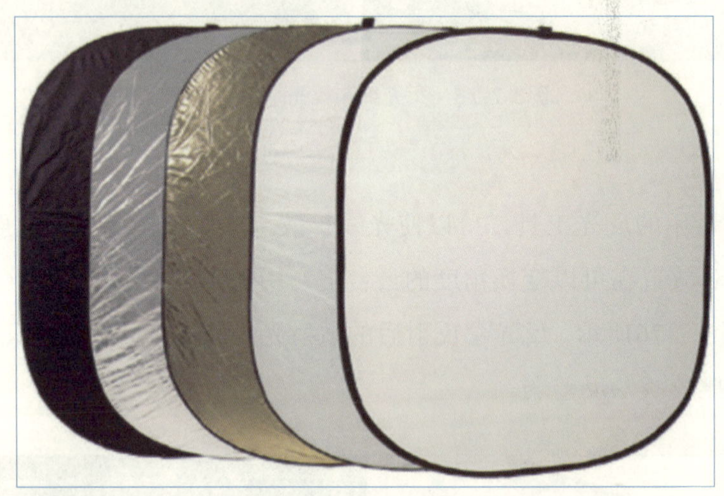

图3-7-77 反光板

还可利用反光板折射部分光线，让需要突出的细节部分拍摄得更清晰，如图3-7-78所示。

图3-7-78 反光板使用场景

常见的反光板有白色、银色、金色、黑色四种，如图3-7-79所示。

颜色	使用效果
白色反光板	光线自然、柔和，用于一般的补光，也可用于阴影部分的细节补光
银色反光板	反射的光线比较强烈，是最常用的一种反光板
金色反光板	提供暖调光线，在日光下通常使用金色反光板，色调与冷调的银色反光板相反，一般用于人像摄影的主光（可用银色反光板作为辅助光）
黑色反光板	不是增加光亮而是减少光亮，一般用来遮挡阳光，避免定光照射

图3-7-79 不同颜色反光板使用效果对比

九、商品摆放和背景器材

除了布光辅助器材外，拍摄商品照片时还需要用到商品摆放器材和背景布（纸）等；还可以购买一个自带灯光的便携式摄影棚，使用它可满足小型商品拍摄的需要。

1. 静物台

静物台是放置需要拍摄的商品和道具的专用平台，是摄影棚中的一个常见设备。其外观像一把椅子，一般由铝合金支架支撑，台板的高度能够按照要求进行调节，后背可以根据需要自由控制俯仰角度。

静物台的台板采用专用的乳白色半透明材质，在拍摄时可以根据需要进行各种布光。例如，可以将光源移至台下或台后，通过台面的漫散射光增加立体感；也可以通过不同的打光方式，营造出渐变背景或纯白背景效果，以及消除拍摄对象的投影，如图3-7-80所示。

图3-7-80 静物台及其使用场景

静物台适合鞋帽、箱包等中小型物品的拍摄。静物台的弧形台面有很重要的作用，其一是可以消除水平面与直立面之间的垂直分界，避免在背景上出现难看的墙角线；其二是弧形过渡处的圆滑平面有利于商品摆放构图。

2. 便携式摄影棚

在拍摄商品前，通常需要搭建摄影棚或者购买便携式摄影棚。便携式摄影棚是简易的摄影布光工具，价格便宜且实用，可以让网店商品拍摄者不必花费大量的资金搭建摄影棚。

便携式摄影棚通常是一个方形的箱体，其内部自带布光和反光装置，使光线可以柔和、均匀地照射在商品上，满足商品拍摄对光的基本要求，如图3-7-81所示。便携式摄影棚是普通网店商品拍摄者的首选器材。

图3-7-81　便携式摄影棚

3. 背景布与背景纸

在商品拍摄中，背景放于商品背后，起到衬托和突出商品主体的作用。常用的背景材料有背景纸和背景布，如图3-7-82所示。背景布和背景纸在使用上各有特色，从效果上而言，专

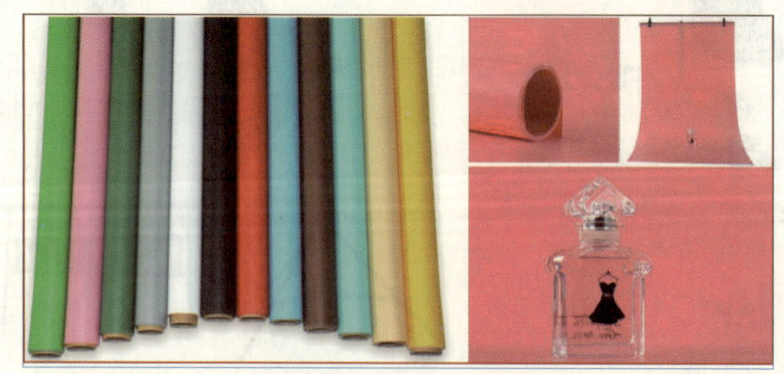

图3-7-82　背景布及使用场景

业背景纸的效果更好，但背景纸容易出现褶皱、污渍、破损，不易保存。

商品照片的背景颜色一般以黑、白、灰为主，其他常用颜色还有红、绿、蓝、黄等，注意不要选择与商品颜色相近的背景颜色。背景布或背景纸在销售时通常以卷为单位，可按标准色号进行选择。如果没有专业的背景布，可以使用植绒布、无纺布、毛毡布来代替。

4. 倒影板

倒影板表面光滑如镜，用在商品拍摄上，可使商品产生较强的立体感。倒影板有白色和黑色两种类型。在对珠宝、化妆品、电子产品、玻璃制品、皮具等小型物品进行拍摄时，倒影板配合摄影灯可以使被拍摄的商品产生非常漂亮的倒影效果，如图3-7-83所示。

图3-7-83 白色倒影板和黑色倒影板拍摄效果

十、其他辅助工具

在网店商品拍摄时除了需要上述介绍的辅助器材外，还需要一些小的工具，如图3-7-84所示。例如，起固定作用的小夹子、双面胶、万能黏土等，可以用来固定背景布和商品；起吸光作用的黑卡、灰卡，起柔光作用的硫酸纸；避免摆放玻璃器皿、瓷器等物品时留下指纹所需要佩戴的白手套等；如果是服装拍摄则还需要准备衣架。

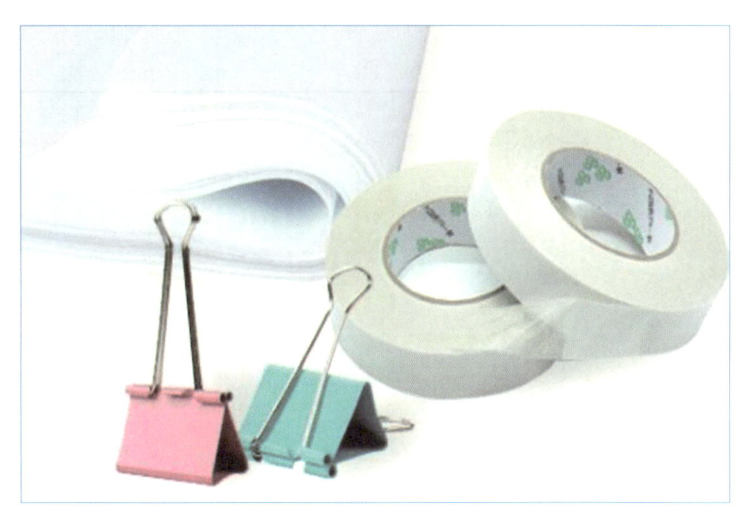

图3-7-84 硫酸纸、夹子和双面胶

课后练习

1. 从网上模拟选购一款相机，并填写表3-7-1。

表3-7-1 相机选购表

品牌：__________ 类型：__________ 型号：__________ 价格：__________

选购要素	参数	说明
图像传感器		
拍摄模式		
微距		
变焦		
镜头		
热靴插槽		
其他		

2. 从网上模拟选购商品拍摄辅助器材，并填写表3-7-2。

表3-7-2 商品拍摄辅助器材选购表

辅助器材分类	器材名称	选购理由
相机辅助器材		
灯光辅助器材		
商品辅助器材		
其他辅助器材		

模块四 线上店铺设计与装修

学习目标

知识目标

- 了解网店首页的设计方法
- 了解店铺装修色彩设计的原则与配色方案
- 掌握商品图片拍摄与优化的方法与技巧
- 掌握店铺文案的规划与设计方法
- 掌握商品详情页的设计技巧

技能目标

- 能够设计店铺装修色彩与配色方案
- 能够设计商品首页
- 能够制作店招，Banner（横幅）广告图，组图，辅图
- 能够设计商品详情页
- 能制作商品详情页

素养目标

- 具备艺术审美，色彩搭配能力
- 树立正确的文化自信
- 熟悉《中华人民共和国电子商务法》相关法规
- 具备法律意识，尊重公民隐私，不侵犯公民合法权益
- 熟悉《中华人民共和国广告法》

单元一　装修元素制作

引导案例

小雅是一家女装网店的淘宝推广负责人，“6·18”大促活动之后，店内的访问量及转化率降低，通过自然搜索进店的访客数也比往日减少。为了能够使店获得更多进店流量，小雅决定对店铺首页的风格，店铺的店招、Banner广告，主图、辅图、导航等进行设计。

知识储备

一、店铺文案的规划与设计

在店铺装修过程中，文字的使用与图片展示同样重要。使用文字能够更好地传达商品、活动、服务的详细信息，并且文字与图片的合理排版，能够让页面更具美感，让信息传达得更加准确。

（一）常见的文案字体类型

字体有多种风格类型，对字体进行有效的设计和运用，能够更好地发挥字体的作用。在网店装修中，常见的字体类型及其特点如表4-1-1所示。

表4-1-1　网店装修常见的字体类型及其特点

字体类型	字体特点	代表字体	适用的商品举例
粗黑类字体	沉稳、硬朗、粗犷、棱角分明、体现力量感等	方正兰亭（粗黑、大黑）、造字工房、汉仪菱心、汉仪综艺等	运动户外用品、男士用品（如男装、剃须刀、男士商务包）、金属品等
纤细类字体	纤细、苗条、细致、优雅、曲线美	宋体、方正细圆、细黑字体等	女装、化妆品
卡通类字体	有趣、可爱、圆润、卡通等	细圆、迷你简卡通、迷你简少儿、舒同体	母婴类、趣味游戏、休闲游戏、游乐园、零食等

续表

字体类型	字体特点	代表字体	适用的商品举例
书法字体	自由、流畅、洒脱、力量、复古、艺术、中国风等	毛笔字体、繁体字等	复古家具、中国风商品（旗袍、折扇）等
中性字体	简洁、平静、规整等	兰亭黑体、微软雅黑等	手机、计算机、电器商品等

（二）文案字体的艺术性设计

为了增强店铺页面的可读性和精美性，卖家可以对字体进行艺术性设计，打破传统字体形式的呆板感，让字体的表现形式更加丰富，从而彰显店铺的特点和个性。

1. 设计文字的立体感

在进行创意字体设计时，可以通过添加修饰形状或阴影的方式来制造文字的空间感，然后通过调整文字的色彩和明暗来增强文字的立体感。通过添加阴影来突出文字的立体感，提升了文字的表现力，同时也增强了画面的气势。

2. 设计连体字

设计连体字就是使用一些特定的线条将某些存在笔画联系的单个字紧密地连接在一起，使多个文字形成一个整体，让文字效果显得自然、流畅。

3. 为文字添加修饰元素

一般来说，设计和制作连体字、立体字花费的时间较长。其实，很多时候卖家只要能够对字体进行合理的变化，或者在字体上添加一些恰当的修饰元素来辅助文字的表现，就能提升文字的创意设计效果。图4-1-1所示是通过添加一些修饰元素来增强文字的艺术感；图4-1-2所示是将文字中的一些笔画用图形来替换，增强了文字的趣味性和艺术性。

图4-1-1 为文字添加修饰元素

图4-1-2 用图形代替画笔

（三）文案排版的设计

通常来说，网店页面是由文字、商品或模特图片构成的，卖家可以运用一些技巧来编排文字、商品或模特图片，在使它们的关系得到有效协调的同时，提升页面的表现力。

1. 左文右图，左图右文

左文右图或左图右文的排版方式是利用垂直分割的方式将版面分为两个部分，把文字和商品（或模特）图片分别排列在版面的左右两侧，在视觉上使文字和商品（或模特）图片一目了然，使版面在视觉上形成由左至右的流畅感，如图4-1-3和图4-1-4所示。

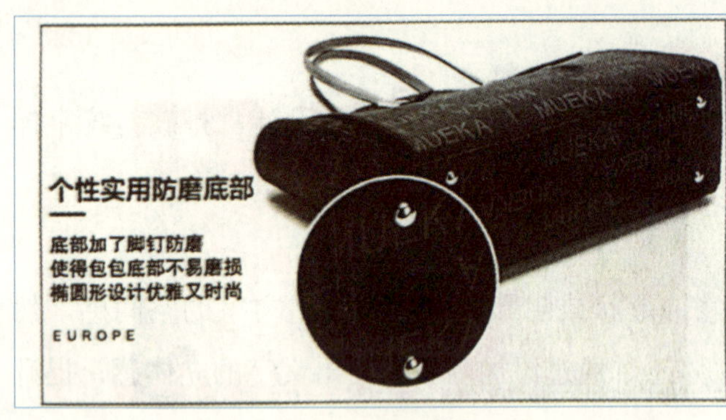

图4-1-3　左文右图

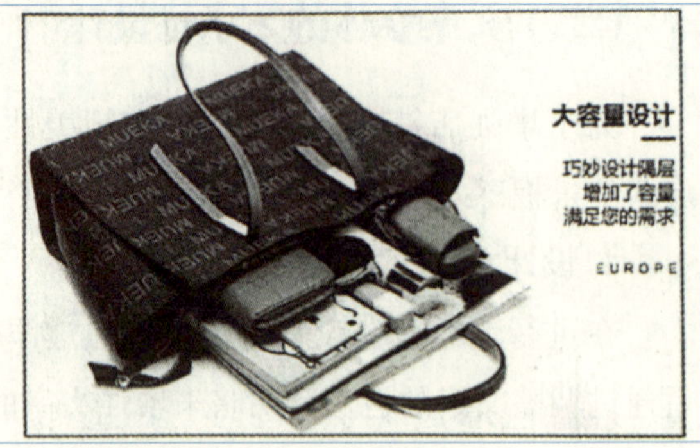

图4-1-4　左图右文

根据实际需求，商品或模特图片可以是单张图片，也可以是多张图片，要保证商品或模特清晰、比例适中。版面中的文案一般由大标题、小标题、辅助性说明、优惠券、价格标签等部分组成，文案中的文字可以居中排列，也可以左右对齐，这样能够让整个版面显得整洁统一，视觉上更加舒服。

2. 图文图，文图文

图文图的排版方式就是将文字放在版面中间的位置，版面的左右两侧放置商品、模特图片，或者一边放商品图片，另一边放模特图片。这种排版方式能让中间的文字部分更加突出，所以卖家可以在文案的撰写上花费一些心思。

文图文的排版方式就是将商品或模特图片放在版面的中间，左右两侧放置文字，如图4-1-5所示，这种排版方式能让版面在视觉上更加突出中间的商品或模特，但如果两侧的文字排版不当，容易让买家在浏览页面时产生视觉疲劳。为了避免这种情况的产生，建议不要把重要的文字信息分别放在商品或模特图片的两侧，否则会导致买家无法在第一时间内抓住关键性信息。可以将重要的信息放在一侧，次要信息或者为了让版面平衡而添加的装饰性信息放在另一侧，并且要保证两侧的文字信息排版整洁。

图4-1-5 文图文

3. 上文下图，上图下文

上文下图或上图下文的排版方式是利用水平切割的方式将版面分为上下两个部分，分别将文字和商品（或模特）图片排列在版面的上部或下部，如图4-1-6与图4-1-7所示。通常人们都是按照从上到下的顺序浏览页面的，因此上文下图或上图下文的排版方式符合人们视觉上浏览页面的习惯。

图4-1-6 上文下图

图4-1-7 上图下文

采取上文下图的排版方式，需要设计出具有吸引力的文案。在文案的下面可以放置一些爆款商品，让版面显得更加丰富。将商品或模特图片放在版面的下半部分，能够让版面在视觉上显得更加沉稳，而放置在图片上方的文字则在视觉上产生一种上升感。卖家借助图片与文字之间的相互呼应，可以让整个版面的表现力得以提升。

采取上图下文的排版方式时，切记不要让商品图片和文案被中间的分割线完全分割成上下两个部分，否则会让上面的商品图片产生失重、凌空的感觉。文字和商品（或模特）图片可以有重叠，即使文字遮挡住一些商品（或模特）图片也无妨，这样可以增强文字和商品（或模特）之间的关联性，还能增强文字给视觉带来的可靠、安稳的感受，从而增强买家对版面信息的信赖度。

4. 商品包围文案

商品包围文案的排版方式，就是将文案放置在版面的中间，商品分散在文案的周围，既可以水平或垂直摆放，为了增加画面的律动感，也可以倾斜摆放。无论采取何种摆放方式，都要保证画面的干净、整洁。

当要展现的商品较多时，适合采取这种排版方式。所谓“萝卜青菜，各有所爱”，买家总会被某款商品所吸引。

（四）文案的策划

在网店中，文案体现在方方面面，如主图文案、品牌文案、商品详情页文案、促销活动文案等。高品质的文案能让商品和店铺得到更好的宣传，提升品牌形象，增强买家对商品和店铺的信任度。

在进行文案策划时，我们可以从以下几个方面出发。

1. 准确定位目标消费群体

准确定位目标消费群体是撰写文案的基础。由于买家在年龄、性格、职业、收入、兴趣爱好、生活习惯等方面存在着一定的差异，他们的消费习惯也就会有所不同。因此，在进行文案策划时，要对目标消费群体的消费行为进行了解和分析，明确买家购买商品的原因和目的，从买家的需求出发，这样才能写出更具针对性的文案。例如，通过了解和分析，我们发现一些老年人非常看重鞋子的防滑效果和舒适度，所以销售老年鞋的店铺就可以在文案中突出鞋子鞋底防滑、不挤脚的特点。

2. 剖析商品属性

剖析商品属性就是阐述商品的功能，突出商品的特点，这需要卖家充分了解商品所具有的文案价值的属性。例如，某款豆浆机的显著特点是静音，那么“静音”就是这款豆浆机所体现出来的文案价值的属性。在文案中着重突出这一点，就可以吸引那些不想受到豆浆机噪声困扰的买家。

3. 分析商品的利益点

买家在购买商品时，往往会考虑商品的安全性、实用性、便捷性等各个方面。为了让买家在多层考量中选择自己的商品，卖家可以在文案中直截了当地说明自己商品的利益点，也就是强调自己商品的优势，明明白白地告诉买家自己的商品能给他们带来哪些好处，这往往比大篇幅地介绍商品功能更容易打动买家。

4. 指明商品的使用场景

很多时候，买家了解的信息往往是商品最常见的通用功能，但实际上很多商品如果在某些特殊场景下使用，往往可以收到意想不到的效果。因此，在策划文案时，可以向买家介绍使用商品的特殊场景，这样能够让买家看到商品所具有的更多的隐性价值，让他们感觉物超所值。例如，一款可升降的床，当不使用时可以将其升起，进而扩大卧室内的空间，那么在文案中就可以着重描述“小户型、省空间”的使用场景。

5. 与“竞争对手”做对比

这里所说的“竞争对手”，指的不单单是经营同类商品的卖家，还包括商品的使用场合、使用环境等。例如，一款太阳能充电宝，在有电的环境下，其优势可能不如依靠电力充电的充电宝，因此其最大的竞争对手不是依靠电力充电的充电宝，而是“电”。所以在策划太阳能充电宝的文案时，可以突出其“不依靠电力，有阳光即可充电”的特点。

二、网店图片制作

（一）背景部分

1. 形状

长方形或者是正方形上下的部分都有留白的（比较矮比较宽的商品）或者是长方形左右的部分都有留白的（比较高和窄）。

注意要点：因为这样的图片不是自己拍摄的，没有正方形的就需要尽量地保证正方形，此外，可以从同行的竞争对手中找图片，或者是在百度输入关键词找厂家的图片，最好是自己拍摄的，不然别人投诉你盗图的话就很麻烦了。

2. 颜色

背景颜色尽量是选择浅色明亮的，部分的产品如果是全白的，就使用黑色、灰色的背景。

3. 配饰

数量不需要太多，你要记住配饰只是为了衬托产品的，不能喧宾夺主；至于位置方面，通常都是靠边或者是靠后，绝对不可以遮盖产品。

4. 尺寸

最好是400 px×400 px 的。

5. 水印

可以添加网店的logo（标志），也可以自行设置属于自己网店的水印。

（二）产品部分

1. 形状

不管是一款产品还是多款产品组成的主体，最好不要弄成不规则的图案，这样会让人觉得很乱，很不平稳，没有办法吸引住顾客。单个产品搭配配饰可以居中，有文字和配饰的，产品可以偏一点，通常产品在右侧。多款产品组成的图片要有规律性。

2. 颜色

需要清晰，一般采用浅色背景，产品太白的考虑黑色灰色背景。

3. 角度

一般产品的45度都是俯视30度～45度拍摄的，除非一些个别的产品需要突出产品正面。

4. 尺寸

产品主图一般都是占背景高度的4/5的，或者是背景宽度的4/5，这里讲的是45度拍摄出来的产品，如果是一个拍摄方正的产品，就算是4/5的高度，图片看起来会很不真实，过于丰满，如果拍产品正面的可以把产品高度设置为背景的2/3的。

5. 主图需要是产品整体的效果，产品的高度需要占背景高度的2/3～4/5。

6. 产品主图不需要细节，产品细节可以放副图。

7. 有配饰的产品，可以利用配饰体现出功能效果，但是不需要放太多，避免遮住主体，而且配饰需要摆放整齐不凌乱。

8. 一款产品有多色、多尺寸时，需要给每尺寸每色做副图，此外选择大众的尺寸、颜色做主图。淘宝店铺图片的处理是非常重要的，店家们需要重视。

三、网店视频制作

（一）淘宝宝贝短视频制作方法

制作淘宝宝贝短视频的工具有许多种，比如有企拍 App、欢乐逛、Vue、甩手工具箱、爱剪辑、绘声绘影等软件。若是制作简单的视频，手机、相机皆可。因为每种工具的使用方法都不一样，下面就举一个例子，为大家介绍企拍 App 如何制作淘宝宝贝短视频。

1. 首先你需要下载企拍 App 这个软件，安装成功后打开，于是你就进入了企拍 App 主界面，再点击“选择模板”选项栏。

2. 于是我们来到了精选模板页面，在这里有许多模板，你可以任意选择一款自己心仪的模板。我们可以预览一下模板的效果，最人性化的是，在播放过程中我们可以重复点击这个模板，还可以暂停播放。

3. 接着选择你喜欢的那个主图视频模板，然后我们点击下方的“开始制作”按钮，开始我们的视频制作环节。

4. 选择这个视频中的任意关键帧，并且按照相关的提示相继替换其中的图片和文字。图片从哪里来呢？可以自己拍照，或者用手机相册里存好的图片。

5. 然后对于视频当中所有想要替换的内容经过替换之后，就点击保存。于是制作好了的视频就会自动保存到“我的素材”这个模块当中去，也可以再次进行预览，如果觉得效果不满意的话，就删掉重做；重复上述操作，做好了的视频就会保存到手机相册里，就这样，视频的制作就完成了。

（二）上传宝贝视频

1. 打开淘宝官网，并登录自己的淘宝账号。

2. 点击淘宝网首页面上方的卖家中心，并在左侧栏找到店铺管理这个选项，然后我们选择媒体中心项。鼠标点击上传新视频按钮。

3. 切换到电脑端视频标签，放心上传视频。

4. 界面上的＋号就是上传本地的宝贝视频的入口。

5. 只要设置好相关的视频信息，再点击确认就完成了。

淘宝宝贝视频在制作完成后，还需对相应上传位置的尺寸、大小等要求进行了解，避免无法显示或者压缩等情况。

单元二 网店首页设计与装修

引导案例

小雅是一家女装网店的淘宝推广负责人，“6·18”大促活动之后，店内的访问量及转化率降低，通过自然搜索进店的访客数也比往日减少。为了能够使店获得更多进店流量，小雅决定对店铺首页的色彩搭配和风格设计进行优化。

通过阅读案例并查阅资料，思考并回答以下问题：

该如何对网店首页的色彩搭配和风格进行优化？

知识储备

一、网店首页的设计

网店首页就相当于实体店的门面，首页做得精致、漂亮，能给买家营造出一种信任感和品牌感，增加对买家的吸引力，从而提升店铺的转化率。

（一）网店首页的结构构成

要了解网店首页的布局方式，首先要了解首页的结构构成。下面将着重分析网店首页的“功能性”模块。

1. 店招

店招是网店的招牌，包含店铺名称、店铺品牌、店铺优惠活动等重要信息。买家通过搜索进入商品详情页或店铺首页，首页看到的是店招。店招对买家是否选择继续浏览起到了一定的作用。

2.Logo

Logo 是店铺的标识，品牌专营店一般会沿用商品品牌 Logo，或为网店重新设计与品牌 Logo 相符的标识。Logo 也越来越多地被用在店铺动态、商品外包装及宣传单页上，并且成为店铺站外网络广告的流量入口，对店铺的宣传和引流会起到一定的作用。

3. 通栏

网店的首页并不能涵盖网店的所有内容，而大部分信息在自定义页面中进行展示，所以通栏的作用是将这些自定义页面用清晰、规整的方式进行介绍。通栏一般放在店招的下面，包括全部分类、信用评价、会员制度、品牌故事等信息。

4. 导航

导航一般是为了方便买家搜索商品而设置的，主要分为隐形导航、半隐形导航和显形导航。

隐形导航一般以全店商品和所有类目为标题，当鼠标指针移到上面时才会显示所有类目，所占位置最小，不易被发现；半隐形导航设置几个主要的大类标题，当鼠标指针移到上面悬停时显示细分类目，比较容易被发现，从功能上来说，半隐形导航具有提示性和导购性；显形导航一般出现在首页底部区域，给予买家全面的商品类目提示，对流量进行分流和引导。

5. 分类

店铺的分类和导航的作用类似，只是分类大多数会展示在商品页面的左侧，而导航仅在首页展示。分类可以使用纯文字，也可以使用图文结合的方式划分一级、二级栏目。

6. 海报

海报也就是店铺中较大型活动的展示，如果出现在店铺第一屏，一般被称为促销图、店铺焦点图等。海报的特点是占用面积较大，内容丰富，一般用作品牌展示、新品展示、活动展示，还可以用作轮播图循环播放。

7. 商品展示区

商品展示区是将店铺里的部分商品按照一定的顺序和规则排列出来，其框架可以根据不同商品的大小和独特的展示方式来进行设计。

8. 服务信息

服务信息位于网店首页的下方，提供售前和售后服务说明，可以改善买家的购物体验，降低客服的工作强度，减少买家服务需求的等待周期。服务模块大多放置在页面的最底端，也具有一定的引导作用，也能增加买家对网店的信任感。

9. 推荐

推荐模块主要完善店铺内其他模块未能展现的商品，也可以用来展现店内推广的商品，增加预热商品或主推商品的展现。

10. 活动展示

店内需要用活动展示模块来增加网店的点击量，提高转化率。活动展示模块的展示方式直接影响网店的销售情况。

（二）网店的命名

在为网店命名时，卖家需要综合考虑多个方面的因素，可以分别从卖家、买家、商品产地、文化内涵等多个角度出发来给网店命名。

1. 从卖家的角度出发

从卖家的角度出发来命名是最为常见的。在从这个角度命名时，要让店名显得亲切、自然，便于买家记忆。例如，一个销售礼品的网店取名为“思思有礼——时尚精品店”。

2. 从买家的角度出发

卖家可以从店铺所针对的主要消费群体的心理追求出发来为店铺命名。例如，一个主营女装的店铺起名为“前卫女生”。“女生”是这个店铺的主要销售对象，“前卫”体现了店铺商品的特色，同时也是这类群体的心理追求。这样的店名能够满足这类群体的需求，使她们对店铺产生好感，从而提高店铺的浏览率和成交率。

3. 从商品产地出发

有些商品属于某地的特产，这时标出商品的产地，可以使买家对商品的质量更加放心，如山西的陈醋、温州的鞋子、义乌的小商品、新疆的干果等。而对一些不带有鲜明地方特色的商品来讲，这种方法是不适用的，如电子商品和生活用品，全国各地都有销售，而且相互之间的差别不大，这时再突出表现产地就没有任何意义了。

4. 从文化内涵出发

如果店铺的名称在实用的前提下能够体现出一定的文化内涵，就能给店铺加分。

店名的内涵在一定程度上体现了卖家的文化修养，而一定的文化修养可以在一定程度上反映一个人的审美和品位。因此，一个有文化内涵的店名能够给买家留下良好的第一印象。例如，一家销售新娘装的店铺起名为“花伊语”。

5. 从商品品牌和服务质量出发

很多时候店铺可以直接以经营的品牌来命名，这样的店名让人感觉商品品牌正规，给人以信赖感。而且这样的店名往往能够吸引较高层次的消费人群，所以店铺内的商品定价也会比较高。对这样的店铺来说，名称简约但不简单，如“七匹狼男装旗舰店”。

6. 从市场竞争出发

店铺的名称说到底就是为了在市场竞争中取得一席之地，所以卖家在命名时不能只关注自己的特点和想要表达的东西，更应该关注竞争对手的相关状况，然后针对其特点表现自己与众不同的特点和优势，想出更具吸引力的名字，在起点上就打败对手。

7. 从店铺特色出发

有些网店以复古风格或怀旧为主题，对这类网店来讲，在店名中加入一些传统实体店的元素可能会更好，例如，某个雪纺专卖店起名为“仙衣阁”。雪纺的衣服本来就略显复古，很有古代女子衣袂飘飘的感觉，这个名称既让店铺充满了脱俗的“仙气”，又让店铺充满了文化气息。

（三）店招的设计

店招是一家网店的门面。如果店招没有足够的吸引力，就很难给买家留下深刻的印象。因此，在设计店招时，构思和创意非常重要。下面从店招设计的构思和创意出发，介绍几个设计店招的技巧。

1. 店名样式的设计

这里所说的设计店名，并不是说店名用哪个字，而是在已经想好店铺名称的前提下，考虑将店铺名称设计成什么样式，是简简单单的字体，还是花式变形体。一般来说，店名样式的设计要考虑店铺商品的主要风格与特色。

2. 背景图片的选择

店招在第一时间就会被买家看到。要想引起买家足够的兴趣与重视，卖家就要让店招的设计更具视觉冲击力。而影响视觉冲击力的最主要的因素就是背景图片，包括背景图片的形象和主色调，动态图片的颜色变换，图片的大小和位置，以及与文字的配合等。

对背景图片的颜色，一定要保持整洁性，不要使用过多的颜色，以免店招过于花哨，给买家造成视觉疲劳，使买家关注度流失。一般来说，背景图片使用1～3种颜色即可，并且应尽量减少使用过于刺激的颜色。

3. 店招文字的设计

店招上除了店铺名称之外，一般还会有其他的文字内容，包括店铺宣言或最近的优惠信息等，而这些文字的形式、位置和大小都需要格外留心。

首先，要保证文字信息准确无误；其次，文字内容不宜太长，尽量做到语言简洁，没有多余文字；再次，一定要协调好这些文字和店铺名称的关系，不能因为突出某些内容而湮没了店铺名称（因为优惠活动和广告是为买家这次的购买服务，而店铺名称是赚取回头客的法宝，开店不能做一锤子买卖，要为店铺的长期发展考虑）。

（四）商品分类导航栏的设计

商品分类导航栏也是店铺首页非常重要的版块之一，它一般位于首页的左侧。一个条理分明的商品分类导航栏不仅可以方便卖家对商品进行批量管理，也能为买家在购物时提供指引，为其节省时间和精力，让买家感受到卖家的体贴与周到，这样就能增加店铺的关注和人气，从而提升商品的销量。

下面将介绍几种商品分类导航栏设计的方法和技巧。

1. 将导航栏隐藏于下拉菜单中

大部分的商品分类导航栏都位于网店首页的左侧，但有时由于具体内容的需要或者空间位置有限，有些卖家将商品分类导航栏隐藏在店招下的下拉菜单中，这样可以使商品分类导航栏位于显眼的位置，又节省页面空间，如图4-2-1所示。

图4-2-1 隐藏在下拉菜单中的商品分类导航栏

2. 使用级联菜单

在商品分类导航栏中，如果店铺中的商品种类较多，详细分类占用位置也多，就不利于买家阅读和查找。这时可以考虑使用级联菜单，在上一级分类中进行再次分类，这样会显得条理比较清楚。

3. 添加商品排序

在商品分类导航栏中可以添加商品排序，这样买家在浏览商品时就可以按照自己的需求优先看到自己希望找到的商品。同时，商品排序也是对本店商品的一种整体推荐。

也可以按照新品上架的时间来分类，这样便于推荐新品，同时便于买家找到曾经购买的或者亲友推荐的商品，如图4-2-2所示。而且按照时间来分类会给买家一种专注、用心的感觉，表明店铺中的商品不是一成不变的，这样更容易赢得买家的信任和好感。

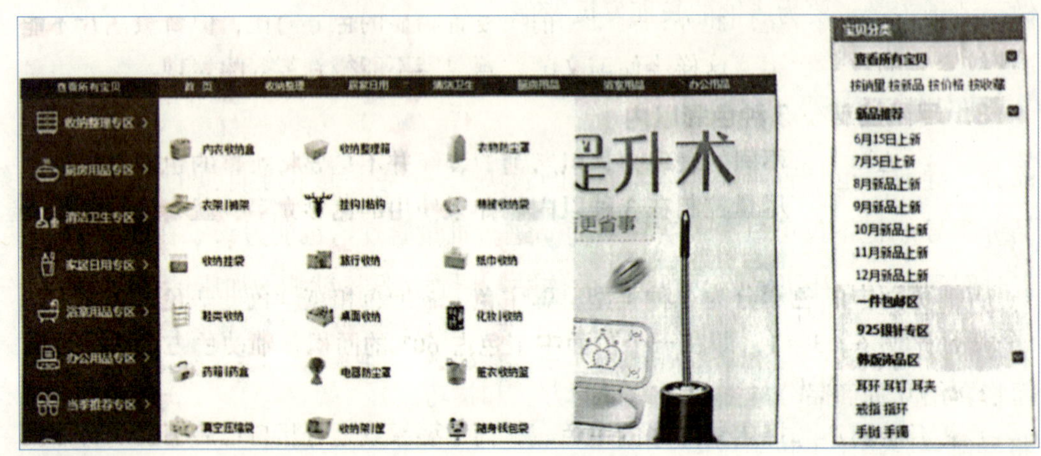

图4-2-2　级联菜单分类

4. 添加商品图片

有的卖家会在商品分类导航栏中添加商品图片，这样既美化了界面，又起到广告的作用。在这种情况下，图片如果是动态更替的，效果就会更好，因为动态的图片比静态的图片更能吸引人们的视线和注意力。

二、店铺装修色彩的设计与策划

在店铺装修中，色彩的搭配对整体装修效果有着至关重要的影响。店铺装修色彩的搭配既要符合店铺的主题，又要体现出店铺的品牌文化及正面形象，这样才能达到加深买家记忆的目的。

要想装修出具有突出视觉效果的店铺，在店铺装修色彩的选择与搭配上需要遵循一定的原则，主要包括以下几个方面。

1. 保持页面外观统一

店铺整体的颜色一定要给人以统一、协调的感觉，保持页面外观的统一。当然，统一的外观并不是说只能使用一种颜色，而是说使用一种主色调，在此基础上搭配一些其他色彩。

此外，统一的外观不仅是指某一个页面要保持外观色彩上的统一，更重要的是整个店铺的所有页面都要保持色彩的统一。如果不同页面之间的风格差异太大，买家从一个页面进入另一个页面时，就很容易产生进入另一个店铺的错觉。当然，不同的页面除了要在色彩上保持统一外，还要在店招、导航菜单等元素上保持统一。

2. 色彩搭配有主次

店铺页面中色彩的搭配要有主次对比，整个页面不能只有一种颜色，这样会让人产生单调、压抑的感觉。此外，背景和前文要有明显的色彩对比，但背景图片不能使用花纹繁复的色彩图案，这样会使前文的主题内容不能得到很好的表现。

3. 尽量控制在3种色彩以内

不同的色彩有着不同的表现力，但店铺的装修并不是要将所有的色彩都用到。一个页面用到的色彩应尽量控制在3种以内。如果使用的色彩太多，就会让页面显得杂乱无章。

店铺页面中的色彩分为3种类型，即主色、辅助色和点缀色。在色彩搭配上，有一个黄金比例6∶3∶1，即在一个页面中主色占60%的面积，辅助色占30%的面积，点缀色占10%的面积。

卖家不能随意选择店铺装修的主色调，而需要系统地分析自己店铺受众群体的消费心理特征，找到他们更易于接受的色彩。在确定了主色彩之后，要延续地使用下去。在后期的运营过程中，如果发现之前的定位不是很准确，可以对其进行适当的调整。

在确定了店铺的主色调以后，接下来就要寻找合理搭配的辅助色。辅助色主要用于衬托主色调，避免页面色彩的单调性。在页面配色上，要将主色调的影响力发挥到极致。要注意：辅助色只能起辅助作用，不宜过多，以免喧宾夺主。

4. 重要的日子可以采取不同的风格

重要的日子是指各种传统节假日、“双十一”、店铺周年庆等。在这些日子来临时，为店铺页面添加一些喜庆的色彩，可以更好地突出氛围，感染买家的情绪，从而刺激买家的购买欲。

单元三 商品详情页的设计

引导案例

运营女性服饰类的店铺，在装修风格上尽可能表现出一种雅致大气漂亮的感觉，色调上一般选用蓝紫色、粉色及鲜红色等可以突现女士特性的色彩。除此之外，为了更好地突显女士的优美特性，大家常常也会选用一些时尚美女和动漫卡通的素材图片来开展装修。自然，品牌女装也非常多种多样，实际的难题还得深入分析。

知识储备

商品详情页是网店中最容易与买家产生交易和共鸣的地方。一个优质的商品详情页可以激发买家消费的欲望，赢得买家对店铺的信任感，促使买家下单，是提高转化率的重要入口。因此，商品详情页的设计是网店运营的重要内容之一，要做到在实用美观的基础上，将自己想要传达的信息尽可能直观地展现出来。

要想做好商品详情页的设计，卖家首先要清楚买家究竟想从商品详情页中获得哪些信息（如图4-3-1所示），了解买家想看什么，不想看什么。因为只有对买家的需求做到心中有数，才能“对症下药”，更好地抓住买家的心理。

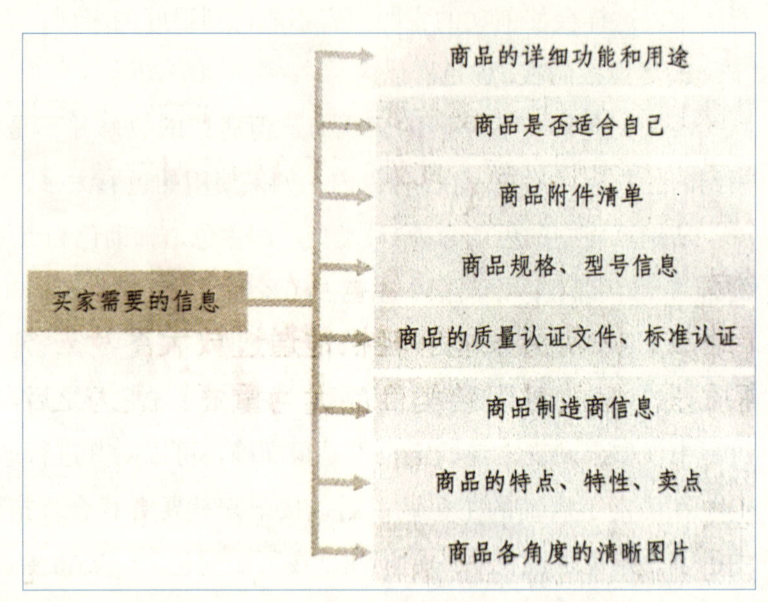

图4-3-1　买家希望从商品详情页中了解的信息

一个有效的商品详情页能够向买家说明商品的基本信息与价格，展示商品的实用性，并向买家说明购买商品的清晰路径。一般来说，商品详情页需要包括以下几部分。

一、商品主图

所谓“一张好图胜过千言万语”，商品主图位于商品详情页的最上端，买家在浏览商品时，最先看到的就是商品主图，因此在商品详情页中，商品主图显得尤其重要。具体来说，设计商品详情页的商品主图时，需要注意以下几个问题。

1. 充分使用图片库

商品详情页的主图区域可以展示多张图片，卖家应该充分利用图片库，全方位地展示商品的特性。买家通常会通过商品图片来对商品的特性进行评估，所以卖家应该提供能够展示商品特性和细节的图片。例如，如果卖家销售自动足浴盆，就应该在其图片中展示足浴盆的滚轮设计，让买家了解其特性。

图4-3-2所示为某店铺某款足浴盆的内部样式展示，图4-3-3所示为这款足浴盆的滚轮细

节展示。

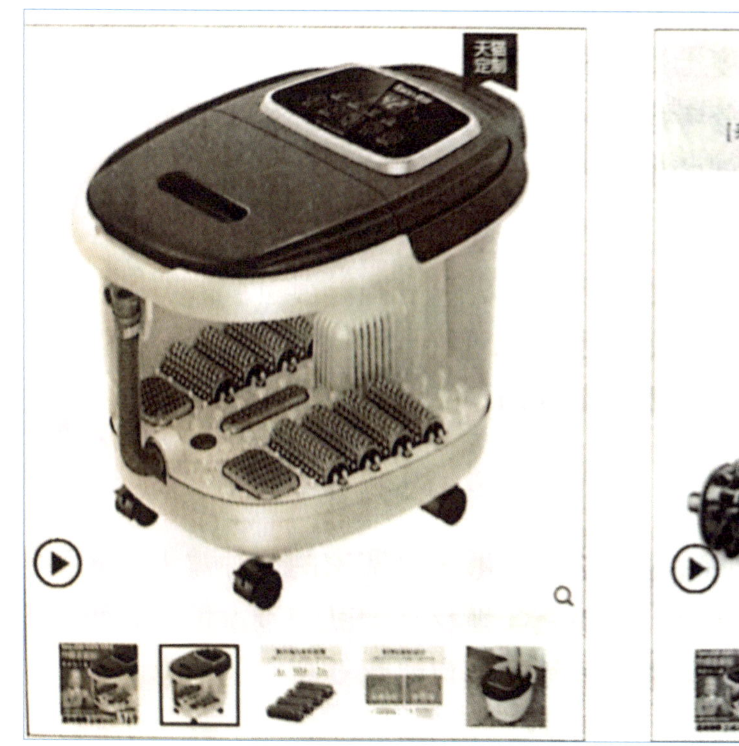

图4-3-2 足浴盆内部样式展示

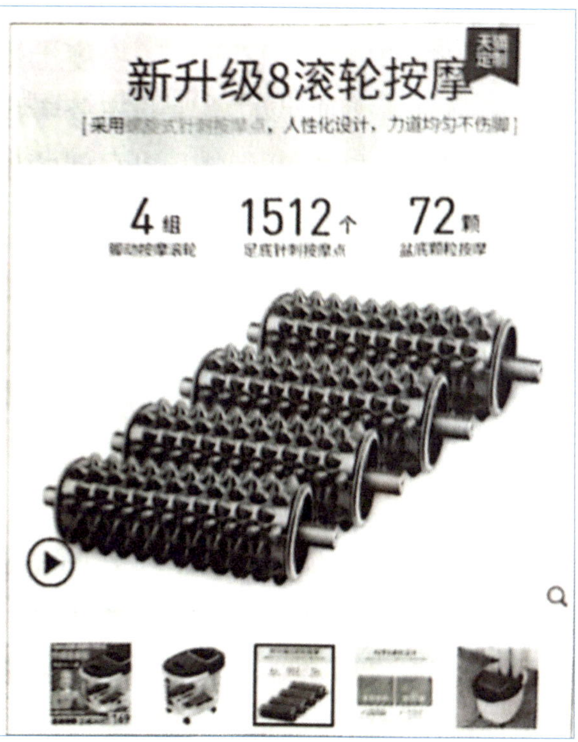

图4-3-3 足浴盆滚轮细节展示

为了发挥图片库的作用，在商品主图中应该使用与商品描述中所强调的商品细节特性相对应的关联图片。

2. 图片清晰

卖家要提供高质量的商品图片，图片要清晰，主体与背景要主次分明，图片中的文字大小适中、简洁明了、突出卖点。此外，要确保使用的图片尺寸恰当并可跨平台使用。

3. 图片易于缩放

商品主图要易于缩放，保证买家能够轻松地通过放大图片来查看更多细节，缩放后的图片仍需保持高质量。缩放对服装类商品尤为重要，因为买家在购买服装时通常更关注其细节部分。

4. 添加主图视频

以前网店页面中的主图都是静态的图片，但现在越来越多的电商平台支持在主图展示区域中应用视频。

主图视频不仅能让商品得到更好的展示，更重要的是它能让买家产生场景感，对商品的使用情景产生共鸣，让买家联想到自己使用这个商品的时候是什么样的，从而增加买家的购买欲，提升支付转化率。

主图视频可以展示商品前面、背面、侧面等不同角度的视图，也可以展示商品的细节。如果是功能性的商品，如咖啡机、烤箱等，可以在主图视频中展示商品的使用步骤，以及使用它们制作的咖啡、蛋糕等成品。

5. 商品价格

商品价格在商品详情页中也占据着非常重要的位置，因为买家在购买商品时最关注的就是商品的价格，它在一定程度上影响着买家的购买决定。

卖家应该基于商品的质量，充分考虑目标客户的收入情况，了解目标客户能够接受的价格区间，为商品设定一个合理的价格。

6. 商品详情描述

商品详情描述就是在商品详情页中通过图片、文字等形式阐述商品的功能和特性，主要是向买家介绍商品。商品详情描述设计得好坏，直接影响单品甚至店铺的转化率，以及关联商品的销售等，它的作用是决不容忽视的。

二、商品详情描述的设计

商品详情描述部分需要阐明该商品是什么，能够满足买家的何种需求，对买家有何价值。这部分内容的设计要有逻辑性，能够真实地反映商品的基本信息。版式设计要便于买家阅读和理解，以保证买家能够全面地了解自己想要获得的信息。

1. 制作商品详情描述的逻辑

买家在购买一件商品时，对商品的认知分为3个步骤，即从感性到理性再到感性。图4-3-4所示为买家对商品的认知规律。在制作商品详情描述时，卖家需要遵循买家的认知规律，从感性的角度以头图吸引买家，然后通过铺垫、正文以及对商品的详细分析，以理性的角度向买家展示商品信息，最后再来个“余韵”，进一步从感性上刺激买家的购买欲。

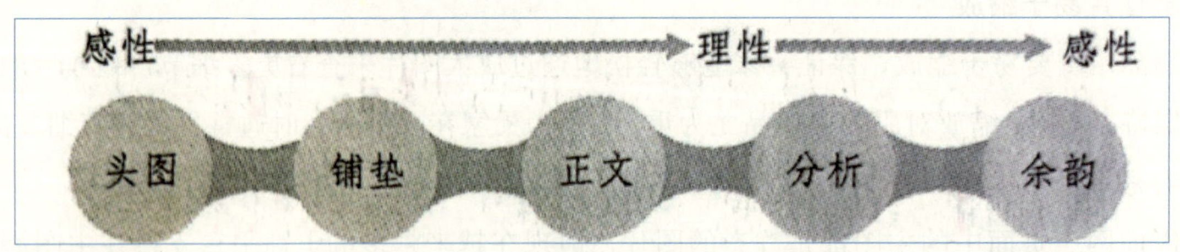

图4-3-4　买家对商品的认知规律

依据以上买家认知规律的表现，要想使商品详情描述更具说服力，在描述过程中要注意遵循“五感”。图4-3-5所示为“五感”的内容。

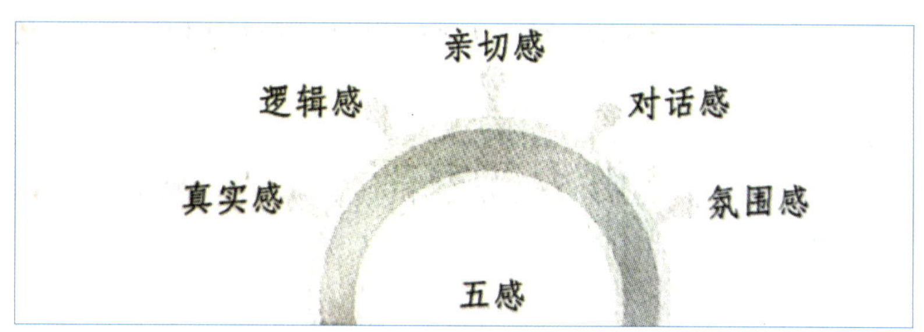

图4-3-5 商品详情页描述应遵循的“五感”

（1）真实感

多角度、真实地展现商品的原貌。

（2）逻辑感

根据买家的需求，按照层层递进的原则来部署商品详情描述的展示内容和商品卖点，以层层刺激买家，最终达到成交的目的。

（3）亲切感

针对目标买家的特性，设定富有亲切感、贴近买家心理的文案和商品图片展现风格。

（4）对话感

商品介绍都是靠文字描述和图片展示来完成的，所以描述风格要以逻辑对话的方式来展开，要具有对话感。

（5）氛围感

与实体店一样，网店中的商品销售氛围也是非常重要的，商品详情描述一定要营造出很多人购买的氛围，加大从众心理对买家购买决策的影响。

2. 商品详情描述的格式设计

商品详情描述是卖家以“图文混排”的形式向买家传递商品相关属性信息的页面。而图片和文字都是静态信息，这就要求卖家在设计商品详情描述页时要注意信息阐述逻辑。图4-3-6所示为商品详情描述的逻辑框架。

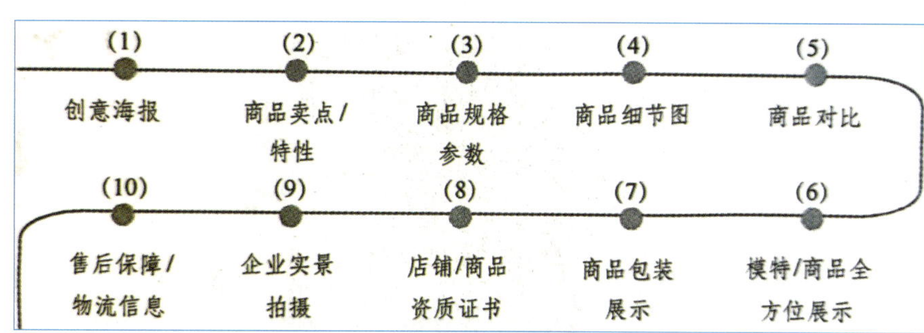

图4-3-6 商品详情描述逻辑框架

（1）创意海报

创意海报的主要作用就是在买家查看商品详情时能在第一时间吸引其注意力。因为这张图片是吸引买家视觉的焦点，也是买家对商品的第一印象，所以要采用能够展示公司品牌和商品特色的图片。图片可以是商品展示，也可以是公司的全景展示。

（2）商品卖点 / 特性

卖家应突出商品独特的卖点与作用，然后强调商品对买家的好处，也就是所谓的 FAB 法则：

① F（feature，属性）

商品包含的客观事实，包括商品的用料、设计等特点，让买家直观地感受到商品所具有的与众不同的特点。

② A（advantage，优势）

商品能够为买家带来的作用或优势，能够帮助买家解决生产或者生活中的问题的能力。

③ B（benefit，益处）

商品能够为买家带来的直观利益，这也是买家购买商品的目的。

大多数商品介绍都需要对商品的用料或者材质进行描述，这是买家判断商品质量的重要因素，也是衡量商品是否物有所值的一个重要环节。例如对一台空气净化器，卖家可以按照 FAB 法则来分析其卖点 / 特性。

① F（属性）

空气净化器的设计工艺特点，包括全新空气增压系统、OLED 显示屏、高精度激光传感器。图4-3-7所示为该款空气净化器的设计工艺介绍。

② A（优势）

“正因为有了以上特色工艺和结构，于是有了该款空气净化器可以实现“500 m³/h 的颗粒物 CADR 值、精确显示实时空气质

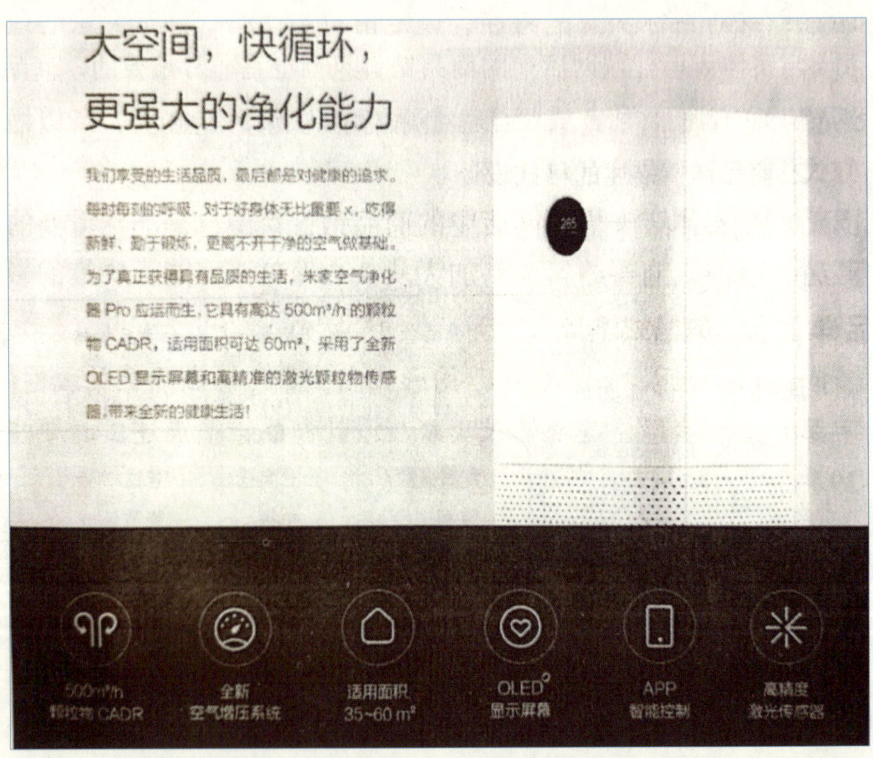

图4-3-7　空气净化器的设计工艺介绍

量和工作状态、精确分辨低至0.3 μm 粒径的颗粒物”等作用。图4-3-8和图4-3-9所示为该款空气净化器的作用说明。

图4-3-8　空气净化器显示屏说明

图4-3-9　空气净化器显示屏说明

其实 A（优势）也与 F（属性）存在着因果关系，当介绍完商品的用料、工艺之后，商品理所应当就会具有一定的功能，所以这里要突出商品能够直接帮助买家解决问题的能力。

③ B（益处）

空气净化器能够给买家带来的利益或者好处，这是属性到作用自然过渡的结果。该款空气净化器能创造“500 m^3/h 的颗粒物 CADR 值”，于是买家使用之后可以让室内充满森林的气息，足不出户就能享受纯净的空气；OLED 显示屏可以让买家随时掌握室内空气质量的变化，直观地感知温湿度。

（3）商品规格参数

商品规格参数包括长、宽、高、重量、功耗等。卖家可以通过多种形式来对商品规格参数进行展示：大众消费类商品可以使用配图形式，图4-3-10所示为某款电扇的参数说明；也可以采用与常见标准规格的实物进行对比的形式，实物尽量选取日常所见大家都很熟悉的，如硬币、书本或其他东西，图4-3-11所示为以常见的易拉罐和商品的长度进行对比：还可以采取表格形式（多用于机械设备等工业级产品），适用于参数比较专业和繁多的情况，图4-3-12所示为某款扳手的规格说明。

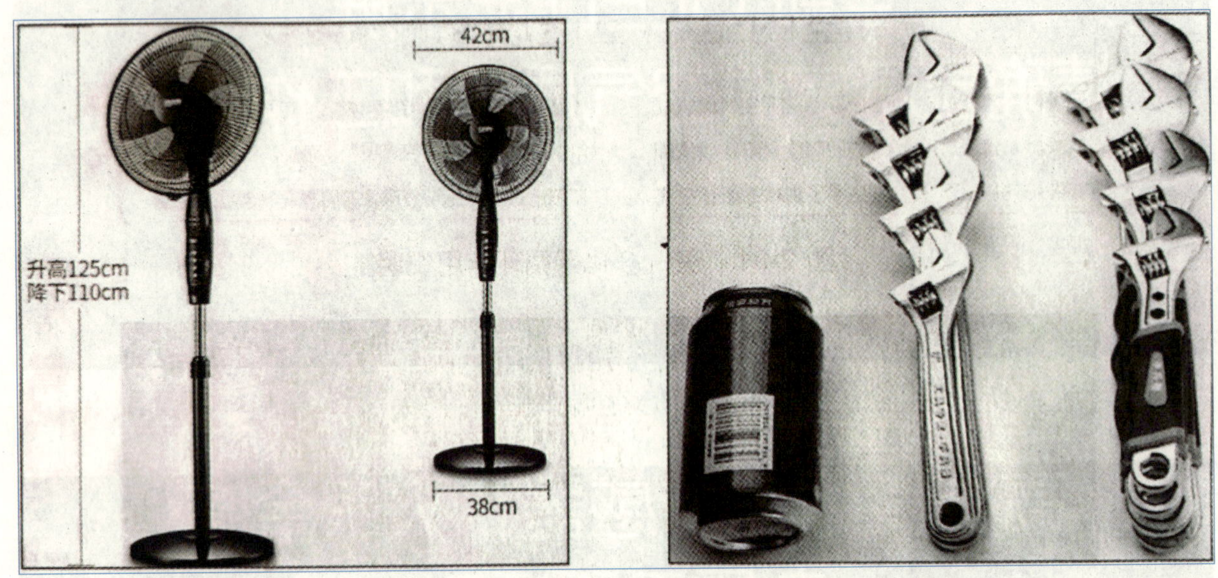

图4-3-10 大小对比　　图4-3-11 长度对比

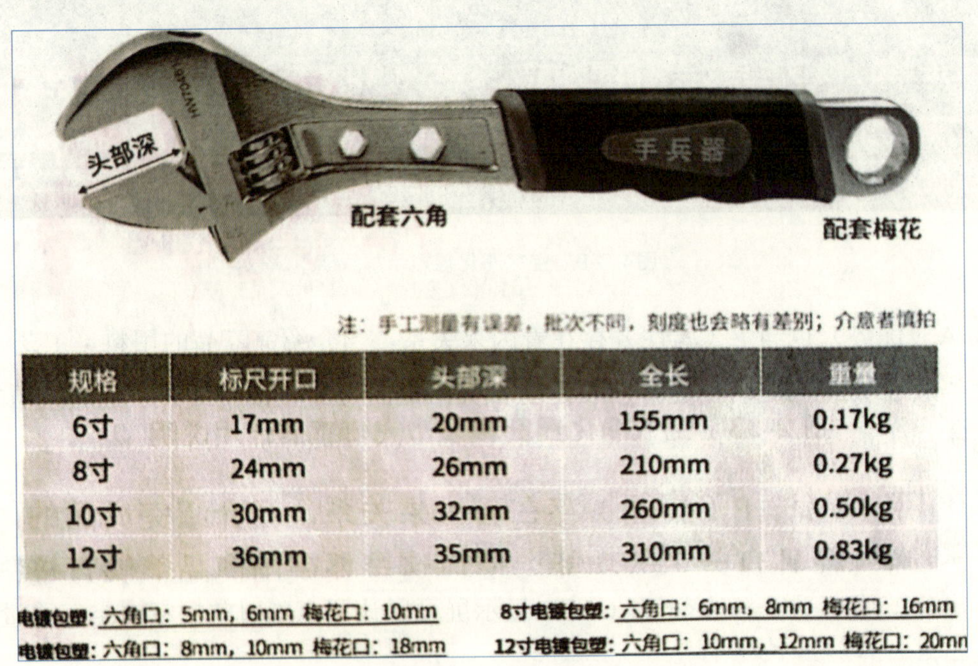

注：手工测量有误差，批次不同，刻度也会略有差别；介意者慎拍

规格	标尺开口	头部深	全长	重量
6寸	17mm	20mm	155mm	0.17kg
8寸	24mm	26mm	210mm	0.27kg
10寸	30mm	32mm	260mm	0.50kg
12寸	36mm	35mm	310mm	0.83kg

电镀包塑：六角口：5mm，6mm 梅花口：10mm　　8寸电镀包塑：六角口：6mm，8mm 梅花口：16mm

电镀包塑：六角口：8mm，10mm 梅花口：18mm　　12寸电镀包塑：六角口：10mm，12mm 梅花口：20mn

图4-3-12 参数说明

（4）商品细节图

卖家可以利用放大等功能来展示商品的质量、工艺和做工，这样可以很好地突出该商品与其他商品相比的优异之处。需要注意的是，细节图不单是图片，还可以加上必要的文案。

（5）商品对比

卖家可以通过与同行业其他商品的各项参数进行对比，强化自己商品的卖点。当然，对比的方式很多，但目的只有一个，那就是证明自己的商品优势出众，物有所值。

（6）模特 / 商品全方位展示

通过其他方式对商品进行全方位的展示，让买家看到真实的商品使用效果，拉近与买家的心理距离。展示方式有多种，例如，衣服鞋帽等商品可以向买家展示模特穿戴效果，设备配件类的商品可以向买家展示商品的工作状态，环保涂料类的商品可以向买家展示使用商品后的实景效果。

（7）商品包装展示

商品包装细节一般是根据商品的实际情况来做具体展示，主要展示的是商品所使用的包装材料、包装方法及包装风格等。针对一些易碎怕湿的商品，卖家还可以展示商品包装的结构加固和防湿处理效果。

（8）店铺 / 商品资质证书

卖家可以展示一些表明卖家身份属性的证书，以及商品的一些认证标识等，以展示店铺的实力和商品的品牌。

（9）企业实景拍摄

可以展示企业实景，特别是生产车间，多展示商品生产情况和机器设备等，让买家认可企业的实力。尤其是对加工定制或订单量较大的买家来说，这些展示更能增强他们对企业的信任度。建议实景拍摄，避免买家提出验厂时的尴尬或麻烦。

（10）售后保障 / 物流信息

售后保障信息是为了帮助买家解决购物过程中可能会遇到的一些已知或未知的问题，如是否支持7天无理由退换货、发什么快递、商品发生质量问题如何解决、发票问题等。做好这些工作能在很大程度上减轻客服人员的工作负担，增加买家静默下单的转化率。

其实商品详情页的主要作用就是促使买家完成订单，其实现过程为引起买家兴趣→激发买家需求→赢得买家信任→刺激买家参与购买。商品详情页的设计不可能是一步到位的，需要卖家经过多次修改。因此，卖家在做好商品详情页之后，需要及时修改。

模块五　营销推广

学习目标

知识目标

- ◆ 了解目前主流电商平台网店促销的常见活动形式
- ◆ 熟悉淘系电商平台主流的官方促销活动
- ◆ 了解目前主流电商平台网店促销的工具和手段
- ◆ 掌握淘系电商平台主要营销工具的应用流程和应用要点
- ◆ 熟悉淘系电商平台购物车营销的应用流程和应用要点
- ◆ 了解对直播的整体流程进行规划和设计的方法
- ◆ 掌握直播商品的讲解流程、直播脚本的设计和直播控场的策略
- ◆ 掌握平台大促活动和特色主题活动的策划方法

技能目标

- ◆ 掌握淘系电商平台官方促销活动的报名条件、报名渠道
- ◆ 掌握淘系电商平台官方促销活动的策划与准备工作
- ◆ 掌握聚划算、天天特价活动的类型、报名流程及活动中的要点
- ◆ 掌握淘系电商平台主要营销工具的应用流程和应用要点
- ◆ 能够策划平台大促活动和特色主题活动
- ◆ 能够进行直播商品讲解、直播脚本设计和直播控场

素养目标

- ◆ 具备淘系店铺运营管理能力
- ◆ 树立网络守法经营的思想意识
- ◆ 引导拓展更多元化的平台运营能力

单元一 网店促销

引导案例

发放优惠券是大促营销和店铺活动营销的常规做法。优惠券可以激起买家的购买欲望，让买家产生冲动消费，是店铺和单品转化率的神器。元旦来临之际，李然准备根据店里近3个月拉杆箱、钱包、单肩包、双肩背包、手提包这五款商品销售情况，通过店铺优惠券的形式做一次营销活动。

通过阅读案例并查阅资料，如果你是海澜之家男人的衣柜 App 后台管理员，思考并回答以下问题：

1. 应该如何设置店铺优惠券？
2. 除了优惠券以外还有哪些店铺促销的方式？

知识储备

商家为了让店铺销售更好地达到预期效果，在引流推广或店铺活动环节都要适当地配合一定的营销力度，主要通过送优惠券、搭配销售、拼购降价等形式来实现，要配合完成这些营销活动就需要网店营销工具的支持。

一、网店营销工具介绍

1. 网店营销工具概述

网店营销工具是指在网店运营过程中从事营销活动所使用的工具，由于营销工具的设置既能体现一定优惠力度，又有一定时效限制，因此商家将这些营销工具与推广、活动配合起来使用，能起到促进客户购买、提升店铺转化率、提升客单价、促进关联消费、提升店铺业绩的目的。同时基于网络数字化特征，网店营销工具在优惠分发、定向投放、效果统计方面收效尤为突出。

2. 网店营销工具的主要类型

传统市场营销活动中，商家主要的营销形式表现为折扣券、减价优惠、组合销售、多买多送、赠品抽奖或团购活动，在网店运营中也同样存在这些形式，如淘系的红包优惠券、拼多多的拼购等。下面以淘系平台营销工具为例进行介绍。

淘系平台为商家提供的营销工具主要有店铺宝、优惠券、单品宝、搭配宝、天猫国际包税工具等，这些在商家后台营销工具中心都有展示。

3. 网店营销工具的收费情况

在营销工具的使用费用上，天猫店铺和淘宝店铺是有明显差别的，一般淘系官方提供给天猫商家的营销工具是免费的，而对淘宝商家则需要收费。

二、单品宝

1. 单品宝概述

单品宝是针对店铺某个商品灵活设置打折、减现、促销价的工具，是原来“限时打折”工具的升级版。商家应用单品宝对商品进行设置后，对应商品的前台会自动体现出打折优惠的效果。

2. 单品宝应用流程

打开营销工具中心，选择单品宝，单击“＋创建新活动”按钮，其流程主要包括活动设置、选择活动商品、设置商品优惠三个步骤。随着系统升级，目前淘系已经把单品宝升级为粉丝专享价、会员专享价、新客专享价及老客专享价等多种应用场景。

（1）活动设置

（2）选择活动商品

（3）设置商品优惠

（4）完成设置

3. 单品宝应用要点

商家设置商品优惠价是网络零售中常用的单品促销手段，但在这里需要注意以下事项。

（1）单品宝通常最多可以设置100个活动，商家要有针对性地使用，避免活动无效。

（2）设置的商品优惠价不能低于一口价的3折，否则不计销量。

（3）单品宝活动类型的选择取决于营销目的，以拉新促销为目的的可以设置价格为新客专享价，以回馈激活客户为目的的可以选择会员和老客户专享价，以提升内容为目的的可以设置价格为粉丝专享价。

（4）应用单品宝后要随时关注优惠价格的到期时间以及使用效果，必要时可以进行适当调整，避免其过期后影响客户体验。

三、店铺宝

1. 店铺宝概述

店铺宝是店铺级优惠工具，支持创建部分商品或全店商品的满减/满折/满包邮/满送权益/满送赠品等营销活动，是“满就减（送）”的升级版。店铺宝设置完成后，前台对应商品会自动体现对应优惠效果。

2. 店铺宝应用流程

商家进入营销工作台，打开店铺宝，可以根据营销目标需要选择满元减钱、多件多折、拍下立减、拍下送赠品、2件7.5折等活动。

（1）填写基本信息

（2）设置优惠门槛及内容

（3）选择商品

（4）设置活动推广

（5）设置完成

四、优惠券

1. 优惠券概述

优惠券也是商家常用的营销工具，既可以独立使用促进客户快速下单，又可以结合店铺宝、购物车营销、淘宝客推广等多种场景使用，应用比较灵活。

2. 优惠券推广渠道

优惠券的设置流程比较简单，在计算机端，商家进入营销工作台页面，选择“优惠券”栏目，然后单击创建对应优惠券即可完成，优惠券类型主要包括店铺优惠券、商品优惠券、裂变优惠券三种。

创建店铺优惠券时设置的主要内容包括推广渠道、基本信息（优惠券名称、使用时间）、面额信息（优惠金额、使用门槛、发行量及每人限领）。下面重点介绍优惠券推广渠道。

（1）全网自助推广

（2）官方渠道推广

（3）自有渠道推广

五、搭配宝

1. 搭配宝概述

搭配宝是淘系提供给商家的一款比较实用的促进客户关联消费的营销工具，通过套餐的搭配可以提高客户整体购买商品的性价比，通过时效性限制来调动客户的购物热情，不仅可以提升商家的店铺转化率，同时有利于提升客户购买的客单量，是“搭配套餐”的升级版。

2. 搭配宝应用要点

（1）搭配商品应具有较强的关联性。既然是搭配套餐，在商品的搭配过程中，就要注意商品结构的搭配，关联性要强。强制搭配套餐不仅不会带来促销的结果，反而可能影响客户的购物热情。

（2）一个套餐最多可以将8个商品搭配在一起。

（3）巧妙地利用搭配套餐，可以带动多款商品的同时销售，在提升客单量的同时，有利于带动多个商品销量和评价的积累。

六、购物车营销

1. 购物车营销概述

购物车营销是商家通过适度对购物车商品进行降价，从而促进客户购买的营销活动。与其他营销工具不同，购物车营销对象主要是将商品加入购物车的客户，因此其客户针对性更强，转化效果更为突出。

2. 购物车营销应用

商家可以进入客户运营平台开展购物车营销，购物车营销页面展示了可以参加购物车营销的商品，商家选择对应商品创建活动即可。然后拖动滑钮，设置相应的促销价格，单击“确认创建”按钮即可完成。

3. 购物车营销应用要点

（1）购物车营销对淘系全网商家开放，但只有在近15天内加购未成交人数超过100人的商品才能设置购物车营销。

（2）商家一旦在系统后台成功设置了一个活动，这个活动将于创建成功的30分钟后开始生效，并在当天24：00结束。每日可创建活动的时间为10：00—22：00，在其他时段创建活动时，系统会提示不可用。

（3）活动设置后30分钟内，未生效前可以删除。生效后也可以删除，但删除后会禁用创建功能7天。

（4）每一个商品商家只能设置一个购物车营销活动，每个商家同时在线生效的活动不得超过5个，同一个商品对同一个客户商家只可设置一次活动。

七、网店营销工具应用思路

对比上述四种营销工具与购物车营销，会发现由于各自应用特点的不同，其应用各有差异，其总体应用思路表现如下。

1. 单品宝

单品宝适用于单个商品，可以直接起到提升单品当次购买力度的作用，且对客户群体定向设置，因此它既适合于日常单品促销，加快客户购买决策，提升单品销量，又适合有针对性的客户群体的拉动。

2. 店铺宝

店铺宝可以同时应用于店铺多个商品，且有明确的门槛设置及对应福利赠送，总体优惠力度大、普适性强，在促进客户下单的同时提升客单价、客单量，尤其是与优惠券配合使用还可以拉动客户回购。

3. 优惠券

优惠券应用最为灵活，可以设置应用门槛，其不但应用类型多样，而且发放形式也比较灵活，既可以独立应用又可以配合活动应用，同时还可以定向发放，因此无论对于日常营销还是大型活动，都是促销利器，既可以提升商品当下销量又可以提升整体客单价。

4. 搭配宝

搭配宝主要应用于关联性比较强、互补的商品之间，更适合拉动店铺整体销量，促进配套销售。

5. 购物车营销

购物车营销主要应用于客户已将商品放入购物车未购买的场景。

总体而言，各种营销工具各有所长，为达到更好的营销效果，商家应根据目标灵活使用、组合使用营销工具，同时要避免多种优惠累加使用，出现亏损问题。

职场透视

一、淘宝后台如何设置满减活动

满减玩法已经成为了网店当中必不可缺的营销玩法，一些消费者在遇到想购买的商品时也会查看是否有相应的满减活动，那么淘宝满减活动怎么设置呢？

满减活动设置操作流程

1. 首先淘宝商家需要进入到商家服务市场当中完成“店铺宝”的订购才能进行设置，具体路径如下：【千牛卖家中心】-【营销中心】-【我要推广】-【服务市场】，然后搜索“店铺宝”进行订购。

2. 订购完成以后进入到【千牛卖家中心】-【营销中心】-【店铺营销工具】当中进行设置。

3. 点击【创建新活动】，然后选择指定商品参加活动或者全店商品参加活动，并根据系统的提示选择相应的活动时间以及其他设置。

4. 在优惠条件当中选择“满减”并设置相应的活动门栏。

5. 设置完成以后，选择需要参加活动的商品并完成创建即可。

6. 若为参加官方营销活动下的跨店满减，一般不需要商家进行设置相应的优惠。如果商家店铺的商品不是当前行业的主推款且没有什么销量，只是想通过满减的方式吸引顾客，那么这种引流方式有非常好的效果。若商家店铺商品本身就有不错的销量，这样反而会弄巧成拙。通过优惠券和打折的方式能增加消费者的购买力，从而获得订单和转化率。这是一个很不错的想法。

二、淘宝怎么设置打折促销

新手卖家在做淘宝店的时候，面对许多小问题，都有可能一头雾水。打折促销是常见的促销手段，那么淘宝怎么设置打折促销？淘宝设置打折促销的方法是怎样的？接下来我们一起来看看。

淘宝怎么设置打折促销？淘宝设置打折促销的方法如下：

1. 订购单品宝

（1）订购地址：单品宝需要在服务市场（fuwu.taobao.com）订购。

（2）操作流程：订购完成后就可以进行操作了。【卖家中心】-【营销中心】-【店铺营销工具】-【单品宝】，进入单品宝后点击【新建活动】，填写相应活动信息，再将优惠方式设置为“打折”，然后按照页面提示操作即可，如图5-1-1所示。

（3）折扣范围：需要注意的是：单品宝目前折扣价的设置范围为：0.01折—9.99折，即最低打0.01折，最高9.99折。

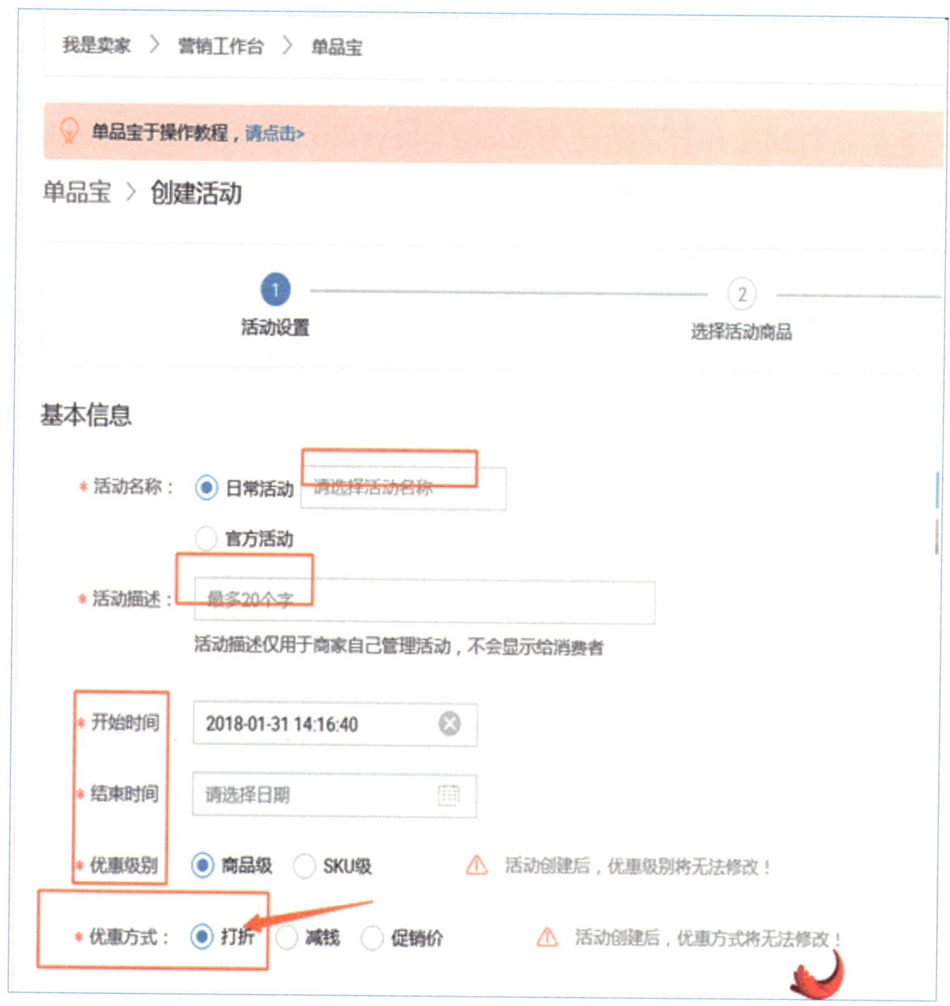

图5-1-1 单品宝创建活动

2. 设置最低折扣

（1）最低折扣：使用单品宝设置的折扣力度不得低于店铺最低折扣，否则页面将会报错或折扣不生效。

（2）设置步骤：设置店铺最低折扣限制可以进入【卖家中心】-【营销中心】-【店铺营销工具】右侧进行修改。

（3）默认折扣：为了防止商品叠加多个优惠后价格低于商家期望，所以每个店铺都可以设置一个店铺最低折扣，默认店铺最低折扣为7折。

德技并修

后台营销小技巧：设置淘宝店铺派样活动

我们消费者在购买一样东西的时候也会想要试试样品，因为不确定这件东西是否符合预期，尤其是女性朋友的护肤品，因此商家也是需要做一些派样活动以此来吸引客户，那么要如何操作设置呢？有哪些常见的问题呢？

◎**淘宝店铺派样设置操作如下：**

1. 登陆千牛新订阅工作台，地址为 https：//myseller.taobao.com/home.htm#/sandbox/subscription，点击【互动－店铺派样】。

2. 填写活动内容，配置要求如下：

（1）图片要求：上传的一切图片清晰、美观、无牛皮癣；

（2）活动规则：为强效引导转粉，建议在活动规则中写明参与活动需成为店铺粉丝；

（3）福利要求：派样或派券，需10份以上，并在活动描述中写明奖品数量等；

（4）活动时间要求：请保持活动时间≥5天，≤15天，保证进入审核放大后内容依然有效。同时也不宜过长（官方活动有固定的排期要求除外）。

3. 关联奖池，如果当前有匹配的奖池，可以直接关联，如果没有，点击“新建奖池”会跳转至商家权益平台进行配置。

4. 设置发布渠道，选择发布时间。确认发布即可。

◎**店铺派样常见问题（Q&A）**

Q：用户进入互动页面后，会自动派发样品吗？

A：不会，需要用户主动点击参与，中奖用户才可以以指定的价格购买派样商品。

Q：奖池内可以放多少奖品？

A：奖品数量不做要求，根据品牌自身派样诉求进行配置。

Q：奖池开始和结束时间需要如何设置？

A：奖池开始时间需要早于派样开始时间，结束时间需要晚于派样结束时间，例如2月1日8点商家在配置2月14日0点—2月18日0点派样活动，则奖池有效期需要在2月14日0点之前，结束时间需要在2月18日0点之后。

Q：派样的商品发完了可以增加吗？

A：奖池可以增加，但是更改过奖池后，必须重新编辑活动，否则奖池可能不会生效。

Q：发布其他赠品类目商品，有品牌的要求吗？

A：赠品类目的商品没有品牌要求，非必选项。

Q：互动创建之后可以删除吗？

A：推广到订阅之后，不能删除，未推广到订阅，活动未开始时可以删除，活动已开始则不能删除。

Q：特价商品，用户还可以使用优惠券吗？

A：派样的商品发布在其他赠品类目下，如果店铺发放的是店铺优惠券，全店可用的场景下，可以叠加优惠券的。

有需要的商家就可以按照上面的步骤去试试了，这样也可以给自己的店铺带来一波流量，尤其是在活动前去搞这个，更能吸引消费者们下单，所以大家加油吧，一定要把握好每次可以增加曝光率的机会。

单元二 电商平台活动实施

引导案例

2022年春季，海澜之家推出了新品牛仔裤、衬衫和型男夹克。为了在2022年度内快速地把新品推向网络市场，增加产品销量，海澜之家推广部门决定采用电商平台推广的方式进行。小瑜是海澜之家网店的运营推广负责人，负责平台推广任务，需要制定合适的主流电商平台推广计划，达到提高品牌影响力，增加新品销量的目的。

通过阅读案例并查阅资料，思考并回答以下问题：

（1）小瑜应该使用哪些电子商务平台进行推广？

（2）这些电商平台上有哪些平台推广工具能够帮助小瑜达到目标？

知识储备

在营销体系中，促销活动是激活老客户、拉动新客户的有力手段，促销活动的实施不仅可以大大促进店铺销售转化，而且有助于商家迅速提升其品牌影响力。在网店运营的发展过程上，从淘系的天天特价、淘金币、聚划算开始，促销活动运营已成为网店运营日常工作的一部分，尤其是淘系“双十一”的示范效应将营销活动推向高潮，京东、苏宁易购、唯品会、拼多多等纷纷效仿，促销活动运营已成为提升平台活跃度的常规手段，同时也是网店运营工作中重要的组成部分。

一、官方促销活动（以淘系为例）

在日常的网店运营中，店铺活动一般包括自己店铺、官方平台以及第三方平台的促销活动，由于当下官方促销活动是网店运营工作的主流，所以下面主要以官方活动为主进行介绍。

官方促销活动是指由网络平台组织商家开展的活动促销行为，一方面平台引导商家按要求参与各种活动，另一方面平台在站内各大主要栏目及站外进行宣传推广，拉动客户参与。由于平台拥有广泛的受众群体及活动宣传影响力、诱惑力，因此商家适度地参加活动对促进销量、积累客户、提升影响力方面都有明显的拉动效应。目前，在网络零售平台上比较突出的活动有淘系的聚划算、“双十一”购物狂欢节（以下简称“双十一”）、“双十二”大促活动（以下简称“双十二”）、天猫“6·18”年中大促活动（以下简称“6·18 年中大促”），京东系的秒杀、每日特价、大牌闪购等活动，拼多多的年货节、秒杀、爱逛街、断码清场等活动，苏宁易购“8·18”购物节等。

下面主要以淘系为例，系统介绍官方促销活动。

1. 淘系官方促销活动类型

淘系官方促销活动主要包括品牌型活动、行业型活动、节庆类活动。

（1）品牌型活动

聚划算、淘抢购、淘金币、全球购、极有家、天天特价、阿里试用等活动属于品牌型活动。这类活动面向整个淘系平台，在PC端、移动端首页及主要栏目都有流量入口，受众广、流量大，因此其销量拉动和品牌推广的效果比较明显。

（2）行业型活动

行业型活动即面向行业的专场活动，如女装、男装、女鞋、男鞋、运动户外、母婴、美妆、家居百货、家电数码等常规类目的活动，中国质造、潮电街、淘宝美食、农村淘宝等特色市场类目的活动，这类活动流量入口主要分布在类目频道页，虽然没有品牌型活动影响力大，但客户针对性更强。

（3）节庆类活动

节庆类活动，如面向淘宝商家的“淘宝嘉年华”“双十二”“双十一”“6·18年中大促”“女王节”“年货街”等活动，尤其是“双十一”“双十二”“6·18年中大促”专场可以算得上是影响整个互联网的大型活动。

2. 淘系官方促销活动报名要求

由于营销活动流量巨大，促销、品牌效果较明显，因此它成了商家竞相拼抢的“香饽饽”，但是对于平台而言，为了保障平台的信誉度、提升客户体验，平台要求参加活动的商家必须具备一定的资质。一般要求包括商家须符合《营销平台基础招商标准》，并且平台对商家和商品做出了详细规定。

（1）淘宝店铺

① 商家要求方面

须支持淘宝消费者保障服务，近半年店铺DSR评分三项指标均值不得低于4.7，店铺实物交易占比须在95%及以上，近90天店铺订单金额退款率不超过30%，店铺的近30天纠纷退款率必须小于0.1%，店铺在近30天及一年周期内不能触犯某些规则等。类目不同，要求各有差异，特殊类目除外。

② 商品要求方面

除特殊类目商品外，其他报名商品的报名价格须满足《天猫及营销平台最低标价规则》的规定，必须支持包邮。商家参与聚划算、淘抢购、百亿补贴期间，商品活动价应为任一国内电子商务平台中同款商品的最低商品价格（含拼团价格）。

（2）天猫店铺

对比淘宝店铺而言，平台对天猫店铺的要求相对宽松一些。

① 商家要求方面

主要表现在商家基础服务考核分、商家活跃度（即开店时长）、商家综合排名三个维度。

② 商品要求方面

商品须符合《天猫及营销平台最低标价》的规定。

3. 淘系官方促销活动报名渠道

淘系为商家参加官方活动提供了多元化的活动入口。

（1）统一的淘宝官方营销活动中心入口

为了方便商家报名，平台提供了淘宝官方营销活动中心统一的导航页供商家参加各种类型的活动。

（2）商家后台营销中心入口

商家也可以通过自己的“卖家中心（商家后台）—营销中心”栏目报名活动。由于淘宝卖家中心和天猫商家后台有一定差异，且淘系后台变化比较快，因此后台活动报名入口方式上有一些不同，但总体基本接近。由于商家店铺类型不同及所属类目不同，因此商家在对应后台报名页面看到的报名列表也有所不同。

（3）活动官方主页报名入口

商家也可以在对应的官方主页直接报名参加活动，如聚划算、试用中心、淘抢购等，还有一些活动可以在淘金币论坛、旺旺群报名。尤其是对于头部商家而言，旺旺群是一些优质资源活动的主要报名渠道。

4. 淘系官方促销活动准备工作

店铺促销活动运营不仅涉及报名条件核实、报名流程中资料提交等问题，而且涉及商品选择、定价、关联营销、促销品、客服、库存准备等一系列问题，因此每一次成功的活动都是周密策划和准备的结果。

（1）明确活动目的，做好选品与定价工作

活动商品的营销目标不同，选品和定价也就各有差异，以清库存为目的的促销活动主要以清理积压商品和过季商品为主，为避免压货可以低价促销；以带动店铺业绩为目标的，可以选择店铺爆款，辅以适当优惠大量促销；以展示形象和新品预热为目的的促销，可以适当优惠，扩大新品影响力与提升客户体验，同时做好新品搭配促销或者全店推荐工作。

（2）准确把握每种活动特性，有选择地报名

聚划算、淘抢购、“双十一”等活动规模大、门槛高，对商家资质、综合运营能力要求较高，比较适合有一定基础的淘系商家；天天特卖、淘金币相应要求条件不高，比较适合中小型商家或者初级商家。从商品角度而言，聚划算流量大，适合库存比较充足的宝贝；试用中心以试用为主，适合新品发布或重复消费型的商品；天天特价、淘金币更适合集市店、低客单价的商品。

（3）考虑不同活动对商品的要求，提前做好准备

不同的活动对目标商品有明确的指标要求，因此要提前做好店铺的销量、评价整理等准备工作，为保障报名顺利通过、后期在活动中赢取客户信任奠定基础。

（4）做好商品准备工作

由于大部分活动流量大、成交量大，且准备时间有限，因此商家要对库存、供应链有良好的预期，避免成交后出现供货不足的现象，造成客户投诉、店铺权重下降的问题。同时由于活动涉及出货，压制现金流大、要缴纳一定的保证金，所以要提前做好资金准备和后续的资金周转工作。

（5）提前关注报名流程

做好报名工作中商品价格和标题的设置，图片、链接提交工作，避免因提交的资料不合格而耽搁活动报名。

（6）提前做好部门人员职能分工

为保障活动高效进行，提前对各部门进行分工，早做准备。各部门人员主要包括运营主管、设计美工、推广活动、客户服务和仓储物流人员。

二、聚划算活动

1. 聚划算活动概述

淘宝聚划算是团购的一种形式，由淘宝网官方开发并组织的一种线上团购活动，日访客过千万。从2010年诞生到现在，聚划算几经变革，从前期隶属于淘宝的一个频道到现在淘系的独立部门；从前期商家免费参加到后来的商家竞拍、付费方式参加，尽管聚划算活动不停地发生着变化，但它依然是在淘系影响最大的官方活动之一。

2. 聚划算活动流量入口

聚划算之所以在淘系平台备受瞩目，其关键在于淘系平台赋予其丰富的流量入口资源，如

手淘首页主要栏目左下角位置、淘宝首页横向导航入口位置；另外，淘系还为聚划算开发了独立的App，用户无论打开哪个入口，都可以看到多样的聚划算活动。

3. 聚划算活动类型

目前随着聚划算体量的增加和活动场景的不断变化，聚划算频道类型也变得多种多样，从原来简单的商品团、品牌团、聚名品、聚新品等已延伸成聚划算优选团、量贩团、全球精选、视频团频道等数十种频道类型。不同的频道类型适合不同的营销场景，商品团是单品参加团购的形式，针对商家比较广泛；品牌团针对有影响力的品牌商家及商品开放，主要适合品牌商家；聚新品主要针对新品开放，助力商家“引爆”新品，快速积累客户群体。

4. 聚划算活动报名要求

不同类型的聚划算活动的报名条件要求各有差异，下面以商品团为例具体介绍一下活动对商家及商品的要求。报名条件要满足淘系营销平台基础招商要求，具体要求还表现在商家店铺资质和商品资质两大方面。

（1）商家店铺资质要求

商家店铺资质要求主要体现在开店时间、店铺信用、店铺评分、参聚退款率等方面，具体表现：店铺开店在180天及以上；淘宝店铺一般类目信用在一皇冠及以上；店铺近半年的有效店铺评分数量，其中天猫店铺必须在300个及以上，淘宝店铺必须在200个及以上，特殊类目另行计算；参加过近30天聚划算的订单金额退款率不超过50%，订单未发货金额退款率不超过30%，特殊类目另行计算。

（2）商品资质要求

商品资质要求除符合《营销平台基础招商标准》外，在商品历史销售记录、库存数量、报名信息标题和图片、商品限购数量、减库存方式等方面都有具体的规定，在具体活动中，报名商品一口价必须符合聚划算对商品历史销售记录的要求，如商品一口价在500元（不含）以下的，报名商品近30天的历史销售记录必须在20笔及以上等；报名商品的库存数量须是1000件及以上；商品限购数量最高为5个等，特殊类目除外。

5. 聚划算活动报名流程

打开商家后台营销活动中心，选择对应类型的活动，即可看到活动列表。商家可以根据需要单击对应时间的活动进行报名。

（1）了解活动详情

（2）填写基本信息

（3）商品提交

（4）玩法设置

（5）完成报名

6. 聚划算活动收费方式

费用问题关系到活动的投入回报比，因此关注费用是网店运营每个环节都必须考虑的。由于活动类型、活动类目及活动资源的不同，通常费用结算也有所差异，其总体分为基础收费模式和特殊收费模式。

（1）基础收费模式

基础收费模式包括基础技术服务费（以下简称“基础费用”）、实时划扣技术服务费、封顶技术服务费（以下简称“封顶费用”）的组合模式，基础费用及封顶费用标准均与天数相关。

（2）特殊收费模式

特殊收费模式具体包括两种，一种是只收取实时划扣技术服务费的收费模式，且部分业务或品牌按照对应类目的实时划扣技术服务费的费率的8折扣费；另一种是固定费用收费模式，商家只需在开通前缴纳一笔固定服务费即可，无须再缴纳实时划扣技术服务费。

三、天天特卖活动

1. 天天特卖活动概述

天天特卖（原天天特价）是扶持淘系商家成长的营销活动，由淘系官方组织活动，优质商家提供折扣单品、客户限时抢购，实现三方受惠的活动模式。

2. 天天特卖活动流量入口

天天特卖活动的入口导航位置较突出：手淘首页聚划算右下角、PC 端淘宝网首页中部位置；同时在手淘首页搜索“天天特卖”可以直接进入天天特卖首页；另外在支付宝 App 上也有相应入口；为应对下沉市场，淘系还专门推出了淘宝特价版 App，主要以天天特卖商品为主。

3. 天天特卖活动商家报名要求

随着客户群体的多元化，天天特价活动不断演化，总体可以划分为面向大众商家的单品团以及面向品牌商家的品牌团，具体可以细分为今日特价王、特价清仓特卖、特价大促、特价拼团等近30种应用场景的具体活动。

4. 天天特卖活动报名步骤

商家报名天天特卖活动，可以在营销活动中心报名，也可以在 PC 端天天特卖首页报名。商家进入天天特卖后台，可以看到天天特卖活动列表。

5. 天天特卖活动疲劳期规定

为避免同一商家反复做活动给客户带来反感，天天特卖对活动进行了疲劳期规定，规定如下。

（1）日常单品活动，同一商家1个月内最多可以参加5次（含）活动，一个商品1个月内最多可以参加1次活动。

（2）清仓特卖活动，同一商家1个月内最多可以参加5次（含）活动，一个商品1个月内最多可以参加3次活动。

四、促销活动中的违规行为

通常在淘系平台营销活动中的违规行为包括以下几种形式。

1. 活动后降价

活动后降价是指商家的商品在参加营销平台活动结束后15日内，出现实际成交价格低于其参加营销平台活动期间实际成交价格中位数的情形。

2. 品控 DSR 不达标

品控 DSR 不达标是指商家参加营销平台活动结束后30日内，成交笔数为100笔及以上且有效评价占比大于50% 的活动商品，其活动订单对应的三项 DSR 均值低于或等于4.5分的情形。

3. 违背承诺

违背承诺是指商家未按照承诺向买家提供既定的服务或向营销平台履约的行为。

4. 排期违约

排期违约是指商家获得营销平台排期后，在活动开始前因自身原因临时退出，导致活动无法正常进行的行为。

5. 资质作假

资质作假是指商家在报名营销平台活动时所提供的资质材料，如质检报告、品牌授权书等存在作假的行为。

出现上述行为后，商家将面临警告、取消当次商品活动权、取消当次活动参与权、限期中止活动、永久终止合作等惩罚，而且需要接受不同程度的扣分处理。

职场透视

2021天猫“双十一”报名时间及流程（附“双十一”玩法和店铺要求）

“双十一”是电商行业中的盛典，这对于很多人而言，也可以以低廉的价格购买各种各样的商品，那么作为商家，来具体了解一下2021天猫“双十一”玩法详细情况。

一、2021天猫“双十一”报名时间及流程

2021天猫“双十一”报名时间

商家报名：9月15日—9月22日

第一波预售商品报名时间：9月23日—10月10日

第二波预售商品报名时间：9月23日—10月28日

第一波现货商品报名时间：9月23日—10月22日

第二波现货商品报名时间：10月25日—11月1日

2021天猫“双十一”报名流程

活动招商入口将会在【商家中心】—【营销中心】—【官方活动报名】页面展示，大家可以多多关注页面，活动一旦开始就会出现在主界面上，这时候就可以直接点击进入，然后报名参加就可以了。

二、2021“双十一”玩法和店铺要求

1.2021“双十一”玩法

2021年的双11跟2020年一样：双倍快乐，两次爆发延续，但时间点上会比2020年提早，第一波预售是10月20日—10月31日，提早的是时间，10月20日晚上8点开始预售，预售爆发时间点是11月1日—11月3日。

第二波预售是11月4日—11月10日，预售爆发时间就是11月11日当天，其实大致时间跟去年差不多，只不过第一波预售比去年提前了6小时。接着是报名时间，商家报名时间从9月15日开始，一直到9月22日是第一轮的商家报名时间，9月23日开始是商品报名时间，商品报名时间分成两拨，第一波预售商品报名是9月23日—10月10日。第二波预售商品报名的时间延长至10月28日，从9月23日—10月22日是第一波现货商品报名，10月25日—11月1日是第二波现货商品报名，建议大家如果要参加，一定要尽早报名。不管是预售还是现货，你只要提交进去了，10月1日—10月20日淘内算法会变，会对报完“双11”的产品有优先曝光，所以从10月1日开始，淘内系统会逐步开始进入“双11”算法。不管是商家或者用户，我觉得都可以了解一下本次的活动，因为对商家的销量和流量都有很大的帮助，而用户就可以使用红包进行满减，购买的金额会减少很多。

2.2021“双十一”店铺要求

（1）店铺类型

旗舰店、专卖店、专营店（大部分类目暂停招商）、卖场型旗舰店；

（2）入驻条件

企业营业执照（无经营异常且所售商品在许可范围内）、商标注册证或商标注册申请受理通知书（主要变更、转让等手续的资质证明）、品牌授权书／独占授权书等；

（3）入驻费用

软件服务年费（3万元和6万元）、软件服务费（0.5%～5%）、保证金（品牌旗舰店、专卖

店：带有 TM 商标的10万元，全部为 R 商标的5万元；专营店：带有 TM 商标的15万元，全部为 R 商标的10万元；申请退出店铺后退还）。

行业洞察

聚划算报名流程是什么？有什么要求？

聚划算是淘宝平台的一个活动版块，很多商家感兴趣的聚品牌、聚清仓、竞拍团、商品团、品牌团等活动，都是需要报名聚划算才可以参加的。对于想要快点提升店铺产品销量的商家来说，报名聚划算活动是非常不错的选择，那么聚划算报名流程是什么？

一、聚划算报名流程是什么？

1. 在聚划算页面找到自己想要报名的活动，点击进入报名流程，填写基本信息，提交商品。

2. 如果活动有配置玩法，则会有玩法的设置；若没有配置玩法，那么就没有玩法设置。

3. 如果活动要求强制设置玩法，则必须根据要求设置玩法，否则是参加不了活动的；如果活动不强制要求设置，则可以根据店铺情况选择是否设置。

4. 设置完成后提交活动的商品，提交完成后，显示“提交成功”则表示完成报名。

二、有什么要求？

1. 同一个店铺内每次限制3个宝贝，并且单个宝贝的库存数量要在1000件以上。

2. 同一个店铺一个月最多可参加两次活动，间隔要一个月。

3. 报名的商品必须是全新的，不可以是任何违规商品。

4. 报名的商品类目要是店铺总交易额占比30% 以上的主营类目，报名的商品最近一个月内真实销售要在10个以上。

5. 一个月内的成交价格要高于报名时的价格，商品前期有折扣活动的话上线的原价要占销售记录里的60% 以上。

6. 店铺门槛要求具有营业执照、质检报告等，有消保且好评率大于98%，店铺动态评分4.6及以上，开店时间大于90天。

聚划算活动的报名是有一定门槛的，同时要注意聚划算并不是免费的活动，需要商家支付一定的费用，具体的费用以报名活动的页面要求为准。

同一个店铺内每次限制3个宝贝以内，并且单个数量要在1000件以上，同一个店铺一个月最多能够参与两次活动，间隔一个月。报名的商品必须是全新的，不能是任何违规商品。报名的商品类目是店铺总买卖额占比30%以上的主营类目，报名商品最近一个月内真实销售需要在10个以上，一个月内的成交价钱要高于报名时的价钱，商品前期有折扣活动的话上线的原价要占销售记载里的60%以上。很多入门门槛，依照请求一个一个来，如营业执照、质检报告等等，淘宝C店要企业店铺5钻以上有消保，好评率大于98%，店铺动态评分4.6及以上，开店时间大于90天。产品销量和转化率要高，也就是说，你在一切的请求都满足的状况下，也是只能上你销量最好的一款。要想在原有好销量根底上再增加或是清算下早期库存是能够的，假如是没什么销量的是上不了的。依照规则报名，下面会有细致的提示信息，里面有相应的要求。

除了需要提交营业执照，动态评分也有要求，还需要各项优质数据，报名的时分会呈现相应的资质提交。简单来说，每月500件商品以上再思索报名聚划算吧！总的来说，只需你契合请求就能够去报名参与聚划算活动，经过上面的引见我也相信各位商家应该晓得怎样去报名参与了。但是需要留意的是参与活动的时分也要恪守平台的规则。

单元三　网络直播推广

引导案例

2020年上半年，新冠疫情蔓延，线下实体产业遭遇重创，格力电器受到影响尤大。财报显示，2020年一季度，格力电器营收209.1亿元，同比下降49%，归母净利润15.58亿元，同比下降72.53%；2020年上半年，格力电器营收695.02亿元，同比下降28.57%，归母净利润63.62亿元，同比下降53.73%。超过第三方统计的上半年26.9%的国内空调行业零售额同比下降水平。董明珠在接受采访时曾表示，“格力在二月、三月的空调销售几乎为零，仅仅二月就亏损了近200亿元”。面对特殊的市场情况，直播带货变得愈发火热，格力电器也开始试水。4月24日，66岁的董明珠在抖音开启直播首秀，带货当晚状况百出，一小时卡顿了5次，431万累计观看人次，累计销售额仅23.25万元。初战不太顺利。第一次直播遭遇“滑铁卢”之后，时隔半月，在5月10日母亲节这天，董明珠又开启了第二次直播，在快手上与二驴、驴嫂平荣以及主持人李鑫同台搭档，3个小时卖货3.1亿元，扭转第一次直播的颓势。此后，又于5月15日在京东直播间开启第三场直播，成交额突破7.03亿元，成为家电直播带货最高成交纪录。三场直播过后，董明珠对于直播带货的态度，也逐渐从原本的“格力不做直播带货”“坚持线下、带动就业”，转变为“直播，但不为卖货”，以及最终定下的“未来，格力直播可能会常态化”的基调。此后，董明珠的直播带货战绩愈发亮眼，在6月份的两场直播当中，先后斩获65.4亿元、102.7亿元的销售额，不断刷新纪录。5场直播后，从首场“翻车”般的23万元成交额，到“6·18”第五场成交额破百亿，董明珠上半年靠直播卖货178亿元，占了上半年总收入的四分之一。董明珠在“2019让世界爱上中国造高峰论坛”上曾表示，2019年，董明珠线上店销售格力电器产品达到3.5亿元。以此来看，董明珠在快手一场3小时的直播，顶得上线上店过去一年的辛苦。格力的工作人员在直播时称，没想到效果会这么好。

通过阅读案例并查阅资料，思考并回答以下问题：

（1）为什么一直致力于线下销售的格力要采取线上直播的销售方式？

（2）如何才能够做好直播运营推广？

知识储备

一、直播营销活动的基本流程

1. 定目标：明确直播营销要实现的目标

企业/品牌商可以参考SMART原则来制定直播营销目标，尽量让营销目标科学化、明确化、规范化。

（1）具体性

（2）可衡量性

（3）可实现性

（4）相关性

（5）时限性

2. 写方案：将抽象思路具体化

直播方案要简明扼要，直达主题，通常来说，完整的直播方案包括5部分内容，如表5-3-1所示。

表5-3-1 直播方案的主要内容

直播方案要点	说 明
直播目标	明确直播需要实现的目标、期望吸引的观众人数等
直播简介	对直播的整体思路进行简要的描述，包括直播形式、直播平台、直播特点、直播主题等
人员分工	对直播运营团队中的人员进行分组，并明确各人员的职责

续表

直播方案要点	说　明
时间节点	明确直播中各个时间节点，包括直播前期筹备的时间点、宣传预热的时间点、直播开始的时间点、直播结束的时间点等
预算	说明整场直播活动的预算情况，以及直播中各个环节所需的预算，以合理控制和协调预算

3. 做宣传：做好直播宣传规划

（1）选择合适的宣传平台

（2）选择合适的宣传形式

（3）选择合适的宣传频率

4. 备硬件：筹备直播活动硬件支持

（1）场地选择

（2）直播设备

（3）直播辅助设备

5. 开直播：直播营销活动的执行

直播营销活动的执行可以进一步拆解为直播开场、直播过程和直播收尾3个环节，各个环节的操作要点如表5-3-2所示。

表5-3-2　直播营销活动执行环节的操作要点

执行环节	操作要点
直播开场	通过开场互动让观众了解本场直播的主题、内容等，使观众对本场直播产生兴趣，并停留在直播间
直播过程	借助营销话术、发红包、发优惠券、才艺表演等方式，进一步加深观众对本场直播的兴趣，让观众长时间停留在直播间，并产生购买行为
直播收尾	向观众表示感谢，预告下场直播的内容，并引导观众关注直播间，将普通观众转化为忠实粉丝； 引导观众在其他媒体平台上分享本场直播或者本场直播中推荐的商品

6. 再传播：二次传播，放大直播效果

（1）明确目标

（2）选择传播形式

①直播视频传播

A. 录制直播画面

B. 直播画面浓缩摘要

C. 直播片段截取

②直播软文传播

A. 分享行业资讯

B. 提炼观点

C. 分享主播经历

D. 分享体验

E. 分享直播心得

③选择合适的媒体平台

7. 做复盘：直播后经验总结

直播营销复盘包括直播间数据分析和直播经验总结两个部分，其中，直播间数据分析主要是利用直播中形成的客观数据对直播进行复盘，体现的是直播的客观效果；直播经验总结主要是从主观层面对直播过程进行分析与总结，分析的内容包括直播流程设计、团队协作效率、主播现场表现等，直播运营团队通过自我总结、团队讨论等方式对这些无法通过客观数据表现的内容进行分析，并将其整理成经验手册，为后续开展直播活动提供有效的参考。

二、直播营销活动流程规划

1. "过款式"流程

所谓"过款式"流程，就是指在直播中按照一定的顺序一款一款地讲解直播间里的商品。"过款式"直播流程示例如表5-3-3所示。

表5-3-3 "过款式"直播流程

时间安排	直播内容
20：00~20：10	热场互动
20：10~20：30	介绍本场直播第一款商品
20：30~20：50	介绍本场直播第二款商品
20：50~21：00	与用户互动环节
21：00~21：20	介绍本场直播第三款商品
21：20~21：40	介绍本场直播第四款商品
21：40~22：00	再次将本场直播中所有商品快速地介绍一遍

2. “循环式”流程

“循环式”流程，就是在直播中循环介绍直播间中的商品。“循环式”直播流程示例如表5-3-4所示。

表5-3-4 “循环式”直播流程

时间安排	直播内容
20：00~20：10	热场互动
20：10~20：40	介绍本场直播中的三款主推款商品
20：40~20：50	介绍本场直播中的一款宠粉款商品
20：50~21：20	介绍本场直播中的三款主推款商品（第一次循环）
21：20~21：30	介绍本场直播中的一款宠粉款商品（第一次循环）
21：30~22：00	介绍本场直播中的三款主推款商品（第二次循环）
22：00~22：10	介绍本场直播中的一款宠粉款商品（第二次循环）

三、直播活动脚本策划

1. 直播脚本的作用

（1）提高直播筹备工作的效率

（2）帮助主播梳理直播流程

（3）控制直播预算

2. 直播前准备工作策划脚本的设计

以淘宝直播为例，直播运营团队可以参考下表来设计直播前准备工作策划脚本。流程示例如表5-3-5所示。

表5-3-5 直播前准备工作策划脚本

时间	工作内容	具体说明
直播前15~20天	选品	选择要上直播的商品，并提交直播商品链接、直播商品的折扣价
	确定主播人选	确定是由品牌方自己提供主播，还是由直播运营团队提供主播
	确定直播方式	确定是用手机进行直播，还是用计算机进行直播
直播前7~15天	确定直播间活动	确定直播间的互动活动类型和实施方案

续表

时间	工作内容	具体说明
直播前 7天	寄样品	如果是品牌方自己提供主播、自己做直播，则无须寄送样品；如果是品牌方请达人主播或专业的MCN机构做直播，则品牌方需要向达人主播和MCN机构寄送样品
直播前 5天	准备创建直播间所需的相关材料	①准备直播间封面图：封面图要符合淘宝直播的相关要求； ②准备直播标题：标题不要过长，要具有吸引力； ③准备直播内容简介：用1~2段文字简要概括本场直播的主要内容，要重点突出直播中的利益点，如抽奖、直播专享优惠等； 准备直播间商品链接：直播时要不断地在直播间发布商品链接，以让用户点击链接购买商品，所以要在直播开始前准备好直播商品链接
直播前1~5天	直播宣传预热	采取多种方式，通过微淘、微博、微信等渠道对直播进行充分的宣传

3. 整场直播活动脚本设计

通常来说，整场直播活动脚本应该包括下表所示的几个要点。流程示例如表5-3-6所示。

表5-3-6 整场直播活动脚本的要点

直播脚本要点	具体说明
直播主题	从用户需求出发，明确直播的主题，避免直播内容没有营养
直播目标	明确开直播要实现何种目标，是积累用户，提升用户进店率，还是宣传新品等
主播介绍	介绍主播、副播的名称、身份等
直播时间	明确直播开始、结束的时间
注意事项	说明直播中需要注意的事项
人员安排	明确参与直播人员的职责，例如，主播负责引导关注、讲解商品、解释活动规则；助理负责互动、回复问题、发放优惠信息等；后台/客服负责修改商品价格、与粉丝沟通转化订单等
直播的流程细节	直播的流程细节要非常具体，详细说明开场预热、商品讲解、优惠信息、用户互动等各个环节的具体内容、如何操作等问题，例如，什么时间讲解第一款商品、具体讲解多长时间，什么时间抽奖等，尽可能把时间都规划好，并按照规划来执行

直播活动脚本的示例如表5-3-7所示。

表5-3-7 直播活动脚本

直播活动概述				
直播主题	秋季护肤小课堂			
直播目标	吸粉目标：吸引10万观众观看；销售目标：从直播开始至直播结束，直播中推荐的三款新品销量突破10万件			
主播、副播	主播：××、品牌主理人、时尚博主；副播：××			
直播时间	2020年10月8日，20：00~22：30			
注意事项	①合理把控商品讲解节奏； ②放大对商品功能的讲解； ③注意对用户提问的回复，多与用户进行互动，避免直播冷场			
直播流程				
时间段	流程安排	人员分工		
		主播	副播	后台／客服
20：00~20：10	开场预热	暖场互动，介绍开场截屏抽奖规则，引导用户关注直播间	演示参与截屏抽奖的方法； 回复用户的问题	向粉丝群推送开播通知； 收集中奖信息
20：10~20：20	活动剧透	剧透今日新款商品、主推款商品，以及直播间优惠力度	补充主播遗漏的内容	向粉丝群推送本场直播活动
20：20~20：40	讲解商品	分享秋季护肤注意事项，并讲解、试用第一款商品	配合主播演示商品使用方法和使用效果，引导用户下单	在直播间添加商品链接； 回复用户关于订单的提问
20：50~21：10	讲解商品	分享秋季护肤补水的技巧，并讲解、试用第二款商品	配合主播演示商品使用方法和使用效果，引导用户下单	在直播间添加商品链接； 回复用户关于订单的提问
21：10~21：15	福利赠送	向用户介绍抽奖规则，引导用户参与抽奖、下单	演示参与抽奖的方法	收集抽奖信息
21：15~21：40	讲解商品	讲解、试用第三款商品	配合主播演示商品使用方法和使用效果	在直播间添加商品链接； 回复用户关于订单的提问
21：40~22：20	商品返场	对三款商品进行返场讲解	配合主播讲解商品； 回复用户的问题	回复用户关于订单的提问
22：20~22：30	直播预告	预告下一场直播的时间、福利、直播商品等	引导用户关注直播间	回复用户关于订单的提问

4. 直播中单品脚本的设计

单品脚本就是针对单个商品的脚本。直播运营团队可以将单品脚本设计成表格形式，将品牌介绍、商品卖点、直播利益点、直播时的注意事项等内容都呈现在表格中，这样既便于主播全方位地了解直播商品，也能有效地避免在人员对接过程中产生疑惑或不清楚的地方。某品牌一款电热锅的单品脚本如表5-3-8所示。

表5-3-8 某品牌一款电热锅的单品脚本

项目	商品宣传点	具体内容
品牌介绍	品牌理念	×× 品牌以向用户提供精致、创新、健康的小家电产品为己任，该品牌主张愉悦、创意、真实的生活体验才能丰富人生，选择 ×× 品牌不只是选择一个产品，更是选择一种生活方式
商品卖点	用途多样	具有煮、涮、煎、烙、炒等多种烹任功能
	产品具有设计感	①分体式设计，既可以当锅用，也可以当碗用； ②容量适当，一次可以烹任一个人、一顿饭的食物； ③锅体有不黏涂层，清洗简单
直播利益点	“双十一”特惠提前享	今天在直播间内购买此款电热锅享受“双十一”同价，下单备注“主播名称”即可
直播时的注意事项		①在直播进行时，直播间界面显示“关注店铺”卡片； ②引导用户分享直播间、点赞等； ③引导用户加入粉丝群

职场透视

直播团队的组建

一、低配版团队

低配版团队根据工作职能，团队需要至少设置1名主播、1名运营，其工作职能分工如表5-3-9所示。

表5-3-9　低配版团队人员职能分工

运营1人				主播1人
营销任务分解； 货品组成； 品类规划； 结构规划； 陈列规划； 直播间数据运营	商品权益活动； 直播间权重活动； 粉丝分层活动； 排位赛制活动； 流量资源策划	商品脚本； 活动脚本； 关注话术脚本； 控评话术脚本； 封面场景策划； 下单设计角标； 妆容、服饰、道具等	直播设备调试； 直播软件调试； 保障直播视觉效果； 发券、表演等配合； 后台回复配合； 数据即时登记反馈	熟悉商品脚本； 熟悉活动脚本； 做好复盘； 运用话术； 控制直播节奏； 总结情绪、表情、声音

二、标配版团队

企业或商家选择直播带货，一般会按一场直播的完整流程所产生的职能需求组建标配版直播团队。标配版直播团队人员职能分工如表5-3-10所示。

表5-3-10　标配版团队人员职能分工

运营1人	策划1人		场控1人	主播1人
营销任务分解； 货品组成； 品类规划； 结构规划； 陈列规划； 直播间数据运营	商品权益活动； 直播间权重活动； 粉丝分层活动； 排位赛制活动； 流量资源策划	商品脚本； 活动脚本； 关注话术脚本； 控评话术脚本； 封面场景策划； 下单设计角标； 妆容、服饰、道具等	直播设备调试； 直播软件调试； 保障直播视觉效果； 发券表演等配合； 后台回复配合； 数据即时登记反馈	熟悉商品脚本； 熟悉活动脚本； 做好复盘； 话术运用； 控制直播节奏； 总结情绪、表情声音

三、升级版团队

升级版团队人员更多，分工更细化，工作流程也更优化，其详细职能分工如表5-3-11所示。

表5-3-11　升级版团队人员职能分工

主播团队（3人）	主播	开播前熟悉直播流程、商品信息，以及直播脚本内容； 介绍展示商品，与观众互动，活跃直播间气氛，介绍直播间福利； 直播结束后，做好复盘，总结话术、情绪、表情、声音
	副播	协助主播介绍商品，介绍直播间福利，主播有事时担任临时主播
	助理	准备直播商品、使用道具等； 协助配合主播工作，做主播的模特、互动对象、完成画外音互动等

续表

策划（1人）	规划直播内容：确定直播主题；准备直播商品；做好直播前的预热宣传；规划好开播时间段，做好直播间外部导流和内部用户留存等
编导（1人）	编写商品脚本、活动脚本、关注话术脚本、控评话术脚本，做好封面场景策划、下单设计角标、妆容服饰道具等
场控（1人）	做好直播设备如摄像头、灯光等相关直播软硬件的调试； 负责好直播中控台的后台操作，包括直播推送、商品上架，以及实时直播数据监测等； 接收并传达指令，例如，若直播运营有需要传达的信息，场控在接到信息后要传达给主播和副播，由他们告诉用户
运营（2人）	营销任务分解、货品组成、品类规划、结构规划、陈列规划、直播间数据运营、活动宣传推广、粉丝管理等
店长导购（2人）	主要辅助主播介绍商品特点，强调商品卖点，种草商品，同时协助主播与观众互动
拍摄剪辑（1人）	负责视频拍摄、剪辑（直播花絮、主播短视频，以及商品的相关信息），辅助直播工作
客服（2人）	配合主播在线与观众进行互动答疑； 修改商品价格，上线优惠链接，转化订单，解决发货、售后等问题

德技并修

直播营销常用话术

按照直播营销的一般流程，直播营销的常用话术内容如表5-3-12所示。

表5-3-12　直播营销常用话术示例

话术应用场景	话术技巧	示　例
直播预告	说明直播主题、直播时间、直播中的利益点	明天下午8点，“感恩母亲节”来啦！一定要锁定××直播间，福利已经为你们准备好啦！转发+关注，抽出100位幸运儿平分万元现金红包哦！
开播欢迎	介绍直播商品情况，介绍优惠或折扣力度	嗨，大家好，我是××，欢迎大家来到××直播间，今天是“618”，年中大促，我为大家带来×款超值商品，今天直播间的朋友可以享受超低直播价哦！
	制造直播稀缺感	嗨，大家好！欢迎来到直播间，今天晚上的直播会有超多的惊喜等着你，超高品质的商品都是超低价秒杀，机会难得，大家一定不要错过哦！
	引导观众互动留言，激发观众的参与感	感谢大家百忙之中来看我的直播，大家今天晚上有没有特别想实现的愿望啊？大家可以在评论区分享哦，万一我一不小心就帮你实现了呢？

续表

话术应用场景	话术技巧	示 例
开播暖场	设置抽奖活动，引导观众参与互动	话不多说，正式开播前先来一波抽奖，今天是母亲节，在评论区输入口号“妈妈I Love You”，我会随机截屏5次，每屏的第一位宝宝将获得80元现金红包
引导关注	强调福利，引导关注	刚进直播间的宝宝们，记得点左上角关注直播间哦！我们的直播间会不定期发布各种福利
	强调签到领福利	喜欢 ×× 直播间的宝宝，记得关注一下直播间哦，连续签到七天可以获得一张20元优惠券
	强调直播内容的价值	想继续了解服装搭配技巧 / 美妆技巧的宝宝们，可以关注一下主播哦
邀请观众进群	设置福利，体现服务内容的价值性	今晚我们为观看直播的宝宝们专门建立了一个免费的美妆交流群，欢迎加入，我会不定期在群里为大家分享一些护肤方法和化妆技巧
活跃直播间氛围	强调优惠	这款翡翠手镯市场价格是16800元，今晚直播间的宝宝们下单7999元就能送给妈妈、送给爱人，真的特别超值！
	强调价值	21天绝对让你的 PPT 水平上一个新台阶！
	使用修辞手法	啊！好闪，钻石般闪耀的嘴唇！
转场引起下文	提问互动引出下文	看了刚才的 PPT 演示，不知道大家以前是怎么做的呢，欢迎在评论区里留言哦
	说明商品特色引出下文	下面我教大家如何在15秒内画好眼线，有人会说这怎么可能呢？因为我有这款非常好用的眼线笔
激发观众对商品的兴趣	提高商品的价值感	我给大家争取到了最优惠的价格，现在买到就是赚到
	打破传统认知	买这个颜色的口红，是你驾驭口红的颜色，而不是口红的颜色驾驭你
	构建商品的使用场景	穿着白纱裙在海边漫步，享受着温柔的海风的吹拂，充满了夏日阳光的味道
	强调商品的细节优点	这款便携式榨汁机是我用过的榨汁机中最好的一款，它的外观设计和安全设计非常好！今天我为大家争取到了七折的优惠价，买了它绝对超值！
引导观众下单	强调售后服务	我们直播间的商品都支持七天无理由退货，购买后如果对商品不满意是可以退货的，大家放心购买
	与原价做对比	这款商品原价是 ××× 元，为了回馈大家的厚爱，现在只要 ×× 元，喜欢这款商品的朋友请不要再犹豫了，错过今天只能按原价购买了
	限时、限量、限购，制造紧张感	最后50件，大家抓紧时间下单吧； 库存还剩40件、26件…… 今天的优惠力度是空前的，这款商品今天商家只给了 ×× 件，今后再也不会按这个价格卖了； 福利价购买的名额仅有 ×× 个，先到先得！目前还剩 × 个名额，赶快点击左下角的购物袋按钮抢购哦！

续表

话术应用场景	话术技巧	示 例
引导观众下单	偷换心理账户，强调价格优惠	这个真的很划算，三包方便面的钱就能买到； 这款液体眼线笔真的值得买，一支能用一年，算下来一天不到三毛钱
	引导观看查看商品链接	大家如果想要了解更多的优惠信息，一定要点击“关注”按钮关注主播，或者直接点击商品链接查看商品详情
	引导加入购物车	如果大家还没有想清楚要不要下单，什么时候下单，完全可以先将商品加入购物车，或者先提交订单抢占优惠名额
下播	表达感谢，引导关注	谢谢大家，希望大家都在我的直播间买到了称心的商品，点击关注，明天我们继续哦！
	引导转发，表达感谢	请大家点击一下右下角的转发链接，和好朋友分享我们的直播间，谢谢！
	强调直播间的价值观	我们的直播间给大家选择的都是性价比超高的商品，直播间里的所有商品都是经过我们团队严格筛选，经过主播亲身试用的，请大家放心购买。好了，今天的直播就到这里了，明天再见！
	商品预告	大家还有什么想要的商品，可以在交流群里留言，我们会非常认真地为大家去选品，下次直播推荐给大家
	预告直播利益点	好了，还有 × 分钟就要下播了，最后再和大家说一下，下次直播有你们最想要的 ×××，优惠力度非常大，大家一定要记得来哦！

职业技能训练（四级）

一、单选题

1. 网上商店的____是商家与用户之间交易的凭证。（　　）

A. 购物单　B. 单证　C. 定单网页　D. 服务器中的保留数据

标准答案：B

2.A 卖家设置了5元的店铺红包，店内 A 商品为30元，B 商品为10元，当消费者同一笔订单同时购买 A 和 B 商品，运费合计5元，用户有2张该店铺的5元店铺红包，那么消费者实际支付多少元？（　　）

A.35元　B.40元　C.30元　D.45元

标准答案：B

3. 网上购物的步骤中客户向认证机构申请认证，是通过（　　）

A. 海关　B. 商务中心　C. 浏览器　D. 银行

标准答案：C

4. 从技术角度看，网上支付至少需要四个方面的组件。其中不是网上支付必要条件的是（　　）

A. 电子钱包　B. 支付网关　C. 安全认证　D. 商户系统

标准答案：D

5. 已知某淘宝店铺当日通过搜索获得的UV为50，通过直通车获得UV为80，一共成交了26笔交易，那么下列说法正确的是（　　）

A. 店铺今天的转化率为20%　B. 店铺今天一共获得了80个UV

C. 店铺今天的PV为130　D. 店铺今天的跳失率为10%

标准答案：A

6. 要想获知来店客户感兴趣的宝贝，可以通过什么方式得到？（　　）

A. 查看旺旺对话框中客户当前浏览的宝贝　B. 查找客户的访问轨迹

C. 对客户访问轨迹进行跟踪，查看其浏览宝贝频次　D. 以上答案皆正确

标准答案：D

7. 淘宝客和直通车最大的区别是？（　　）

A. 都是淘宝平台的一种推广模式　B. 前者是按成交计费，后者按点击付费

C. 能让卖家更好地获取流量取得订单　D. 能针对性地定向推送到指定的目标用户

标准答案：B

8. 直通车商品标题字数是多少个以内？（　　）

A.15个　B.10个　C.20个　D.25个

标准答案：C

9. 店内的宝贝数量要满足几件以上才可以上直通车？（　　）

A.10件　B.15件　C.20件　D.30件

标准答案：A

10. 淘宝直通车是哪种计费方式？（ ）

A. 按展示付费（CPM） B. 按点击付费（CPC）

C. 按成交额付费（CPS） D. 淘宝小二说了算

标准答案：B

二、多选题

1. 公告栏广告发布技巧包括（ ）

A. 写一个好标题 B. 内容部分要简明扼要

C. 在相关的类别、地点发布广告 D. 留下可靠快捷联系方式

标准答案：ABCD

2. 下列淘宝商品标题涉及违规的有（ ）

A. 标题："裸珠打造 * 极致成色10-11* 顶级淡水珍珠项链 * 可媲美高档 AKOYA"

B. 标题："正品牛皮包时尚保罗鳄鱼金利来梦特娇七匹狼包 SJGQ19053"

C. 标题："韩版 T 恤衬衫连衣裙 / 满3件包邮 . 手钩花显瘦 V 领毛衣小外套 /901"

D. 标题："【7年实体经验正品行货联保发票】诺基亚 N78另售港行欧版"

标准答案：ABCD

3. 以下关于直通车一个人点击多次扣费说法正确的有（ ）

A. 严格按照点击扣费，点击几次扣费几次

B. 同一 IP 在24小时内多次点击同一个广告位置，系统会自动排查，过滤掉恶意点击。当然也不是100% 会被排查到，不过卖家完全不用担心，淘宝的防恶意点击系统已经做得很完善

C. 24小时内同一 IP 多次点击只记一次，所以同一局域网多台电脑点击无效

D. UV 也是基于 cookies 的，比如同一局域网内16台电脑访问一个宝贝，根据 cookies 的原理，是对这个宝贝带来了16个 UV，但点击 IP 却是只有一个

标准答案：BCD

4. 以下说法正确的有（ ）

A. 销售额＝流量 × 转化率 × 平均客单价

B. 转化率越高的产品，直通车质量得分越高，然后点击越省钱

C. 关键词的优化选取是为了给宝贝提供一个优先的排名展示机会

D. 钻石展位是在淘宝通过用图片的方式以展现付费获取流量，俗称"小硬广"，钻展的最

大用途最好集中在推广品牌和活动时使用

标准答案：ABCD

5. 以下软件能够查询快递物流讯息的有（　　）

A. 亲淘　　B. 阿里旺旺　　C. 千牛　　D. 支付宝

标准答案：ABC

三、判断题

1. 目前，国内著名的C2C网站，如易趣、淘宝网、雅宝、拍拍等公司中，淘宝网是中国成立最早的C2C电子商务网站，也是最先收费的国内C2C网站。（　　）

标准答案：×

2. 一般地讲，网上开店的第一步并不在网上，而首先在你的脑海里，观念决定行动。（　　）

标准答案：√

3.C2C模式的特点类似于现实商务世界中电子化的批发商务。（　　）

标准答案：×

4. 在淘宝网上开设店铺，不一定要在淘宝网上注册。（　　）

标准答案：×

5. 淘宝会员名注册成功后可以修改，选择你喜欢并能牢记的，推荐使用中文会员名。（　　）

标准答案：√

模块六 业务处理

学习目标

知识目标

- 了解业务处理过程中的相关术语及基本概念
- 熟悉业务处理的基本原则和基本操作流程
- 掌握业务处理中高效操作的技巧和方法

技能目标

- 能够根据电商平台规则和运营策略，对商品进行上下架基本操作
- 能够根据买家需求和库存情况，安排发货处理
- 能够根据客户要求，进行退换货处理

素养目标

- 具备线上业务处理的基本知识和技能，以及较强的心理素质和人际沟通能力
- 树立正确的电商营销理念和积极正向的网商公众形象
- 引导网商诚信经营及树立社会主义核心价值观

思维导图

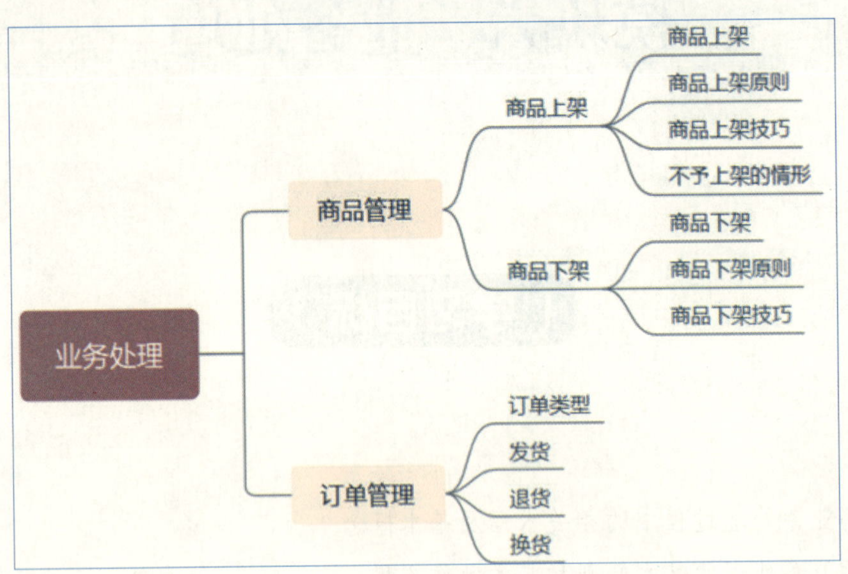

单元一 商品管理

引导案例

随着互联网和电子商务的普遍应用，如何建设好电子卖场，虽然有着多方面的因素影响，但电子卖场商品库的建设在很大程度上决定了电子卖场的运行效果和效率，它是一项基础工作，是卖场的根基，包括商品出入库、上下架、商品标准等，并且影响着价格监测、信用管理、数据资源统一、预警等深度应用。

电子卖场是供采购人、供应商以数据电文形式完成采购事项的操作平台，对于商品的上下架有一定的要求、规则，为了深度地、长期地参与电子卖场商品库的建设，供应商应当按照要求正确地管理商品的上下架，防止出现不予上架的情况。

通过阅读案例并查阅资料，思考并回答以下问题：

（1）电子平台商品管理中无法上架的情形有哪些？

（2）商品管理的上下架有哪些技巧？

知识储备

一、商品管理

网商运营中，商品管理主要涉及商品的上下架处理，即商品上下架的原则和技巧。

这里的上下架，不是从仓库上架或者下架到仓库，而是淘宝创造的一个虚拟、动态的搜索权重赋值方式；商品上下架时间调整期间，商品的在售状态是不会发生变化的（仓库中的商品也设置了上架调整的例外，仓库中的商品会从下架状态调整为上架状态）。

（一）商品上架

1. 什么是商品上架？

在电子销售平台，上架即产品上传，在网络上进行售卖。

2. 商品上架原则

以淘宝店铺为例，上架的时候，需要注意目标客户的在线购物时间、避开人气高的商品等方面，这样对于商品上架才会有帮助。

具体原则如下：

（1）注意目标客户的在线购物时间

安排宝贝在网购高峰期（上午9：00至11：00，下午3：00至5：00，晚上8：00至10：00）上架。当然还需要更多地需要考虑产品目标受众的上网集中时间：

目标受众是大学生，那么他们上网的主要时间就应该是晚上和周末；

目标受众是在家照顾孩子的年轻妈妈们，那么他们的在线时间主要就会集中在白天。

（2）尽量避开人气较高的商品

对于新品来说，在刚刚开始上架的时候，在人气方面跟那些已经在淘宝上卖得很好的宝贝相比存在着先天的劣势（如没有收藏、没有销量、没有评价等等），所以无论是基于商品情况，还是网民的从众心理来说，新品的发布都应尽量避开人气高的商品。

3. 商品上架技巧

（1）避开高峰期

最好不要在流量高峰期的时候上架宝贝，因为小卖家在这个时间段上架的话肯定拼不过那些大卖家的。我们可以选择在下班后的时间点上架，这样的话我们的竞争小了点。

（2）合理运用橱窗推荐

最好的办法就是把所有的橱窗推荐位都用在即将下架的宝贝上。安排合理的话，推荐位就会带来巨大的惊喜。

(3) 不要一起上架相同类型的商品

用淘宝数据包上架产品大家可能觉得很方便，但是对于搜索来说是非常不利。例如：羊毛衫，如果几分钟内用淘宝助理一次性全上去了，那以后每周只有一天的几分钟内你的产品排在前面。

不过，我们可以把羊毛衫分成好多份，比如是14份（7天的两个黄金时间段），在每天的两个黄金时间段各几分钟上传一个，用7天时间全部上架完毕。以后每天就会有羊毛衫的产品在黄金时间段排在搜索结果的前列。

(4) 做好类目

小卖家在上架的时候，可以从中午11：00到12：00下午5：00到6：00，以及深夜12：00后每隔几分钟发布一个新商品。

不同时发布的原因很简单，同时发布，下架的时候也就容易同时消失。假如分开来发布，那么在整个黄金时段内，都有即将下架的商品可以获得很靠前的搜索排名，带来的流量也肯定会暴增，能坚持做到这点还是要点耐心的。

4. 商品不予上架的情形

(1) 商品价格高于监测合理价的，无法上架。

(2) 特供专供商品，不予上架。

(3) 商品属性关键参数不全的，不予上架。

(4) 商品价格为0的，不予上架。

(5) 商品品目放错的，不予上架。

(6) 商品价格上调的，不予上架。

(7) 等待价格监测的商品，不予上架。

(8) 被处罚的供应商或品目，不予上架。

(9) 商品信息不全，缺少主图、详情介绍的，不予上架。

(二) 商品下架

1. 什么是商品下架?

商品下架即产品暂时不卖了，可能是卖完或者促销活动时间过了，等商家编辑产品信息，重新上架后即可正常购买。卖家把产品下架等同于实体店的卖家把商品从货架上拿下来是一样的，出售中的宝贝为“上架”商品，将出售中的宝贝放到仓库即为“下架”，如果在售商品的库存已售完，商品会自动下架至仓库中。

2. 商品下架原则

以淘宝店铺为例，产品是自动上下架的，周期都是7天：从上架开始，比如是7月1日上午

10点，七天的产品有效期，就是到7月8号上午10点下架（在下架之前，越接近8号10点，权重越高）；当然现在不会直接下架了，到8号10点，淘宝会自动上架，重新开始计算上架时间，这个设定是为了淘宝搜索权重，也就是排名。

3. 商品下架技巧——运用橱窗推荐

如果我们快要下架的宝贝数量很多，橱窗推荐位不够，我们可以选择自己销量大的产品，畅销的产品，因为淘宝搜索排名规则中有一个很重要的因素就是销量，如果你推荐的产品销量很大，那么也会优先排在前面的；不畅销或者竞争度很小（没有几个人卖的产品）可以不用橱窗推荐，因为它本来搜索结果就很少，你不用推荐也可以排在前面。

行业洞察

面对着如今越来越高的流量成本，类似于宝贝上下架所带来的免费流量是一定要抓住的。合理优化宝贝的上下架，让自己的宝贝排名靠前，获得更多流量。

目前宝贝的上下架权重分为两种：一种是新上架的新品权重；另一种是淘宝特色的距离下架时间越近搜索权重越大。

这两种上下架相关的权重都是对搜索排名影响很大的指标。所以就有了一些店铺围绕这两个权重指标进行的日常营销手段，现在介绍几种操作方式：

（1）坚持每天或者经常上新品，通过用新品获取新品权重，来获取店铺流量；

（2）优化宝贝的下架时间，通过宝贝的下架时间分布在更多流量高峰的热门时间，获得热门时间点的高权重好排名；

（3）商品下架几天编辑后重新上架，获取新品的上架权重。

职场透视

以淘宝平台为例，我们来看看具体的上下架操作方法。对于淘宝卖家来说，将产品上架或者下架是常用的操作，也是最基本的操作。

一、如何上架

当淘宝开店需上架产品，或者商品销售完之后淘宝会自动将产品下架。如果卖家将商品上架或者要给商品补货时，操作方法如下：

1. 登录淘宝首页，点击界面顶部右侧“淘宝卖家中心”，进入卖家中心管理店铺。

2. 进入卖家中心列表中的“发布宝贝”链接，进入宝贝发布界面，如图6-1-1。

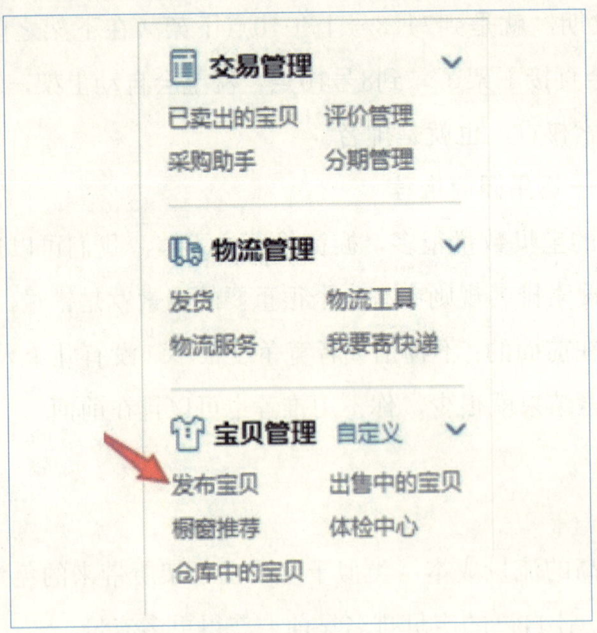

图6-1-1 卖家中心

3. 进入“宝贝发布”页面后，选择合适的类型，再根据宝贝的属性往下选择宝贝类型、型号等，选择完毕后，再勾选“我已阅读以下规则”选项，现在发布宝贝。如图6-1-2所示。

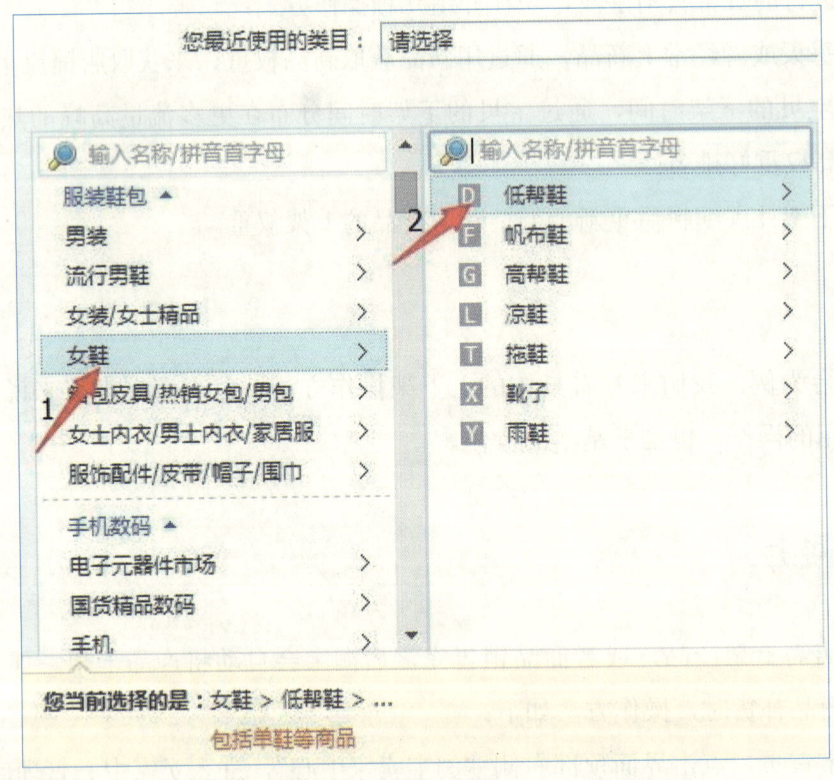

图6-1-2 发布宝贝

（以上栏目卖家可根据商品自行选择）

4. 填写“宝贝基本信息”，带＊的都属于必填项目，没带＊的属于选填项目，可以按照宝贝的实际情况进行填写，如图6-1-3。根据实际情况勾选“宝贝物流服务”，如图6-1-4。

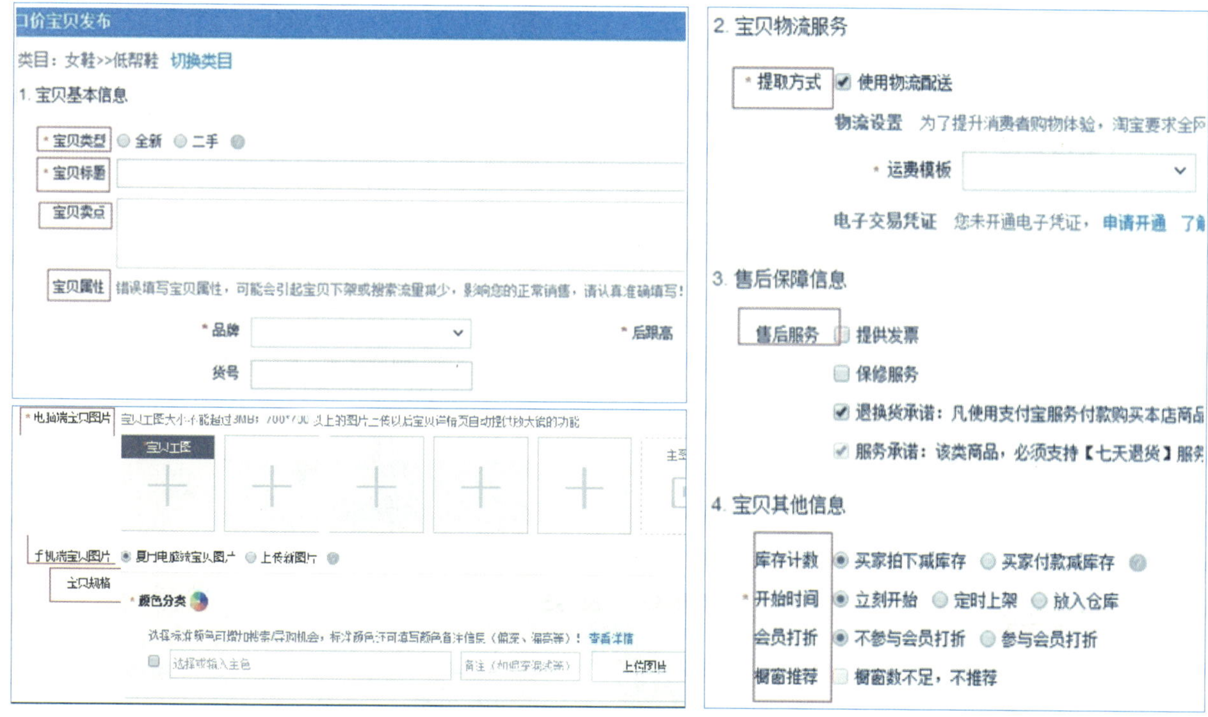

图6-1-3　宝贝基本信息

图6-1-4　宝贝物流服务

5. 以上宝贝信息填写完毕后，最下面有个预览按钮，点击“预览”，可以查看宝贝页面的展示情况，检查确认没有要修改的，再提交，这样宝贝就发布成功了！

二、如何下架

当店铺中有某些产品缺货时，为了避免买家购买该商品而无法供货的情况，就需要提前下架这个产品并停售，以防出现一些不必要的麻烦。在下架某个产品的时候，可以单件下架也可以多件同时下架，具体步骤如下：

1. 登录淘宝首页，点击界面顶部右侧“卖家中心”，进入卖家中心管理店铺（同上架第一步）。

2. 进入“卖家中心”列表中的“出售中的宝贝”链接，可在右侧看到很多店铺正在出售的宝贝，如图6-1-5。

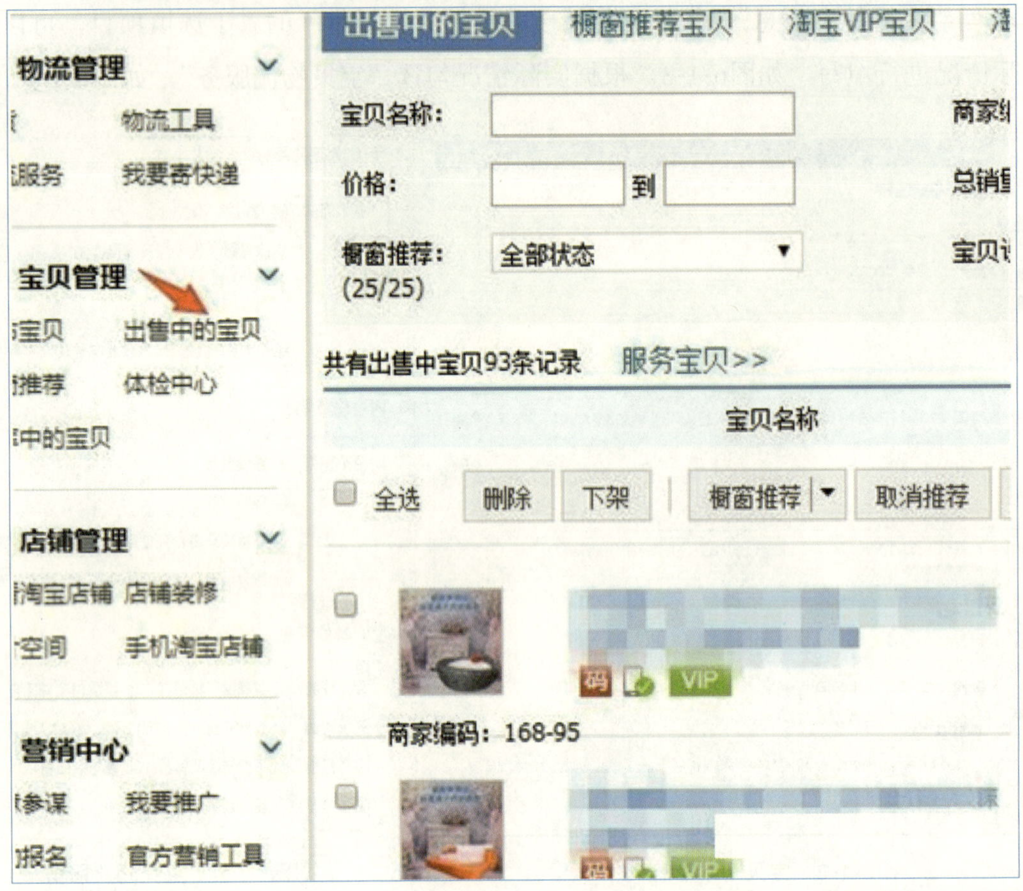

图6-1-5　出售中的宝贝

3. 勾选要下架的宝贝，单击“下架”按钮，如图6-1-6。

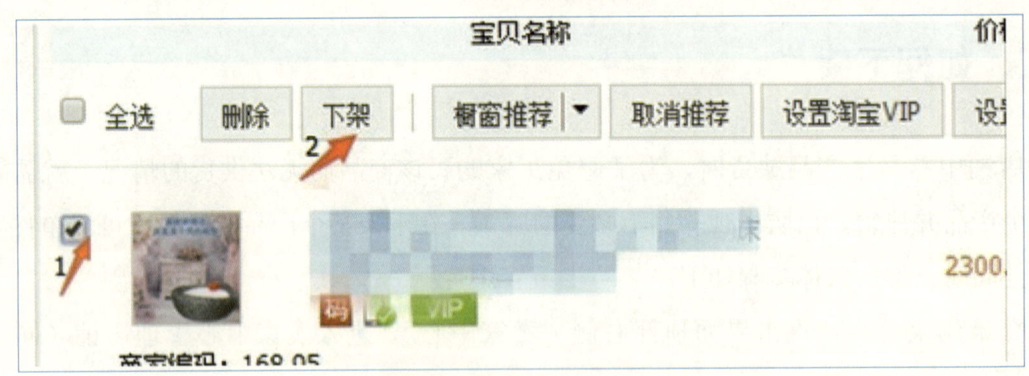

图6-1-6　宝贝下架

4. 这时候下架的产品会转移到“仓库中的宝贝”列表中，后期可以根据情况随时将产品重新上架，如图6-1-7。

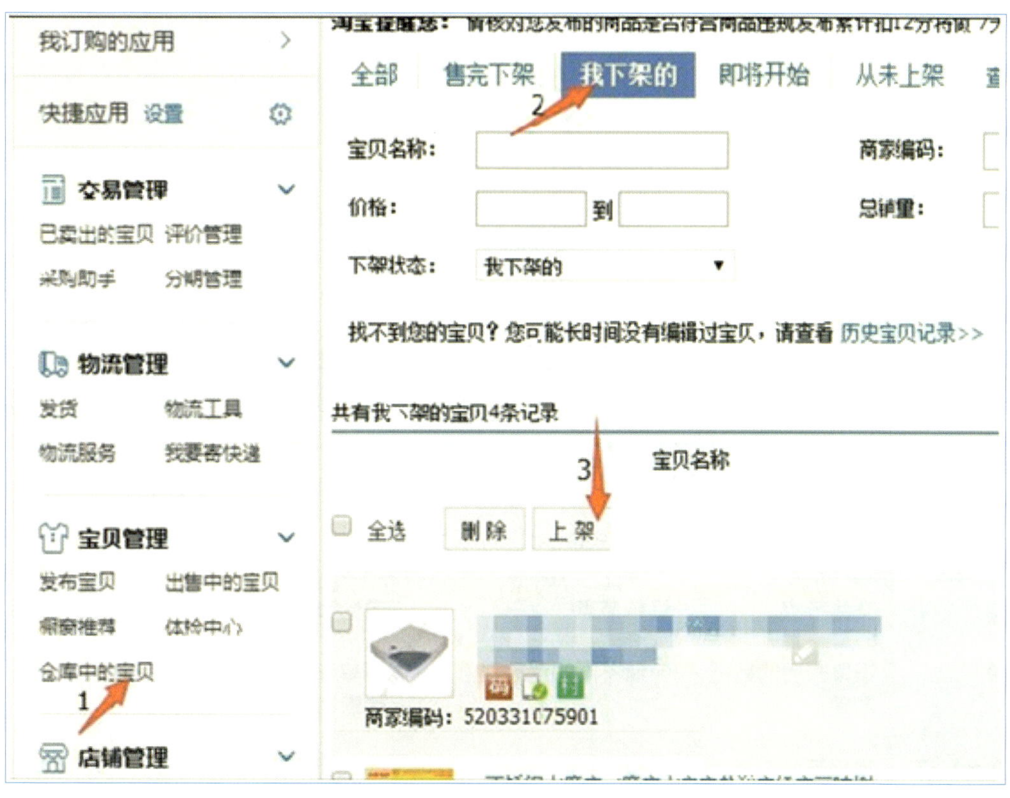

图6-1-7 仓库中的宝贝

上下架某个商品时一定要注意，商品的上下架时间和商品的权重挂钩，大家要弄懂这个原理，再去设置上下架时间。

单元二 订单管理

引导案例

订单管理是客户关系管理的有效延伸，能更好地把个性化、差异化服务有机地融入客户管理中去，能推动经济效益和客户满意度的提升。订单供货的目的，是品牌能让客户自由选择，货源安排做到公开透明，产品能更加适应和满足消费者的需要。订单管理可被用来发掘潜在的客户和现有客户的潜在商业机会。订单取决于需求，订单管理就是处理订单。

通过阅读案例并查阅资料，思考并回答以下问题：

（1）网商的订单主要有哪些类型？

（2）网商的退换货处理流程是怎样的？

知识储备

一、订单管理

（一）订单类型

订单连接了用户和商家，用户可以通过订单看到商品购买详情，商家则可以通过订单看到购买用户信息等。订单类型则是订单系统中很重要的一个环节，分为常规订单、拼团订单、预约（定金）订单、尾款订单、赠送订单等，如表6-2-1所示。

表6-2-1　订单类型

订单类型	交易节点	订单节点	履约节点	售后节点
拼团订单	下单校验的数据不同	存储不同如活动信息	订单支付后无法立即履约需要成团后才能履约	常规售后
预约（定金）订单	常规下单	记录用户的预约权益	订单暂停，预约订单不履约	不可部分退款，可退定金
尾款订单	有支付时限	记录尾款订单上关联的预约权益以及预约订单	正常履约	定金+尾款一起退款
赠送订单	不需要用户触发下单	主动给用户赠送的商品生成的订单，区别于用户自己命中的买赠活动产生的订单	正常履约	无售后

订单类型的多样化产生的主要原因是前置有业务的各种营销诉求，如拼团、定金活动，又或者是为了促成转化，如直接给用户生成订单等，基于这些背景，订单作为交易链路中核心的一环，必须配合给予支持，因此衍生出了多种订单类型。

1. 拼团订单

拼团活动也是近几年电商的一种新玩法：单个购买单价相对较高，和好友一起组成团购买，则可以享受团购优惠价，对用户而言，享受到了更低价；对平台而言，通过拼团这种方式可以增加商品曝光率，提升商品销量。

2. 预约订单

预约订单也被称为定金订单。对用户而言，避免活动当天太火爆，商品库存不足，而自己手速太慢，错失宝贝；对商家而言，对商品库存有了更多主动权，避免不必要的囤积或缺货情况。

就如我们日常生活中预定一个蛋糕，或者预定一个包间一样，先支付一笔钱，“定了”某个东西，当实际交付的时候，再将剩下的钱支付完，当然，若此时你反悔不想购买了，那定金一般是不退的。

线上购物也是一样的，用户可以通过“预约付定金”的方式，将一笔款，分为定金＋尾款，预先支付定金后，在一定时间内支付尾款即可。

为了增加“预约付定金”活动的优势，一般情况下，定金都是可以“膨胀”的，那么实际支付尾款的时候，尾款＝商品总金额－定金－膨胀金。

举个例子，某个商品售价200元，定金交50元，可膨胀50元，那么尾款＝200－50－50＝100元，对用户而言，实付金额＝定金＋尾款＝150元，比售价更优惠，膨胀力度越大，优惠力度就越大。

3. 尾款订单

所谓尾款单，其实就是把用户“预约的权益”进行最终交付。

尾款单其实和常规订单没有太多区别，主要的区别点在于尾款单的算价需要基于定金订单进行算价，尾款单的履约项也是基于定金订单来进行的。

4. 赠送订单

这里的赠送订单不同于用户下单后命中满赠或买赠活动而产生的订单。

这里的赠送订单是指系统自动为用户生成的一笔赠品单/0元单，大多数是用来拉新、引流的赠品单，用户是无感知的。

举个例子，同样是0元单，一个是赠送订单，一个是用户主动下单，若因为命中满减最终实付金额是0元。因为两者的交易链路不同，一般认为这是两种不同的交易类型。

虽然整体来看赠送订单的各个系统交互和常规订单是没有区别的，但是在售后场景下，赠送订单一般都是不支持售后的。

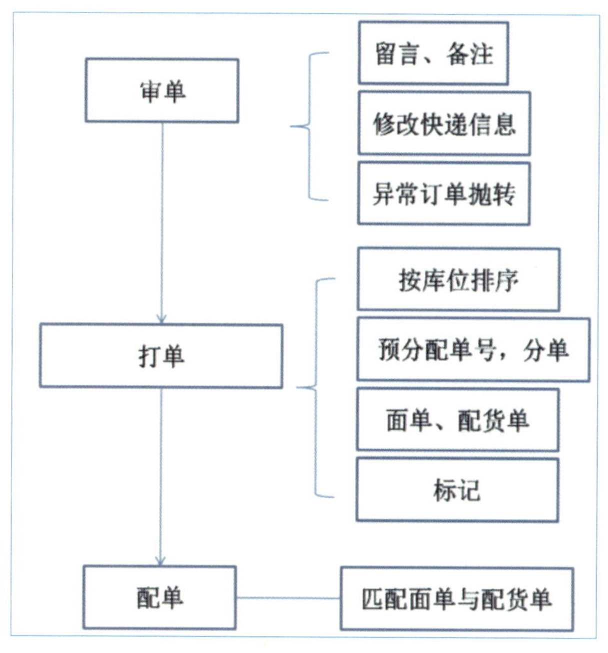

图6-2-1 订单处理流程图

订单处理流程如图6-2-1所示。

（二）发货

商品发货指存货的领用，消耗或运送至客户并过账。发货导致仓库存货的减少。

无论何种发货方式，均应按以下要求进行：

（1）准确，要求认真核对订单，从配货、包装直到交运输人的过程中，要注意环环复核。

（2）及时，最重要的就是发货时限，指自订单成团之时算起，到上传物流单号后结束。商家要密切关注订单时间，以免错过发货时限；同时还要仔细确认快递单号上传是否正确，否则会被系统判定为物流异常订单。

（3）安全，发货前要注意包装。

商品的包装是必须要注意的问题。

小饰品的包装应该尽量用小型的盒子，一是因为小饰品体积小且容易丢失，二是因为小饰品容易被压坏，三是因为买家买饰品一般会买很多，如果除了用盒子统一包装邮寄外，里面的每一个小饰品都分开包装，那么会让买家在收到宝贝时感到满意。

服装的包装应尽量做到大方和美观，且一定要用比较结实的袋子，因为快递外包装袋很容易破，如果外包装袋破了，那么里面的衣服很容易被弄脏。有专用袋子的一定要用专用袋子，这样可以给买家一个好印象。衣服一定要叠好，一定不要让买家收到的宝贝是皱的，否则无论是谁都不会开心。

鞋子的包装应尽量用原盒子，内部还要垫上纸，以免在运输的过程中由于鞋盒被压坏而使得鞋子变形。

易碎品的包装一定要用纸箱，纸箱里面再塞满报纸，以免由于晃动而造成宝贝碰撞破碎。如果有泡沫最好再垫上泡沫。外面的纸箱最好用透明胶布粘牢，这样能加固纸箱。

虽然不同类别的包装会有所差别，但大都要做到大方、美观、坚固，这样才能使宝贝安全地到达买家的手中。

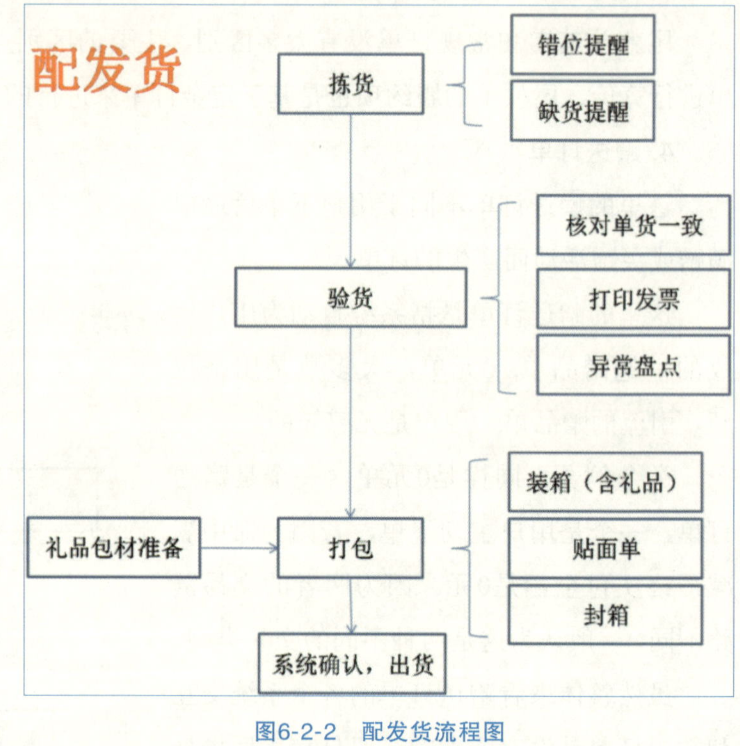

图6-2-2 配发货流程图

行业洞察

作为一个拼多多的商家，一定要了解拼多多的发货注意事项，不仅可以避免遭到惩罚，并且发货及时，物流态度良好，还可以获得消费者好感，一举两得。那么拼多多商家发货要注意些什么呢？

发货一定要按照店铺承诺时间发货，如果没有按照承诺时间发货，很容易被后台判定延迟发货，从而招到惩罚。参加活动前，要计算好时间和数量，控制好发货时间，不能超时，如果实在太多就紧急加人手来做到按时发货。

产品实物要与描述相符，不能出现货不对板或者有质量问题的商品，要是没出货或者是质量不佳，很容易被消费者投诉，所以商家一定要避免夸大描述。

多找几家物流公司合作，避免一家快递公司出现问题后，导致发货延迟。在合作后，卖家也要密切留意快递物流的记录，批量查询全部订单，确保在成团48小时内有物流信息。

活动商品库存一次不要报太多，应该要结合店铺的发货能力和货品出厂情况合理报库存，若厂商是初次合作，一定要签合同来确保出货期和商品质量，避免口头约定到时候厂商反悔。

吃透规则后遵守规则，避免被系统认定虚假发货，一旦被认为虚假发货，可能面临店铺二级限制，会严重影响店铺销售。

设置好运费模板，并匹配到商品链接中，避免产生太多无法发货区域的订单。如果无法发货区域的订单产生了，一定要先跟消费者沟通，尽量双方协调一致退款，如果无法协调，可以向平台客服进行咨询处理。

（三）退货

商品退货是仓库按照订单将货物发出后，由于某种原因，客户将商品退回仓库。

退货的原因主要有：商品有质量问题，商品因运输损坏，物流异常，商品和店家描述不符合，或者是店家发错了货以及其他买家方面的因素等。

处理退货的流程：买家要求退货时，首先，弄清楚买家要求退货是否符合本店申明的条件；然后，表明自己乐于帮助消费者解决此类问题；最后，询问消费者出于什么原因要求退货。为了有利于以后对工作的统计和总结，可以详细记下每次买家要求退货的具体缘由，这样就可以有针对性改变销售方案来尽量避免退货的发生。

处理退货的技巧主要有：

（1）缩短退款处理时长

退货订单要尽快处理，避免让买家只等到了一个驳回请求，带来更坏的购物体验。在驳回申请前，要先与买家沟通，了解真实诉求后再操作，否则买家也会申请平台介入，纠纷退货率就会上升。

（2）其他退货处理技巧

遇到退货订单要注意看备注，遇到买家不会填单号或单号填写错误，要主动联系，尽量不要在售后单中回复过多，买家看商家回复消息的体验远比看售后消息的体验要好；遇到紧急情况，要先安抚好买家的情绪，告知会尽快解决；在售后处理最佳时间内迅速解决紧急售后订单。

有时候，可能是无理由的退货，或者难缠的客户在收到产品后因为自身原因导致产品破损却要求商家赔付等，因此，商家还应该注意退换货处理技巧：

如果顾客因为某些不合意的理由，使用已购买的商品不能感到满意而希望退货的时候，从店铺服务顾客的立场而言，不得不接受顾客退货的要求。但是接受顾客退货的情形，并不是百分之百无条件地接受。

确定退货与更换的标准，商家必须事先确定好有关顾客退货换货的标准才行。如果不这么做的话，不但造成工作人员莫衷一是，而且就连买家也会对店铺产生不信任的感觉。

一般而言，以生鲜食品为主的商品，原则上是拒绝退货的。至于服饰类，因为有季节性的区别，即使是在旺季，价格也会一天一天地滑落。正因为衣服具有这种特性，所以除了特别情况之外，一般接受退货的期限，是在两三天以内。

德技并修

随着现在各行业的竞争愈演愈烈，“顾客是上帝”这句话已经成为宗旨，只要客户不高兴，什么奇葩的退货理由都能遇到。一句话就是买了之后又不想要了，比如“买回家一看，发现不喜欢。先生也说不好看”。对商家来说无可奈何，又不能很痛快地接受顾客的退货，这种时候不妨建议顾客更换其他商品。退货自然是愈早愈好。你让客户感受到好的服务，客户自然也会回馈给你，到时一定会跟家人、左邻右舍或朋友们这样宣传：“那家店退货时的待客态度很好。而且处理速度快，所以大可安心买东西啊。”那么不但可以创造客户群，也可以达到一传十、十传百的广告效果，建立良好的口碑。

退货时，如果卖家说话态度不好，结果会让买家由不满转变成愤怒，再也不会来这家店购物，甚至进行反向宣传；如果确实不能接受顾客退货，应该一开始就清楚地说明理由，声明在先。这种情况，必须非常注意措辞、态度等，绝对不可以破坏对方的心情。如果是不得不接受退货，也应该一开始就心情愉快地接受。

职场透视

要想把自己的网店经营成功，《淘宝买家守则规范》是必备的。在网页就要说明退货步骤，并友情提示顾客在购买商品时通读守则，特别要注意的几点是：

①买家在收到快递时要当场验货，用来确定不是由于运输而出现的商品磨损；

②买家收货后在有效期限内（通常是7天以内）可以申请退货，超过期限视为无效；

③要求的退货必须在还没有使用的前提下，并且商标完好无缺；

④针对不是在质量承保范围内的退货单，消费者须自己支付运费。

处理退货问题的注意事项：

①语气态度要亲和，要给买家留个好印象；

②买家购买前要温馨提示阅读本店的规则。

总之，开淘宝网店要清楚一个问题，那就是淘宝开店遇到退换货的情况是正常现象，不管什么情况下都不能消极对待，要以热情的态度来服务买家，就算退货时原因不在商家身上，但是货物是从你这购买的，就得对客户负责，这样就赢得了优质的服务质量，这是淘宝网店生存的根本。

（四）换货

当前主流的售后方式主要有仅退款、退货退款、换货和补寄四种。其中，按照流程可拆分为：换货（退货＋补寄）；退货退款（退货＋退款）；补寄；仅退款（退款）。退款部分因为更多地涉及优惠拆解、金额计算流程等，与供应链的实物流关联不大。因此此处选择同时具备两部分实物物流场景的换货进行举例分析。

商品换货是仓库按照订单将货物发出后，由于某种原因，客户要求更换货物。

换货的原因主要有：商品有质量问题，商品因运输损坏，物流异常，商品和店家描述不符合，或者是店家发错了货以及其他买家方面的因素等。

下面以淘宝平台为例展示处理退换货的流程与技巧：

1. 流程发起

最常见的流程触发通常是在订单的售后入口中进行，用户可自主发起售后申请。淘宝平台上可以在淘宝订单的详情页中找到退换货的入口，通过选择“我要换货”后进入换货申请页面。用户可在申请中选择自己需要更换的商品，限制是只能更换同一个SPU（商品链接）下当前有库存的商品。如图6-2-3所示。

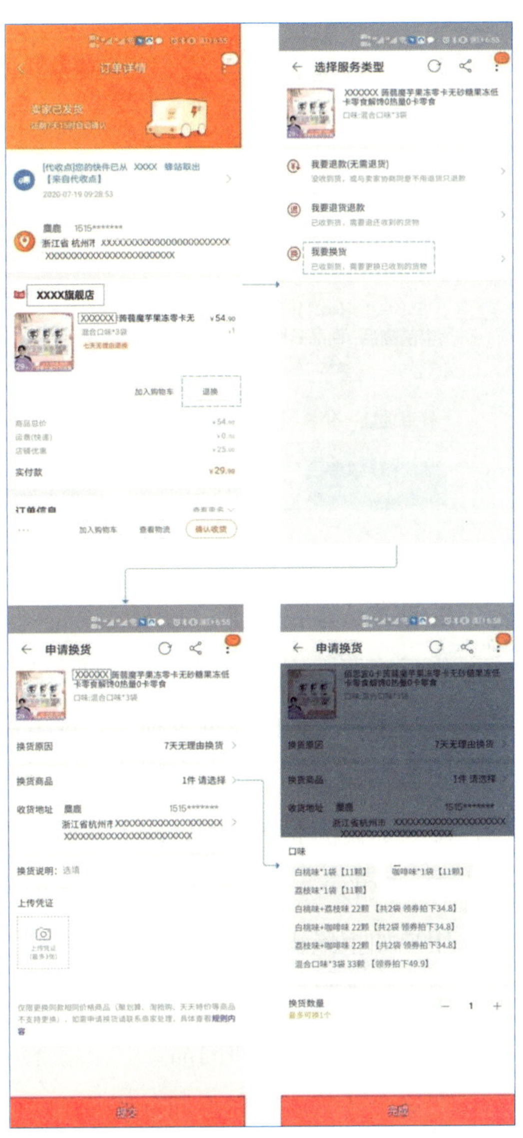

图6-2-3 退换货

同时为了提升用户体验，往往也是支持前台客服在收到用户反馈后，替用户在客服后台录入售后工单进行触发。两种方式创建的工单最终都需要经过商家／售后客服的审核确认才会进入后续的流程。如图6-2-4所示。

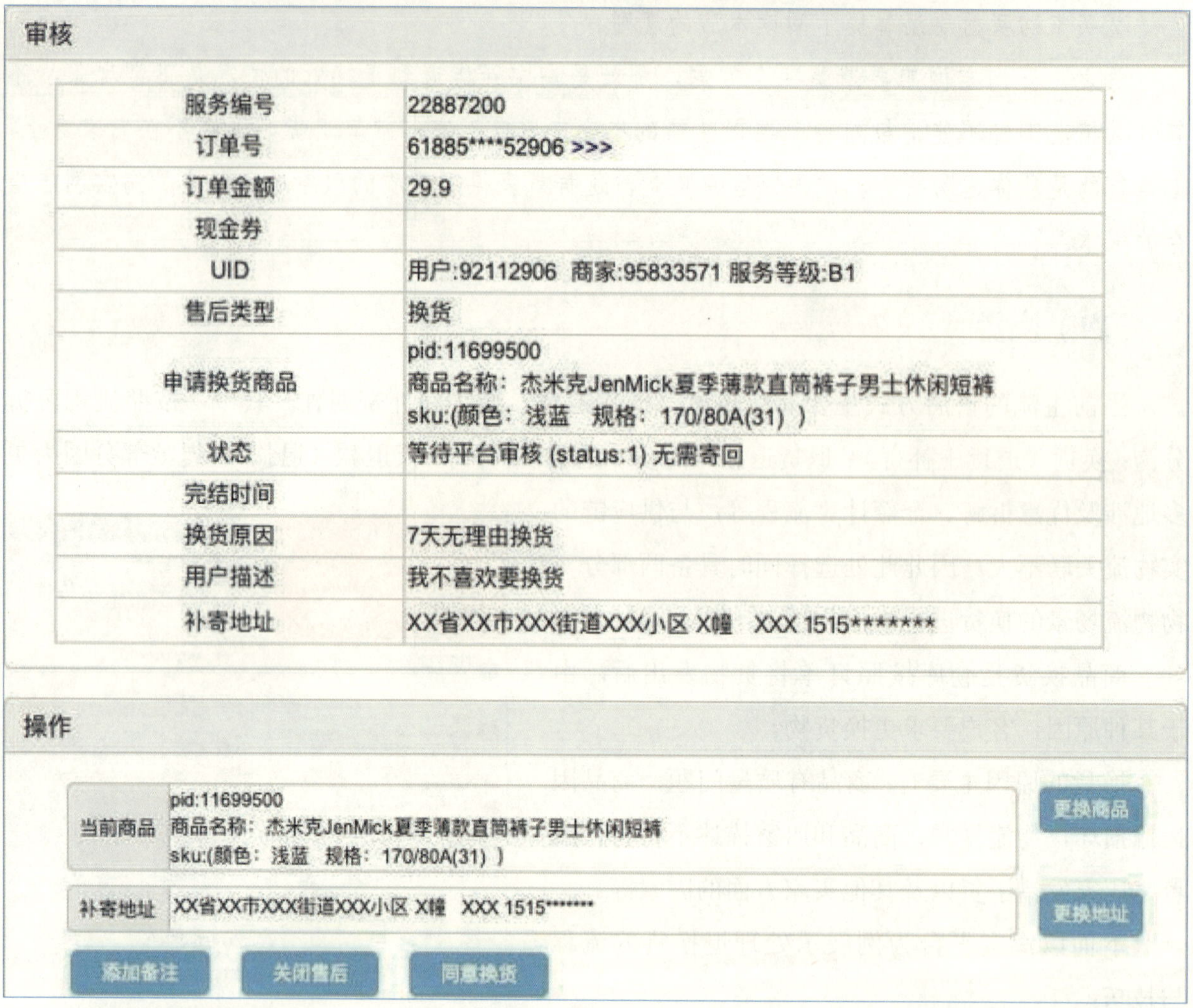

审核

服务编号	22887200
订单号	61885****52906 >>>
订单金额	29.9
现金券	
UID	用户:92112906 商家:95833571 服务等级:B1
售后类型	换货
申请换货商品	pid:11699500 商品名称：杰米克JenMick夏季薄款直筒裤子男士休闲短裤 sku:(颜色：浅蓝 规格：170/80A(31))
状态	等待平台审核 (status:1) 无需寄回
完结时间	
换货原因	7天无理由换货
用户描述	我不喜欢要换货
补寄地址	XX省XX市XXX街道XXX小区 X幢 XXX 1515*******

操作

当前商品	pid:11699500 商品名称：杰米克JenMick夏季薄款直筒裤子男士休闲短裤 sku:(颜色：浅蓝 规格：170/80A(31))	更换商品
补寄地址	XX省XX市XXX街道XXX小区 X幢 XXX 1515*******	更换地址

添加备注 关闭售后 同意换货

图6-2-4 客服售后审核

2. 商家 / 客服处理

售后客服在客服中心对售后订单进行处理审核，审核会有2种结果：申请通过或拒绝换货。客服通过用户上传的凭据及描述，或者线下联系用户了解详情来判断是否同意本次售后。

需要注意，用户发起申请到客服处理订单中间会有时间差，因此在客服审核时不能保证用户需要更换的商品有货，所以在服务工单中需要支持商品的更换。当前更换商品是需要和用户协商一致的。

用户如拒绝售后，客服则需可查看拒绝原因，并且支持用户发起仲裁 / 申诉或修改售后类型。用户如选择同意，商家则生成0元订单，锁定换货商品的库存。客服则开放退货入口，用户可联系物流公司寄回商品。

在这个环节，对于不同分层的用户会有不同的订单处理策略，比如对于优质用户，在商家同意用户的售后申请后，0元订单就正常下发进行发货，不需要等收到用户退货，提升用户体验（类似淘宝的极速退款，是在退货申请通过后即将货款退还给用户，而非商家确认收货后）。

换货申请审批流程如图6-2-5所示。

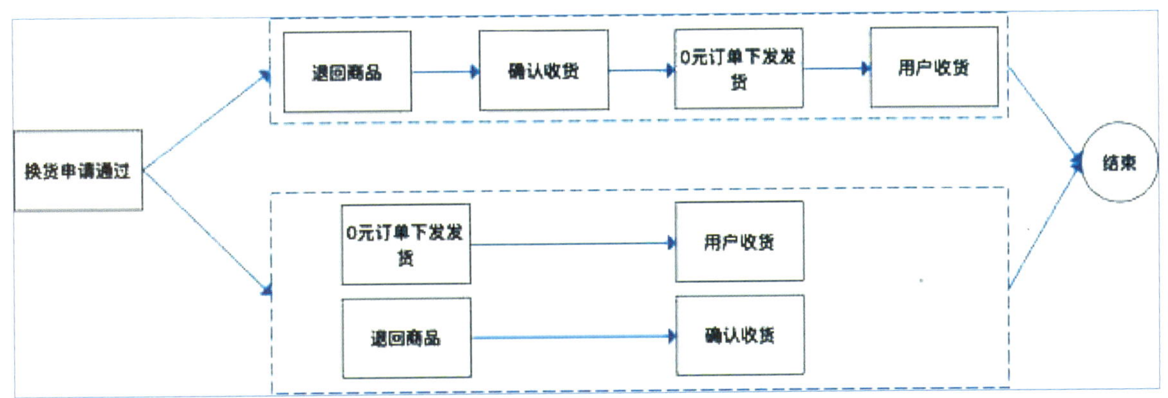

图6-2-5 换货申请审批流程

从上面的流程图可以看出，对于换货链路可拆分成2大部分：退货商品返仓、换货商品发货。

3. 退货商品返仓

常规的退货链路处理是比较简单的，用户联系物流公司，寄回商品后在App中录入物流信息，订单系统在此时触发创建销退单下发至WMS（仓库管理系统），仓库人员根据销退单中的物流单号匹配实物物流单号进行收货。用户如果超时未填写物流单号则售后单自动关闭。

但实际场景中往往没有这么理想，下面分享2个比较常见的异常场景：

（1）无头包裹

无头包裹是指，用户并没有在系统中提交物流信息，而直接自行寄回商品导致仓库无法判断货品归属订单，无法按单收货的包裹。

这种情况比较常见，因此WMS中销退单通常是允许仓库用户自建的，建单时要求收货人员录入准确的物流信息。而这类订单往往是需要在用户事后录入物流信息，或客服主动联系用户获取信息，并代为录入后进行单据关联。否则售后订单将无法正常关闭，且对于财务来说，账面是不平的。

（2）退货商品不符

用户实际寄回的商品和退货申请中的商品不符，通常是用户失误，如“双十一”由于要退的商品太多导致给错包裹导致退款失败的情况。当然这种情况也不排除有用户是利用一些平台漏洞恶意为之。因此对于销退单来说，验收环节的数据是需要反馈到服务工单中，由客服人员及时跟进处理的。

此外，对于入驻商家，需要在商品平台支持商家在收货异常时发起仲裁，避免造成不合理的商家损失。

4. 换货商品发货

换货商品的发货是通过系统服务工单信息，自主创建0元订单实现的。0元订单创建后，根据用户等级售后策略不同会存在不同的下发时间。通常包括退货验收触发0元补寄订单下发和工单审核通过后下发两种方式。

换货订单的发货实际和普通订单的发货流程不会有太大差异，在发货实操环节的感知并不大。但是对于出货量大的平台仓库，是可以增加策略优先支持普通订单的发货的。

在换货流程中主要涉及的核心单据包括原始订单、售后工单、销退单（退货单）及补寄订单。售后服务是基于原始订单发起的，但不会对原始订单进行变更处理，订单只需要考虑关联服务工单号并同步其服务进度即可不需要过多额外的设计。

补寄订单除了类型和订单关闭机制与普通订单不一致外，其余处理均可以参照普通订单进行设计。补寄订单的关闭同时是由于售后取消或商品退回收货异常所触发的。

销退单主要是为了跟进用户退回商品，因此销退单的创建是基于用户物流信息的录入，而销退单状态的变更则是基于仓库的收货。

售后工单作为衔接用户和商家的单据，需要记录完成的售后链路包括退回、验收、补发、仲裁（如果有的话），以及过程中客服与用户的联系沟通记录等都是记录在此工单中。因此单据流转的状态相对还是比较复杂的，可参见售后申请处理流程，如图6-2-6所示。

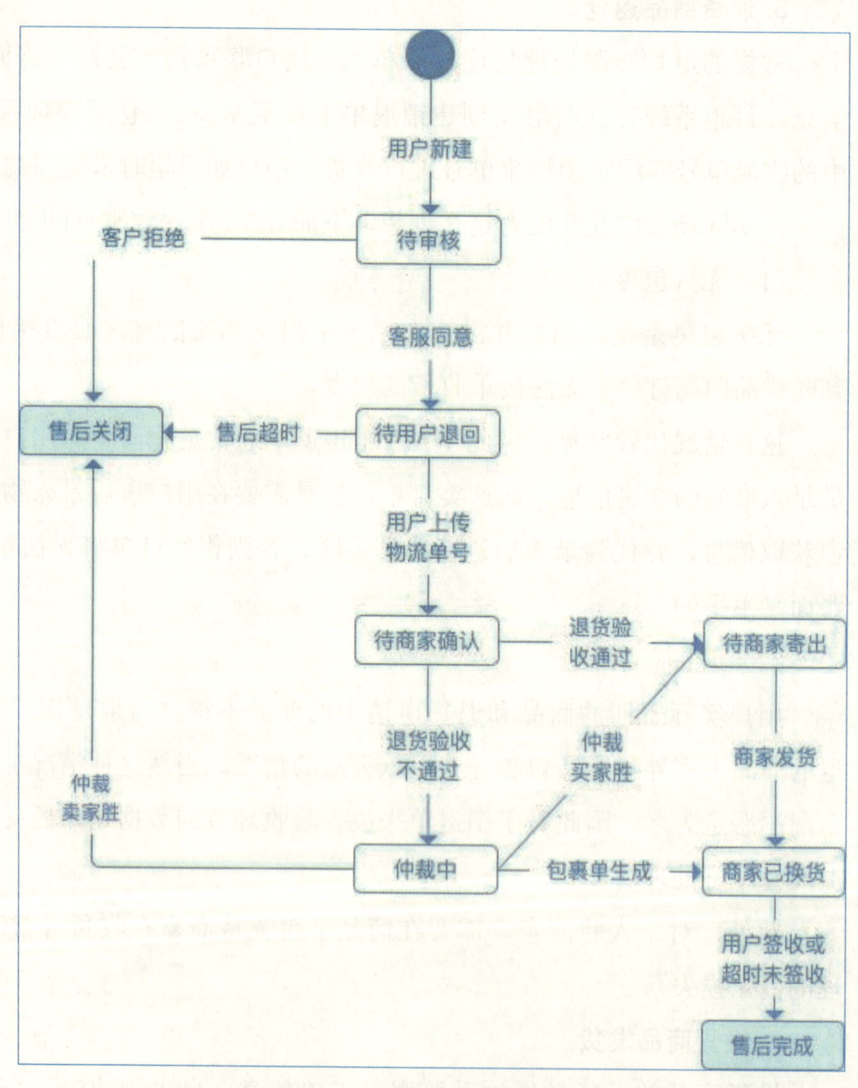

图6-2-6　售后申请处理流程

通过上文的流程概述，我们可以总结换货整体流程图可绘制如图6-2-7（流程图为简化版，不考虑用户分层、特殊情况和系统间的细节交互）：

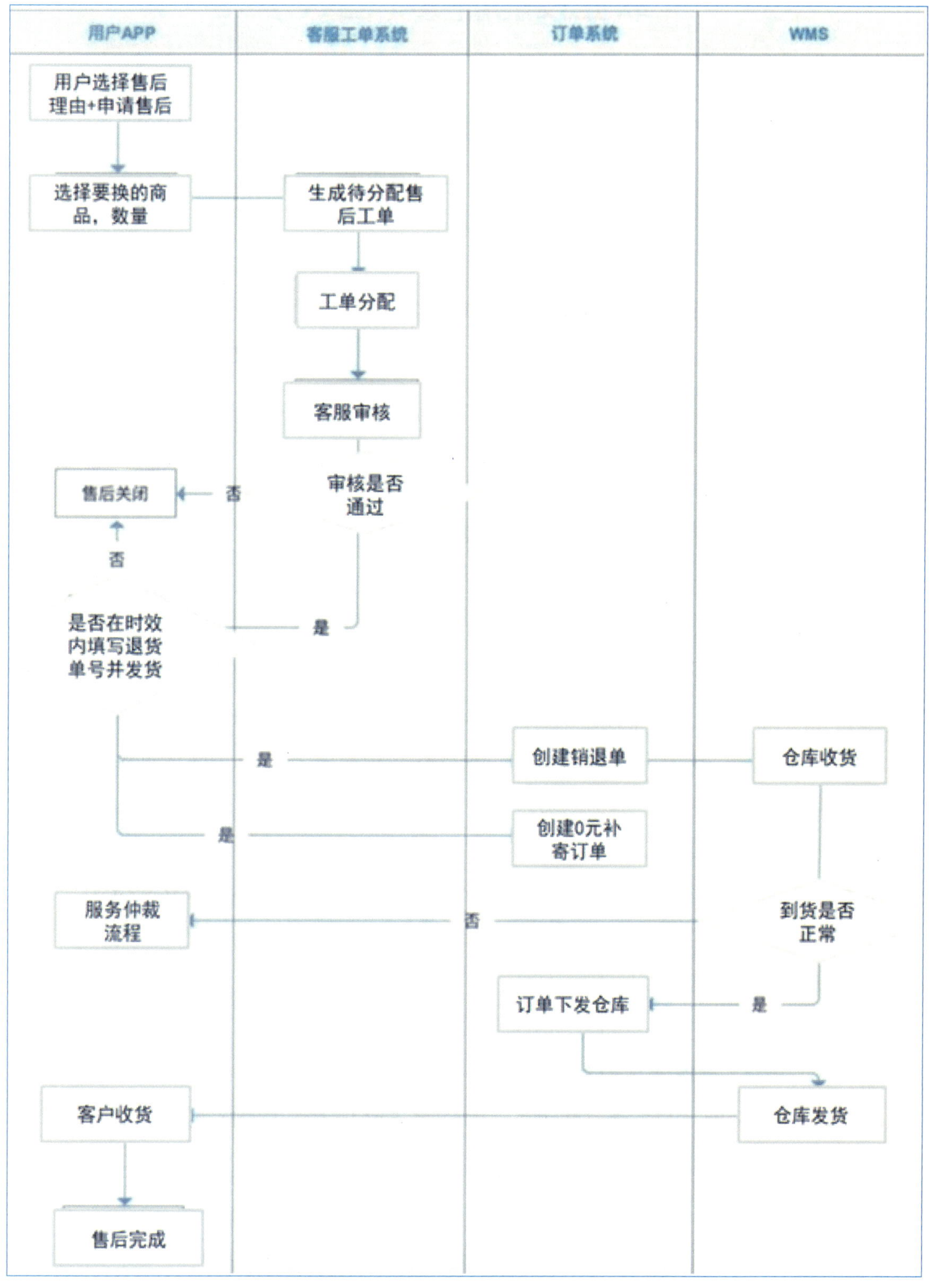

图6-2-7 换货整体流程

职业技能训练（四级）

一、单选题

1.（　　）的订单管理流程，要求企业必须具备很强、很准确的销售预测的能力。

A. 存货生产方式　　B. 订货生产方式　　C. 销售控制　　D. 商品检验

标准答案：A

2. 采用（　　）必须预先确定订购点和订购量。

A. 定量订货方式　　B. 定性订货方式　　C. 定点订货方式　　D. 定期订货方式

标准答案：A

3. 要想提高发货水平，（　　）是关键。

A. 存货控制　　B. 订货控制　　C. 销售控制　　D. 商品检验

标准答案：B

4. 对于某些商品如茶、酒、调味品、香皂、化妆品、纺织品等，（　　）则是评定它们质量的主要方法。

A. 感官检验法　　B. 理化检验法　　C. 现代仪器检测法　　D. 实际试用观察法

标准答案：A

5.A 类库存品种数目少但资金占用大，即 A 类库存品种约占库存品种总数的（　　）。

A.80%～90%　　B.10%～20%　　C.60%～70%　　D.20%～30%

标准答案：B

6.（　　）是指按预先确定的订货间隔期间进行订货补充库存的一种库存管理方式。

A. 定量订货方式　　B. 定性订货方式　　C. 定点订货方式　　D. 定期订货方式

标准答案：D

7.C 类库存品种数目大但资金占用小，其占用资金金额占库存占用资金总额的（　　）。

A.80%～90%　　B.20% 左右　　C.50%～70%　　D.15% 以下

标准答案：C

8.B 类库存介于 A 类和 C 类两者之间，B 类库存品种约占库存品种总数的（　　）。

A.80%～90%　　B.50%～20%　　C.60%～70%　　D.20%～30%

标准答案：D

9. 不论订单是由何种方式传至公司，配送系统都必须首先查核客户的（　　）

A. 财务状况　　B. 货物数量　　C. 送货日期　　D. 客户编码

标准答案：A

10. 不同的订单交易形态有（　　）的订货处理方式。

A. 相同　　B. 不同　　C. 没有区别　　D. 差别不大

标准答案：B

二、多选题

1. 从订单处理的类型来看，有（　　）主要类型。

A. 工业订单处理　　B. 零售订单处理　　C. 消费者订单处理　　D. 商业订单处理

标准答案：ABC

2. 订单处理分（　　）等形式。

A. 人工处理　　B. 订单确认　　C. 计算机处理　　D. 存货查询

标准答案：AC

3. 订单确认的主要内容包括（　　）等。

A. 货物数量及日期的确认　　B. 客户信用的确认

C. 订单形态确认　　D. 订单价格确认

标准答案：ABCD

4. 存货分配模式可分为（　　）。

A. 单一订单分配　　B. 批次分配　　C. 数量分配　　D. 时间分配

标准答案：AB

5. 根据作业的不同，各配送中心的分批原则可能不同，总的来说，常有（　　）划分方法。

A. 按接单时序划分批次　　B. 按配送区域储径划分批次

C. 按流通加工需求划分批次　　D. 按车辆需求划分批次

标准答案：ABCD

三、判断题

1.“三包”规定时限内，消费者凭检测报告单要求换货，如果销售者无同型号同规格产品，而消费者不愿调换其他型号、规格产品而要求退货的，销售者应当予以退货并收取折旧费。（　　）

标准答案：×

2.“三包”规定时限内，消费者凭检测报告单要求换货，如果消费者有同型号同规格产品，消费者不愿调换而要求退货的，销售者必须对已使用产品按规定收取折旧费后予以退货。（　　）

标准答案：×

3. 如果在一段时间内，同一药品发生数起退换货事件，应当停售该药品。（　　）

标准答案：√

4. 部分商品规格不符或错发时，应停止所有货物入库，规格不对的做成验收记录交给主管部门办理换货。（　　）

标准答案：×

5. 用户一旦拒绝售后，客服就需要进行退款处理。（　　）

标准答案：×

模块七 客户服务

学习目标

知识目标

- 智能客服训练
- 常见问题场景分类
- 智能客服配置规则
- 知识库配置技巧
- 应答测试方法
- 客户关系维护
- 客户信息收集内容及方法
- 客户分析及分类方法
- 影响客户满意度和忠诚度的因素
- 差异化营销方法

技能目标

- 能根据智能客服配置规则，搭建智能客服问答知识库
- 能够对配置好的智能客服问答知识库进行应答测试
- 能通过与客户沟通，收集客户信息
- 能按照客户分类标准，完成客户分类
- 能根据不同类别客户需求，提供差异化营销服务

素养目标

- 具备丰富的语言表达和沟通能力，良好的心理素质，快速应变能力
- 树立正确的服务思想、强烈的服务意识，马克思主义人民观、以人为本的思想

◆ 引导学生尊重他人、维护企业形象；换位思考、有效沟通；主动积极服务的意识

◆ 培养学生注重学思结合、知行统一，在实践中“敢闯会创”，增强勇于探索的创新精神、善于解决问题的实践能力，增强创新精神、创造意识和创业能力

单元一　智能客服训练

引导案例

智能客服“不智能”，问题出现在哪呢？

近年来，随着人工智能技术的发展，不少企业上线智能客服代替人工客服，提供便利的同时也导致了新的消费纠纷。

2022年1月28日，中国消费者协会发布的《2021年全国消协组织受理投诉情况分析》显示，智能客服不“智能”是一大投诉热点。消费者投诉的主要问题有：智能客服答非所问或循环重复；转人工客服接通困难，排队较长；智能客服入口隐蔽，难以找到或操作复杂，对老年消费者不够友好等。

作为人工客服的“替代品”，智能客服理应是人工智能技术商业化落地的一个典型案例。据悉在2019年“双十一”期间，阿里旗下淘宝、天猫平台97%的在线服务都是由智能客服“阿里小蜜”完成，共进行了3亿次的在线咨询服务，解决率达70%，完成了8.5万名人工客服的工作量。而在2021年的“双十一”，京东智能客服“言犀”则累计提供服务超过6.4亿次，平均降低了50%的客户成本，提升了15%的转化率。

智能客服“不智能”俨然已经成为消费者不满意的关键所在，而回答机械、不能准确理解提问、不能解决个性化问题这一类消费者的感受，其实也都指向了同一个事实，那就是当下智能客服只能解决一些初级的、固定的内容。通常来说，如今智能客服都使用的是Q&A问答知识库，是通过消费者输入的关键词来检索和匹配答案，例如买衣服、鞋帽问尺码，买电子产品问保修政策和参数时，智能客服都可以迅速得给出答案。

江苏省消保委有关负责人认为，一些网店的客服本应当满足消费者的知情权、听取消费者建议和及时提供售后服务，但这些网店提供的智能客服不但没有达到以上要求，反而促使矛盾升级。有关企业应当反思并吸取教训，完善客服服务流程，提升消费者购物体验。

“智能客服仍有巨大发展空间。”江苏消保委有关负责人建议，企业应从用户需求出发，不断完善智能客服系统和相关技术，提升服务效率。同时，相关部门应逐步建立统

一的行业标准，将智能客服纳入消费者满意度评价体系，进一步提升和改善消费体验。（来源《人民日报》2022年5月13日第19版）

通过阅读案例并查阅资料，思考并回答以下问题：

（1）你觉得智能客服可以完全替代人工客服吗？

（2）解决智能客服“不智能”，需要做哪些工作呢？

知识储备

一、常见问题场景分类

1. 电商服务需求的变迁

随着电子商务的普及，现在的消费者客户对于服务的需求处于不断的变化中，越来越多的电商企业引入智能客服，下图7-1-1可以很好地了解电商客户服务需求的变迁。

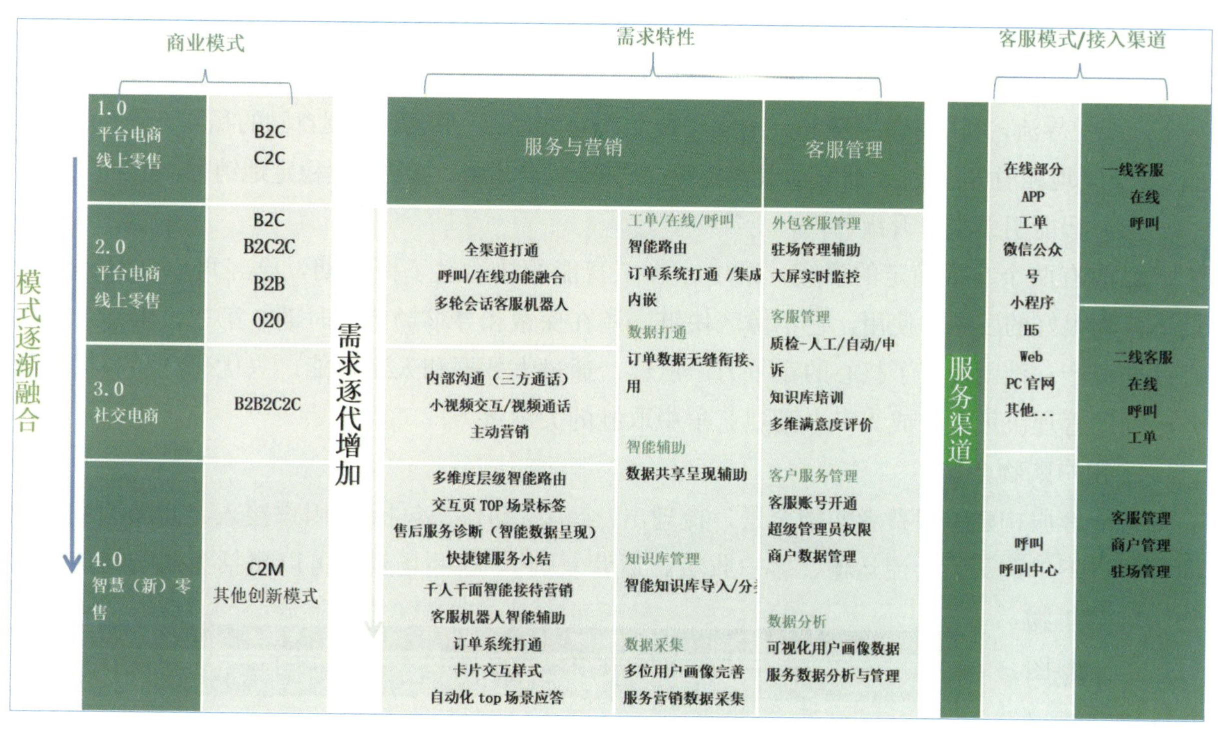

图7-1-1 电商客户需求的变迁

（1）用户体验至上

伴着服务越来越多元化，人均可支配收入不断提高，消费者对购物的关注点已经不再局限于价格便宜，或者品牌大，会更注重对消费过程的体验和感受，所以，我们首先要改变的服务理念是回归人性，回归到以消费者为中心，打造消费者高满意度的服务，让满意促进黏性，黏性拓展口碑，口碑带来新消费。

（2）营销权重提升

电商服务的边界在变大，也越来越模糊，我们很多电商行业客户都在将客服中心渐渐向利润中心转化，为什么要这么做？核心的理由有三个：

第一个，电商企业有较多的用户存量，这些存量客户有非常大的消费潜力，去主动营销这部分存量客户，会为企业带来更多附加值。

第二个，消费者需求是需要被激活的，我们需要基于对场景的深刻理解，主动挖掘消费者的需求，然后向消费者主动营销，不再是被动地解决消费者问题。

第三个，阿里、京东等大企业的客服报告显示，客服团队离职率居高不下，直接的理由，要么就是钱赚得不多，或者是岗位没发展。我们思考下，如果客服部门一直作为成本部门，做的都是问题解答类的事情，工资就很难持续性增长，能力也不会持续提升。如果我们增加营销在客服团队的比重，将客服部门向利润部门转化，就可以通过考核客服利润转化量，或者转化率，来增加客服的奖励。另外，岗位职责更大，客服人员的机会更多，成长空间更大，对未来充满了憧憬，这种客服体系的变革，将会在很大程度降低离职率。

（3）长期价值运营

“用户短期带来的消费流量”向“运营用户，实现长期价值”的转换。通过线上为线下引流，线下向线上导流，利用公众号吸粉、小程序裂变、App 留存，来经营掌握自己的私域流量。商户低成本、反复地和消费者接触，研究消费者心理，提供个性化服务，达到持续稳定地销售、复购的目的。

（4）智能引领服务升级

目前有两个非常确定的事实，第一，人工智能的技术过了探索期，已经可以在具体的场景下得到很好的发挥和使用，它不像区块链，还在探索和寻求场景的时期。第二，未来，谁拥有数据资产，谁就拥有了核心的竞争力。所以，通过大数据和人工智能，去优化产品、提升服务、辅助管理决策，会成为未来激烈竞争中取胜的关键点。

2. 用户购物全景

智能客服构建了消费者购物全景，梳理出7个消费动作，包括：“用户接入、商品浏览、咨询客服、下单购买、物流运输、客户收货、运营复购”。这些场景，可以概括为“购物前、购物中、购物后”。如图7-1-2所示。

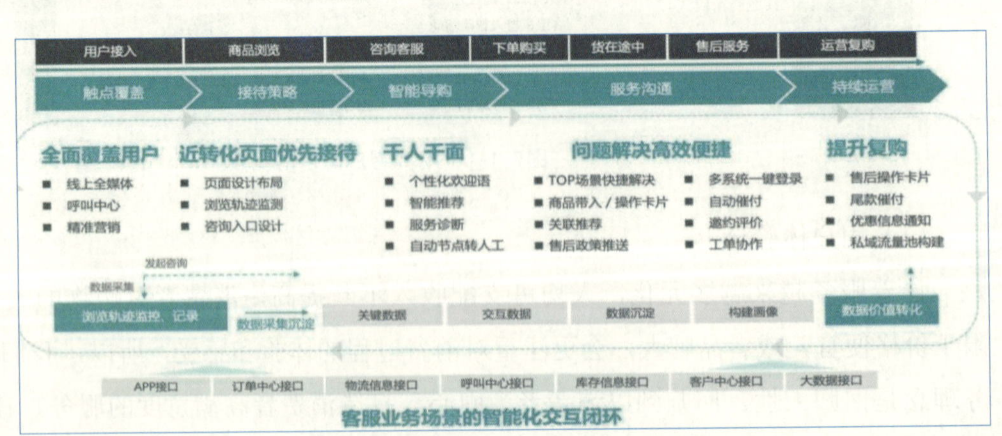

图7-1-2　客服业务场景的智能交互闭环

（1）购物前：全渠道覆盖、近转化页面优先接待分层服务优先接待如图7-1-3和图7-1-4所示。

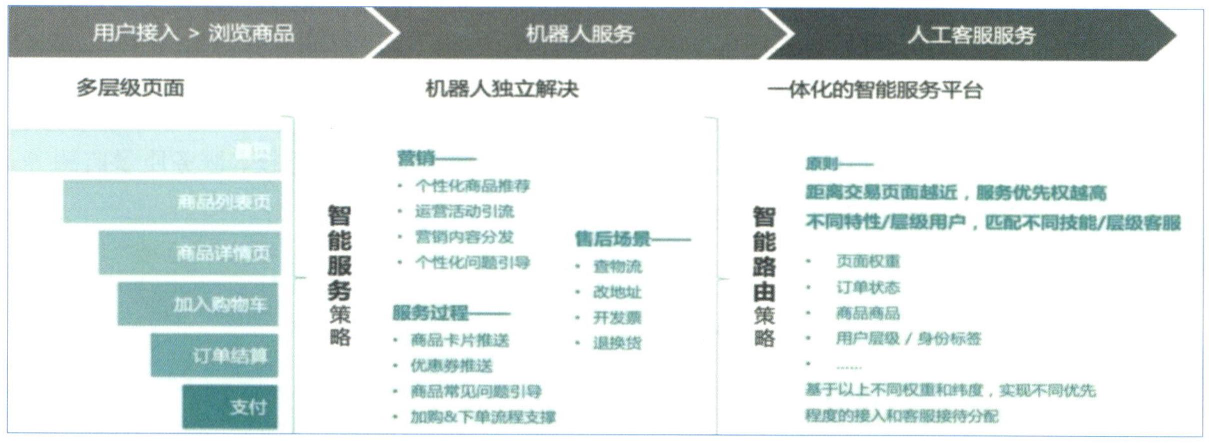

图7-1-3 分层服务优先接待

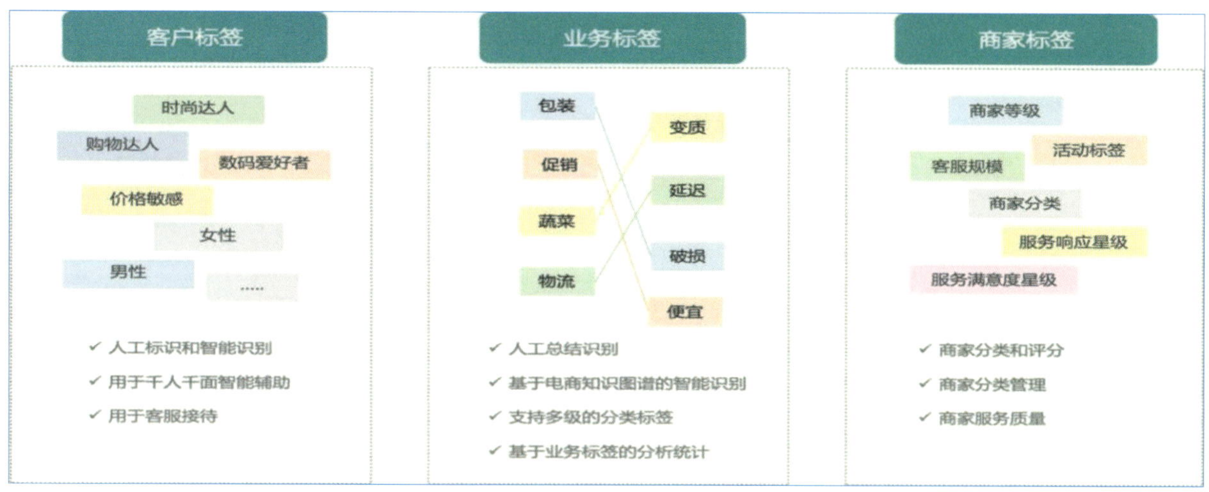

图7-1-4 分层服务优先接待

为消费者提供“不一样”的分层服务，为质量好的用户提供更加优质的服务。消费者质量的分层，不再单纯通过消费者花了多少钱来划分，会充分地考虑消费金额、消费者诚信度，以及触发服务需求的界面与交易界面的距离，综合分析权重，以提供不同层级的服务。若消费者是从商品首页咨询的，后台会分配侧重营销的客服，为消费者推荐商品，做主动营销。如果消费者是从订单结算界面进来的，客服会优先推送优惠券等，真正实现不同特性、层级的用户匹配不同技能和层级的客服，让服务和效率最大化。

给来访客户进行标签化客户画像管理，每一位消费者无论是首次登录店铺还是老客户复购都会被记录购物习惯、浏览轨迹等画像特征，以便客服提供更加个性化的贴心服务。

a. 客户标签：用户在产品里呈现的姿态是千百种的，为用户打上各种标签，可以让他们具象化地显示在客服面前。有了这些标签具象化的数据支撑，可以为服务策略提供精准的分析依据，以及制定有针对性的方案。打的标签越多，越详细，用于服务分析的依据就越多。

b. 业务标签：商家每天开展的业务种类繁多，且单一业务咨询的问题量高，若能为每个业务做标签管理，就可以精细化到每个业务的数据统计，更直观地分析消费者行为，从而改善服务，调整业务投放。

c. 商家标签：通过给商家打标签，更好地对商家做分类管理、绩效考核、服务质量监测等。

（2）购物中：个性化服务、智能推荐、询单转化

①千人千面客服机器人

场景一：猜你想问（如图7-1-5所示）

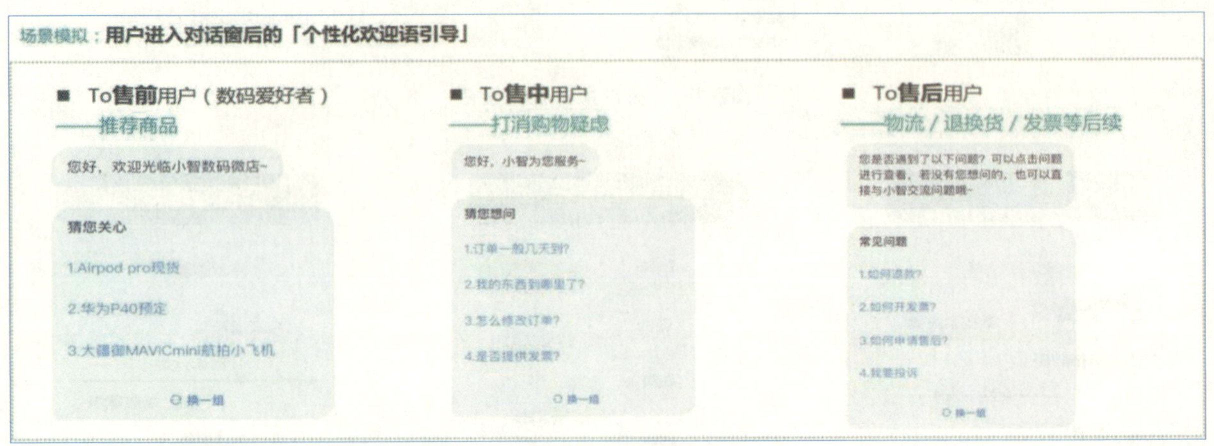

图7-1-5　猜你想问

在售前环节，可以为消费者提供商品的推荐，这些推荐的内容，可能是消费者曾经多次浏览却一直没有下单的商品。

在售中环节，针对客户可能关心的问题，我们提前推送，第一时间打消消费者顾虑。

在售后环节，可以推送高频咨询的问题，做到服务直达。

场景二：个性化智能推荐（如图7-1-6所示）

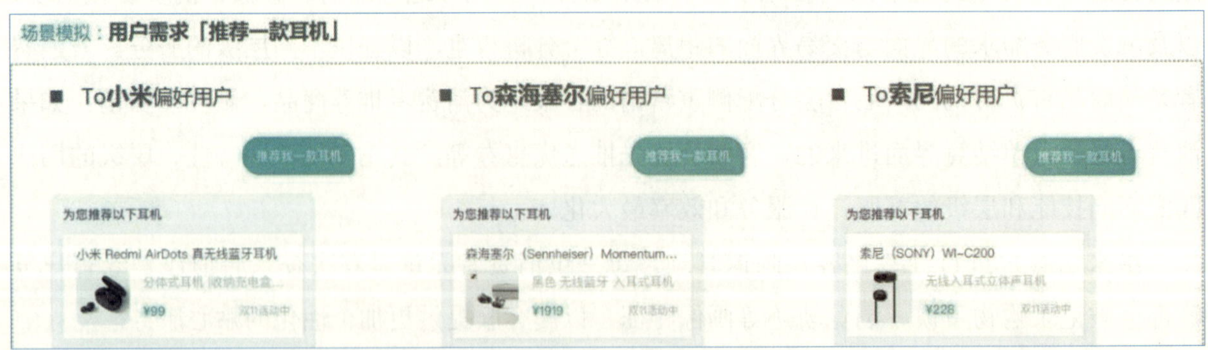

图7-1-6　个性化智能推荐

“个性化推荐”的场景，基于客户标签画像，针对不同偏好的用户，智能客服可以个性化推荐不同的商品。如：消费者在过往浏览记录或消费记录中，被标记为小米产品爱好者，那么，当消费者提出“推荐一款耳机”时，系统优先推送小米产品。

场景三：用户咨询（如图7-1-7所示）

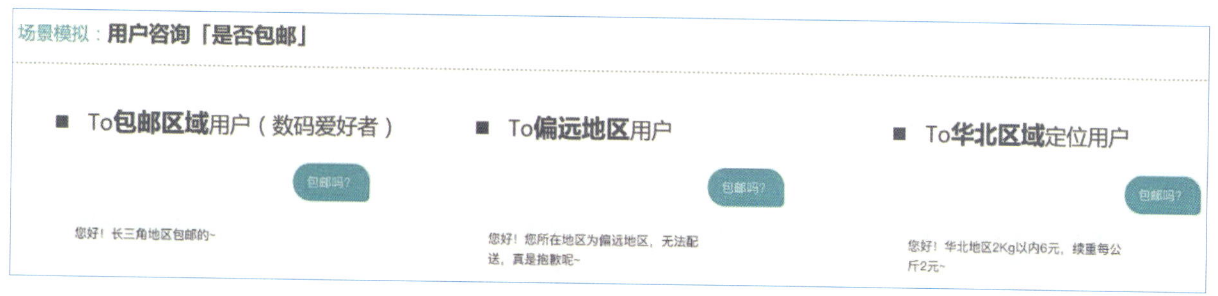

图7-1-7 差异化回答

“差异化回答”的场景，消费者做问题咨询的时候，系统会基于用户数据构建的用户画像，精准判断消费者身份，完成千人千面的回答。

②购物卡片提高沟通效率

场景一：商品定位

我们在淘宝上购物咨询的时候，也经常会碰到，如果在访问的商品界面登录并发起客服咨询，会自动弹出商品的卡片，点击“发送客服”按钮，发送过去，这样可以快速建立消费者和客服之间的沟通基础。

场景二：商品推荐

消费者说：“帮我推荐一款手机”，系统会综合评估消费者过往的消费能力，消费者的品牌倾向，进行智能推荐。比如，曾经买过华为的耳机，那么在咨询手机推荐时，会优先推荐华为的手机。另外，客服在这些卡片上还可以做到细节的自定义，比如价位档次的比例、商品推荐数量等。

场景三：产品介绍

如果客户购买商品后，咨询“商品不会用”，那么，卡片会根据消费者的订单，自动推送设备型号，让消费者确认，并发送对应的使用说明。如果不能判断消费者设备型号，可以进行多品类的推送，供消费者灵活选择。

场景四：订单明细

消费者说：“我要退款”，机器人可以将付款且支持无理由退款的商品罗列，供消费者选择、操作。

我们在订单的卡片上，不仅有信息的点选，更配套有业务操作按钮，比如“付款、取消订单、咨询客服”等。消费者不需要退出界面，就可快捷完成服务。

如果我们在服务中能够增加这些便捷化、人性化的服务体验，并且这些服务恰好命中了消费者此时的需求，那么，它将会降低至少50%的转人工率，一定会让消费者感受到我们很懂他，从而在消费过程中留下非常深刻的印象。

③聚焦“询单转化率”

转化率目前已经成为很多电商企业非常核心的、用于衡量服务质量的标准。我们从数据中可以看出，消费者日常购物中，有60%的消费属于静默消费，即有了明确需求，访问商品，查看商品详情，浏览商品评价，符合需求会直接下单。这种场景下，客户对客服的依赖并不是刚需的。

那么还有40%左右的客户是比较徘徊的，消费者可能没下定决心买，或者是在不同商家之间做比较。为了深入了解，一般消费者会主动咨询客服，这种主动询单，是非常重要的销售机会，对服务，甚至于营销的能力，要求比较高，所以，提供令客户更满意的服务，更快、更便捷地触及客户的需求，成了拿下这部分订单的重要决定要素，这部分询单转化量，也成了业绩增长的关键点。

（3）购物后：主动通知、精准营销、自动化运营

智能外呼机器人（如图7-1-8所示）

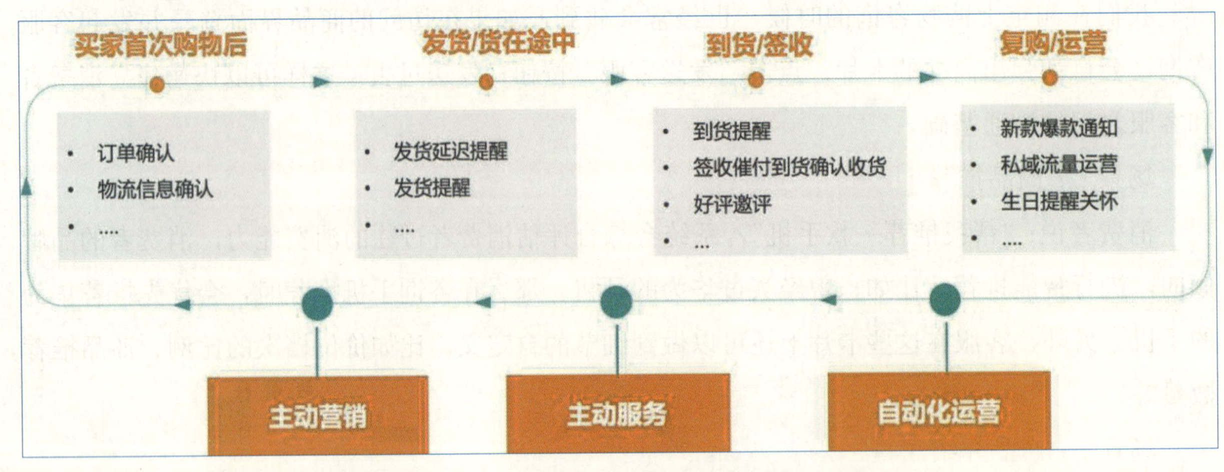

图7-1-8 智能外呼机器人的工作场景

其实，行业里有很多的客户，已经积累了大量的客户存量，只是发挥这些存量的复购，就能创造非常大的价值。但是，因为客服人员有限，分身乏术，在完成售前，售中、售后的服务的情况下，很难再有多余的精力去做老客户的回访，企业增加客服，成本太高。而且，一个客服，一天工作8 h，外呼的量非常有限。如果，能通过增加外呼机器人，将完全解决这个问题，因为机器人可以7×24 h工作，而且永远不会有情绪，绝对是营销的必备产品，以下是针对已成交客户或存量老客户的三类场景：

场景一：主动营销（如图7-1-9所示）

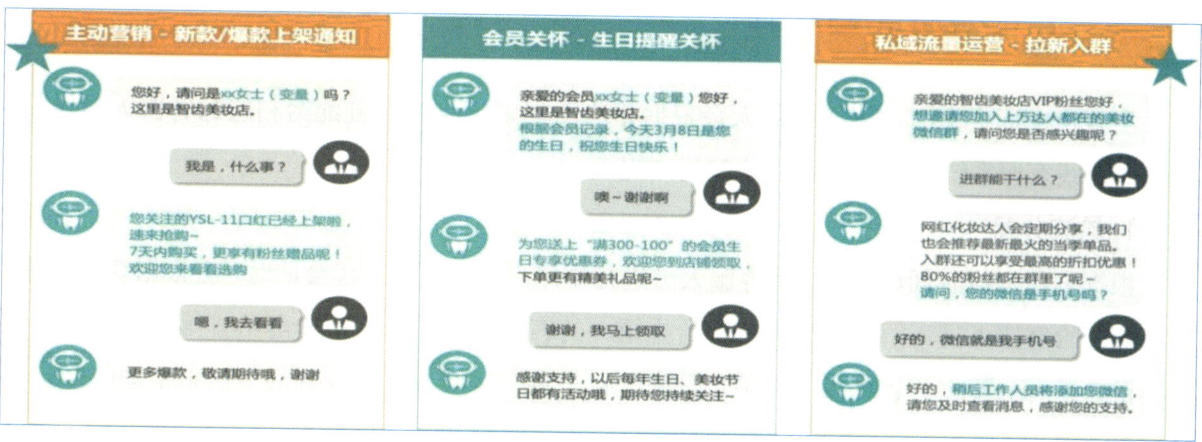

图7-1-9 智能客服主动营销

场景二：主动服务（如图7-1-10所示）

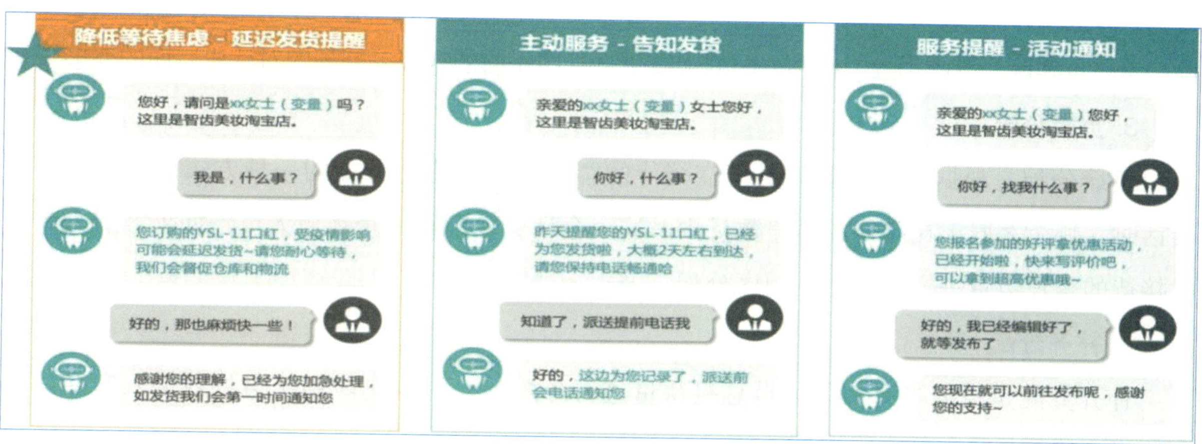

图7-1-10 智能客服主动服务

场景三：自动化运营（如图7-1-11所示）

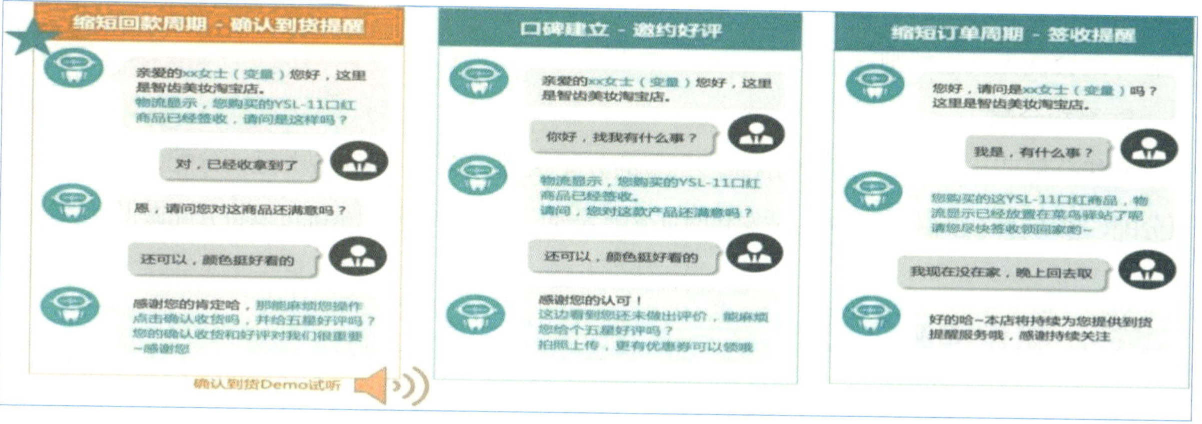

图7-1-11 智能客服自动化运营

二、智能客服配置规则

当客户发起会话时，客服机器人会根据相应的规则，将客户分配给相应的客服人员接待。那么，在线客服系统都有哪些会话分配规则呢？

1. 轮流分配

根据客服上线时间的不同，将客服人员进行排序，当有客户发起会话时，会根据客服排序，轮流分配给客服人员。第一个客户分配给排第一的客服，第二个客户分配给排第二的客服，以此类推，这种分配方式也可以叫做平均分配，对于每个客服人员分配到的会话是平均的。

2. 顺序分配

顺序分配同样也需要先对客服人员进行排序，但是分配规则与轮流分配是有区别的。第一个客户分配给排第一的客服，当下个客户发起会话时，先要查看排第一位的客服是否空闲，如果空闲，客户会分配给排第一位的客服，如果忙线，才会分配给排第二位的客服，如果第二位也忙线，则分配给第三位客服，以此类推。这种分配方式结果是排序靠前的客服分配到的对话比后面的要多。

3. 负载分配

负载分配是根据当前客服人员正在接待的客户人数来进行分配的一种方式。当客户发起会话时，哪个客服正在接待的客户数量少，这个会话就分配给哪个客服人员，如果客服人员此时接待的客户数量一样，则会按顺序分配。

4. 补齐分配

补齐分配是根据当日客服人员总接待量进行分配的一种规则。系统会将新接入的会话分配给当日接待量最少的客服人员。

5. 回头客优先分配

回头客优先分配是专门为老客户进行分配的一种规则。客户发起会话时，系统会检查此客户之前是否有过会话，如果有过会话，则直接分配给上次负责接待的客服人员，一般情况回头客分配会优先其他规则。

6. 高级分配

高级分配是一个统称，里面包含很多细节的分配规则，如按访客来源关键词分配、按访客着陆页分配、按访客的地区分配、按对话发起网页分配等等，通过高级分配系统可以将分配做得更细致。

三、知识库配置技巧

建立完善的客服知识库体系是确保智能客服满意度的重要前提条件。知识库的设计我们可以从以下几个方面综合考虑：

1. 查询便利，确保最快数据匹配

在知识库的使用中，智能客服是否能在最短的时间内匹配到所需信息是保障客户满意度的关键。如果知识库不能直接被客服即刻调用，找一个问题的答案需要花很长的时间等待，或者客户感受到智能客服提供的是不完整甚至错误的答案，这都最终严重影响客户对企业服务的满意度。

2. 专业的数据划分

有了速度还是不够的。我们知道，要让一个庞大的数据库更有效地被利用，合理地给数据分类就是提高查询效率的有效途径。因此，在设计知识库时，我们应该尽可能地定义好不同的数据分类。如服务类的，技术类的，常见问题类等等，这样，使用者在查询信息时，能够更有针对性，这样的做法将有助于我们之后的数据统计。

3. 有效的问题管理 / 反馈平台

知识库是为了满足客户的需求而产生，如果我们发现了客户的新需求，但原有的知识库系统却没有包含此类数据时，一个良好的信息反馈平台可以使得知识库的管理者及时获取有效信息。在知识库设计时，可以预留一个反馈的平台，知识库的使用者可以通过这个反馈平台将自己的想法“告诉”管理员，而管理员也可以通过这个反馈平台及时地了解使用者的想法并给予反馈。这种互动的形式是保证知识库系统不断完善的最好办法。

4. 专业沉淀与定制化结合

智能客服知识库搭建的核心在于信息同步和共享。知识库的创建和维护需要企业投入大量的资金和时间成本。随着企业运营的沉淀和积累，知识库本身会变得越来越智能，在对接新的客户时，可以采用知识库沉淀＋客户业务场景定制相结合的方式，帮助制定和优化智能客服机器人的使用。知识库中信息的具体表达直接影响到客户的理解流畅度，从而也关系到最终的客户满意度，故设计时还需要尽量避免使用过多的专业术语，多用普通客户能够理解的语言替代。

四、应答测试方法

搭建好智能客服知识库之后，需要将这些内容导入到客户服务系统中，做好匹配关系。强大的知识库可以应对各种各样的问题，可以提高客服的工作效率。近年来越来越多的电商企业采用智能客服机器人来缓解客服高峰时的工作压力，然而，在诸多投诉问题当中，智能客服答非所问等情况日渐突出，成为客服投诉的焦点问题。因此，搭建好智能客服知识库之后，还需要对知识库进行测试，进一步发现实际运行当中的具体问题，不断进行优化调整。

智能客服应答测试方法主要有以下几种：

1. 测试业务词

业务词的设置目的是让机器人能够更顺利地匹配到答案，因为在客户咨询的时候，知识库将问题进行匹配通常是将客户的问题断成多个词语，再去匹配知识库的问题及获取答案。对业务词的测试可以通过核心关键词的提问，检验其是否最大程度匹配到相关问题。

2. 同义词的测试

机器人在不能完全匹配到客户某个问题的情况下会匹配到相似问题推荐给客户，这是为了配合不同客户的提问习惯。同义词的目的也是这样，由于每个人说话的方式和用语不一样，很多时候不同的词语都是为了表达相同的意思，所以为了使机器人更好地匹配知识库，我们将意思相近的词语设置成一个标准问题的同义词。对同义词的测试首先需要找到标准词，其次可以尽可能地搜集不同用户的提问习惯，检测这些提问习惯是否与标准词匹配到同一个答案。

3. 敏感词测试

敏感词属于电商企业比较关注的一类词语，目的是搜集电商平台的咨询热词。测试敏感词时，可设置一些想要关注的词语看看访客咨询机器人的时候提到这些你设置的敏感词的都有哪些、提及次数是多少等，比如投诉、退换货、预约、退款这些等等。可设置一个周期，查看敏感词的提及次数。

4. 内部测试

客服部门针对匹配好的智能客服知识库，团队内部首先进行测试。由客服人员搜集顾客的提问方式，一一发起咨询，测试智能客服知识库是否能够解答。对于无法精准匹配的问题，则将反馈给开发部门进一步优化。

5. 外部测试

边运行边优化，将智能客服功能开放，以智能客服为主，人工客服为辅，开展客户服务工作，若客户提问的问题智能客服无法回答，或者无法精准地回答，则转为人工客服，并由人工客服反馈这些问题以进一步优化。

行业洞察

如何评测智能客服功能及核心指标

智能客服功能有哪些，各个功能模块分别有什么用，企业在选购智能客服系统时需要重点关注哪些核心评测指标？

一、基础客服功能

智能客服本质上仍是客服系统的一种，覆盖了传统客服系统的所有功能模块。也就是说我们需要针对以下几个方面进行测试：

1. 客服系统的接入渠道是否满足企业的业务需求，针对不同客服渠道的特点做了哪些功能优化；

2. 客服工作台的访客接待功能有哪些，比如会话消息类型、客服辅助工具、访客分配功能如何；

3. 面向客服协同的功能支持有哪些，客服工单系统是否高效、可靠；

4. 面向客户营销管理的功能有哪些；

5. 面向客服人员管理的功能能否满足企业客服中心管理需求。

二、客服智能化功能

智能客服面向企业的应用主要有三个方面，分别是智能访客接待、智能辅助人工以及智能客服管理。

1. 智能访客接待

其中智能访客接待就是我们通常会接触到的客服机器人，通过机器人自动回复直接解决访客咨询。根据需求场景的不同，客服机器人分为了在线会话机器人和语音机器人两大类。而机器人回复效果依赖于机器人知识库功能和机器人训练优化功能。

2. 智能辅助人工

限于人工智能技术的发展，仍有相当一部分的访客接待工作需要由人工客服来完成。智能客服系统能够通过智能语音转文字、机器人协作接待、智能推荐答案、知识查询等功能来提高人工客服接待的效率和质量。在这部分，企业可重点关注机器人和人工协作接待以及客服知识查询功能。

3. 智能客服管理

客服管理是客服中心运营工作的核心。客服管理渗透于客服工作的各个环节中，具体可分为访客分配、现场管理、会话质检、客服绩效管理。智能客服管理就是将人工智能技术应用在以上各项管理工作中，提高客服管理的效率和即时性，使事前和事中管理变得可行，有助于客户满意度的提升。在选择智能客服厂商时，关于智能客服管理功能，可以重点关注服务商在智能场控和智能质检这两个模块上的功能如何。

以上对智能客服的主要功能模块以及各个模块的核心功能点做了简单的说明。目前很多云客服厂商都宣称可以提供智能客服，但各家的系统在智能化体现方面还是差别很大的。很多系统仅支持简单的自动回复功能，不支持机器人知识库自定义和机器人训练优化，也没有智能辅助人工和智能客服管理功能。尤其在智能客服管理方面，只有头部的几家服务商做了针对性的功能开发。

单元二 客户维护

引导案例

张静是一位实习客服，刚当上客服的她总是非常热情地接待每一位前来咨询的客户，尽自己最大可能推销店内的商品。最近，令她非常郁闷的是，客户对待她的态度不尽相同，有些客户对她推荐的产品很感兴趣，有些客户说了几句就表示没有兴趣，有些客户甚至直接消失，不回复了，这让张静感到莫名地失落。张静向她的师傅面述了自己的烦心事，师傅告诉张静要分析客户类型，对不同类型的客户要用不同的方法。

案例分析：客户类型有哪些呢？

你是属于哪一种类型的顾客？当你看中一件商品时，你希望网店客服怎样接待？

做一做：请在你的家人、朋友和同学中做一个小调查，了解他们上网购物下单的方式，并将调查结果填入表7-2-1中。

表7-2-1 上网购物下单方式调查汇总表

年龄： 性别：

下单方式	请在相应下单方式对应打钩“√”
每一次必须和客服聊天确认过才下单	
喜欢和客服边沟通边下单（客服是主要因素）	
有问题的时候找客服，没问题一般不喜欢和客服聊天	
直接拍，从来不和客服沟通	

知识储备

一、客户信息收集内容及方法

1. 客户信息

客户信息（customer information）是指客户喜好、客户细分、客户需求、客户联系方式等一些关于客户的基本资料。

2. 客户分类及信息收集

（1）按照客户的属性，可分为个体客户和商家客户

（2）客户信息收集

客户信息收集是客户信息管理的出发点和落脚点。客户信息的收集可以广泛地利用各种渠道和手段，最为有效的是网络营销所提供的大量信息。但也不能忽视传统的方式（例如电话咨询和面对面交谈）发挥的作用，他们可以作为因特网的有效补充，保证客户信息的全面性。

3. 客户信息收集的内容

（1）个人客户信息的内容

①基本信息：姓名、性别、年龄、手机号、居住住址、电子邮箱、淘宝昵称、二维码名片、头像等信息；

②消费情况：消费金额、消费频率、每次消费规模、消费偏好、最近一次的消费时间、重复购买次数、消费高低峰时点、退款金额、退款率、价格敏感度等；

③页面行为情况：浏览历史、页面浏览时长、参与营销活动情况、收藏宝贝、搜索历史、关注店铺情况、购物车、推荐商品率、转发率；

④评价投诉情况：评价数、上传图片数、好评率、差评率、投诉数、投诉率、撤销投诉率；

⑤其他情况：出行旅行情况、用餐情况、资产权益、参与互动、影视娱乐等。

（2）商家客户信息的内容

①店铺名称、所在地、电话、创立时间、资产等信息；

②业务状况：销售业绩、客单价、销售毛利、毛利率、成交金额、产品品牌数、产品 SKU（库存量单位）数、上架商品数、商品库存；

③营销活动情况：新增访问数、新增会员数、总访问数、新增下单数、下单转化率、投资回报率等信息；

④交易状况：订单记录、信用状况、访客数、总订单数、访问到下单转化率；

⑤会员状况；注册会员数、活跃会员数、会员复购率、会员留存率。

4. 客户信息收集的方法

（1）统计资料法。这是客服收集客户信息的主要方法，它通过企业的各种统计资料、原始记录、营业日记、订货合同、客户来函等，了解企业在营销过程中各种需求变化情况和意见反映。这些资料多数是靠人工收集和整理的，而且分散在企业各职能部门内部，需要及时整理汇总。

（2）观察法。主要是通过客服在跟单活动的第一线进行实地观察收集客户信息。此法由于信息来源直接，可以减少传递者的主观偏见，所得资料较为准确，但观察法主要是看到事实

的发生，难于说明内在原因。在现实生活中是处处都有信息的，只要善于观察，就能捕捉市场机会。

（3）会议现场收集法。主要是通过各种业务会议、经验交流会、学术报告会、信息发布会、专业研讨会、科技会、技术鉴定会等，进行现场收集。

（4）阅读法。主要是指从各种报纸、杂志、图书资料中收集有关信息。报刊是传播信息的媒介，只要详细阅读，认真研究，不难发现其中对自己有用的信息。据外国一所战略研究所分析，世界上有60%～70%的信息情报是来自公开的图书资料，可见从阅读中收集信息的重要性。

（5）视听法。主要是指在广播、电视节目中去捕捉信息。广播与电视是大众传播媒介，信息传递快，除广告外还有各种市场动态报道，这些都是重要的信息源。

（6）多向沟通法。这是指与企业外部有关单位建立信息联络网，互通情报，交流信息。多向沟通可分为纵向沟通与横向沟通两大类：纵向沟通是加强企业上下级之间的信息交流，建立自上而下的信息联络网，既反映企业的情况，又能取得上级有关部门的情报资料；横向沟通是指行业内企业之间、地区之间、协作单位之间建立各种信息交换渠道，定期或不定期交换信息情报资料。

（7）聘请法。根据企业对信息的需求情况，聘请外地或本地的专职或兼职信息员、顾问等，组成智囊团，为企业提供专业情报，并为企业出谋划策。

（8）购买法。这是一种有偿转让信息情报的方法。随着信息革命的发展，国内外新兴起各种信息行业，如咨询公司、顾问公司等，他们负责收集、整理各种信息资料；各类专业研究机构、大学研究部门也有各种信息资料。购买法就是向这些信息服务单位有偿索取，虽然这些资料多数属于第二手资料，但省时且来源广，只要目的明确，善于挑选，也不失为重要来源。

（9）加工法。企业的结构，一般都有底层、中层、顶层之分，不同的层次有不同的信息流。底层的一些数据，如日报、周报、月报等。这还不能算是高一层次所需要的信息，但当这些数据往上输送，中层进行加工，便成为一种有用的信息。例如，企业将各部门的月报加以综合分析，便可形成一种信息。

（10）网络收集法。现代信息快速通道——网络，是现代信息收集的主要方法，它具有快捷、直观、丰富等特点。互联网是主要媒体之一，企业可以自设网站征集信息，也可从别的网站下载自己需要的信息。充分利用这一资源，对企业进行信息收集大有帮助。

（11）数据库收集法。许多公司开始使用从一个称作数据库的大型数据组中寻找所需客户资料的方法。银行和信用卡公司、电信公司、目录营销公司，以及其他需储存客户大量信息数据的公司，存储的数据不仅包括客户的地址，还包括他们的经营状况、员工人数、营业额以及其他信息。通过仔细地研究这些信息，公司能在如下方面受益：

①了解哪些客户能够承受产品升级后的价格；

②了解哪些客户可能会下订单给公司；

③了解哪些客户能够成为公司的预期客户；

④了解哪些客户能够成为更长期的顾客并产生价值，从而给他们以关注及优惠；

⑤了解哪些客户打算终止下订单并采取一定的措施阻止退出发生。

二、客户分析及分类方法

了解网店客户的特点及基本类型，对于提高网店客服的服务质量和服务效率具有极其重大的作用，具体如下。

客户分析有五种主要方法。我们将详细介绍每种方法。

1.RFM 分析

RFM 分析是通过最近购买日期（recency）、购买频率（frequency）、累计购买金额（monetary）三个指标对客户购买行为进行排名分析的方法。在最近购买日期上，最近购买的客户排名靠前，在购买频率上，购买频率最高的客户排名靠前。在累计购买金额中，购买金额越高，排名越高。我们会根据客户的特点对客户进行分类，例如“经常购买且购买量大但最近没有购买的客户”和“购买量大但从未购买过的客户”。基于此结果，我们将根据客户的情况采取措施。

2. 十进制分析

十进制分析是一种将客户的购买金额按降序排列并分成10等份进行分析的方法。通过按购买金额对客户进行分组，您可以直观地看到哪个组对销售有贡献，以及您可以识别有多少好的客户。它还可以明确应该增加哪个群体，应该接近哪个群体等问题。

3.CTB 分析

CTB 分析是一种基于类别、品味和品牌三个指标对客户进行分组和分析的方法。它可以高精度地预测客户将购买什么样的产品。category 是男装女装、日用品、厨具等品类，taste 是颜色、图案、形状、大小等。brand 不仅要考虑品牌的发展，还要考虑人物。然而，详细获取此类数据的系统分布不广，POS（销售终端）数据无法获取足够的信息。为了进行 CTB 分析，需要独立引入系统。

4. 细分分析

细分分析是一种发现、分类和分析客户属性和特征相似性的方法。可以考虑行业或公司的位置、行为历史、购买频率等各种指标，但关键是要对哪个指标进行分类。为此，首先要通过客户分析明确你想知道什么。我们将假设应该强调哪些指标，细分客户并进行分析。

5. 特定客户的提取

特定客户提取是一种通过会员注册和电子邮件通信注册来积累和分析客户信息的方法。

通过掌握特定客户的数据，不仅可以直接接近该客户，还可以根据购买历史等预测未来的行为。CRM（客户关系管理）系统是最佳的客户分析工具，因为CRM本身即围绕着客户展开，系统中存在大量的客户数据、订单信息等，通过设置CRM可以自动进行各维度的数据分析。以电商CRM为例，结合上述5种客户分析法、企业实际需求，可以进行各类数据提取，获得客户数据分析结果，以图标、列表形式呈现。

三、客户的分类及应对策略

1. 按客户性格特征分类及采取的相应对策

（1）友善型客户

特质：性格随和，对自己以外的人和事没有过高的要求，具备理解、宽容、真诚、值得信任等美德，通常是企业的忠诚客户。

策略：提供最好的服务，不因为对方的宽容和理解而放松对自己的要求。

（2）独断型客户

特质：异常自信，有很强的决断力，感情强烈，不善于理解别人；对自己的任何付出一定要求回报；不能容忍被欺骗、被怀疑、被怠慢、不被尊重等行为；需要自己的想法和要求被认可，不容易接受意见和建议，通常是投诉较多的客户。

策略：小心应对，尽可能满足其要求，让其有被尊重的感觉。

（3）分析型客户

特质：情感细腻，容易被伤害，有很强的逻辑思维能力；懂道理，也讲道理，接受公正的处理和合理的解释，但不愿意接受任何不公正的待遇；善于运用法律手段保护自己，但从不轻易威胁对方。

策略：真诚对待，做出合理解释，争取对方的理解。

（4）自我型客户

特质：以自我为中心，缺乏同情心，不习惯站在他人的立场上考虑问题；绝对不能容忍自己的利益受到任何伤害；有较强的报复心理；性格敏感多疑。

策略：学会控制自己的情绪，以礼相待，对自己的过失真诚道歉。

2. 按消费者购买行为分类及采取的相应对策

（1）交际型

有的客户很喜欢聊天，聊得愉快了，就到店里购买东西，交易成交了，对方也成了朋友，至少很熟悉了。

对策：对于这种类型的客户，我们要热情如火，并把工作的重点放在这种客户上。

（2）购买型

有的顾客直接买下东西，很快付款，收到货物后也不和店家联系，直接给好评，对客服的热情反应很冷淡。

对策：对于这种类型的客户，不要浪费太多的精力，如果执着地和他（她）保持联系，他（她）可能会认为是一种骚扰。

（3）礼貌型

客户本来只因为一件东西和店家发生了联系，如果客服热情如火，在聊天过程中运用恰当的技巧，她会到店里再购买一些东西；如果售后服务做好了，她或许会因为不好意思还到店里来。

对策：对于这种客户，我们尽量要做到热情，能有多热情就做到多热情。

（4）讲价型

讲了还讲，永不知足。

对策：对于这种客户，要咬紧牙关，坚持始终如一，保持微笑。

（5）拍下不买型

拍下了商品，却不付款购买。

对策：对于这种类型的客户，可以投诉、警告，也可以全当什么都没发生，因各自性格决定采取的方式，不能说哪种方式好，哪种方式不好。

3. 按网店购物者常规类型分类及采取的相应对策

（1）初次上网购物者

这类购物者在试着领会电子商务的概念，他们的体验可能会从在网上购买小宗的、安全的物品开始。这类购物者要求界面简单、过程容易。

对策：产品照片对说服这类购买者完成交易有很大帮助。

（2）勉强购物者

这类购物者对安全和隐私问题感到紧张。因为有恐惧感，他们最初只想通过网站做购物研究，而非想购买商品。

对策：对这类购物者，只有明确说明安全和隐私保护政策，才能够使其消除疑虑，轻松面对网上购物。

（3）便宜货购物者

这类购物者广泛使用比较购物工具，不玩什么品牌忠诚，只要最低的价格。

对策：网站上提供的廉价商品，对这类购物者最具吸引力。

（4）“手术”购物者

这类购物者在上网前已经很清楚自己需要什么，并且只购买他们想要的东西。他们的特点是知道自己做购买决定的标准，然后寻找符合这些标准的信息，当他们找到了正好合适的产品时，就会开始购买。

对策：快速告知其他购物者的体验，对有丰富知识的操作者提供实时客户服务，会吸引这类购物者。

（5）狂热购物者

这类购物者把购物当作一种消遣。他们购物频率高，也最具有冒险精神。对这类购物者，迎合其好玩的性格十分重要。

对策：为了增强娱乐性，网站应为他们多提供观看产品的工具、个人化的产品建议，以及像电子公告板和客户意见反馈页之类的社区服务。

（6）动力购物者

这类购物者因需求而购物，而不是把购物当作消遣。他们有自己的一套高超的购物策略，不愿意把时间浪费在东走西逛上。

对策：优秀的导航工具和丰富的产品信息能够吸引此类购物者。

四、影响客户满意度和忠诚度的因素

1. 客户满意度及其影响因素

（1）客户满意度

客户满意度（consumer satisfaction），也叫客户满意指数。是对服务性行业的顾客满意度调查系统的简称，是一个相对的概念，是客户期望值与客户体验的匹配程度。换言之，就是客户通过对一种产品可感知的效果与其期望值相比较后得出的指数。

（2）影响客户满意度的因素

影响顾客满意度的因素有以下四种。

①产品要素

产品不仅指有形产品，还指无形产品。产品的设计是否能符合顾客期望，性能是否能满足顾客需求，外形是否能符合顾客的审美观，产品的使用是否能满足顾客的习惯等，都会影响顾客满意度。

②销售活动

销售活动包括售前活动和售中活动。售前的顾客期望与销售过程中的活动（信息、态度、行为和中间商）一起构成对顾客满意度的影响。如销售过程是否能较全面和真实地将信息传达给顾客，对待顾客是否真诚、热情，与中间商的合作是否平等互利等。

③售后服务

售后服务可以归结为两大方面，即支持服务和反馈与赔偿。售后服务不仅可以直接影响顾客满意度，还可以对产品或服务中出现的失误及时予以补偿，以使顾客获得满意，例如，海尔在产品销售后对顾客的跟进服务让顾客感受到海尔的真诚和关怀，对海尔的顾客满意度有积极影响。

④企业文化

企业文化分为正式的企业文化和非正式的企业文化，二者共同对顾客满意度起作用。良好的企业文化能够对顾客满意度起到有效促进的作用，相反，消极的企业文化则对顾客满意度起负面作用。

2. 客户忠诚度及其影响因素

（1）客户忠诚度

“忠诚是人们内心深处拥有的一种情感投入，不管环境因素如何变化，也不管市场上存在什么样的吸引顾客做出行为改变的促销措施，人们在这种情感投入的驱使下在未来不断地重复购买相同品牌或者相同品牌旗下的商品。”这是营销专家理查德·奥利弗教授对于忠诚的描述。

客户忠诚度是指客户对某一特定产品或服务产生了好感，形成了偏好，进而重复购买的一种趋向。顾客忠诚是指客户对企业的产品或服务的依恋或爱慕的感情，它主要通过客户的情感忠诚、行为忠诚和意识忠诚表现出来。其中情感忠诚表现为客户对企业的理念、行为和视觉形象的高度认同和满意；行为忠诚表现为客户再次消费时对企业的产品和服务的重复购买行为；意识忠诚则表现为客户做出的对企业的产品和服务的未来消费意向。这样，由情感、行为和意识三个方面组成的客户忠诚营销理论，着重于对客户行为趋向的评价，通过这种评价活动的开展，反映企业在未来经营活动中的竞争优势。

（2）影响客户忠诚度的因素

基于上述客户忠诚的理解，我们需要分析出客户忠诚的影响因素。

①客户满意

客户满意表现为客户从企业产品和服务中所得到的超出的或至少不低于客户的预期。一般情况下，只有当客户满意，才有可能再次购买企业的产品或服务，才可能发展成为企业的忠诚客户。一般说来，客户满意度越高，客户忠诚度才会越高；客户满意度越低，客户忠诚度越低。

②品牌形象

品牌形象是存在于人们心里的关于品牌各要素图像及概念的集合体，是在竞争中的一种产品或服务差异化的含义的联想集合。购买者希望品牌的一些个性特征能够与其自我形象以及个性相符合，因而他们会购买能够代表自我形象的品牌。该品牌形象与客户形象或所期盼的形象吻合程度越高，其对客户忠诚度正向影响也就越大。

③转换成本

转换成本是指客户在改变服务供应商时对所需时间、货币和精力的感知。这些成本不仅包括客户承担因地域分散而产生的服务搜索与评估成本，而且还包括心理和情感成本。由于服务具有地域分散、个性化和用户定制等特征，客户在服务消费中会面临转换成本带来的障碍。从企业视角看，转换成本有助于企业对客户消费行为作出更加准确的预测。在客户转换成本较高的时候，客户行为忠诚就会很高，即使客户对企业提供的产品或服务很不满意。

④关系信任

关系信任是客户对企业履行交易诺言的一种感觉或者信心。如果客户没有对企业产生一定程度的信任，客户关系就不可能保持长久。信任无疑是影响客户忠诚度非常重要的因素之一，没有人会希望一段长期关系的建立和维持是没有信任基础的。许多关于忠诚的定义都有一个核心思想：愿意去维护一段有价值并且重要的关系。所以从这个核心理念里可以看出，客户忠诚的建立是由相关关系的重要性所决定的。如果一段关系对一个人越重要，那么这个人就越愿意去容忍一些不满意，甚至愿意试图去修复这些不满意；相反，如果这段关系不重要，甚至已经很满意的购买者也会转移到其他品牌或卖家去尝试一些新的事物。关系信任降低了关系中的感知风险和缺陷，使客户对关系具有更高的忠诚度。

五、差异化营销方法

1. 什么是差异化营销

差异化营销，就是我们和别人的营销方式有所差异，但也不是完全不一样，因为营销方式就那几种，所以，我们所说的差异化营销指的就是针对不同目标人群设计不同的营销方式组合，从而满足不同用户的需求。

比如：A 企业使用搜索引擎进行营销推广，B 企业使用短视频进行营销推广，C 企业使用信息流广告进行营销推广。那么我们为了实现差异化营销，我们可以使用 AB、BC、AC 或者 ABC 的营销方式进行营销推广。

2. 差异化营销的意义

市场上的营销手段在不断重复使用，比如商家 A 知道商家 B 在做买一赠一的活动，紧接着商家 A 和其他商家也为了提高销售，都开展买一赠一的活动，那么，对于消费者来说，从这种手段上就没有吸引他们购买的点。因为消费者的消费习惯和喜好也是随着时代的发展在改变，以前消费是为了生活必需，一般都是必需品较多，觉着能用就行，能解决生活问题就行，追求质量的很少。而现在不一样，人们生活水平不断提高，物质和精神需求也在不断提高并且不断在改变。所以，这也是现在很多人会产生“冲动消费”的原因之一。想要提高销量，就必须满足不同人群的消费心理和消费习惯，因此，差异化营销就显得越来越重要。

3. 差异化营销的分类

差异化营销大致可分为8类：产品差异化、服务差异化、形象差异化、品牌差异化、渠道差异化、人员差异化、价格差异化、推广差异化。

4. 差异化营销基本方法

我们知道了差异化营销的8种分类，就需要根据自身产品和服务，选择不同的差异化营销。

（1）产品差异化营销

第一种是我们在同一类产品上增加更多的功能，让其与众不同。比如手机 A 有拍照功能。但手机 B 不仅仅有拍照功能，还有录像和剪辑的功能。

第二种是我们可以开发不同种类的产品，来满足不同用户的需求。比如手机厂家 A 只有一款手机，适合大众使用或者适合年轻人使用，那么手机商家 B，不仅有适合年轻人使用的手机，还有适合老年人和儿童使用的手机，再细分一些可能还会分女性和男性使用的不同手机。

（2）服务差异化营销

这一点很好理解，就是我们提供不同的和多种额外的项目服务，比如我们网上买一台空调，有的商家需要用户自己安装，而我们就可以直接提供免费安装的服务等。

（3）形象差异化营销

我们在企业的 logo、品牌名称、色系等方面设计有特性的风格等，一般指的就是我们企业在用户心中的形象。

（4）品牌差异化营销

品牌是指消费者对某类产品及产品系列的认知程度，这一点和形象有所类似，又有所不同，比形象要更深层次，我们可以这么理解，形象差异化就是企业给用户的第一印象，而品牌差异化就是用户对企业的了解程度。

（5）渠道差异化营销

这里可以理解为销售差异化，即销售方式的不同，比如公司 A 主要靠招代理，分销商进行销售。而公司 B 则是直接面向用户，可谓是省去了“中间商”。

（6）人员差异化营销

我们对于不同人群设计不同的规则。比如，兼职和全职的区别，全职是8小时在公司坐班工作，而兼职则是不用8小时坐班，每个月坐班一次，或者不用坐班，直接线上汇报工作即可。再比如，有的工作，全职必须穿工服，而对于兼职来说，穿工服不是硬性要求。

（7）价格差异化营销

价格差异化就很好理解了，我们同样的产品使用不同的价格策略和服务，这里指的不是故意降低价格进行恶意竞争等行为。我们所说的是可以在不同价格上提供不同功能和服务。比如普通会员、黄金会员、钻石会员等，不仅价格不同，而且权益和功能、服务各有不同。

（8）推广差异化营销

这里就是我们刚开始说的推广方式的不同，设计不同的推广方式组合在一起进行营销推广。比如搜索营销、信息流营销、短视频营销等。

总结一下，我们要做差异化营销，需要根据自身产品的属性和特点，以及用户群体，来选择不同的差异化营销方式。

行业洞察

淘宝客服满意度怎么提升？如何接待？

网店客服虽然是电商行业最基础的工作人员，但是客服工作却关乎着成交率、客单价、用户好评等等，因为是直接和客户打交道，其重要性不可忽略，淘宝客服满意度怎么提升？

一、淘宝客服满意度怎么提升？

客服是为买家进行服务的，每天需要面对成千上万不同需求的消费者，因此一定要做好以下准备，否则将会增加被投诉风险。

1. 熟悉订单生成流程

了解并且懂得灵活运用消费者保障规则的内容，做到合理维权。

2. 做好充分的售前准备

因为客服是为消费者服务的，那么对于产品、活动、心理都要做好准备。产品准备，无非是要了解好产品的规格、功能、特征、注意事项、消费人群，这样对于客户提出的问题能及时解答。活动准备，就是对于店铺的活动要了解、提前设计好活动话术、了解快递情况以便给出满意准确答案。心理准备，即客服要懂得尊重客户，有一颗换位思考的心。

3. 及时盘点宝贝数量

因为店铺页面上的库存跟实际库存是有出入的，所以网店客服需要实时到网店管家当中查看宝贝的实际库存量，避免出现因缺货发不了订单、因发货不及时而被客户投诉等情况。

二、如何接待？

1. 及时接待是关键

目前电商行业竞争日益激烈，消费者很有可能会在2～3秒内无人接应而流失到其他店铺。因此，作为网店客服一定要有较快的反应速度，能够在规定时间内响应用户，从而延长客户的店铺浏览时间、增加店铺商品的浏览量，提升店铺质量度。

2. 接待态度很重要

建议网店客服在接待消费者的过程中，一定要保持热情的态度，不要直接否定客户。还有就是在充分了解客户需求时，要有条不紊地答复。

3. 要懂得推荐商品

推荐产品不是盲目推荐，可以尽量选择一些热销爆款、促销款、流量款、经典款等等，反正原则就是要互补、优势套餐、高客单价、高转化产品。

4. 要懂得订单催付

很多消费者对于感兴趣的订单会加入购物车中，但要不要下单还是个问题。如果此时向客户进行催付，可以大大增加成单率。不过催付也是需要技巧的，合理的催付能更快增加订单数，但是错误的催付反而会影响成交。比如：可以告知对方，1个小时内下单，赠送一个保温杯或者遮阳伞等，或者其他精美的小礼品，这些便是有益的催单手段。

当客户进店的那一刻就代表着客服的工作开始了。因此，优秀的网店客服，一定要做好售前准备工作、客户接待工作和售后服务工作，提升消费者的满意度和信任感，让对方有良好的购物体验。

职业技能训练（四级）

一、单选题

1.（　　）也就是企业维持与客户关系的时间长短，通常以客户关系生命周期来表示。

A. 客户关系深度　　B. 客户关系长度　　C. 客户关系广度　　D. 客户关系高度

标准答案：B

2.（　　）指拥有客户关系的数量，既包括获取新客户的数量，又包括保留老客户的量，还包括重新获得已流失的客户数量。

A. 客户关系深度　　B. 客户关系长度　　C. 客户关系广度　　D. 客户关系高度

标准答案：C

3.（　　）包括产品、价格、销售渠道、促销、公共关系、政府关系等都直接影响着客户的购买行为。

A. 环境性因素　B. 政策性因素　C. 行业因素　D. 竞争性因素

标准答案：D

4. 长期稳定的关系表现为客户的时间性，即（　　）。

A. 客户生命周期　B. 客户价值　C. 客户关系　D. 客户挖掘

标准答案：A

5. 在现代企业管理中，（　　）是企业的利润之源，是企业发展的动力。

A. 成本　B. 科技　C. 客户　D. 员工

标准答案：C

6. 企业销售人员把产品销售出去之后，不再与客户接触属于（　　）。

A. 基本型　B. 被动型　C. 能动型　D. 伙伴型

标准答案：A

7. 销售完成后，企业不断联系客户，为客户提供升级服务或新产品的营销信息等属于（　　）。

A. 基本型　B. 被动型　C. 能动型　D. 伙伴型

标准答案：C

8. 产品销售完成后，企业及时联系客户，询问产品是否符合客户的需求，有何缺陷或不足，有何意见或建议，以帮助企业不断改进产品，使之更加符合客户需求属于（　　）。

A. 基本型　B. 负责型　C. 能动型　D. 伙伴型

标准答案：B

9. 最早发展客户关系管理的国家是（　　）。

A. 英国　B. 法国　C. 美国　D. 新加坡

标准答案：C

10. 客户关系管理的英文简称为（　　）。

A.ERP　B.CM　C.DP　D.CRM

标准答案：D

二、多选题

1. 衡量客户关系深度的指标通常有（　　）等。

A、重复购买收入　B. 交叉销售收入　C. 增量销售收入　D. 客户口碑与推荐

标准答案：ABCD

2. 客户自身因素包括（　　）方面的因素。

A. 生理　B. 物理　C. 心理　D. 环境

标准答案：AC

3. 维护老客户对每个企业来说是非常重要的，主要表现在（　　）。

A. 使企业的竞争优势长久　B. 使成本大幅度降低

C. 有利于发展新客户　D. 会获取更多的客户份额

标准答案：ABCD

4. 客户关系管理理论主要包括（　　）。

A. 客户关系管理思想　B. 客户关系管理技术　C. 客户思维　D. 客户维护

标准答案：AB

5. 对网店来说，获取新客户可以通过（　　）解决。

A. 老客户介绍　B. 广告宣传　C. 销售人员开发　D. 客服人员开发

标准答案：ABCD

三、判断题

1. 拥有相当数量的客户是企业生存与发展的基础，因此需要不断挖掘潜在客户、挖掘新客户，尽量减少客户的流失。（　　）

标准答案：√

2. 企业只管理自己的客户关系，不需要与竞争对手的客户关系进行比较，只要不断改进自己的客户关系就行。（　　）

标准答案：×

3. 客户价值是客户细分管理的基本依据，通过客户价值分析，能使企业真正理解客户价值的内涵，从而针对不同的客户进行有效的客户关系管理，使企业和客户真正实现双赢。(　　)

标准答案：√

4. 一个保留和维护客户的有效办法就是制造客户离开的障碍，使客户不能轻易去购买竞争者的产品。(　　)

标准答案：√

5. 企业通过互联网可与全球的客户进行交流合作，大大地削弱了商业活动的地理空间限制。(　　)

标准答案：×

模块八 电子商务数据分析

学习目标

知识目标

◆ 了解电子商务数据主要来源
◆ 熟悉电子商务数据采集工具
◆ 掌握电子商务数据采集方法
◆ 了解电子商务数据清洗工具
◆ 掌握电子商务数据清洗方法
◆ 熟悉电子商务数据类型

技能目标

◆ 能使用电子商务数据采集工具采集网店运营相关数据
◆ 能使用电子商务数据采集工具采集行业相关数据
◆ 能使用电子商务数据采集工具采集竞争对手相关数据
◆ 能对电子商务数据中的空值和缺失值进行处理
◆ 能对电子商务数据中的重复值进行处理
◆ 能对电子商务数据中的异常值进行处理
◆ 能对电子商务数据的数据类型进行修改

素养目标

◆ 能够在电子商务数据分析过程中坚持正确的道德观
◆ 具备法律意识，能够遵守个人隐私、数据保密等法律法规，在数据采集过程中做到不侵权，不违法

◆ 具备较好的数据保密意识，在数据统计及处理过程中具有耐心、细致的工作态度

◆ 具备法律意识，尊重公民隐私，不侵犯公民合法权益

单元一　电子商务数据采集

引导案例

某品牌是一家专注于健康饮食电器的研发、生产和销售的现代化企业，多年来一直保持着健康、稳定、快速的增长，现已成为小家电行业的著名企业，规模位居行业前列。

随着电子商务的快速发展，该品牌在各大电商平台（如天猫、京东等）均开设了旗舰店，并且有多家授权店铺。近期，该品牌发现授权店铺向非授权店铺窜货、低价出售时有发生，导致销售价格不统一、市场混乱，严重影响该品牌新品的市场销售，透支品牌价值。

为此，该品牌决定采集各大电商平台的相关数据，通过采集的数据甄别非授权店铺，筛选低价店铺，惩治电商平台价格混乱现象。

在采集数据前，需要结合数据分析的需求确定采集范围和采集指标，该品牌计划采集淘宝、天猫、京东、一号店、苏宁易购等主流电商平台卖家及销售价格。因要采集的数据量大，该品与提供数据采集服务的第三方公司合作，合法采集有效数据，并对采集的数据按照平台进行分类、检查和分析，第一时间筛选低价、禁售店铺和电子商务网站，通过通知调整、知识产权维权、行政干预等手段，整治渠道乱价。

结合案例，思考并回答以下问题：

（1）该案例中进行数据采集的原因是什么？

（2）该案例中数据采集经历了哪几个步骤？

知识储备

一、电子商务数据主要来源

电子商务数据的有效性、准确性和及时性建立在可靠数据来源的基础上，常见的数据来源渠道有：

1. 内部数据

内部数据渠道主要指在电子商务项目运营过程中，电子商务站点、店铺自身所产生的数据信息，如站点的访客数、浏览量、收藏量，商品的订单数量、订单信息、加购数量等数据。这些数据可通过电子商务站点、店铺后台或类似生意参谋、京东商智等数据工具获取。对于独立站点流量数据还可使用百度统计、友盟等工具进行统计采集。

2. 外部数据

在进行行业及竞争对手数据采集时，通常需要借助外部数据。在选择外部数据时，尤其需要注意的是数据的真实性和有效性。常用的外部数据渠道有：

（1）政府部门、行业协会、新闻媒体、出版社等

政府部门、行业协会、新闻媒体、出版社等发布的统计数据、行业调查报告等，如图8-1-1，国家统计局每个阶段都会发布宏观经济、居民消费价格指数等数据报告。

图8-1-1 国家统计局网站

（2）权威网站、数据机构

权威网站、数据机构发布的报告、白皮书等。常见的网站和数据机构有易观数据、艾瑞咨询等，这些平台提供的行业或行业类龙头企业数据参考性较高，是重要的行业及企业数据采集渠道。

（3）电子商务平台

电子商务平台上聚集着众多行业卖家和买家，也是电子商务数据产生的重要来源，如本单元引导案例中通过工具对淘宝网特定商品的销售价格、付款人数等数据进行采集，来分析最受消费者欢迎的价格区间。这就直接利用了电子商务平台所展示的数据。

（4）指数工具

如百度指数、360趋势、搜狗指数、阿里指数等工具依托平台海量用户行为数据，将相应的搜索数据趋势、需求图谱、用户画像等数据通过指数工具向用户公开，该类型数据可为市场行业、用户需求和用户画像数据分析提供重要参考依据。

除上述几种指数工具外，还有今日头条提供的头条指数、微信提供的微信指数等，可为移动电子商务开展提供数据参考。

行业洞察

30款App违规收集个人信息被通报

据“App个人信息举报”微信公众号消息，中国银行手机银行、春雨医生、北京交通等30款App因违反《中华人民共和国网络安全法》(简称《网络安全法》)关于收集使用个人信息的规定，被通报整改。

《网络安全法》第四十一条规定：网络运营者收集、使用个人信息，应当遵循合法、正当、必要的原则，公开收集、使用规则，明示收集、使用信息的目的、方式和范围，并经被收集者同意。

网络运营者不得收集与其提供的服务无关的个人信息，不得违反法律、行政法规的规定和双方的约定收集、使用个人信息，并应当依照法律、行政法规的规定和与用户的约定，处理其保存的个人信息。

其中，中国银行手机银行、春雨医生、北京预约挂号、北京交通等10款App无隐私政策。天天酷跑、探探、猎豹安全大师、人人、全能相机等20款App要求用户一次性同意开多个可收集个人信息的权限，不同意则无法安装使用。

通报显示，根据《中央网信办、工业和信息化部、公安部、市场监管总局关于开展App违法违规收集使用个人信息专项治理的公告》，全国信息安全标准化技术委员会、中国消费者协会、中国互联网协会、中国网络空间安全协会成立App专项治理工作组，对用户数量大、与民众生活密切相关的App隐私政策和个人信息收集使用情况进行评估。

App专项治理工作组要求，上述App运营者30日内完成整改，逾期未完成整改的，工作组将建议相关部门依法处置。

(资料来源：北京商报，有改写。)

二、电子商务数据采集工具

数据采集工具是使用数据采集技术，通过识别数据渠道中所需数据指标，将数据进行摘录整理，形成数据文档的工具。掌握数据采集工具的使用是数据采集人员快速准确获取数据的基础。常用的数据采集工具有以下几种：

1. 生意参谋

生意参谋是淘宝网官方提供的综合性网店数据分析平台，为淘宝／天猫卖家提供流量、商品、交易等网店经营全链条的数据展示、分析、解读、预测等功能，不仅是店铺和市场数据的重要来源渠道，而且是淘宝 / 天猫平台卖家的重要数据采集工具。通过生意参谋，数据采集人员不仅可以采集店铺的各项运营数据（流量、交易、服务、产品等），而且可以通过市场行情板块获取淘宝 / 天猫平台的行业销售经营数据，见图8-1-2。

图8-1-2 生意参谋

2. 店侦探

店侦探是一款专门为淘宝及天猫卖家提供数据采集、数据分析的数据工具，如图8-1-3所示。通过对各个店铺、商品运营数据的采集分析，可以快速掌握竞争对手店铺的销售数据、引流途径、广告投放、活动推广、买家购买行为等数据信息。

图8-1-3 店侦探

3. 淘数据

淘数据是一款针对国内和跨境电子商务提供数据采集和分析的工具，为卖家提供行业和店铺的各项数据，见图8-1-4。

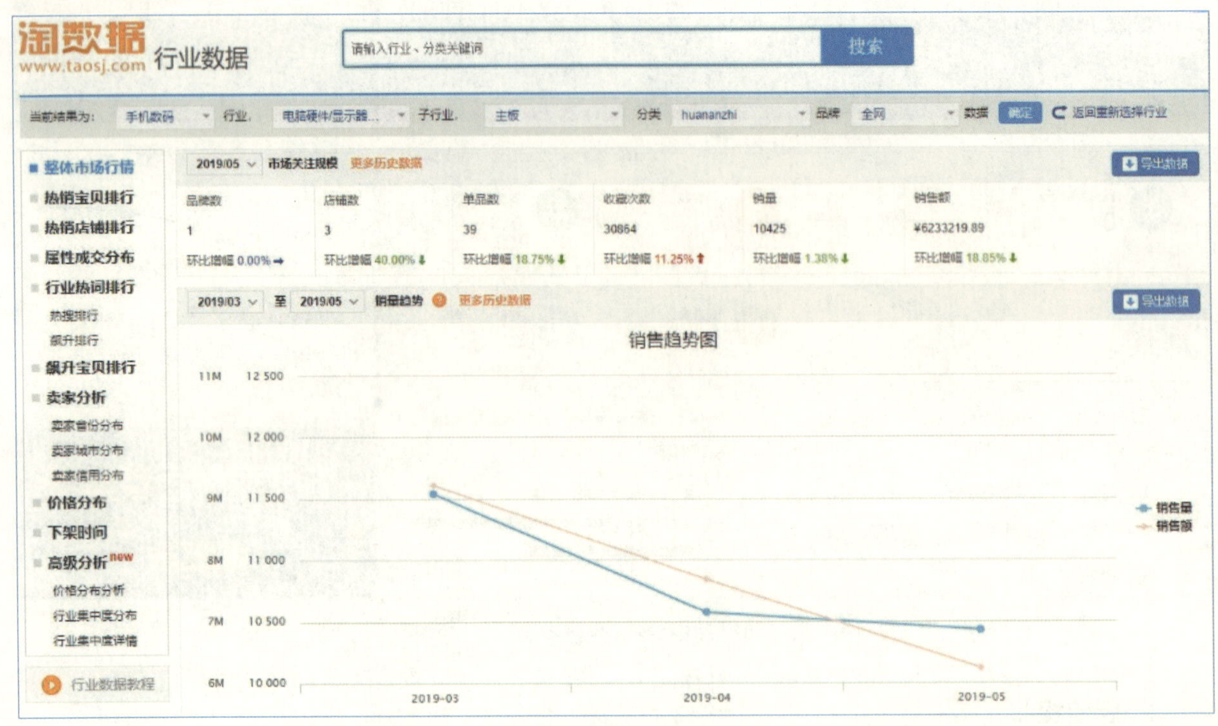

图8-1-4　淘数据

4. 京东商智

京东商智是京东向第三方商家提供数据服务的产品。从 PC、App、微信、手机 QQ、移动网页端五大渠道，提供店铺与行业的流量、销量、客户、商品等数据。

5. 八爪鱼采集器

八爪鱼采集器是一款通用网页数据采集器，使用简单，可进行完全的可视化操作；功能强大，任何网站均可采集，数据可导出为多种格式。它可以用来采集商品的价格、销量、描述等数据内容，如图8-1-5所示。

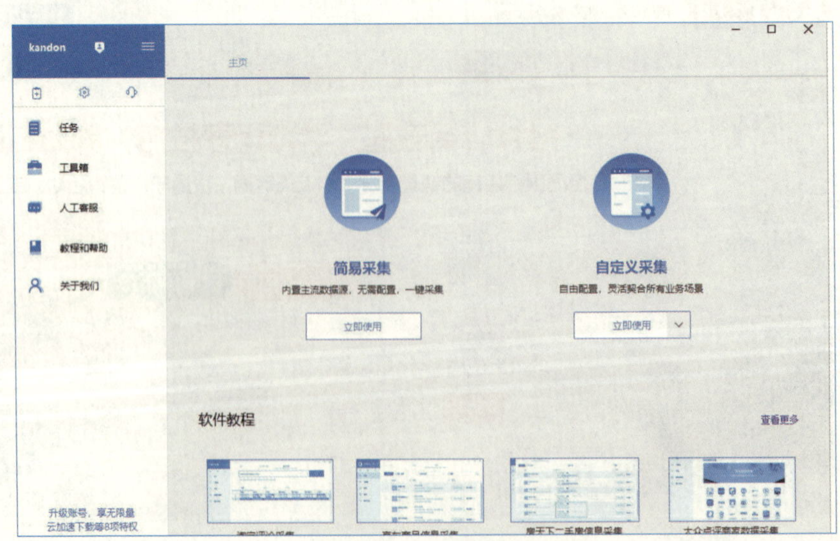

图8-1-5　八爪鱼采集器

6. 火车采集器

火车采集器（LocoySpider）是一个供各大主流文章系统、论坛系统等使用的多线程内容采集发布程序、如图8-1-6所示。其应用于数据采集领域有两个功能：一是采集数据，二是发布数据。借助火车采集器，可以根据采集需求，在目标数据源网站采集相应数据，并整理成表格或文本（TXT）导出。

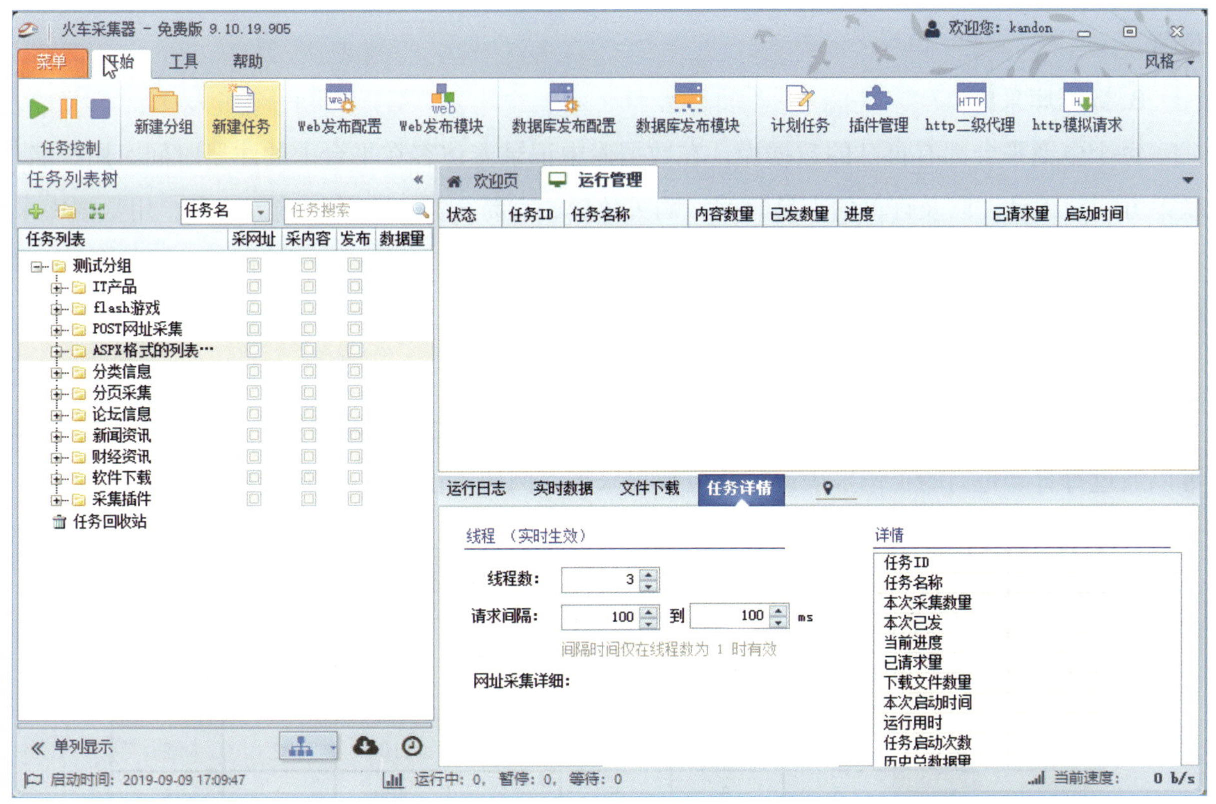

图8-1-6 火车采集器

除此之外还可以使用 Python、R 语言等工具进行数据采集，但需要采集人员具备编程基础，使用难度较大。

三、电子商务数据采集方法

根据需求不同，数据采集的方法也多种多样。在电子商务运营领域，数据采集的方法大致可以分为以下几类：

1. 网页数据采集

在采集行业及竞争对手的数据时，对电商平台上的一些公开数据，诸如商品属性数据（商品结构和标题、品牌、价格、销量、评价）直接进行摘录或使用火车采集器、八爪鱼采集器等爬虫采集工具进行采集。

对于淘宝、京东等电子商务平台卖家，平台提供类似生意参谋、京东商智等工具，对店铺及平台的市场数据进行网页呈现，同样可以采用上述方法进行采集。

2. 系统日志数据采集

在网站日志中记录了访客IP地址、访问时间、访问次数、停留时间、访客来源等数据。通过对这些日志信息进行采集、分析，可以挖掘电子商务企业业务平台日志数据中的潜在价值。

3. 数据库采集

每个电商平台都有自己的数据库，在数据库中记录着访客在平台上的注册时间、用户名，联系方式、地址，以及订单的交易时间、购买数量、交易金额、商品加购等信息。用数据库采集系统直接与企业业务后台服务器链接，将企业业务后台每时每刻产生的业务记录到数据库中，最后由特定的处理系统进行数据分析。

4. 报表采集

独立站点可能没有如每天咨询客户数、订单数等数据指标统计功能，在进行数报采集时可以通过每日、每周的工作报表进行相应数据采集。例如，售前客服咨询数据见图8-1-7。

时间		汇总+询单						
		咨询人数	接待人数	询单人数	询单流失人数	销售额	销售量（付款商品数）	销售人数
1月16日	星期一	11	11	9	7	1109	2	2
1月17日	星期二	5	5	5	3	464	1	1
1月18日	星期三	25	25	14	6	5175	15	7
1月19日	星期四	35	35	29	25	5358	26	4
1月20日	星期五	10	10	6	6	0	0	0
1月21日	星期六	10	10	6	6	0	0	0
1月22日	星期日							
总和		96	96	69	53	12106	44	14

图8-1-7 售前客服咨询数据

监管之窗

两大热点问题在《中华人民共和国电子商务法》中有了明确规定

2018年8月31日，第十三届全国人大常委会第五次会议表决通过了《中华人民共和国电子商务法》（以下简称《电子商务法》）。这部关乎互联网电商行业格局的法律地位颇高，经历了3次公开征求意见、4次审议通过，于2019年1月1日起正式实施。个人信息保护和数据安全两大热点问题在《电子商务法》里有了明确规定。

1. 个人信息保护是大众关注的焦点之一

《电子商务法》以下条目对个人信息保护做出明确规定。

第五条　电子商务经营者从事经营活动，应当遵循自愿、平等、公平、诚信的原则，遵守法律和商业道德，公平参与市场竞争，履行消费者权益保护、环境保护、知识产权保护、网络安全与个人信息保护等方面的义务，承担产品和服务质量责任，接受政府和社会的监督。

第二十三条　电子商务经营者收集、使用其用户的个人信息，应当遵守法律、行政法规有关个人信息保护的规定。

第二十五条　有关主管部门依照法律、行政法规的规定要求电子商务经营者提供有关电子商务数据信息的，电子商务经营者应当提供。有关主管部门应当采取必要措施保护电子商务经营者提供的数据信息的安全，并对其中的个人信息、隐私和商业秘密严格保密，不得泄露、出售或者非法向他人提供。

第六十九条　国家维护电子商务交易安全，保护电子商务用户信息，鼓励电子商务数据开发应用，保障电子商务数据依法有序自由流动。国家采取措施推动建立公共数据共享机制，促进电子商务经营者依法利用公共数据。

第七十九条　电子商务经营者违反法律、行政法规有关个人信息保护的规定，或者不履行本法第三十条和有关法律、行政法规规定的网络安全保障义务的，依照《中华人民共和国网络安全法》等法律、行政法规的规定处罚。

2. 制约大数据杀熟

《电子商务法》以下条目制约了大数据杀熟。

第十八条　电子商务经营者根据消费者的兴趣爱好、消费习惯等特征向其提供商品或者服务的搜索结果的，应当同时向该消费者提供不针对其个人特征的选项，尊重和平等保护消费者合法权益。电子商务经营者向消费者发送广告的，应当遵守《中华人民共和国广告法》的有关规定。

第七十七条　电子商务经营者违反本法第十八条第一款规定提供搜索结果，或者违反本法第十九条规定搭售商品、服务的，由市场监督管理部门责令限期改正，没收违法所得，可以并处五万元以上二十万元以下的罚款；情节严重的，并处二十万元以上五十万元以下的罚款。

（资料来源：搜狐新闻，有改写。）

单元二 电子商务数据清洗

引导案例

某电器官方旗舰店于2022年8月份参加了一期聚划算活动，因折扣力度大，推广效果极好。活动结束后，该企业将后台销售数据导出，交给数据分析部门，进行此次活动的推广效应评价。数据分析师拿到数据经过整理后，发现该源数据存在如图8-2-1所示的质量问题。

分类	举例
格式不统一	日期格式多样，如 20190801，2019-08-10
数据类型错误	数据不便于观察和计算，如访客数 1.55E+05
内容有误	数据未分列，如商品名与销售数量位于一列"空调 3338"
数据缺失	如：指定快递列中有空格
数据错误	如：订单创建日期中出现#DIV/0 错误符

图8-2-1 源数据存在的质量问题

为了保证数据分析结果的准确性，数据分析师先对该源数据进行了处理，修正了错误数据，统一了日期格式，处理了缺失内容，又将混杂在一起的数据分开，为之后的数据计算和数据分析做好了准备。

结合案例，思考并回答以下问题：

（1）图8-2-1中，数据处理完成后的数据是怎样的？

（2）在电商运营中，除了案例中存在的数据质量问题，还需要进行哪些问题的数据处理？

知识储备

一、电子商务数据清洗方法

数据清洗是指将数据表中多余、重复的数据筛选出来并删除，将缺失、不完整的数据补充完整，将内容、格式错误的数据纠正或剔除的操作行为。数据清洗是对数据进行重新审查和校验的过程，目的在于提升数据的质量，确保数据的准确性、完整性和一致性。

清洗数据主要包括以下内容。

（一）缺失值清洗

数据缺失是数据表中经常出现的问题，是指数据某个或某些属性的值是不完整的。缺失值产生的原因多种多样，主要包括三种：一是有些信息无法获取，如在收集顾客婚姻状况和工作信息时，未婚人士的配偶，未成年儿童的工作单位等都是无法获取的信息；第二种是人为原因导致的某些信息被遗漏或删除了；第三种是数据收集或者保存失败造成数据缺失，如数据存储失败、存储器损坏、机械故障等。

在数据表里，缺失值常见的表现形式是空值或错误标识符。

1. 空值清洗

步骤1：打开原始数据表格，选中数据区域，在“开始”选项卡下的“编辑”功能组中单击“查找和选择”按钮，单击“定位条件”命令，在弹出的“定位条件”对话框中选中“空值”，单击“确定”后，所有的空值即被一次性选中，如图8-2-2和图8-2-3所示。

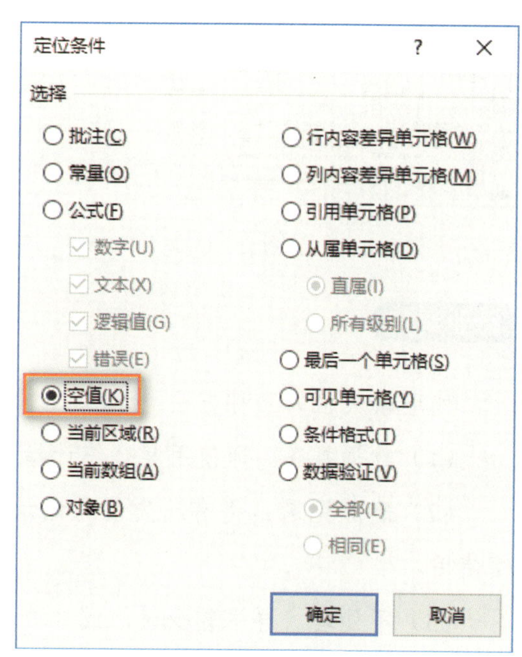

图8-2-2 选择“定位条件”

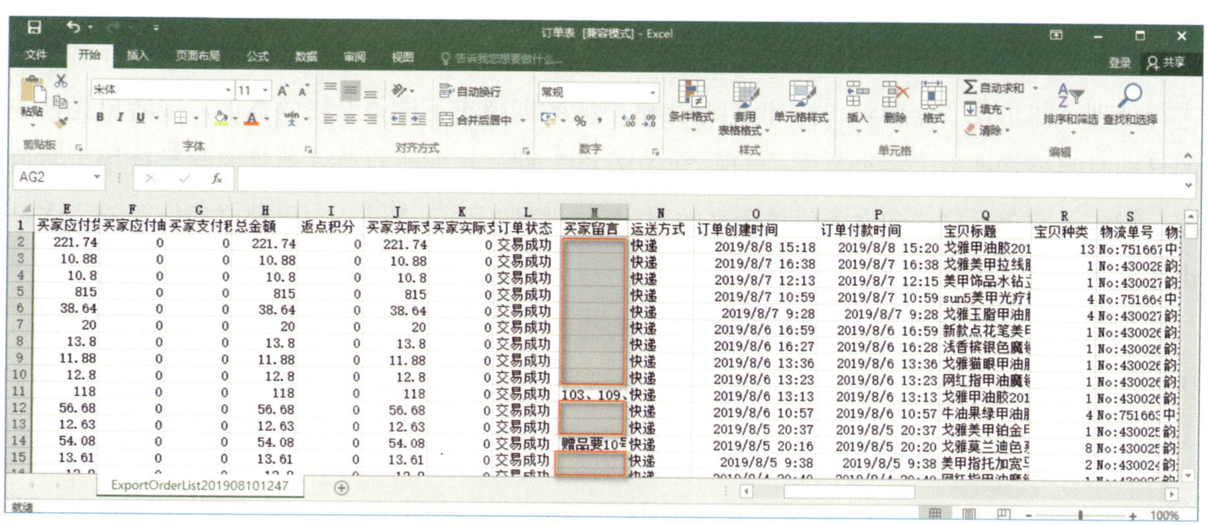

图8-2-3 空格定位结果

步骤2：定位到空白值后，可以选择“数据补齐”“删除记录”或者“不处理”。数据补齐，则直接输入需要补充的内容，按“Ctrl + Enter”快捷键，进行批量填充，如图8-2-4所示

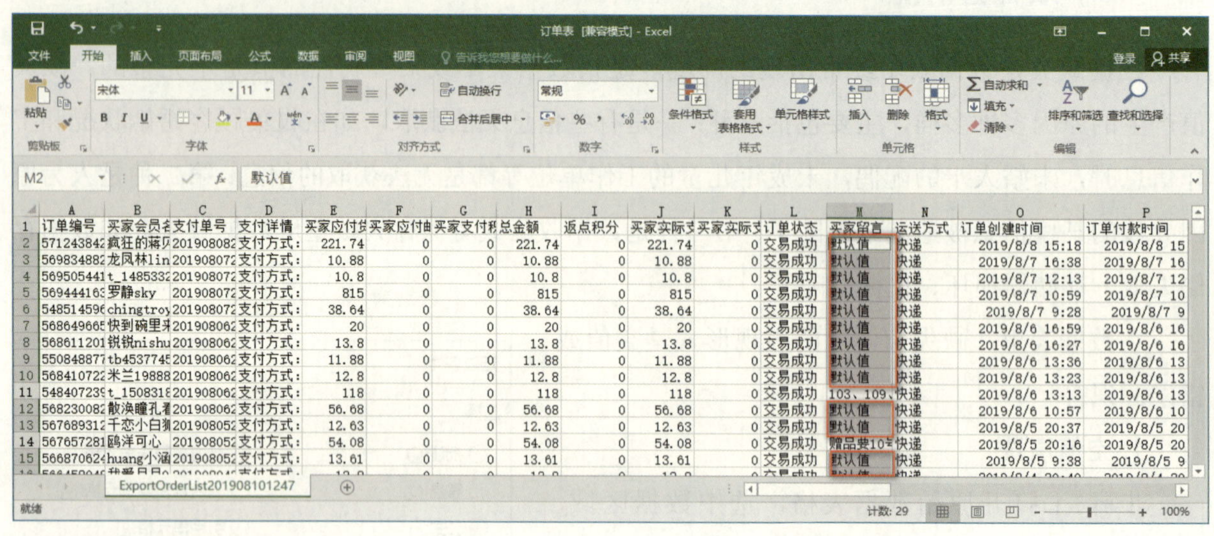

图8-2-4　批量填充

行业洞察

处理缺失值的三种方法：

（1）数据补齐。即使用某个统计指标去填充缺失数据，如该变量的样本平均值等。

（2）删除记录。将有缺失值的记录删掉，但这样会导致样本量减少，数据量较少时应谨慎使用。

（3）不处理。样本较少时，或者该数据缺失属正常情况时，不作处理。

2. 错误标识符清洗

当缺失值是以错误标识符形式出现时，需要检查出现这些错误的原因。然后有针对性地进行处理。如出现“#####”时，说明单元格中的数据超出了该单元格的宽度，或者单元格中的日期时间公式产生了一个负值；出现“#DIV/O!”时，说明进行公式运算时除数使用了数值零、指向了空单元格或包含零值单元格的引用。一般情况下，Excel中出现错误标识符大多是由于公式使用不当造成的。

如图8-2-5所示，由于2019年7月5日所采购的商品还未采集到因不合格而产生退货的数量，因此在计算退货率时，发生了“#VALUE!”的错误。

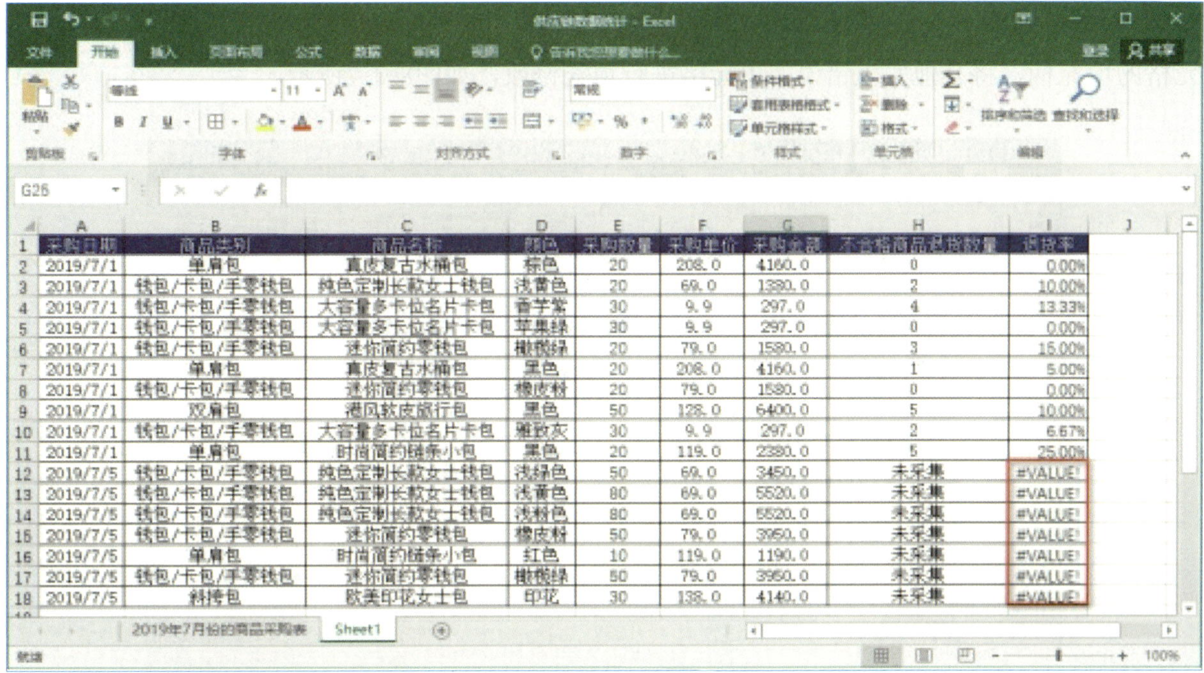

图8-2-5 “#VALUE!”错误

步骤1：将鼠标定位在“I12”单元格中，在公式编辑栏中，修改原公式“＝H12/E12”为“＝IFERROR（H12/E12，"/"）”，如图8-2-6所示。

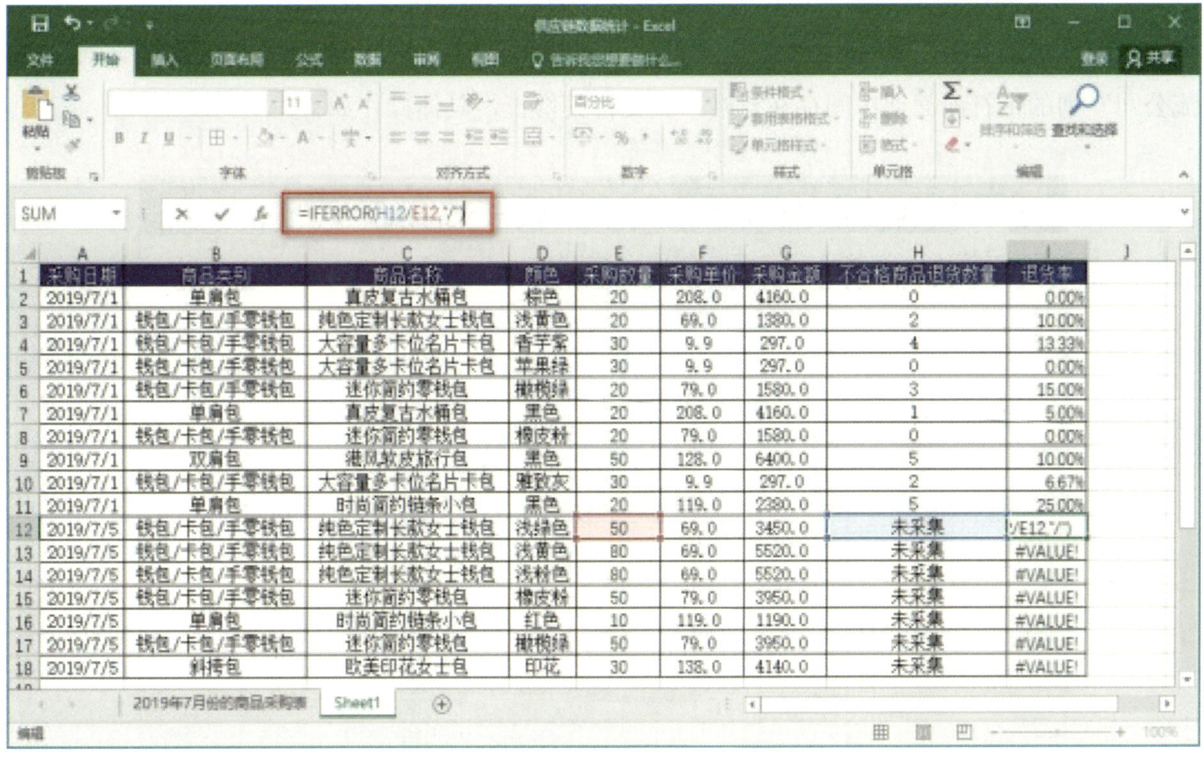

图8-2-6 修改公式

步骤2：确认输入后，“I12”单元格中的“#VALUE!”被修改为“/”，然后拖动“I12”单元格的填充柄，将其他发生错误的单元格进行填充修改，如图8-2-7所示。

I12 =IFERROR(H12/E12,"/")

	A	B	C	D	E	F	G	H	I
1	采购日期	商品类别	商品名称	颜色	采购数量	采购单价	采购金额	不合格商品退货数量	退货率
2	2019/7/1	单肩包	真皮复古水桶包	棕色	20	208.0	4160.0	0	0.00%
3	2019/7/1	钱包/卡包/手零钱包	纯色定制长款女士钱包	浅青色	20	69.0	1380.0	2	10.00%
4	2019/7/1	钱包/卡包/手零钱包	大容量多卡位名片卡包	香芋紫	30	9.9	297.0	4	13.33%
5	2019/7/1	钱包/卡包/手零钱包	大容量多卡位名片卡包	苹果绿	30	9.9	297.0	0	0.00%
6	2019/7/1	钱包/卡包/手零钱包	迷你简约零钱包	橄榄绿	20	79.0	1580.0	3	15.00%
7	2019/7/1	单肩包	真皮复古水桶包	黑色	20	208.0	4160.0	1	5.00%
8	2019/7/1	钱包/卡包/手零钱包	迷你简约零钱包	橡皮粉	20	79.0	1580.0	0	0.00%
9	2019/7/1	双肩包	港风软皮旅行包	黑色	50	128.0	6400.0	5	10.00%
10	2019/7/1	钱包/卡包/手零钱包	大容量多卡位名片卡包	雅致灰	30	9.9	297.0	2	6.67%
11	2019/7/1	单肩包	时尚简约链条小包	黑色	20	119.0	2380.0	5	25.00%
12	2019/7/5	钱包/卡包/手零钱包	纯色定制长款女士钱包	浅绿色	50	69.0	3450.0	未采集	/
13	2019/7/5	钱包/卡包/手零钱包	纯色定制长款女士钱包	浅青色	80	69.0	5520.0	未采集	/
14	2019/7/5	钱包/卡包/手零钱包	纯色定制长款女士钱包	浅粉色	80	69.0	5520.0	未采集	/
15	2019/7/5	钱包/卡包/手零钱包	迷你简约零钱包	橡皮粉	50	79.0	3950.0	未采集	/
16	2019/7/5	单肩包	时尚简约链条小包	红色	10	119.0	1190.0	未采集	/
17	2019/7/5	钱包/卡包/手零钱包	迷你简约零钱包	橄榄绿	50	79.0	3950.0	未采集	/
18	2019/7/5	斜挎包	欧美印花女士包	印花	30	138.0	4140.0	未采集	/

2019年7月份的商品采购表　Sheet1

图8-2-7　错误公式

（二）格式内容清洗

由于系统导出渠道或输入习惯的原因，整合而来的原始数据往往不能做到格式统一，内容上也容易出现空格，如图8-2-8所示，“订单创建时间”列就出现了四种不同的表达方式，“物流公司”列的字符前面或中间存在空格，需要将其修正，具体操作如下。

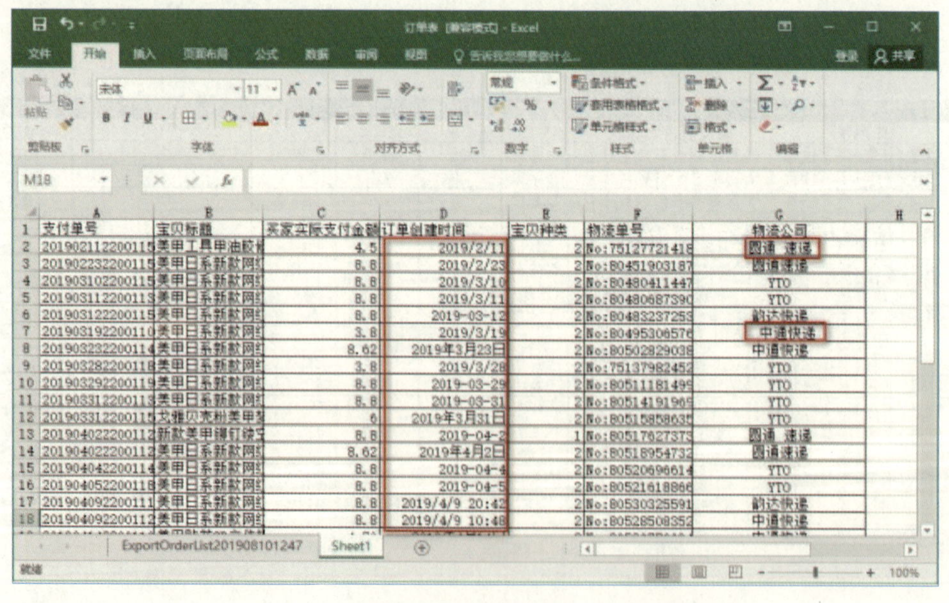

	A	B	C	D	E	F	G
1	支付单号	宝贝标题	买家实际支付金额	订单创建时间	宝贝种类	物流单号	物流公司
2	201902112200115	美甲工具甲油胶	4.5	2019/2/11	2	No:75127721418	圆通 速递
3	201902232200115	美甲日系新款网	8.8	2019/2/23	2	No:80451903187	圆通速递
4	201903102200115	美甲日系新款网	8.8	2019/3/10	2	No:80480411447	YTO
5	201903112200113	美甲日系新款网	8.8	2019/3/11	2	No:80480687390	YTO
6	201903122200115	美甲日系新款网	8.8	2019-03-12	2	No:80483237253	韵达快递
7	201903192200110	美甲日系新款网	3.8	2019/3/19	2	No:80495306576	中通快递
8	201903232200114	美甲日系新款网	8.62	2019年3月23日	2	No:80502829038	中通快递
9	201903282200118	美甲日系新款网	3.8	2019/3/28	2	No:75137982452	YTO
10	201903292200119	美甲日系新款网	8.8	2019-03-29	2	No:80511181499	YTO
11	201903312200113	美甲日系新款网	8.8	2019-03-31	2	No:80514191965	YTO
12	201903312200115	戈雅贝壳粉美甲	6	2019年3月31日	2	No:80515858635	YTO
13	201904022200112	新款美甲铆钉镂	8.8	2019-04-2	1	No:80517627373	圆通 速递
14	201904022200112	美甲日系新款网	8.62	2019年4月2日	2	No:80518954732	圆通速递
15	201904042200114	美甲日系新款网	8.8	2019-04-4	2	No:80520696614	YTO
16	201904052200118	美甲日系新款网	8.8	2019-04-5	2	No:80521618866	YTO
17	201904092200111	美甲日系新款网	8.8	2019/4/9 20:42	2	No:80530325591	韵达快递
18	201904092200112	美甲日系新款网	8.8	2019/4/9 10:48	2	No:80528508352	中通快递

ExportOrderList201908101247　Sheet1

图8-2-8　原始数据

步骤1：选中“订单创建时间”整列，右击打开弹出式菜单，单击“设置单元格格式”选项，在弹出的“设置单元格格式”对话框中，选择“数字”选项卡，单击“日期”，将其类型修改为如图8-2-9所示的样式。单击“确定”完成，结果如图8-2-10所示。

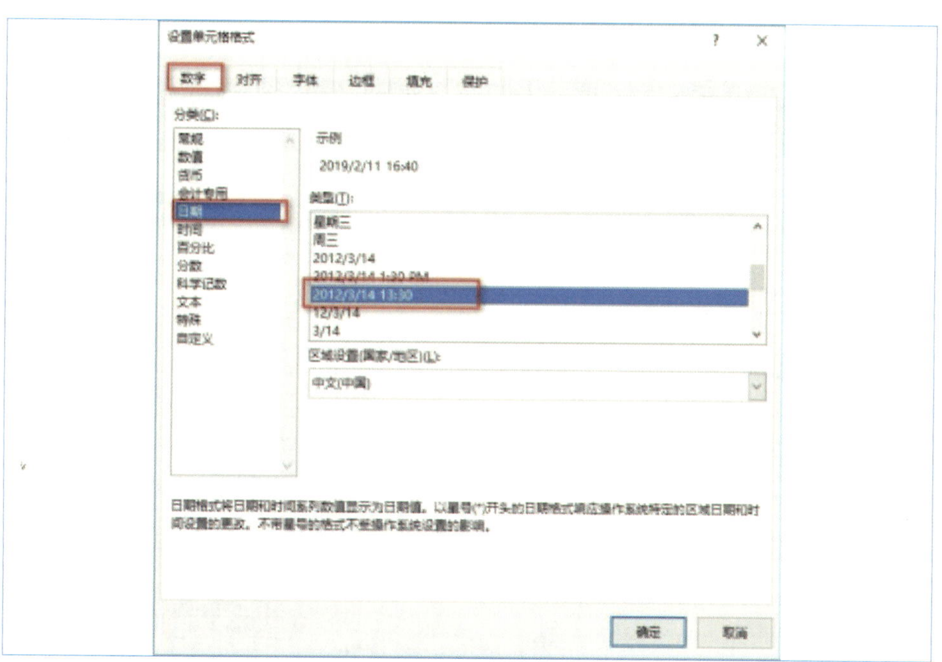

图8-2-9 修改“日期”数据类型

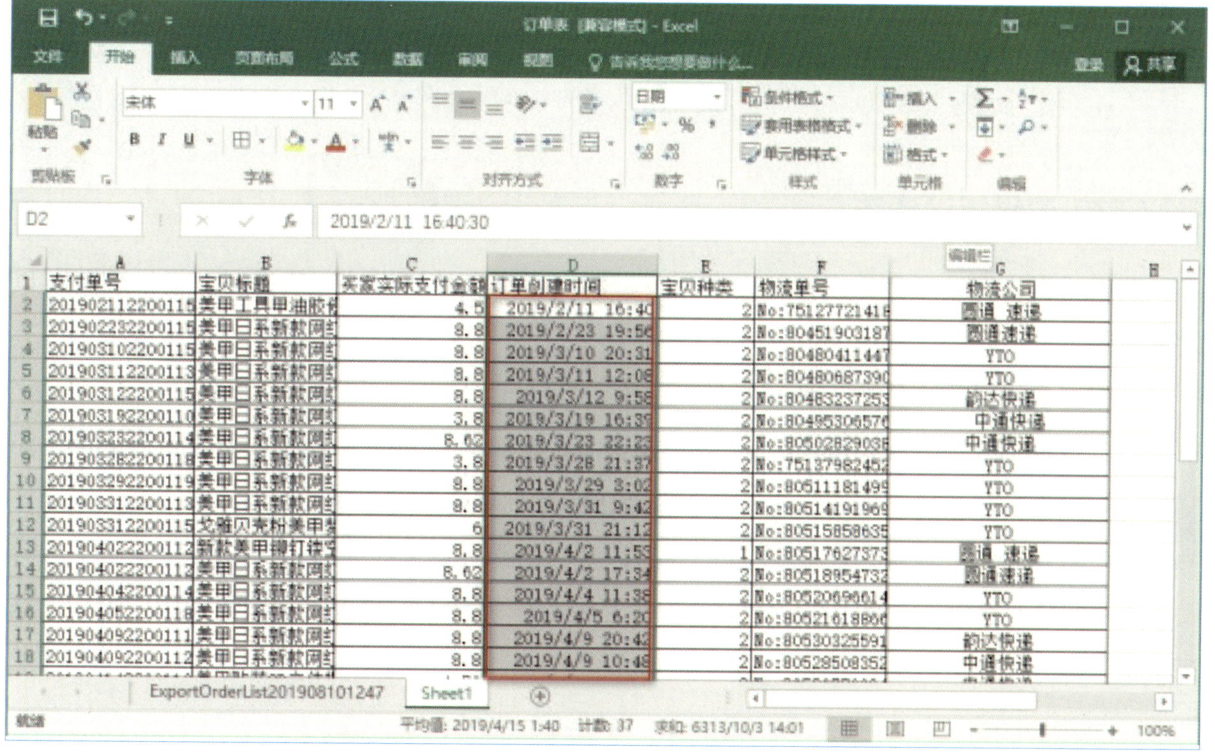

图8-2-10 “订单创建时间”列数据类型修改完成

步骤2："物流公司"列数据中的空格可以使用"替换"一次性批量去除。选中数据区域，在"开始"选项卡下的"编辑"功能组中单击"查找和替换"按钮，单击"替换"命令，在"查找内容"中输入一个空格，在"替换为"中不输入任何内容，单击"全部替换"即可全部删除表格中的空格，如图8-2-11所示。

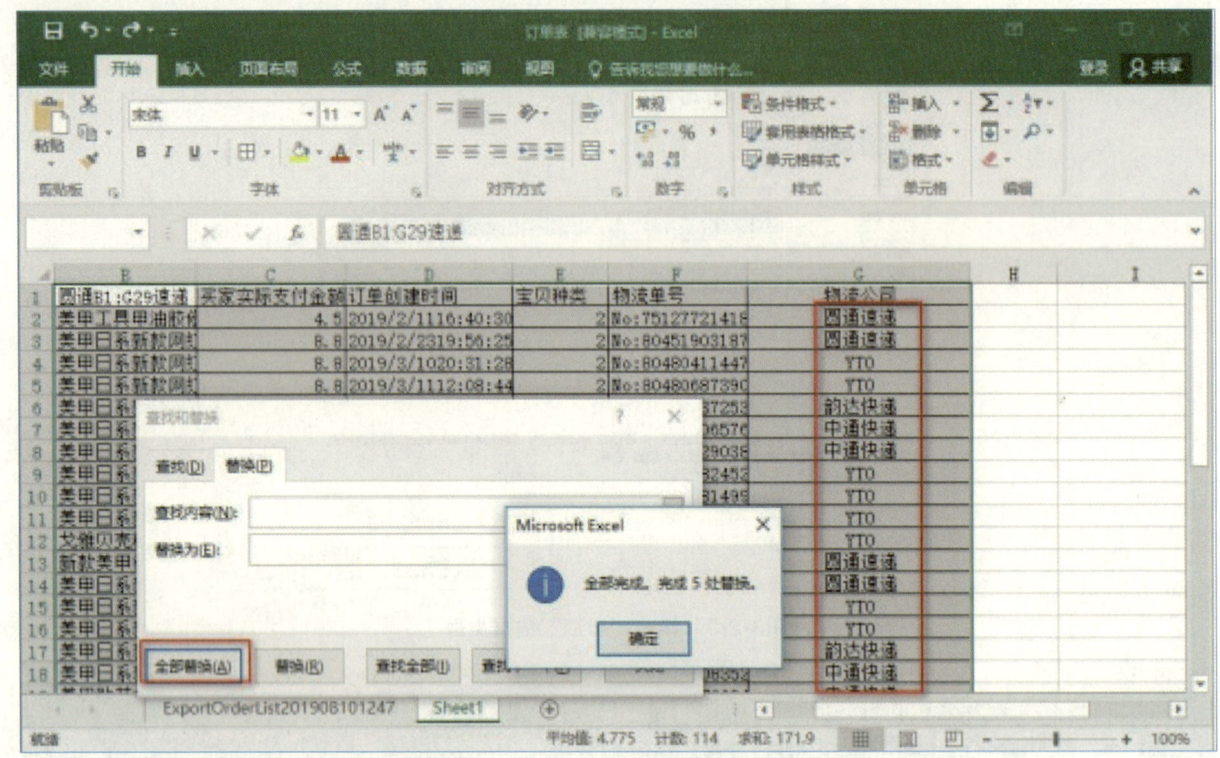

图8-2-11 全部替换

（三）逻辑错误清洗

逻辑错误，即违反逻辑规律的要求和逻辑规则而产生的错误，一般使用逻辑推理就可以发现问题。

数据逻辑错误一般分为三种：

（1）数据不合理。如客户年龄500岁，或者消费金额为 -100元，明显不符合客观事实。

（2）数据自相矛盾。如客户的出生年份是1980年，但年龄却显示为18岁。

（3）数据不符合规则。如限购1件的商品，客户的购买数量却为3件。

图8-2-12是某网店"多彩橡皮泥套盒"商品的订单表，下面将以表中数据为例，进行数据逻辑错误检查。

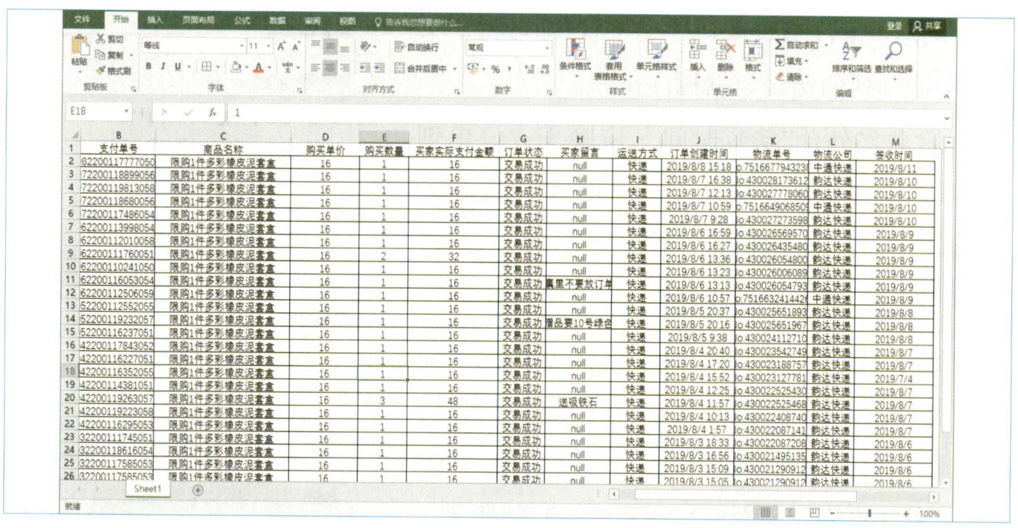

图8-2-12 “多彩橡皮泥套盒”商品的订单表

步骤1：由于该商品限购1件，因此需要将“购买数量”大于1的记录标注出来。选中“购买数量”列，选择“开始”选项卡—“样式”功能组—“条件格式”—“突出显示单元格规格”—“大于”，在弹出的“大于”对话框中，填入数值“1”，单击“确定”，即可将错误数据标注出来，如图8-2-13和图8-2-14所示。

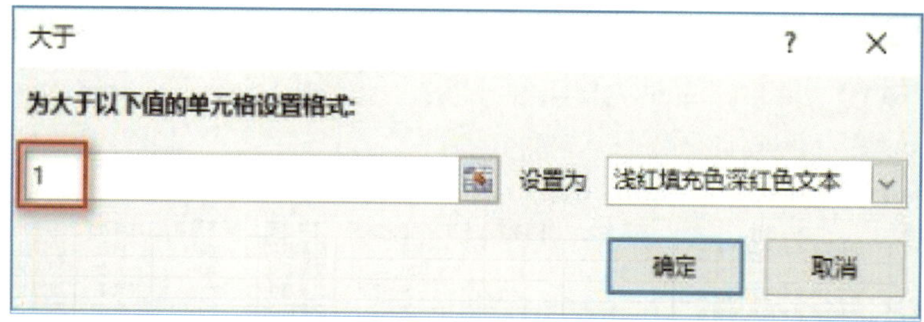

图8-2-13 “大于”对话框

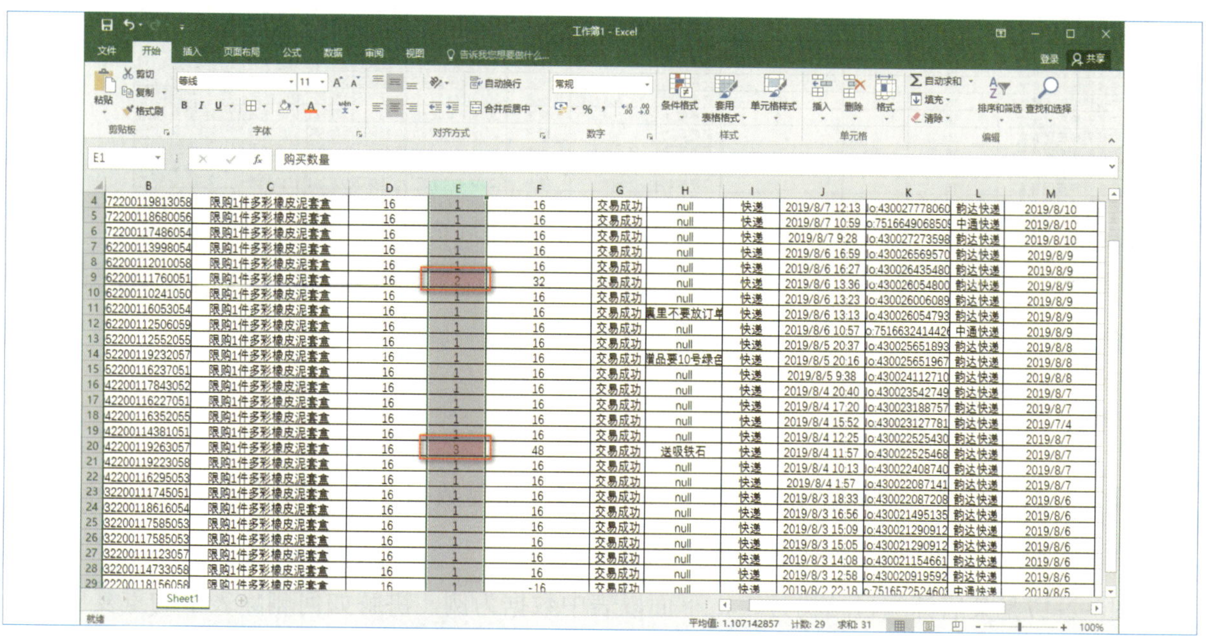

图8-2-14 “购买数量”错误数据

步骤2：同理，条件格式选择“小于”，即可将“买家实际支付金额”列的错误数据标注出来。

步骤3：除此之外，“签收时间”应晚于“订单创建时间”，否则该条记录便属于异常。选中“签收时间”列、选择“开始”选项卡—“样式”功能组—“条件格式”—“出显示单元格规格”—“其他规则”，在弹出的“新建格式规则”中，选择规则类型“使用公式确定要设置格式的单元格”，编辑规则为“=\$M1<\$J1”，设置格式为背景色黄色单击“确定”，即可将错误数据标注出来，如图8-2-15和图8-2-16所示。

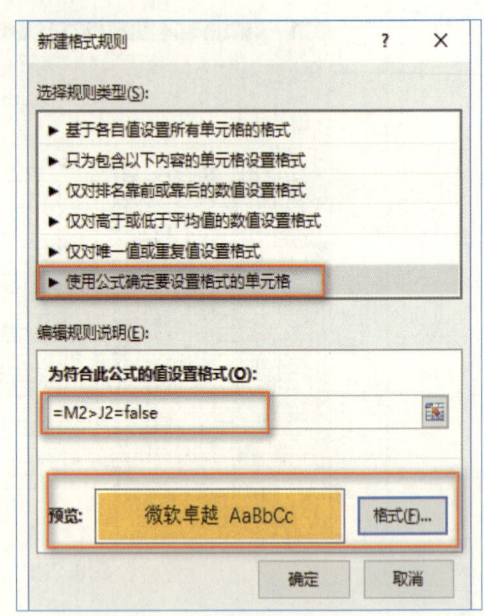

图8-2-15 “新建格式规则”对话框

M2 =J2+3

	C	D	E	F	G	H	I	J	K	L	M
1	商品名称	购买单价	购买数量	买家实际支付金额	订单状态	买家留言	运送方式	订单创建时间	物流单号	物流公司	签收时间
2	限购1件多彩橡皮泥套盒	16	1	16	交易成功	null	快递	2019/8/8 15:18	o:751667794323	中通快递	2019/8/11
3	限购1件多彩橡皮泥套盒	16	1	16	交易成功	null	快递	2019/8/7 16:38	lo:430028173612	韵达快递	2019/8/10
4	限购1件多彩橡皮泥套盒	16	1	16	交易成功	null	快递	2019/8/7 12:13	lo:430027778060	韵达快递	2019/8/10
5	限购1件多彩橡皮泥套盒	16	1	16	交易成功	null	快递	2019/8/7 10:59	o:751664906850	中通快递	2019/8/10
6	限购1件多彩橡皮泥套盒	16	1	16	交易成功	null	快递	2019/8/7 9:28	lo:430027273598	韵达快递	2019/8/10
7	限购1件多彩橡皮泥套盒	16	1	16	交易成功	null	快递	2019/8/6 16:59	lo:430026569570	韵达快递	2019/8/9
8	限购1件多彩橡皮泥套盒	16	1	16	交易成功	null	快递	2019/8/6 16:27	lo:430026435480	韵达快递	2019/8/9
9	限购1件多彩橡皮泥套盒	16	2	32	交易成功	null	快递	2019/8/6 13:36	lo:430026054800	韵达快递	2019/8/9
10	限购1件多彩橡皮泥套盒	16	1	16	交易成功	null	快递	2019/8/6 13:23	lo:430026006089	韵达快递	2019/8/9
11	限购1件多彩橡皮泥套盒	16	1	16	交易成功	裹里不要放订单	快递	2019/8/6 13:13	lo:430026054793	韵达快递	2019/8/9
12	限购1件多彩橡皮泥套盒	16	1	16	交易成功	null	快递	2019/8/6 10:57	o:751663241442	中通快递	2019/8/9
13	限购1件多彩橡皮泥套盒	16	1	16	交易成功	null	快递	2019/8/5 20:37	lo:430025651893	韵达快递	2019/8/8
14	限购1件多彩橡皮泥套盒	16	1	16	交易成功	赠品要10号绿色	快递	2019/8/5 20:16	lo:430025651967	韵达快递	2019/8/8
15	限购1件多彩橡皮泥套盒	16	1	16	交易成功	null	快递	2019/8/5 9:38	lo:430024112710	韵达快递	2019/8/8
16	限购1件多彩橡皮泥套盒	16	1	16	交易成功	null	快递	2019/8/4 20:40	lo:430023542749	韵达快递	2019/8/7
17	限购1件多彩橡皮泥套盒	16	1	16	交易成功	null	快递	2019/8/4 17:20	lo:430023188757	韵达快递	2019/8/7
18	限购1件多彩橡皮泥套盒	16	1	16	交易成功	null	快递	2019/8/4 15:52	lo:430023127781	韵达快递	2019/7/4
19	限购1件多彩橡皮泥套盒	16	1	16	交易成功	null	快递	2019/8/4 12:25	lo:430022525430	韵达快递	2019/8/7
20	限购1件多彩橡皮泥套盒	16	3	48	交易成功	送吸铁石	快递	2019/8/4 11:57	lo:430022525468	韵达快递	2019/8/7
21	限购1件多彩橡皮泥套盒	16	1	16	交易成功	null	快递	2019/8/4 10:13	lo:430022408740	韵达快递	2019/8/7
22	限购1件多彩橡皮泥套盒	16	1	16	交易成功	null	快递	2019/8/4 1:57	lo:430022087141	韵达快递	2019/8/7
23	限购1件多彩橡皮泥套盒	16	1	16	交易成功	null	快递	2019/8/3 18:33	lo:430022087208	韵达快递	2019/8/6
24	限购1件多彩橡皮泥套盒	16	1	16	交易成功	null	快递	2019/8/3 16:56	lo:430021495135	韵达快递	2019/8/6
25	限购1件多彩橡皮泥套盒	16	1	16	交易成功	null	快递	2019/8/3 15:09	lo:430021290912	韵达快递	2019/8/6
26	限购1件多彩橡皮泥套盒	16	1	16	交易成功	null	快递	2019/8/3 15:05	lo:430021290912	韵达快递	2019/8/6

图8-2-16 “签收时间”异常记录

（四）重复数据清洗

重复数据顾名思义就是数据被重复、多次记录。重复数据会影响数据处理结果的正确性，从而导致数据分析出现偏差，因此需要将其删除。

图8-2-17是某店铺类目结构月表，下面以表中数据为例，讲解如何删除表中的重复项。

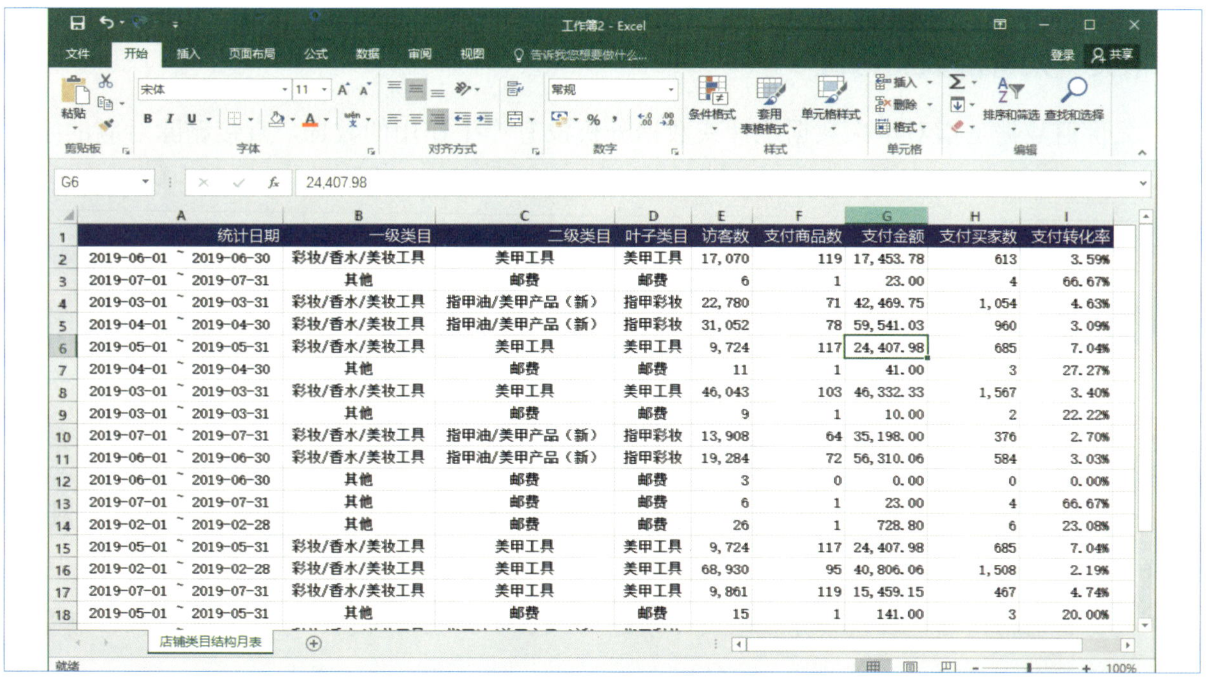

统计日期	一级类目	二级类目	叶子类目	访客数	支付商品数	支付金额	支付买家数	支付转化率
2019-06-01 ~ 2019-06-30	彩妆/香水/美妆工具	美甲工具	美甲工具	17,070	119	17,453.78	613	3.59%
2019-07-01 ~ 2019-07-31	其他	邮费	邮费	6	1	23.00	4	66.67%
2019-03-01 ~ 2019-03-31	彩妆/香水/美妆工具	指甲油/美甲产品（新）	指甲彩妆	22,780	71	42,469.75	1,054	4.63%
2019-04-01 ~ 2019-04-30	彩妆/香水/美妆工具	指甲油/美甲产品（新）	指甲彩妆	31,052	78	59,541.03	960	3.09%
2019-05-01 ~ 2019-05-31	彩妆/香水/美妆工具	美甲工具	美甲工具	9,724	117	24,407.98	685	7.04%
2019-04-01 ~ 2019-04-30	其他	邮费	邮费	11	1	41.00	3	27.27%
2019-03-01 ~ 2019-03-31	彩妆/香水/美妆工具	美甲工具	美甲工具	46,043	103	46,332.33	1,567	3.40%
2019-03-01 ~ 2019-03-31	其他	邮费	邮费	9	1	10.00	2	22.22%
2019-07-01 ~ 2019-07-31	彩妆/香水/美妆工具	指甲油/美甲产品（新）	指甲彩妆	13,908	64	35,198.00	376	2.70%
2019-06-01 ~ 2019-06-30	彩妆/香水/美妆工具	指甲油/美甲产品（新）	指甲彩妆	19,284	72	56,310.06	584	3.03%
2019-06-01 ~ 2019-06-30	其他	邮费	邮费	3	0	0.00	0	0.00%
2019-07-01 ~ 2019-07-31	其他	邮费	邮费	6	1	23.00	4	66.67%
2019-02-01 ~ 2019-02-28	其他	邮费	邮费	26	1	728.80	6	23.08%
2019-05-01 ~ 2019-05-31	彩妆/香水/美妆工具	美甲工具	美甲工具	9,724	117	24,407.98	685	7.04%
2019-02-01 ~ 2019-02-28	彩妆/香水/美妆工具	美甲工具	美甲工具	68,930	95	40,806.06	1,508	2.19%
2019-07-01 ~ 2019-07-31	彩妆/香水/美妆工具	美甲工具	美甲工具	9,861	119	15,459.15	467	4.74%
2019-05-01 ~ 2019-05-31	其他	邮费	邮费	15	1	141.00	3	20.00%

图8-2-17 某店铺类目结构月表

步骤1：选中工作表中的数据区域，在“数据”选项卡下的“数据工具”功能组中，单击“删除重复项”，在弹出的“删除重复项”对话框中，选择要删除的列，注意“统计日期”“一级类目”“二级类目”“叶子类目”应同时选中，否则会产生误删，如图8-2-18所示。

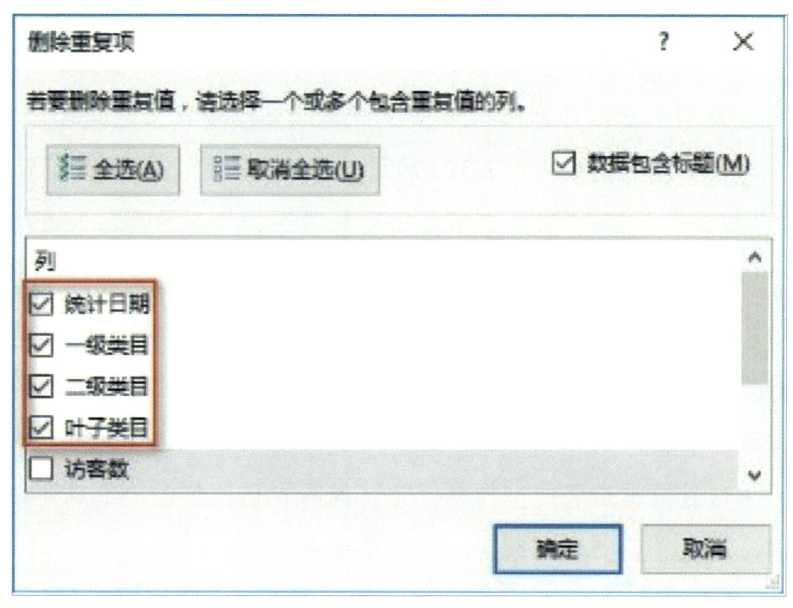

图8-2-18 选择要删除的列

步骤2：单击“确定”按钮完成重复项删除，Excel将显示一条消息，指出有多少重复值被删除，多少唯一值被保留。

（五）无价值数据清洗

无价值数据是指对本次数据统计或数据分析没有产生作用的数据，直接删除对应的字段即可。但通常情况下，并不建议删除。如果数据表过大，在汇报展示时用不到又影响操作，可以考虑备份后将其删除。

行业洞察

数据造假成点评类网站的“潜规则”

此前，乎睿数据提供的数据显示，马蜂窝的海量点评中，85%以上来源于竞争对手网站，马蜂窝的2100万条“真实点评”中，1800万条抓取自其他网站。而马蜂窝在回应中先是承认了数据造假的问题，其次表示没有文中所述的那么多。业内人士表示，包括刷单、刷量刷分、搬运原创内容等，已成为行业的大问题，有人的地方几乎就有数据造假的问题，而目前不论是行业还是个体，都很少对该问题重视和追责，也就使得数据造假进一步成为一种“潜规则”。

据业内人士介绍，在数据造假上，有两种造假的需求主体，一是商家，二是平台。对商家来说，在具有影响力的平台刷单、刷量，可以提升商家的排名和影响力，更多的好评和更靠前的影响力会影响消费者的消费决定，从而为自己赢得更多的生意。而平台也会利用“爬虫”技术手段抓取用户信息和评论。百度此前也曾遭遇类似问题：百度公司未经许可在百度地图、百度知道中大量抄袭、复制大众点评网的用户点评信息，直接替代大众点评网向用户提供内容。后者将之诉诸法院，最后，百度被判赔款323万元。

《消费者权益保护法》规定：“消费者享有知悉其购买、使用的商品或者接受的服务的真实情况的权利”和“消费者享有公平交易的权利”。数据造假使得消费者在不真实的情况下交易获得的商品可能远远低于预期或描述，商品与买家的付出完全不对等，消费者最基本的公平交易权无法保障。同时，数据造假也违反了《反不正当竞争法》的规定，即经营者不得利用广告或者其他方法对商品的质量、制作成分、性能、用途、生产者、有效期限、产地等进行引人误会的虚假宣传。商家通过数据造假的“作弊行为”提高自己的信誉，造成商品热销的假象，引诱其他消费者购买，违反了诚实信用原则，扰乱了竞争秩序。

（资料来源：北京青年报）

二、电子商务数据类型转换

1. 数值转字符

在 Excel 输入数据的时候，会默认使用数值型数据，若是数字超过11位长，会变成科学记数法，不利于查看数据，如图8-2-19所示。

B2 fx 7516677943297

	A	B	C
1	宝贝标题	物流单号	物流公司
2	新款冬装宽松毛绒外套	7.51668E+12	中通快递
3	女装白鸭绒刺绣短款羽	7.67878E+12	中通快递
4	2019秋冬韩版百搭羽绒	7.56846E+12	韵达快递
5	服大毛领冬款羽绒外	7.10246E+12	韵达快递

图8-2-19 数值型数据

在数据较大时，为了避免上述情况，可将数值型数据改为字符，具体操作如下。

步骤1：在 Excel 中打开数据表，选择要转换的数字所在的单元格，随后单击“数据”选项卡中的“分列”按钮，在文本分列向导中使用默认设置，连续单击下一步，完成第1步和第2步的设置。

步骤2：进入文本分列向导第3步，单击“列数据格式”下的文本，单击“完成”，即可完成设置，如图8-2-20所示。

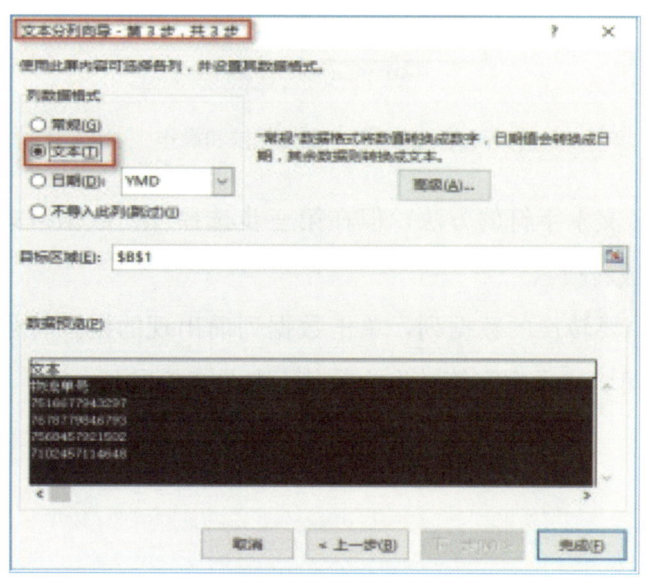

图8-2-20 文本分列向导第3步

步骤3：设置完成后，返回 Excel 数据表，数据前有小三角符号，代表已转换成功。如图8-2-21所示。

A	B	C
宝贝标题	物流单号	物流公司
新款冬装宽松毛绒外套	7516677943297	中通快递
女装白鸭绒刺绣短款羽	7678779846793	中通快递
2019秋冬韩版百搭羽绒	7568457921502	韵达快递
服大毛领冬款羽绒外	7102457114648	韵达快递

图8-2-21　数字转字符

2. 字符转数值

在进行数据统计时，有时获取的原始数据是以文本字符形式展现的。虽然不影响数据展现，但无法进行计算，如图8-2-22所示。将文本字符转换为数值有以下两种方法：

SUM　=SUM()

	A	B	C	D
1	统计日期	PC端访客数	无线端访客数	访客数
2	2019-08-01	12	582	593
3	2019-08-02	4	615	619
4	2019-08-03	8	598	606
5	2019-08-04	5	535	540
6	2019-08-05	9	528	537
7	2019-08-06	8	595	603
8	2019-08-07	=SUM()	566	571
9		SUM(number1, [number2], ...)		

图8-2-22　文本型数据求和操作

第一种参考数值转文本字符的方法，但在第三步选择“列数据格式”时，勾选“常规”，单击“完成”，即可完成转换。

另一种是直接选中要转换的数据列，单击数据列前出现的提醒符号，在给出的选项中单击“转换为数据”，即可将文本型字符转换为数值，如图8-2-23所示。

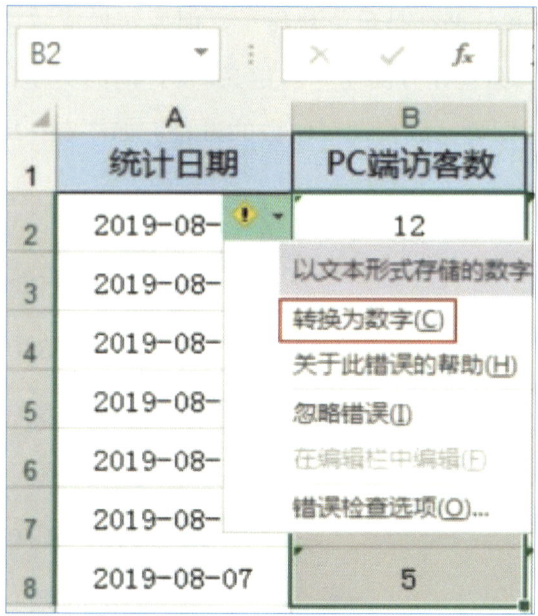

图8-2-23 数据转换

3. 文本日期转标准日期

在某些统计数据列表中，日期是以文本形式展现的，而不是标准日期。可通过以下步骤完成文本日期转换标准日期。

步骤1：在Excel中打开数据列表，选中为文本格式的日期信息，随后单击“数据”选项卡中的“分列”。在文本分列向导中，使用默认设置，连续单击“下一步”，完成第1步和第2步的设置，进入第3步后，在列数据格式中选择“日期”，在其下拉列表中选择“YMD”选项，如图8-2-24所示。点击“完成”后，即可完成标准日期的转换，如图8-2-25所示。

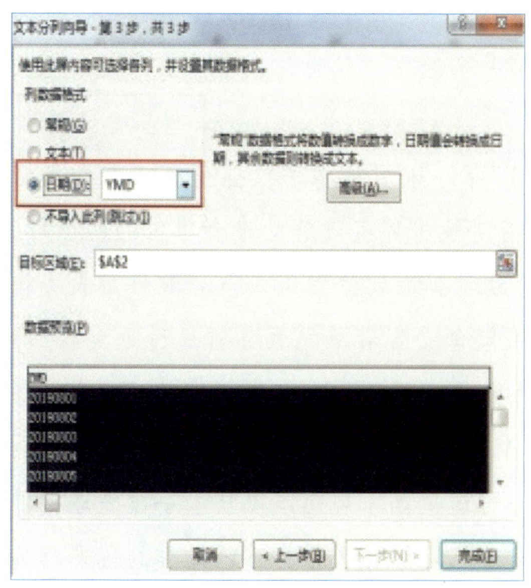

图8-2-24 设定列数据格式

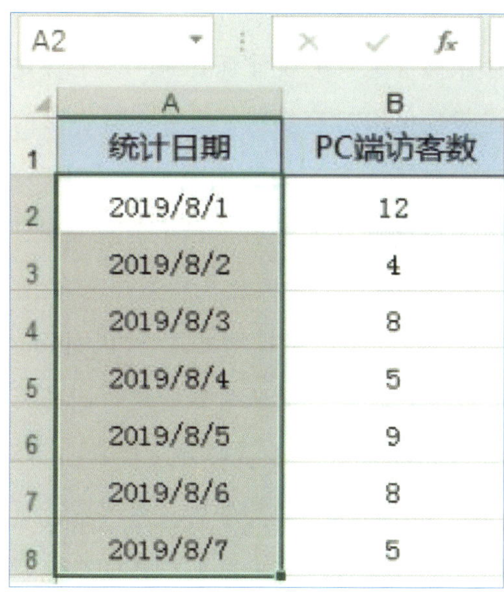

图8-2-25 完成日期的转换

步骤2：转换后的月份和日期都是单位数显示，但要转换成双位数，可以打开“设置单元格格式”对话框，在设置页面选择分类为“自定义”，日期的类型设置为“yyyy-mm-dd”，设置完成后单击“确定”按钮即可完成日期双位数的设置，如图8-2-26和图8-2-27所示。

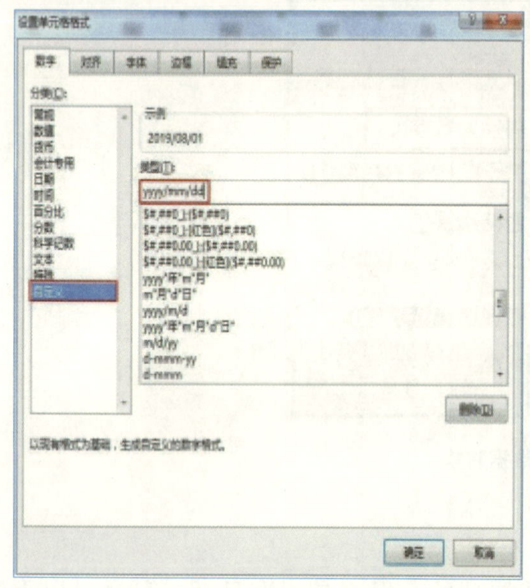

图8-2-26　进行自定义设置

	A	B
1	统计日期	PC端访客数
2	2019/08/01	12
3	2019/08/02	4
4	2019/08/03	8
5	2019/08/04	5
6	2019/08/05	9
7	2019/08/06	8
8	2019/08/07	5

图8-2-27　完成日期双位数设置

监管之窗

法院审结首例非法获取数据案

根据海淀法院的官方消息，海淀法院最近审结了一起刑事案件，涉及利用“爬虫”技术入侵计算机信息系统以捕获数据。该案件是我国第一个使用“爬虫”技术非法入侵其他公司服务器捕获数据，然后复制受害者视频资源的案例。

被告张某、宋某、侯某勾结，从2016年到2017年，采用技术手段捕获存储在受害者单位北京网络科技有限公司服务器中的视频数据，并指使被告郭某破解受害者单位的防抓取措施，采用“tt_spider”文件实施视频数据采集行为，导致受害者北京网络科技有限公司失去技术服务费人民币2万元。在识别之后，“tt_spider”文件包含受害者单元服务器通过分类视频列表、相关视频和评论界面捕获数据的逻辑，并将结果存储在数据库中。在数据捕获过程中，伪造的device_id用于绕过服务器的身份检查，伪造的UA和IP用于绕过服务器的访问频率限制。案件审理后，法院认定被告单位上海网络科技有限公司违反国家规定，以技术手段获取存储在计算机信息系统中的数据。情节严重，其行为构成非法获取计算机信息系统数据的犯罪行为，应予以处罚；被告人张某、宋某、侯某作为负责人直接负责，被告郭某作为其他直接责任人员，也应当予以处罚。鉴于被告单位上海网络科技股份有限公司和被告人张某、宋某、侯某、郭某能够如实忏悔自己的犯罪事实，对违法行为缺乏了解，态度较好，获得了被害人单位的理解，该案件适用于宽恕制度的供述和处罚，因此法院依法予以从轻处罚。最终，海淀法院以非法获取计算机信息系统数据判处被告人20万元罚款，并判处被告人张某等四人有期徒刑9个月至1年及人民币3万元至5万元不等罚款。

[法官的提示]在信息时代，“爬虫”技术是一种常见的数据捕获技术，最常用的领域是搜索引擎。有效利用这项技术有利于数据共享和分析。它创造了互联网生态系统的繁荣，但并不意味着它的使用没有界限。法官提醒互联网行业的从业人员，必须在法律框架内合理使用该技术，非法使用该技术获取违法数据可能构成犯罪。这种情况就是一个典型的例子。在数据采集过程中，被告单位和被告人采取了绕过或突破受害单位反“爬虫”安全措施的技术手段，未经许可进入受害单位的计算机系统。“入侵”行为构成非法获取计算机信息系统数据的犯罪行为。互联网从业人员应增强法律意识，加强对互联网相关法律法规的研究，合法、合规地开展业务。

（资料来源：程序思维）

职业技能训练（四级）

一、单选题

1. 外部数据渠道一般不包括（　　）。

A. 政府部门、机构协会、媒体　　B. 权威网站、数据机构

C. 指数工具　　D. 店铺后台数据

标准答案：D

2. 电子商务项目运营过程中电子商务站点、店铺自身所产生的数据信息，称为（　　）。

A. 外部数据　　B. 服务数据　　C. 内部数据　　D. 交易数据

标准答案：C

3. 独立站点流量数据可通过（　　）工具展开。

A. 百度统计　　B. 淘数据　　C. 京东商智　　D. 生意参谋

标准答案：A

4. 下列不属于指数工具的是（　　）。

A. 百度指数　　B. 百度统计　　C. 搜狗指数　　D.360趋势

标准答案：B

5. 下列采集行为属于违法行为的是（　　）。

A. 使用生意参谋工具导出自己店铺运营数据

B. 使用百度指数工具获取关键词搜索指数及用户画像数据

C. 通过技术手段进入竞争对手网站数据库获取网站流量及销售数据

D. 使用数据采集工具采集其他网站公开数据信息用于数据分析

标准答案：C

6. 关于数据清洗，下列说法正确的是（　　）。

A. 去重、补漏、计算　　B. 去重、补漏、纠错

C. 补漏、纠错、计算　　D. 去重、计算、纠错

标准答案：B

7. 在Excel2016中输入数据时，可以采用自动填充的操作方法，它是根据初始值决定其后的填充项，若初始值为纯数字，则默认状态下序列填充的类型为（　　）。

A. 等差数据序列　　B. 等比数据序列　　C. 初始数据的复制　　D. 自定义数据序列

标准答案：C

8.《网络安全法》第四十条规定：网络运营者应当对（　　）严格保密，并建立健全用户信息保护制度。

A. 其收集的用户信息　　B. 付费的会员信息

C. 自己的个人信息　　D. 企业的员工信息

标准答案：A

9. 数据清洗时，运营数据中出现“下单时间2088-12-12”，属于（　　）。

A. 缺失值清洗　　B. 格式内容清洗　　C. 逻辑错误清洗　　D. 重复数据清洗

标准答案：C

10　在Excel中COUNT函数的功能是（　　）。

A. 求和　　B. 计数　　C. 算平均值　　D. 条件求和

标准答案：B

二、多选题

1. 数据检查是数据采集后至关重要的一步，以下属于数据检查内容的是（ ）。

A. 完整性检查 B. 保密性检查 C. 规范性检查 D. 准确性检查

标准答案：ACD

2. 根据数据采集的需求不同，采集的方法也多种多样。其中，系统日志数据采集是指在网站日志中记录了 ______、访问时间、访问次数、______、______ 等数据。通过对这些日志信息进行采集、分析，可以挖掘电子商务企业业务平台日志数据中的潜在价值。（ ）

A. 访客 IP 地址 B. 停留时间 C. 访客来源 D. 联系方式

标准答案：ABC

3. 关于竞争对手数据采集内容，以下说法正确的是（ ）

A. 需要采集竞争对手店铺商品结构数据

B. 需要采集竞争对手店铺畅销商品数据

C. 数据来源主要依托于国家统计局、行业协会

D. 通过分析竞争数据，运营者可以从中发现竞争对手的运维习惯、销售策略

标准答案：ABD

4. 下面哪些属于客户画像数据指标？（ ）

A. 客户的性别 B. 年龄 C. 地址 D. 购物时间偏好

标准答案：ABCD

5. 采集产品行业数据的核心目的是为了了解该产品的市场需求变化情况，常用到的数据采集指标包括（ ）。

A. 产品搜索指数 B. 产品重复购买率 C. 产品交易指数 D. 产品收藏量

标准答案：AC

三、判断题

1. 客户的性别、年龄、地址、品牌偏好、购物时间偏好、位置偏好、商品评价偏好等属于客户的行为数据。（ ）

标准答案：×

2. 在进行数据采集过程中，需要注意数值期限的有效性，避免数据过期造成决策失误。(　　)

标准答案：√

3. 数据的完整性检查是指检查采集的数据中是否存在有多个商品标识编码相同或同一数据出现多个数据指标等。(　　)

标准答案：×

4. 行业及竞争对手的数据，只能从政府部门、行业协会、新闻媒体及出版社发布的统计数据中获取。(　　)

标准答案：×

5. 销售数据采集的指标包括订单量、销售量、展现量、点击量、成交量等。(　　)

标准答案：×

第三部分

三级部分

模块九 产品及服务信息管理

学习目标

知识目标

- 了解淘宝全店宝贝价格全方位规划方法
- 认识传统定价法
- 了解习惯定价法和成本加成定价法
- 认识保留安全定价底线的方法
- 认识客户心理定价法
- 认识促销式定价策略
- 认识宝贝组合定价策略
- 认识客单价的定义及公式
- 认识网店利润的规划
- 了解减少推广成本和固定成本增加利润的计算方法
- 了解创建规划求解报告的方法
- 认识淘宝指数和百度指数
- 了解淘宝指数数据分析平台
- 了解百度指数数据分析平台
- 认识市场趋势、地理优势、自身条件
- 认识货源市场和渠道
- 了解货源市场的考核标准
- 了解影响货源渠道的客观因素
- 认识网店的核心数据运营指标之一：定价
- 了解爆款的选择
- 了解爆款优化和推广的工具

- 认识网店的定位
- 了解宝贝客单价的提升方法
- 认识挖掘客户购买能力的意义
- 了解回头客对网店的意义
- 了解客户关系维护的方法
- 认识网店利润的预测与分析
- 了解网店利润的预测与分析的工具和方法

技能目标

- 能够使用淘宝指数和百度指数数据分析平台和市场趋势
- 能够根据市场趋势分析选择网店的宝贝类目
- 能够根据地理优势分析选择网店的宝贝类目
- 能够根据自身条件分析选择网店的宝贝类目
- 能够根据影响货源渠道的客观因素选择合适的货源
- 能够使用不同的价格定位策略满足自身的需求：流量、盈利、品牌
- 能够使用习惯定价法对网店的宝贝进行定价
- 能够使用成本加成定价法对网店的宝贝进行定价
- 能够使用保留安全定价底线的方法对网店的宝贝进行定价
- 能够使用客户心理定价法策略对网店的宝贝进行定价
- 能够使用促销式定价策略对网店的宝贝进行定价
- 能够使用宝贝组合定价策略对网店的宝贝进行定价
- 能够分析影响客单价的因素
- 能够选择爆款宝贝
- 能够对爆款进行深度优化与推广
- 能够使用宝贝客单价的提升方法
- 能够使用客户关系维护的方法
- 能够对网店的利润进行预测与分析
- 能够计算减少推广成本和固定成本增加利润
- 能够创建规划求解报告

单元一 分析市场趋势

引导案例

UR全球快时尚品牌，是UR集团旗下的服装连锁零售品牌。自2006年在中国广州开出第一家店铺，经过10年的发展，现于上海、北京、广州、成都、大连等重点城市开设有近百家店铺。2013年看好阿里巴巴旗下网购零售平台B2B销售模式，注册了天猫旗舰店。UR天猫旗舰店每周每店两次货品更新、每年推出万款新品，致力于让消费者的每一次入店都有眼前一亮的新鲜感。

近两年跨境电商外贸兴起，UR也看好国际外贸市场，想迈进跨境电商的行业。对于有着四年天猫运营经验的UR公司来说，进入跨境电商有着绝对的优势。那么该如何进行数据化分析选择市场？如何选品？

知识储备

一、数据平台

阿里指数：如图9-1-1所示，专业的电子商务市场动向的数据分析平台，对整个淘宝市场的行业价格、供求关系、采购趋势数据进行统计和分析，帮助卖家充分掌握采购市场动态、行业大盘、属性细分、采购商素描、阿里排行、专题报告、供应商素描。

图9-1-1 阿里指数

二、根据数据平台分析市场趋势

1. 根据行业大盘查看淘宝采购指数

卖家在采购商品前需要考虑特殊日期和特殊事件，这些因素都会影响客户的购物趋势。如图9-1-2所示。

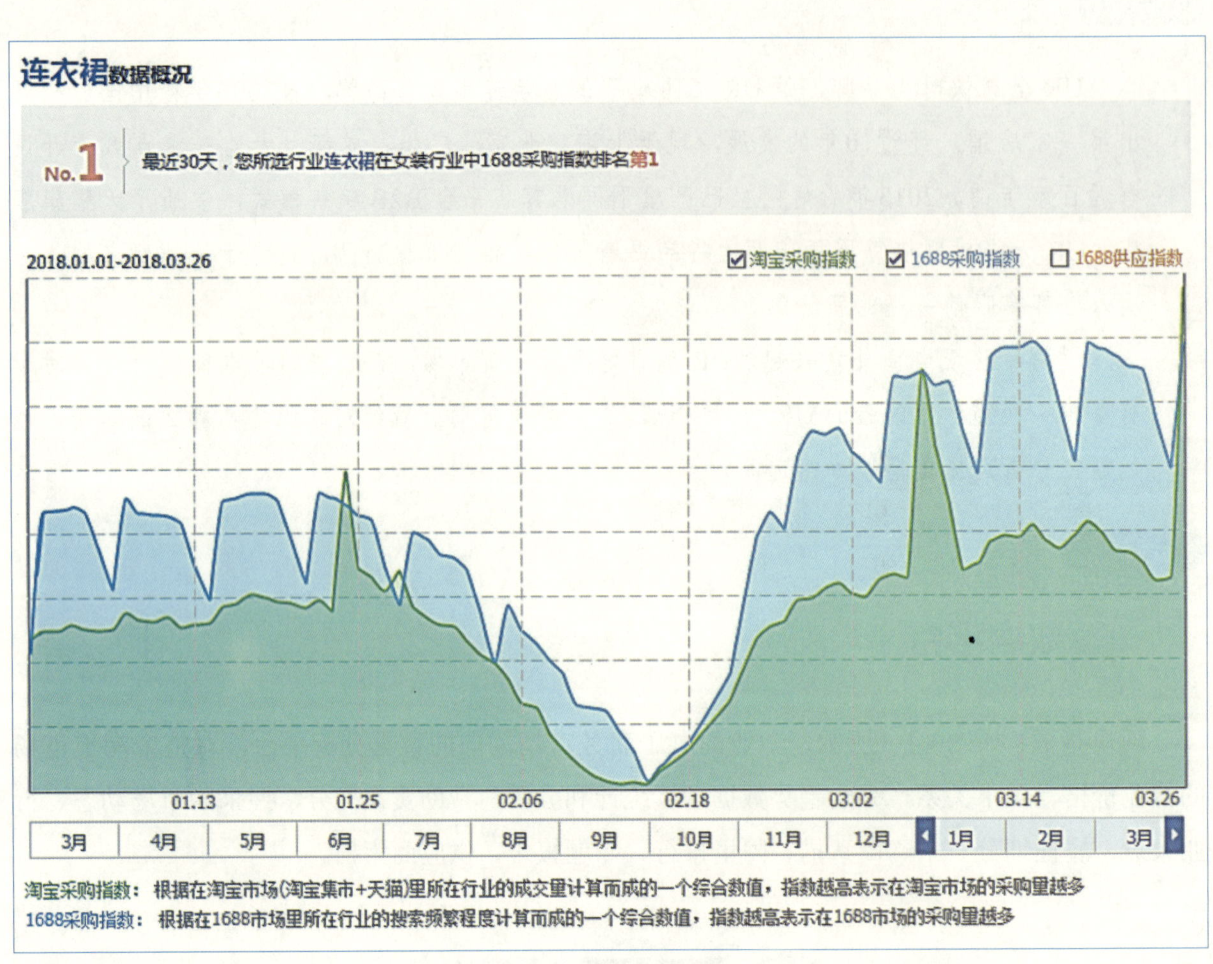

图9-1-2 查看采购指数

2. 根据行业大盘了解热门行业和潜力行业

卖家在采购主营商品时，可以关注与所查询行业相关的热门行业。如图9-1-3所示。

根据行业大盘了解热门行业和潜力行业。卖家在选择服装类商品时一定要结合当期的季节进行选择，而选择对季节不敏感的其他商品时要重点关注与它们相关的类目，如电子产品。如图9-1-4所示。

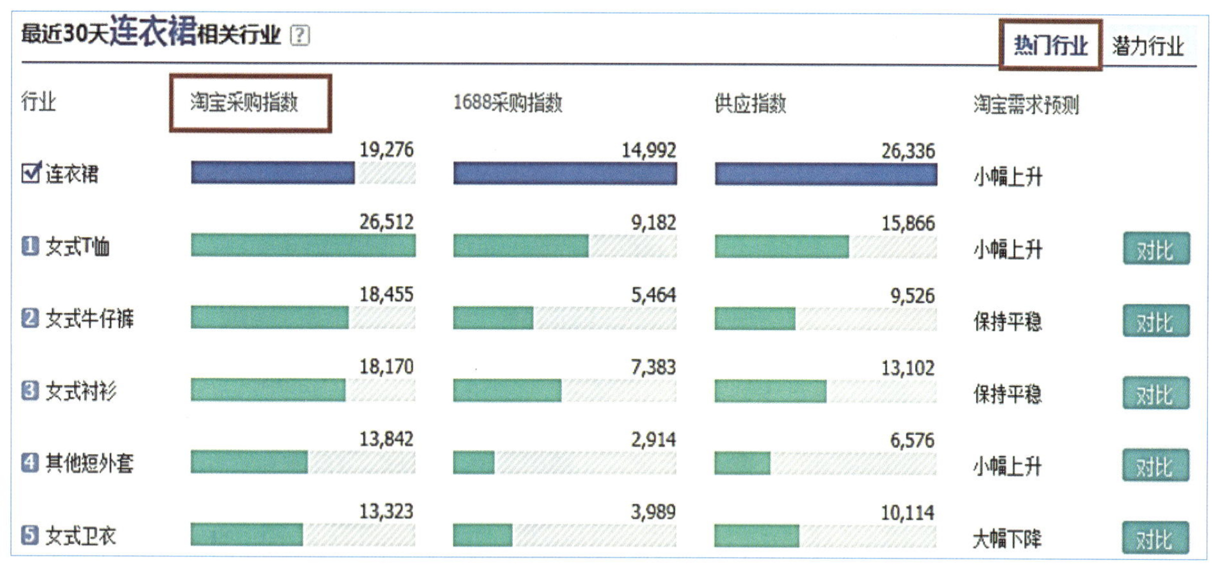

最近30天连衣裙相关行业　热门行业　潜力行业

行业	淘宝采购指数	1688采购指数	供应指数	淘宝需求预测	
连衣裙	19,276	14,992	26,336	小幅上升	
1 女式T恤	26,512	9,182	15,866	小幅上升	对比
2 女式牛仔裤	18,455	5,464	9,526	保持平稳	对比
3 女式衬衫	18,170	7,383	13,102	保持平稳	对比
4 其他短外套	13,842	2,914	6,576	小幅上升	对比
5 女式卫衣	13,323	3,989	10,114	大幅下降	对比

图9-1-3　关注热门行业

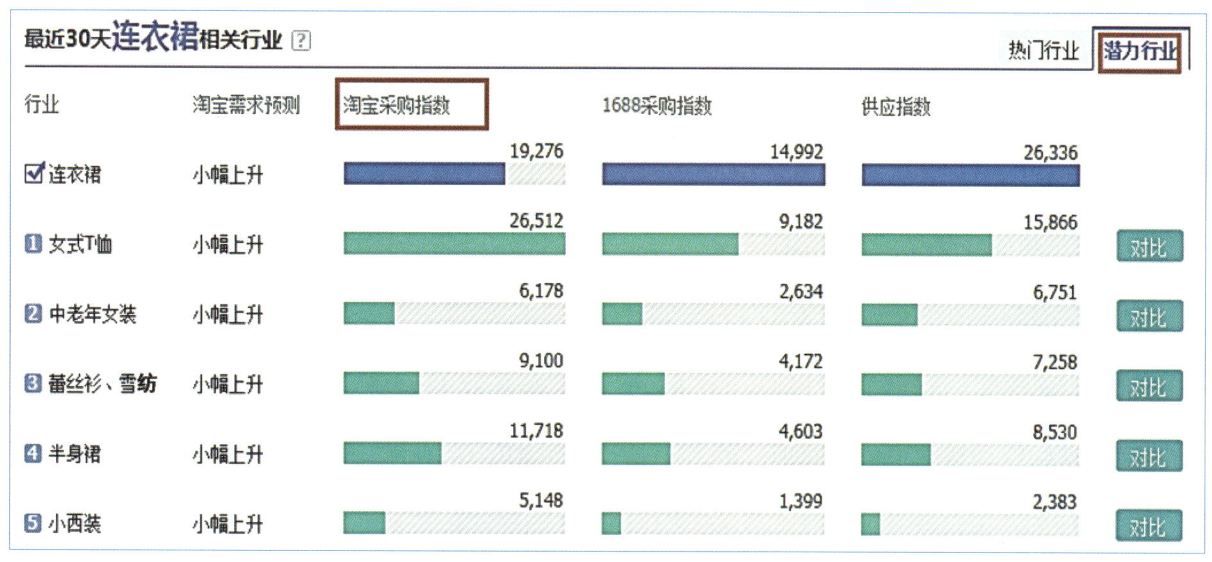

最近30天连衣裙相关行业　热门行业　潜力行业

行业	淘宝需求预测	淘宝采购指数	1688采购指数	供应指数	
连衣裙	小幅上升	19,276	14,992	26,336	
1 女式T恤	小幅上升	26,512	9,182	15,866	对比
2 中老年女装	小幅上升	6,178	2,634	6,751	对比
3 蕾丝衫、雪纺	小幅上升	9,100	4,172	7,258	对比
4 半身裙	小幅上升	11,718	4,603	8,530	对比
5 小西装	小幅上升	5,148	1,399	2,383	对比

图9-1-4　了解潜力行业

3. 根据采购商素描分析采购关联行业

根据“采购商素描”搜索的关联行业会按照相关性的强弱给出排名，排名越靠前其与所搜索的商品的关联性就越强。如图9-1-5所示。

百度指数是研究客户兴趣习惯的重要数据参考平台。

淘宝卖家通过百度指数可以查看：商品的长周期走势、客户的人群特性、商品搜索量和成交量的排行榜、市场趋势、市场细分、排行榜。如图9-1-6所示。

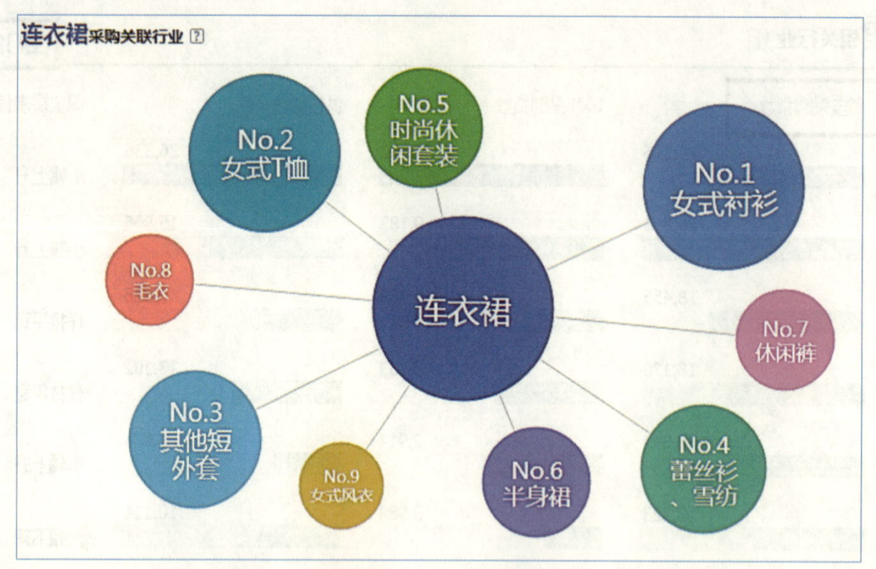

图9-1-5　分析采购关联行业

图9-1-6　百度指数

4. 搜索指数

卖家通过搜索指数趋势可以掌握商品的长期搜索趋势。卖家也可以修改区域了解不同地区人群的喜好度，精准定位不同地区的客户特性。如图9-1-7所示。

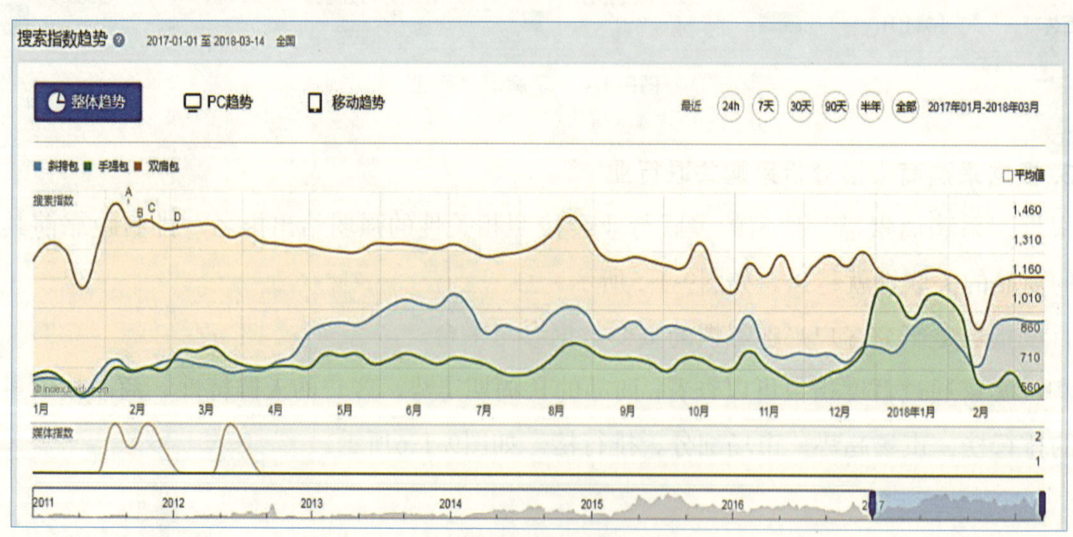

图9-1-7　搜索指数趋势

卖家通过搜索指数趋势的变化可以提前对未来一段时间市场行情变化作出判断。如图9-1-8所示。

搜索指数概况 2018-03-08 至 2018-03-14 全国

近7天 近30天

	整体日均值	移动日均值	整体同比	整体环比	移动同比	移动环比
斜挎包	809	718	33% ↑	-1% ↓	57% ↑	0% -
手提包	465	344	-30% ↓	-4% ↓	-29% ↓	-7% ↓
双肩包	1,039	856	-20% ↓	0% -	-5% ↓	-1% ↓

图9-1-8 搜索指数概况

5. 人群画像

通过对搜索人群的地域分布、人群属性做出精准的数据统计与分析，以便于卖家更加准确地了解该商品客户群体的特性。如图9-1-9所示。

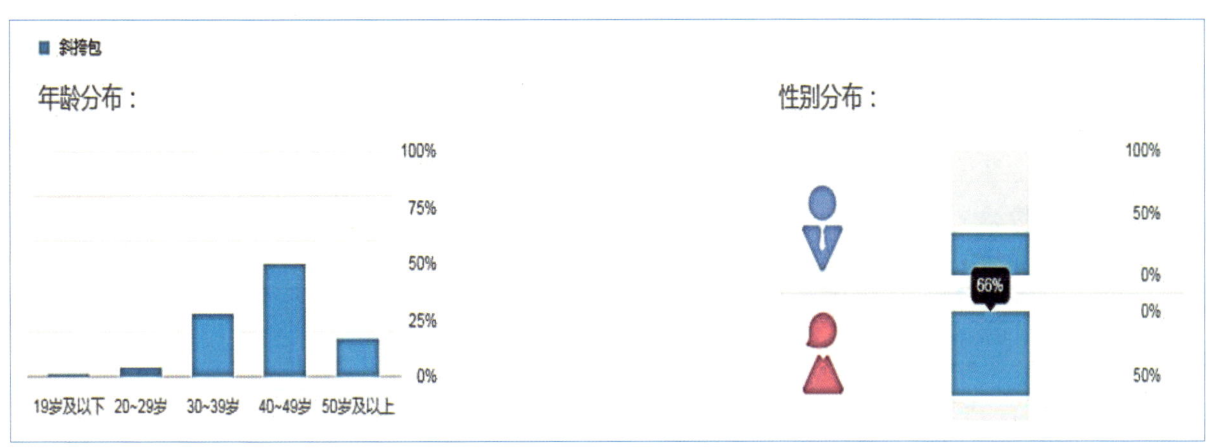

图9-1-9 人群画像

三、根据市场趋势选择商品

市场趋势：通过对这些网络购物用户的大数据分析，其人群具备明显的特征，作为卖家清楚网店的商品的主要消费群体的特征，为不同的消费群体提供完善的服务，才能提升网店的整体竞争力、市场需求、行业行情。如图9-1-10所示。

图9-1-10　市场趋势分析

市场需求淘宝网排行榜分析：网店销售的商品能够让客户有购买的意愿，且商品的成交率越高越好。如图9-1-11所示。

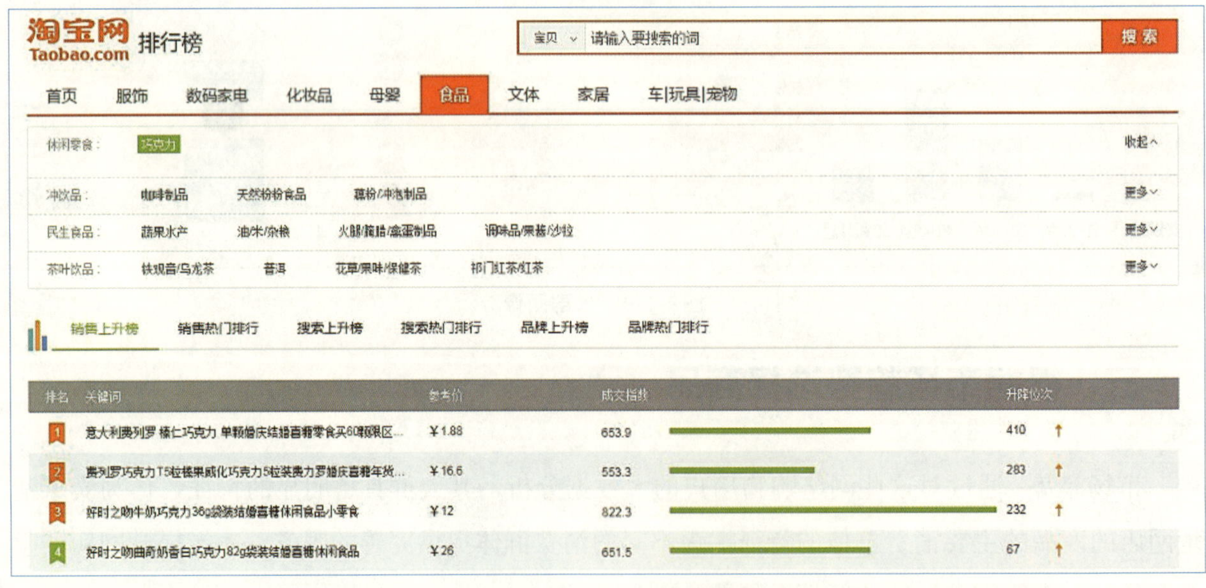

图9-1-11　淘宝网排行榜分析

行业行情，淘宝卖家对市场行情调查得越透彻，就对整个行业的行情了解得越清楚，为后期的网店的运营打下坚实的基础。如图9-1-12所示。

图9-1-12 行业行情分析

地理优势，针对不同地区的不同地理优势，采取“因地制宜”的方法。新手卖家把握好市场供求关系，很容易在众多淘宝卖家中脱颖而出。不同客户的不同需求，打造具有独具地域特色的商品。如图9-1-13所示。

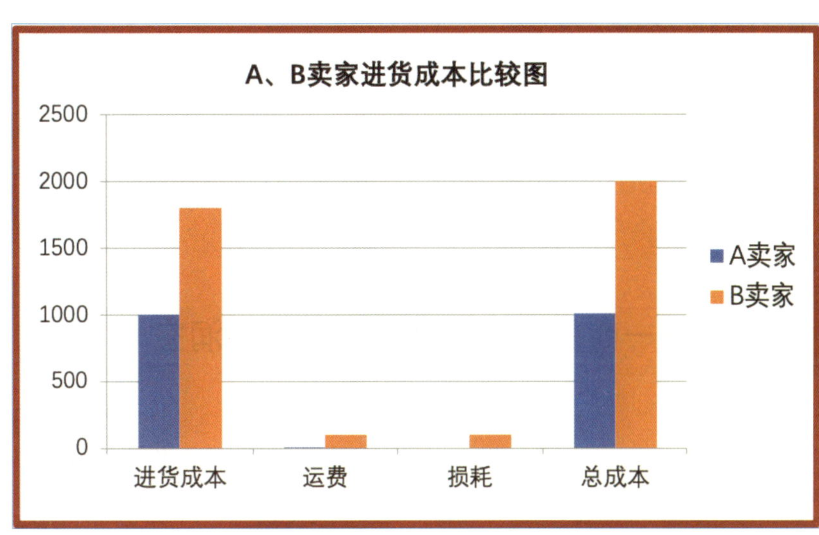

图9-1-13 地理优势分析

四、根据自身条件选择商品

客户在选择商品的时候，往往会根据以下两种情况做出选择：

经济情况：

经济基础决定网店的经营程度，根据自身实际的经济情况选择合适的商品。

兴趣爱好情况：

自身的喜好取决于自己感兴趣的领域。

如图9-1-14所示。

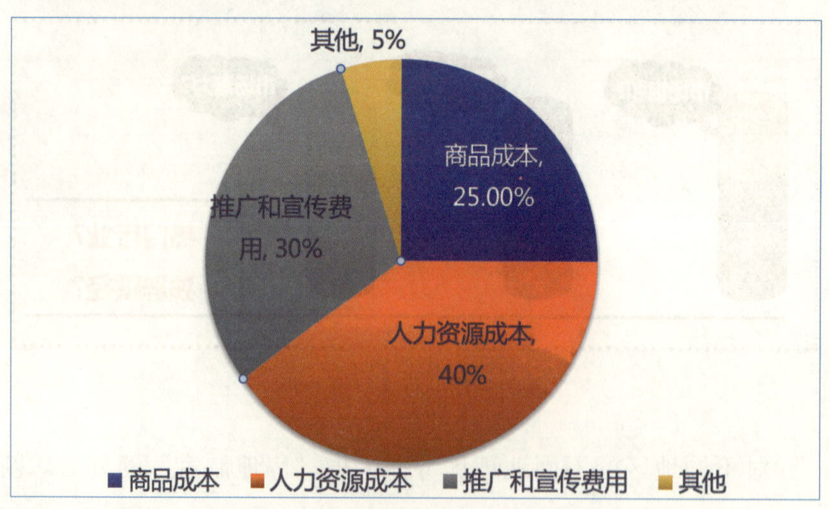

图9-1-14　根据自身条件选择商品

五、货源市场的考核标准

货源市场的整体水平决定了能否为买卖双方提供一个良好的交易平台。货源市场应该有3个以上。货源市场商品的品质决定了淘宝网店商品的定价和盈利。选择商品之前应充分考虑到该商品的利润空间。如图9-1-15所示。

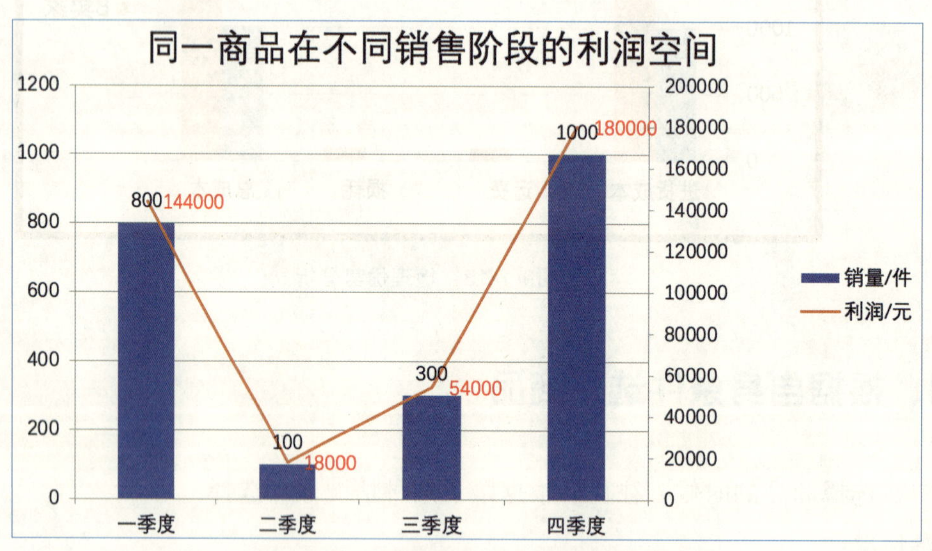

图9-1-15　商品的利润空间

六、选择货源的渠道

客观因素：行业的特性、行业的入门门槛、地区的经济发展水平。

主观因素：卖家自身的喜好、对行业的熟知度。

如图9-1-16所示。

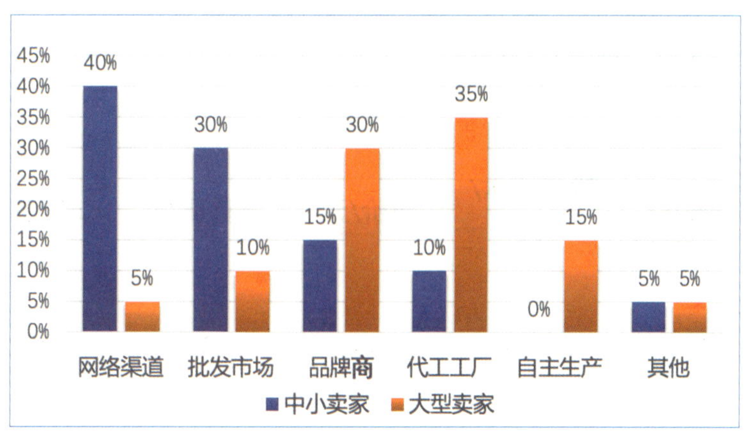

图9-1-16 货源渠道

1. 网络渠道

制造业和商贸业都不发达的省市地区，网络渠道成为当地淘宝卖家首选的货源渠道。

2. 阿里巴巴

阿里巴巴是网络进货的主要渠道之一，另外对于很多起始资金相对比较匮乏的卖家还可以选择分销平台进行货源选择，不需要进行货品挤压，有了订单后按照订单采购。如图9-1-17所示。

图9-1-17 阿里巴巴渠道

3. 批发市场

制造业和商贸业发达的省市地区，对商品的品质、供应商的供货系统、供应商的售后保障进行全方位的实地考察。如图9-1-18所示。

卖家	进货量/件	进货成本/元	售价/元	压货量/件	二次售价	利润/元
甲卖家	1 000	50 000	90	600	45	13 000
乙卖家	500	25 000	90	0	0	20 000

图9-1-18　成本利润考量

商品数量和进价决定进货成本，品牌商品牌意味着高质量、高信誉、高收益、低成本。淘宝卖家通过品牌商进货，借助品牌效应带动网店销量，在彰显客户自身身价的同时，也无形中提高了商家的品位。如图9-1-19所示。

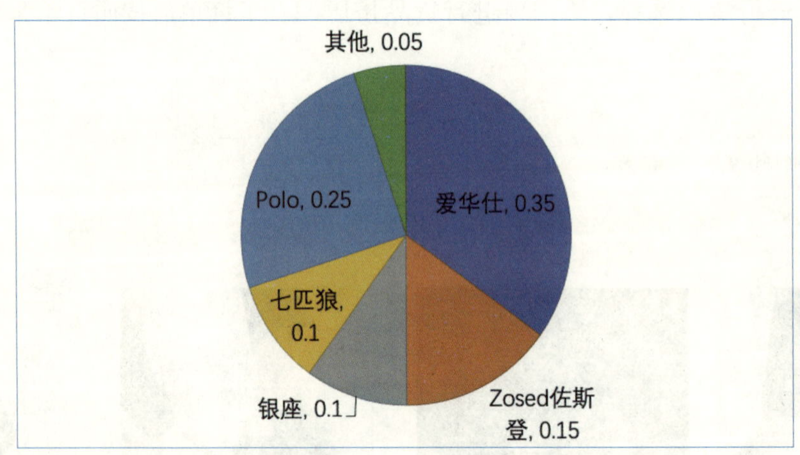

图9-1-19　不同品牌箱包的市场占有份额

4. 代工工厂自主生产

工厂代加工是指有大型卖家以个人或公司名义委托第三方厂家对商品进行加工。自主生产是指大型卖家自主设计、生产并销售商品。在商贸业和制造业发达地带，大型淘宝卖家往往选择代工工厂供货或自主生产。

5. 其他

其他的货源渠道主要包括库存、海外代购、外贸尾单等。这种小众货源渠道仅仅适合一小部分的淘宝卖家，如能够精准掌握市场行情和挖掘库存商品、有亲戚朋友在海外、对外贸流程熟悉。

课后练习

请根据本章所学知识，利用数据分析应该如何选择网店的主营商品。

单元二 网店宝贝的定价

引导案例

广东格兰仕堪称是一家全球化家电专业生产企业，是中国家电优秀企业之一。格兰仕的核心竞争力归纳起来就八个字：规模制造，低价制胜。格兰仕赖以发家，并屡试不爽的秘诀在于其“总成本领先”战略，依托其庞大的规模和强大的成本控制能力，以此保持对竞争对手的成本优势和价格战的资本。曾一度信奉“价格是最高级竞争手段”的执行总裁梁昭贤，凭借总成本领先，规模每上一个台阶就大幅降价，不断提升微波炉行业的“入门标准”。生产规模达到125万台时，格兰仕就把出厂价定在规模为80万台的企业成本线以下；规模达到300万台时，格兰仕又把出厂价调到规模为200万台的企业成本线以下。至今，格兰仕已经把微波炉行业的入门标准提升到了年产1200万台的规模，在1200万台产量以下的企业，就不得不面临亏损，多生产一台，就多亏损一台。格兰仕这样做，就是要摧毁竞争对手的信心，让这个产业有市场但没有任何投资价值。并由此构筑了自己的经营安全防线。强大的规模壁垒令众多有意进入微波炉行业的厂商不寒而栗，就连与格兰仕在全球市场上火拼数年的LG电子面对持续的亏损，也不得不做出调整，有计划地撤出微波炉行业。

知识储备

一、低价位引流量

低价冲量，低价位的商品凭借其价格优势可以为网店带来大量的流量和成交转化率。而对于淘宝新手卖家而言，低价位的宝贝主要功能是用来吸引流量。

卖家可以选择款式新颖的宝贝来吸引买家的目光，达到为网店增加流量的目的，进而提高商品的潜在成交率。如图9-2-1所示。

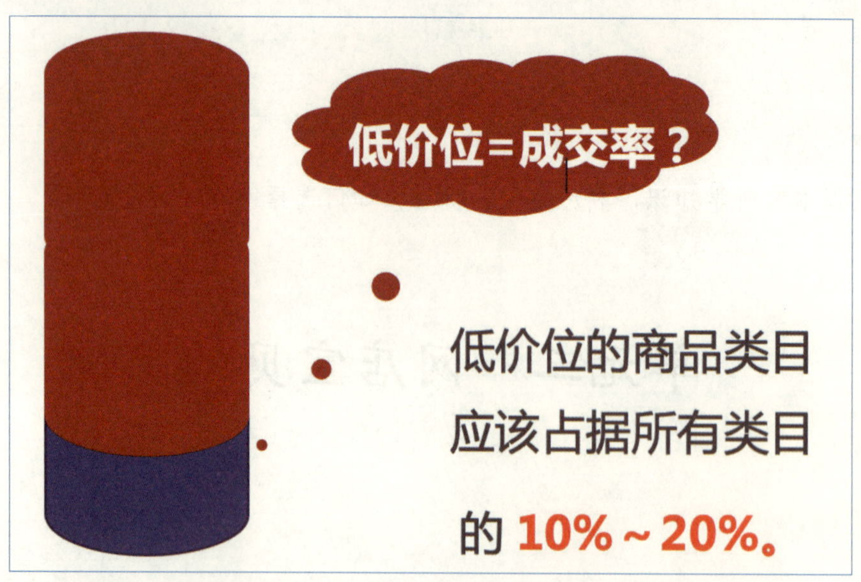

图9-2-1　低价位引流量

低价位营销是淘宝卖家最常用的营销手段之一，其目的是在短时间内提高某款宝贝的销量。如图9-2-2所示。

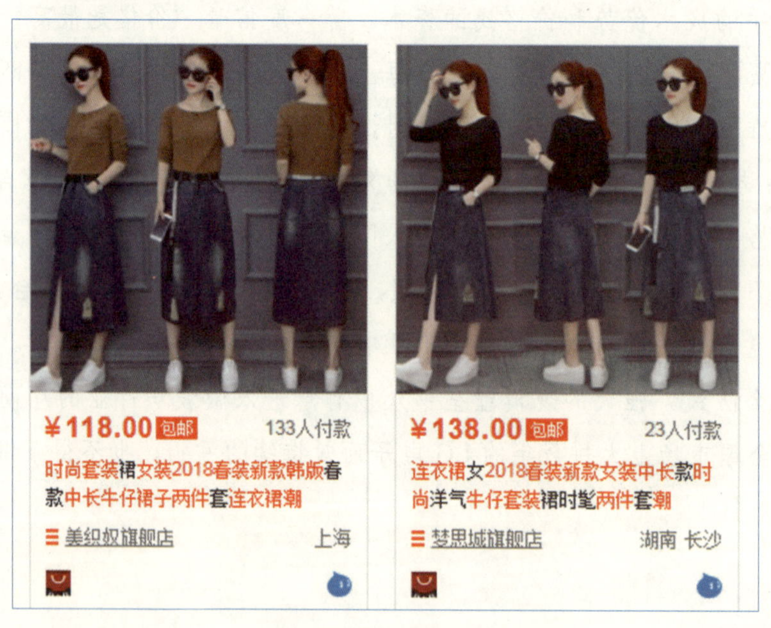

图9-2-2　低价位营销

淘宝卖家在对低价位商品定价之前，需先对淘宝市场上同款宝贝的定价进行全方位的了解，明确哪个价位区间销量最好。找同款，相似款。如图9-2-3所示。

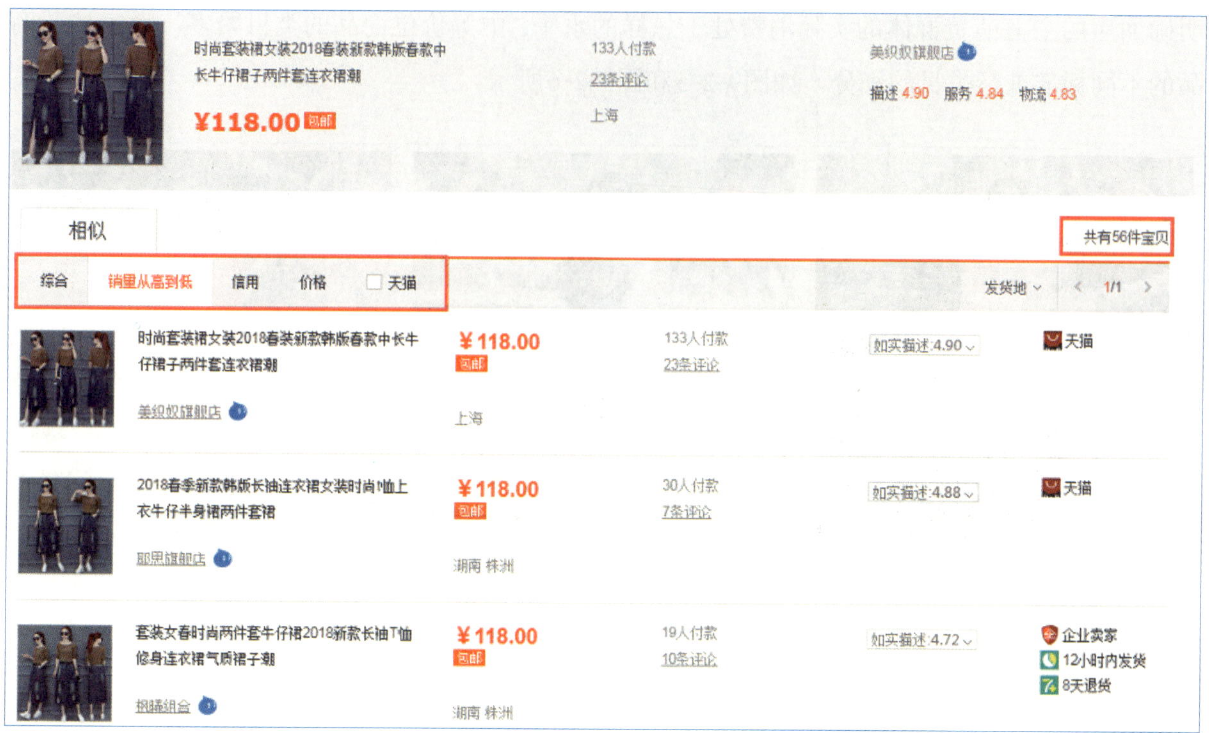

图9-2-3　全方位了解淘宝同款定价

1. 超低价销售商品的部分订单销量和信誉均不累计

1元及1元以下价格支付的订单（买家实际支付的价格）：销量累计，绑定手机账号的买家评价正常累计，未绑定的买家端评价最多累计250笔。

2. 支付价格低于一口价3折且支付金额低于5元的订单的销量和评价均不累计

参考淘宝官方规定的该条目下的最低价格，然后再结合淘宝市场上相似宝贝或者是同款宝贝的定价；最后综合两者的定价为网店的低价位宝贝进行定价。

二、中等价位盈利

中价盈利，中等价位的宝贝数量多、类目齐、价位适中，买家对价位的接受度高，宝贝的成交率也高。因此，从某种程度上来讲，中等价位的宝贝是整个网店的“镇店之宝”。

具有代表性的商品对整个网店的发展具有举足轻重的意义。如图9-2-4所示。

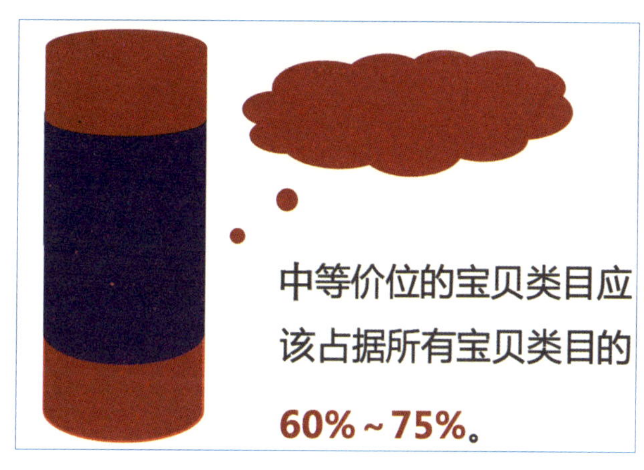

图9-2-4　中等价位盈利

卖家在选择网店中等价位的商品时要

明确网店的主力消费群体的实际消费处于怎样的水平；中等价位商品的类目繁多，卖家按照商品的不同标准进行类目的细分。如图9-2-5和图9-2-6所示。

图9-2-5 明确网店主力消费水平（1）

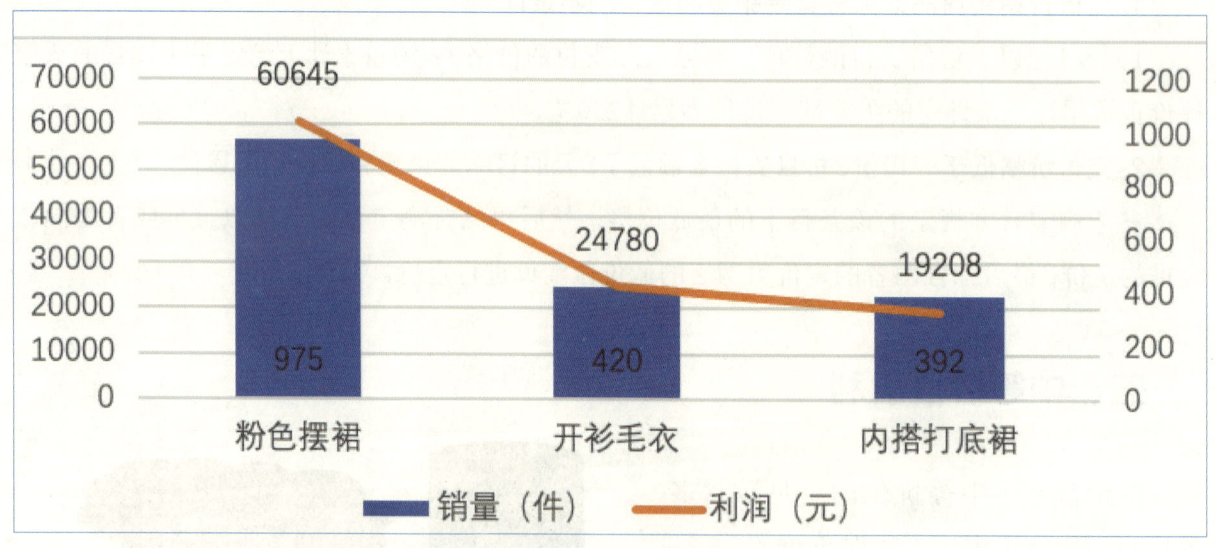

图9-2-6 明确网店主力消费水平（2）

1. 主力消费群体的实际消费水平

相当一部分淘宝买家会根据自身经济实力确定购买哪个价位区间的商品。

“高价的商品不一定是好货，但是便宜肯定无好货。”

把商品的价格设置为浮动价格，当网店商品定价稍微高于全网均价时，反而能够赢得这部分淘宝买家的“好感”，认为该商品比其他商品更有优势，进而提升商品成交率。

2. 商品类目的细分

质量：以合适的价格和优质的质量来满足买家的需求。

材质：按照商品的材质进行细分可以提高网店分类的专业程度。

如图9-2-7所示。

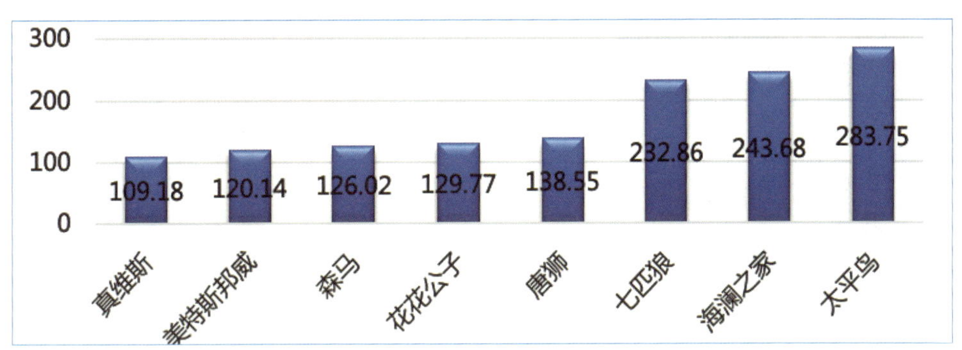

图9-2-7　品牌牛仔裤平均售价

三、高价位定位品牌

高价位商品主要用于提升网店的档次。

高价位的商品是满足一部分高端消费群体对优质商品的需求。如图9-2-8所示。

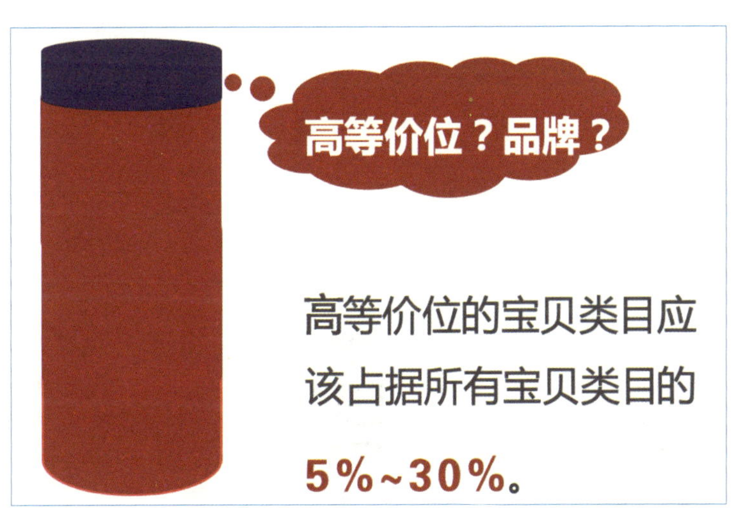

图9-2-8　高价位定位品牌

高端消费群体主要是指拥有财富、身份以及地位的人群。这部分消费群体对生活环境、居住品质以及人文修养均有较高的要求。如图9-2-9和图9-2-10所示。

只有优质的商品才会吸引高端买家。

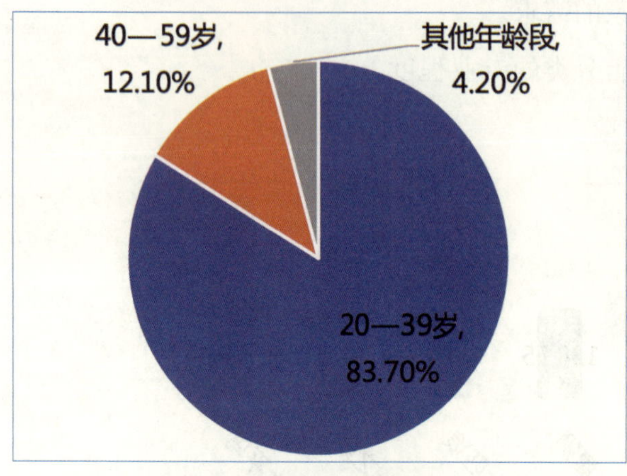

图9-2-9　我国高端消费群体年龄分布

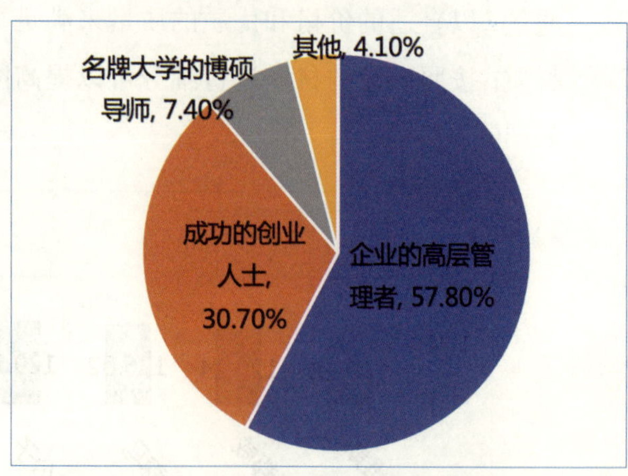

图9-2-10　我国高端消费群体职业分布

四、传统定价法

1. 习惯定价法

因为买家时常购买某商品，其就形成一种习惯性的价格。接近习惯性价格，符合买家长期形成的习惯性价格，买家对商品的接受度高，销量也就比较高。

习惯定价法是一种完全依赖于市场和买家的定价方法，市场和买家掌握了商品定价的主动权，而卖家处于被动地位，如果卖家长期采用这种定价方法，必定不利于网店的发展。如图9-2-11所示。

图9-2-11　习惯定价法

2. 成本加成定价法

成本加成定价法是按商品的单位成本加上一定比例的利润制定商品定价的方法，即商品定价 = 商品成本＋商品成本 × 成本利润率。如图9-2-12所示。

卖家	进价/元	利润率	定价/元	月销量/件	利润/元
甲卖家	200	80%	360	30	4 800
乙卖家	200	50%	300	100	10 000
丙卖家	200	20%	240	150	6 000

图9-2-12　成本加成定价法

定价策略如下：

低消费层级的消费群体更看重商品的价格，针对这一部分的消费群体，淘宝卖家有意让网店的低价位商品的价格优势凸显出来，以吸引买家的注意力，为网店引流量。

中等消费层级的人群比例最大，所以中等价位商品的类目应占据所有商品类目的3/5，可供中等消费层级客户的选择范围广，中等价位的商品作为网店的盈利商品。

高消费层级的人群比例其次，高价位商品的类目大概占据所有商品类目的1/4，高价位的商品主要是用于定位品牌，为网店树立品牌效应。如图9-2-13所示。

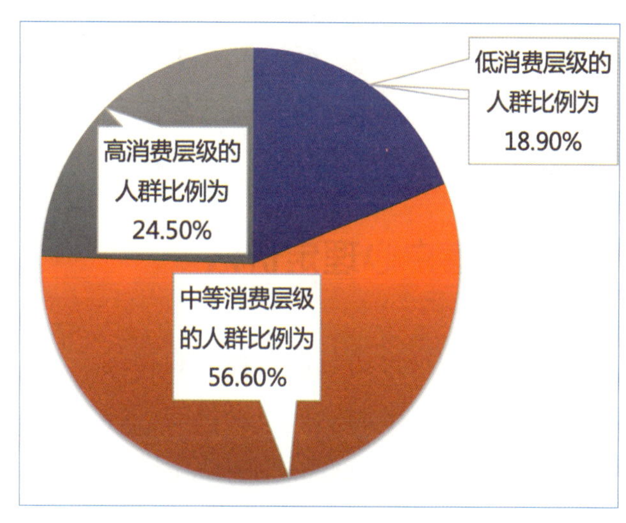

图9-2-13　定价策略

五、保留安全定价底线

1. 安全定价的公式

安全定价法也叫“满意价格策略”。安全定价法主要是针对客户在淘宝网上购买商品的时候，担心出现质量问题引起的退换货不便的心理，卖家把商品本身的价格和确保客户正常使用的费用总计，降低客户的消费风险，提升客户的购物满意度与安全感。如图9-2-14所示。

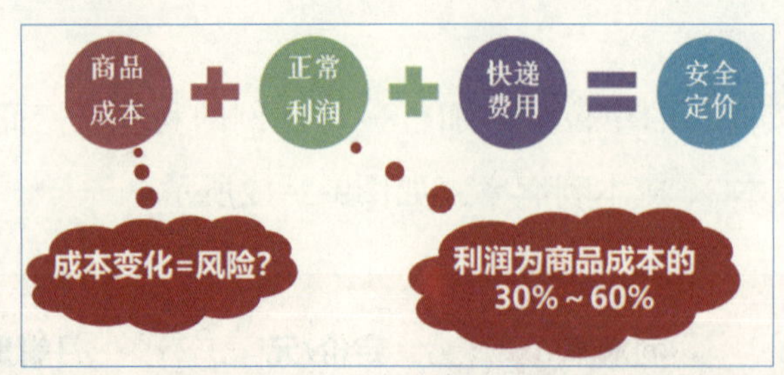

图9-2-14　安全定价法

2. 安全定价法的应用分析

客户在购买商品时，不仅会考虑价格因素，同时也很看重商品的质量。

淘宝卖家可以把退换货的快递费用、售后服务费用等所需费用全部记入商品的价格内，在确保商品质量的同时，也为客户提供完善的售后服务。这样就能消除客户的购买疑虑，进而提高网店的信誉和销售额。如图9-2-15所示。

商品成本/元	利润率	正常利润/元	快递费用/元	安全定价/元	月销量/双	网店利润/元
100	30%	30	15	145	1000	45 000
100	45%	45	15	160	600	36 000
100	60%	60	15	175	300	22 500

图9-2-15　安全定价法应用

六、客户心理定价法

客户心理定价法是依据客户购物过程中的心理特点来制定商品定价的一种策略，客户选择一件商品的主要原因是：该商品能满足客户某一方面的需求。

商品价值的大小和客户的心理感受有紧密的联系。如图9-2-16所示。

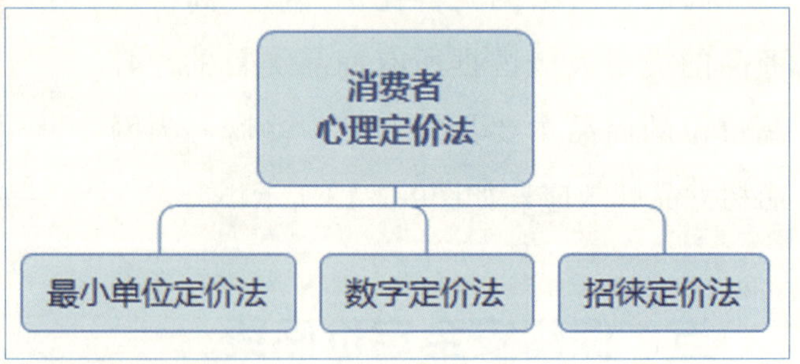

图9-2-16　客户心理定价法

1. 最小单位定价法

最小单位定价法是指卖家把同一品牌的商品按照不同的数量包装，取最小包装单位制定商品的定价。

最小单位定价法——“心理错觉”

最小单位比较定价法——“很划算”

通过把两个不同单位量的商品进行比较，客户会产生一种“很划算”的心理感受。如图9-2-17所示。

图9-2-17　最小单位定价法

2. 数字定价法

数字定价法是直接利用整数或者是零数对客户心理的影响进行定价的方法。

（1）尾数定价

尾数定价法一般以零头结尾，给客户以有整有零、定价公平公正的感受。

价格尾数的微小差别，往往会给客户以不同的效果。尾数定价法符合客户求廉的心理。

5=易找零　8=吉利　9=廉价

如图9-2-18所示。

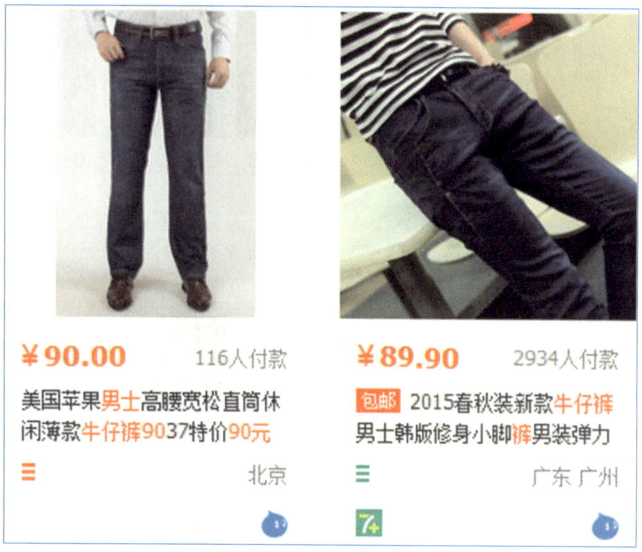

¥90.00　116人付款
美国苹果男士高腰宽松直筒休闲薄款牛仔裤9037特价90元
北京

¥89.90　2934人付款
包邮 2015春秋装新款牛仔裤男士韩版修身小脚裤男装弹力
广东 广州

图9-2-18　尾数定价

（2）整数定价

整数定价法是指采用凑整为零的方式，只要整数不要零头，给客户以实实在在的感受。与尾数定价法相反，卖家为了突出商品的质量而特意将商品的定价设置为整数。

一般而言，整数定价法适用于耐用消费品、高档名牌商品或者是客户不太了解的商品。如图9-2-19所示。

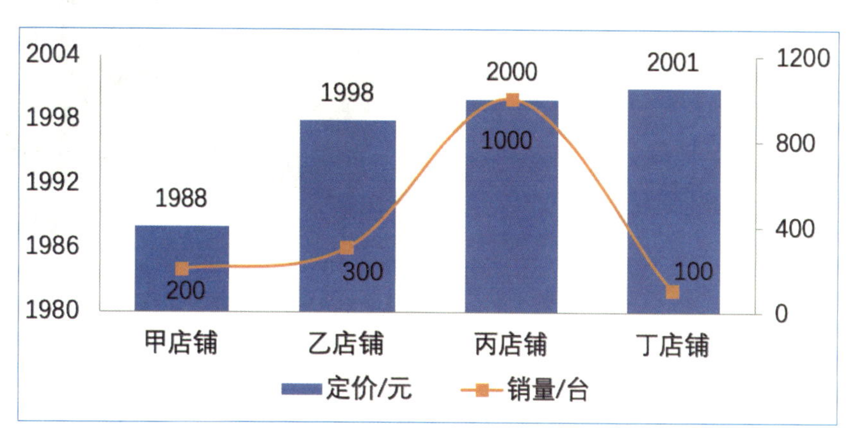

图9-2-19　整数定价

（3）弧形数字定价

弧形数字定价法是指卖家选取一些客户喜爱的数字来制定商品的价格的

一种定价方法。

数字使用频率完全根据客户心理制定，从客户消费心理来分析：带有弧形线条数字对客户没有刺激感，如9、8、6、5、3、2、0，客户对该类价格很容易接受；不带弧形线条数字对客户有强烈刺激感，比如1、4、7。如图9-2-20所示。

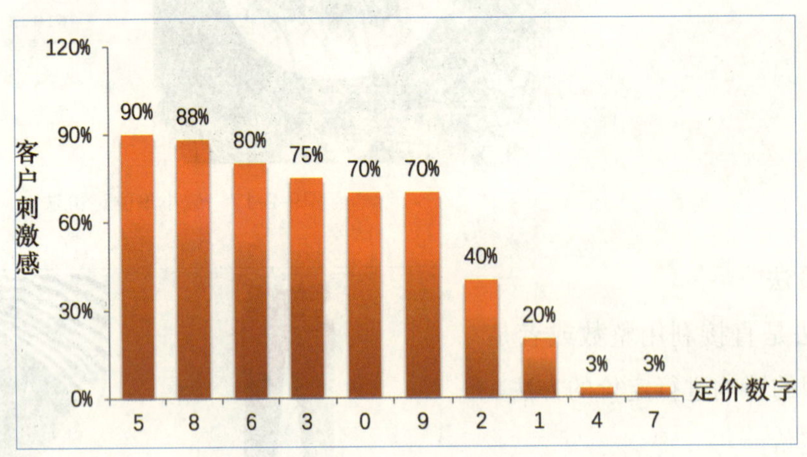

图9-2-20 弧形数字定价

3. 招徕定价法

招徕定价法是卖家抓住客户求廉的心理，有意将商品价格定得低于市场的平均价格，部分商品甚至低于成本价，以招徕客户增加销售量的一种定价方法。如图9-2-21和图9-2-22所示。

商品大甩卖、大拍卖、清仓处理时常用此方法。

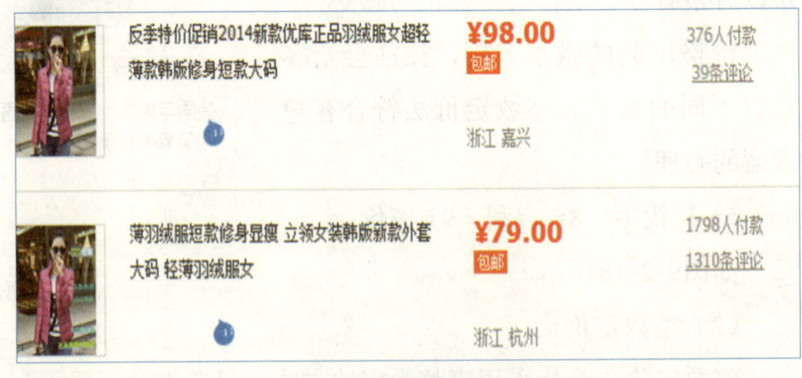

图9-2-21 招徕定价（1）

图9-2-22 招徕定价（2）

进行招徕定价时，应先对当前市场整体定价作一定了解。

注意点：

①商品应是日常用品，对客户有很强的吸引力；

②降价商品的数量适中，既可以满足客户的不同选择，又不至于让网店出现严重亏损；

③商品降价的幅度大，刺激客户的购买动机；

④降价商品与质量问题商品区分开。

如图9-2-23所示。

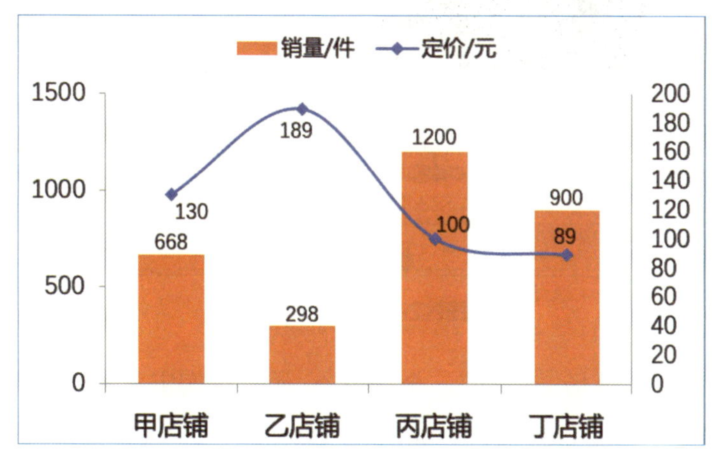

图9-2-23 市场定价横向比较分析

七、促销式定价策略

1. 促销式定价

促销式定价是指卖家将部分商品以低于市场预期的价格打折出售，以获得较高的销售量，使资金迅速回收，为网店其他的商品投资做准备。

科学合理的促销价格能直接影响到促销效果。从某种程度上而言，促销定价的合理性直接决定了网店的经营利润。如图9-2-24所示。

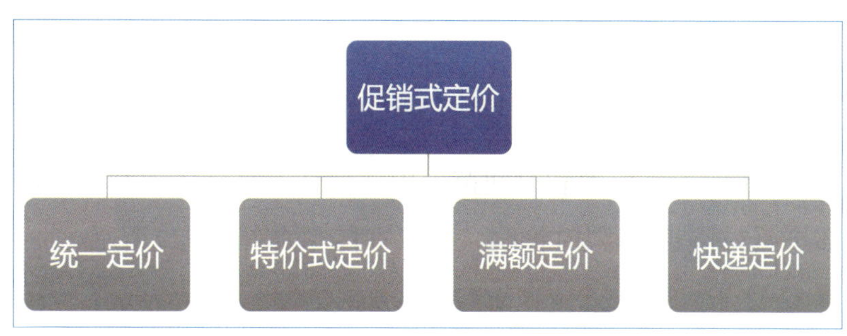

图9-2-24 促销式定价

2. 统一促销

统一促销是指整个淘宝网店的商品全部按照一个价格销售。统一促销是为了提高网店的销量而采取的一种促销定价策略。如图9-2-25所示。

图9-2-25 统一促销

全场 ×× 元也称作“全场一口价”，全场 ×× 元是指淘宝卖家为刺激客户购买欲望，将网店部分商品按照设定的一个价格销售。如图9-2-26所示。

图9-2-26 全场一口价

全场5折是指在特定的市场范围和时间范围内，保证商品处于盈利状态的基础上，淘宝网店的部分商品全部按照5折销售。限时抢购、推广宣传。如图9-2-27所示。

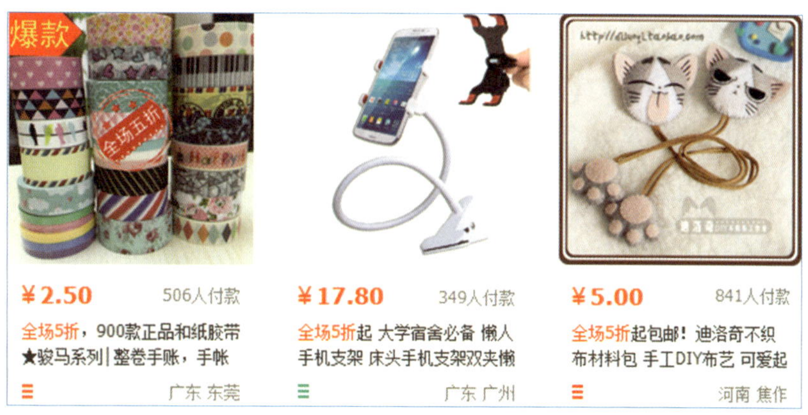

图9-2-27 全场5折

3. 特价促销

特价促销是指卖家将少数商品以降价形式吸引客户购买的定价方式。

限时打折是指在限定时间内，卖家把网店商品进行折扣促销。如图9-2-28所示。

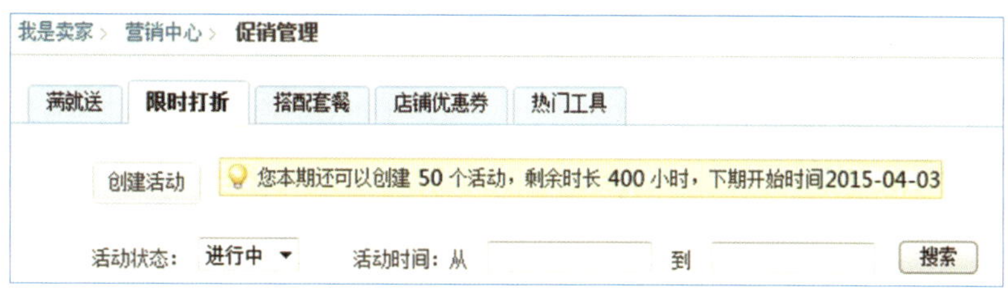

图9-2-28 限时打折

4. 满额促销

满额促销是指淘宝卖家对在本店消费一定金额的买家实行一定优惠，这种促销方法能提高客户对网店的好感，在一定程度上能提升客户的再次消费以及多次消费。如图9-2-29所示。

图9-2-29 满额促销

满减促销，当客户在该网店消费金额达到规定金额时，会有相应减价优惠。满减促销在保证商品利润基础上，使客户对淘宝卖家和网店留下良好印象，同时也无形中提升了网店的重复购买率。如图9-2-30所示。

图9-2-30　满减促销

八、宝贝组合定价策略

组合定价法是指卖家为了迎合客户的某种消费心理，在制定一部分互补商品、关联商品的时候，通常会有意识地把有的商品定价制定得高一些，有的商品定价相对低一些，以获得整体经济利益的一种定价方法。如图9-2-31所示。

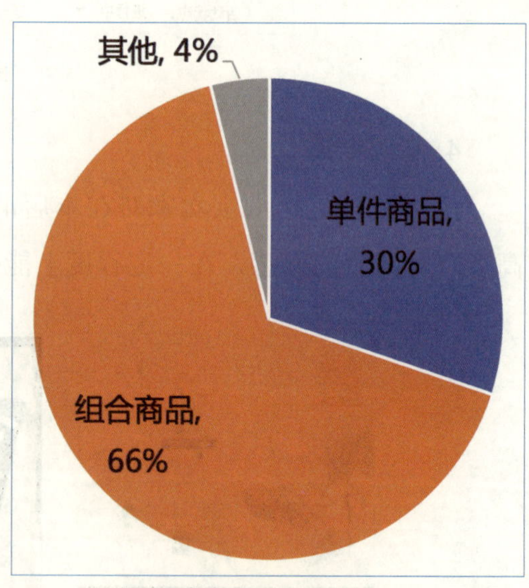

图9-2-31　组合定价法

多种商品组合定价销售，有赔有赚，但是总体上保证网店是盈利的；且不会有商品价格的横向对比，不会影响以原价购买单件商品买家的消费积极性。

1. 系列商品中的单品定价法

系列商品中的单品定价法是指对于同款商品的定价，淘宝卖家直接参考别的淘宝网店制定的价格，再分别排列出高、中、低3个价位，最后利用平均值制定自己网店商品的价格。

系列商品中的单品定价法是为新手淘宝卖家量身打造的一种定价方法。定价位于系列商品的中间价位，更能吸引客户的注意力，同时，客户对价格的接受度也比较高。如图9-2-32所示。

淘宝网店	定价/元
A	136
B	118
C	109.8
D	130
E	129
F	108
最高价/元	136
中间价/元	123.5
最低价/元	108
平均价/元	121.8

图9-2-32 系列产品中的单品定价法

2. 单品相加打折法

单品相加打折法是指淘宝卖家把某个固定组合中的所有单品相加，再按照一定的折扣对所有的单品之和进行打折，最后以折后价作为组合商品的定价。

一般而言，客户对经常购买的商品价格比较敏感，对不经常购买的商品价格敏感性相对较弱；对价值高商品价格比较敏感，对价值低商品价格敏感性较弱。如图9-2-33所示。

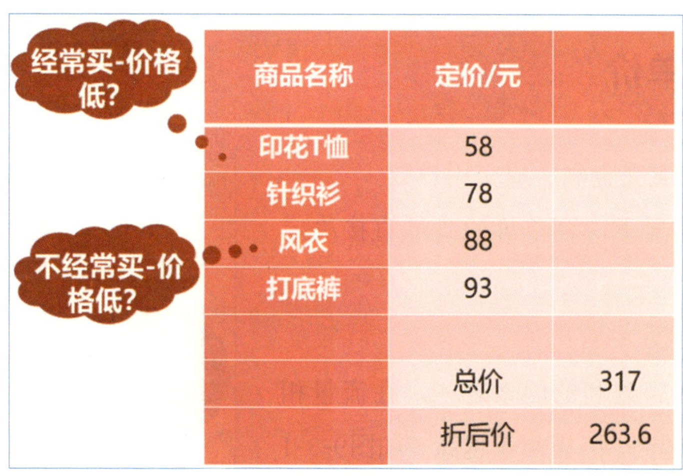

商品名称	定价/元	
印花T恤	58	
针织衫	78	
风衣	88	
打底裤	93	
	总价	317
	折后价	263.6

图9-2-33 单品相加打折法

课后练习

请根据本章所学知识，帮助自己网店的主营商品进行定价。

单元三　网店客单价分析

引导案例

一个男士进来买东西，我先卖给他一个小号鱼钩，然后中号的鱼钩，最后大号的鱼钩。接着小号的鱼线，中号的鱼线，最后是大号的鱼线。我问他上哪钓鱼，他说海边。我建议他买条船，所以我带他到卖船的专柜，卖给他长20英尺（约6米）有两个发动机的纵帆船。然后他说他的大众牌汽车拖不动这么大的船。我于是带他到汽车销售区，卖给他一辆丰田新款豪华型“巡洋舰”。

1. 为什么一个普通的小伙子能够在一天的时间里达到这么高的销售额？
2. 谈谈你是如何理解客单价的
3. 从这个小故事中，你发现哪些方法可以提升客单价？

知识链接

一、认识客单价

客单价 = 支付宝成交金额 / 成交用户数

在流量相同的情况下，客单价的高低直接决定了网店的销售额。

销售额 = 购买人数 × 客单价

客单价是影响网店盈利的因素之一，在流量相同的前提下，客单价越高，销售额就越高。如图9-3-1所示。

图9-3-1　影响客单价的因素

二、利用爆款宝贝提升客单价

爆款宝贝是指网店里的销量很高，甚至供不应求的商品。爆款属于网店的促销活动。在如今的网购环境下，爆款宝贝在扮演着“催化剂”的角色，爆款宝贝在最短时间内给网店带去大量的相当高的流量和成交转化率。

淘宝卖家可以把客户的购买过程作为打造爆款宝贝的切入点。如图9-3-2所示。

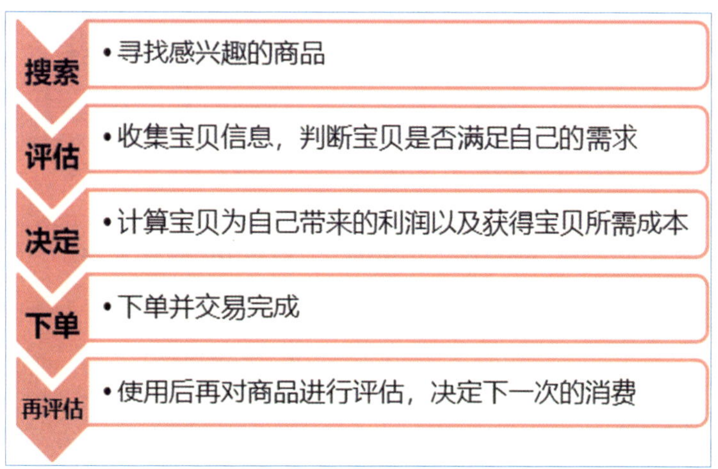

图9-3-2　客户购物流程图

三、爆款是流量的重要入口

爆款的具体表现形式就是高流量、高曝光量、高成交转化率。但是爆款从严格意义上来讲分为两种：引流爆款和盈利爆款。引流爆款也叫小爆款，盈利爆款也叫大爆款。

一款爆款宝贝能够在一段时间内为网店带来大量的流量。如图9-3-3所示。

在成功打造爆款宝贝之后，卖家可以从这个周期中循环获得利益。

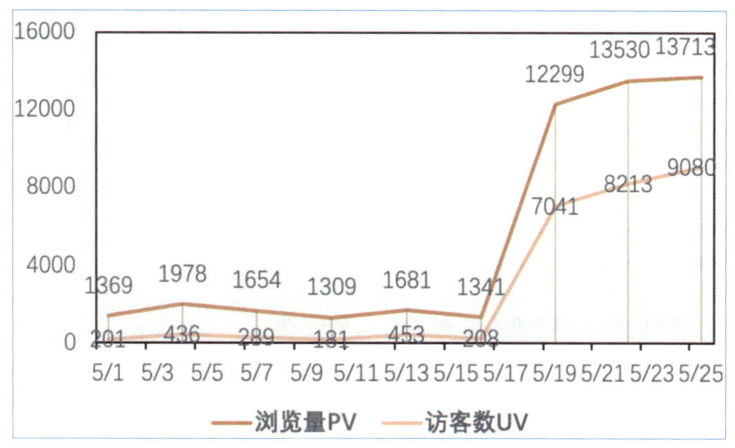

图9-3-3　网店流量变化趋势图

网店的爆款宝贝为网店带来了大量的流量的同时，网店的平均访问深度和访客回头率也得到了相应的提升。平均访问深度从侧面反映了网店对买家的黏性，当买家的平均访问深度越高，说明对网店的其他商品比较感兴趣。如果淘宝卖家在网店的关联营销上有一定方法和技巧，可以提升网店潜在客单价。如图9-3-4所示。

	浏览量（PV）	访客数（UV）	平均访问深度	访客回头率
今日	16713	10860	2.78	21.85%
昨日	14219	9446	2.71	23.46%
上周同期	8329	6019	1.23	3.44%
同期增长比	100.66%	80.43%	126.02%	84.25%

图9-3-4　网店流量的相关数据表

四、爆款的选款

1. 热销类目

新手淘宝卖家在选款之前可以参考淘宝目前的热销类目，因为现阶段热销的款式是经过一段时间沉淀积累起来的。

新手淘宝卖家通过淘宝排行榜可以了解到现阶段热销类目的搜索和成交的主趋势。如图9-3-5所示。

淘宝网 Taobao.com 排行榜　宝贝　请输入要搜索的词　搜索

首页　服饰　数码家电　化妆品　母婴　食品　文体　家居　车|玩具|宠物

时尚女装：	连衣裙	T恤	半身裙	牛仔裤	衬衫	蕾丝/雪纺衫	背心/吊带	打底裤	马甲	毛呢外套	毛衣	更多
靓丽女鞋：	凉鞋	帆布鞋	雨鞋	拖鞋	低帮鞋	高帮鞋						更多
帅气男装：	夹克	羽绒服	皮衣	休闲裤	衬衫	卫衣	牛仔裤	毛衣	风衣	西服	T恤	棉衣	更多
流行男鞋：	低帮鞋	帆布鞋	高帮鞋	拖鞋	凉鞋	靴子	雨鞋					更多
内衣/家居服：	睡衣/家居服套装	袜子	内裤	睡裙	文胸	睡裤	保暖套装	文胸套装	睡袍/浴袍	塑身连体衣		更多
精品箱包：	女士包袋	钱包	旅行箱									更多
璀璨珠宝：	施华洛世奇	天然珍珠	铂金首饰	黄金首饰	钻石首饰							更多

销售上升榜　销售热门排行　搜索上升榜　搜索热门排行　品牌上升榜　品牌热门排行

排名	关键词	参考价	成交指数	升降位次
1	2018春季新款修身显瘦包臀短款打底裙无袖条纹毛呢连衣裙…	￥168	1478.6	2663 ↑
2	碎花雪纺连衣裙女2018春装新款时尚气质韩版春款碎花裙职…	￥255	1434.2	1790 ↑
3	2018流行新款女装春装刺绣连衣裙春季长袖气质蕾丝小个子高…	￥215	1335.1	1371 ↑

图9-3-5　淘宝类目销售上升榜排行榜

根据热销类目的搜索排行和成交排行大致可以确定，在现阶段消费市场的需求是什么。以客户的需求为出发点，进而把握好市场的趋势。也可以以线下市场调研作为辅助选择，为选款决策提供更多可供选择的依据。如图9-3-6所示。

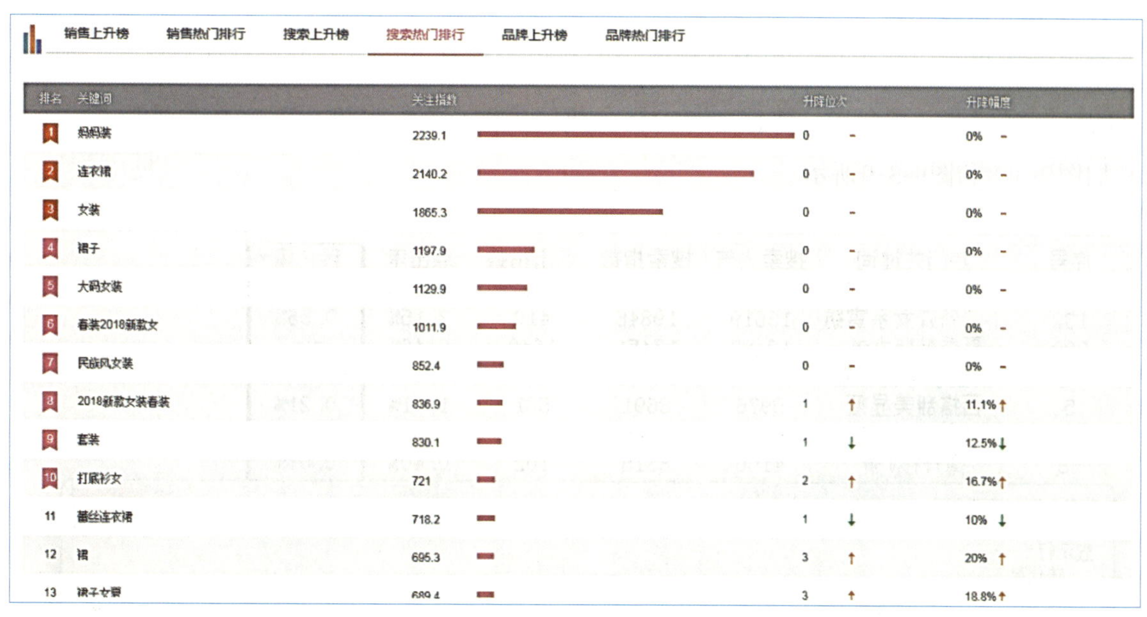

销售上升榜 销售热门排行 搜索上升榜 搜索热门排行 品牌上升榜 品牌热门排行

排名	关键词	关注指数	升降位次		升降幅度	
1	妈妈装	2239.1	0	-	0%	-
2	连衣裙	2140.2	0	-	0%	-
3	女装	1865.3	0	-	0%	-
4	裙子	1197.9	0	-	0%	-
5	大码女装	1129.9	0	-	0%	-
6	春装2018新款女	1011.9	0	-	0%	-
7	民族风女装	852.4	0	-	0%	-
8	2018新款女装春装	836.9	1	↑	11.1%	↑
9	套装	830.1	1	↓	12.5%	↓
10	打底衫女	721	2	↑	16.7%	↑
11	蕾丝连衣裙	718.2	1	↓	10%	↓
12	裙	695.3	3	↑	20%	↑
13	裙子女夏	689.4	3	↑	18.8%	↑

图9-3-6 淘宝类目搜索热门排行榜

2. 自身实际

价格：一个网店的宝贝定价主要划分为高、中、低3个价位。一般情况下，爆款宝贝主要是选择网店的中等价位的宝贝。新手淘宝卖家在制定价格之前，尽量把该商品的价格制定得略低于同行的同款宝贝的价格。

货源：新手卖家在没有足够的经验的情况下，尽量选择大众货源的宝贝作为爆款。

测款：在没有充分的调研考察之前，淘宝卖家不要凭借主观判断而随意选款。

如图9-3-7所示。

商品	浏览量	访客数	点击率	跳失率	成交转化率
A	1491	399	23.44%	58.37%	14.19%
B	1543	671	37.16%	36.31%	29.26%
C	1810	483	31.23%	49.26%	10.13%

图9-3-7 商品调研

五、爆款的深度优化与推广

1. 筛选类目转化率

要想在市场需求旺季将一款宝贝打造成爆款后实现最大化的引入流量的目的，一般而言，宝贝的标题会修改一到两次。数据来源、社会热门事件及流行趋势会影响关键词汇。

如图9-3-8和图9-3-9所示。

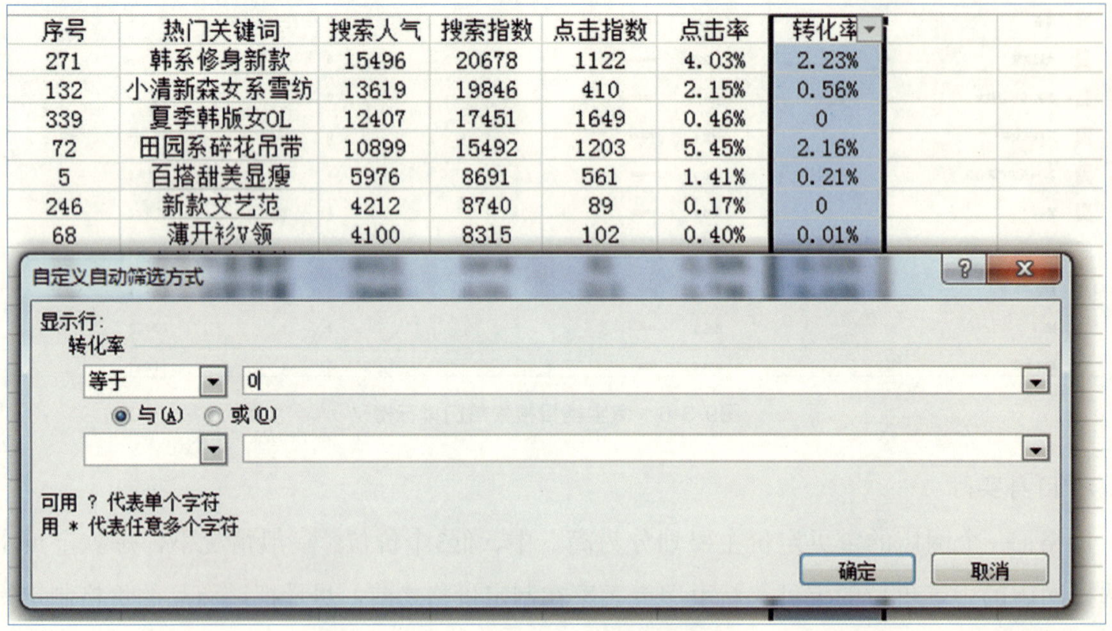

序号	热门关键词	搜索人气	搜索指数	点击指数	点击率	转化率
271	韩系修身新款	15496	20678	1122	4.03%	2.23%
132	小清新森女系雪纺	13619	19846	410	2.15%	0.56%
339	夏季韩版女OL	12407	17451	1649	0.46%	0
72	田园系碎花吊带	10899	15492	1203	5.45%	2.16%
5	百搭甜美显瘦	5976	8691	561	1.41%	0.21%
246	新款文艺范	4212	8740	89	0.17%	0
68	薄开衫V领	4100	8315	102	0.40%	0.01%

图9-3-8　自定义自动筛选方式

序号	热门关键词	搜索人气	搜索指数	点击指数	点击率	转化率
271	韩系修身新款	15496	20678	1122	4.03%	2.23%
132	小清新森女系雪纺	13619	19846	410	2.15%	0.56%
72	田园系碎花吊带	10899	15492	1203	5.45%	2.16%
5	百搭甜美显瘦	5976	8691	561	1.41%	0.21%
68	薄开衫V领	4100	8315	102	0.40%	0.01%
11	宽松外套薄款	4013	6404	61	0.56%	0.03%
34	镂空短款外套	3649	6281	213	0.79%	0.02%
80	蕾丝边条纹雪纺	2327	4015	381	1.03%	0.06%

图9-3-9　筛选后的热门关键词

2. 筛选热门关键词

在Excel表格中，淘宝卖家可以直接利用筛选器筛选热门关键词。

首先对整理的热门关键词按照搜索人气的降序进行排序，再选中热门关键词一整列，对热门关键词进行筛选，取消勾选明显和宝贝属性词关联不大的热门关键词。如图9-3-10和图9-3-11所示。

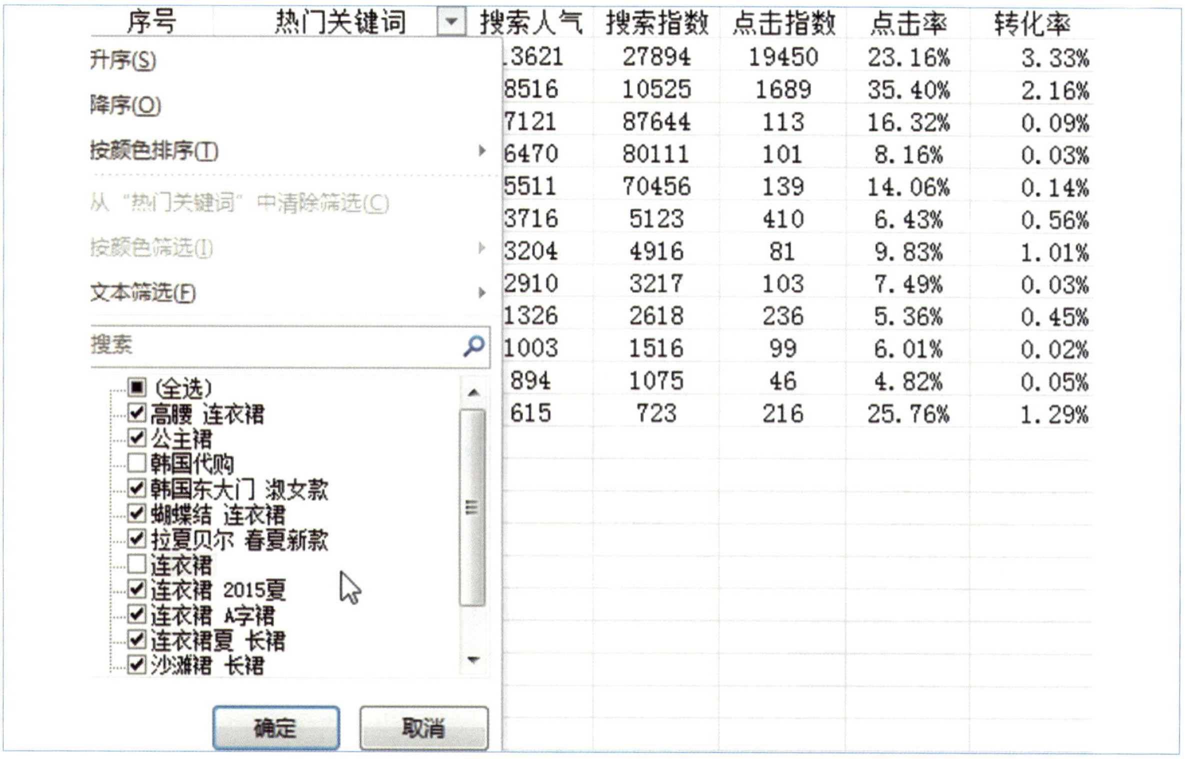

序号	热门关键词	搜索人气	搜索指数	点击指数	点击率	转化率
		3621	27894	19450	23.16%	3.33%
		8516	10525	1689	35.40%	2.16%
		7121	87644	113	16.32%	0.09%
		6470	80111	101	8.16%	0.03%
		5511	70456	139	14.06%	0.14%
		3716	5123	410	6.43%	0.56%
		3204	4916	81	9.83%	1.01%
		2910	3217	103	7.49%	0.03%
		1326	2618	236	5.36%	0.45%
		1003	1516	99	6.01%	0.02%
		894	1075	46	4.82%	0.05%
		615	723	216	25.76%	1.29%

升序(S)
降序(O)
按颜色排序(T)
从“热门关键词”中清除筛选(C)
按颜色筛选(I)
文本筛选(F)
搜索
(全选)
☑高腰 连衣裙
☑公主裙
☐韩国代购
☑韩国东大门 淑女款
☑蝴蝶结 连衣裙
☑拉夏贝尔 春夏新款
☐连衣裙
☑连衣裙 2015夏
☑连衣裙 A字裙
☑连衣裙夏 长裙
☑沙滩裙 长裙
确定 取消

图9-3-10 利用筛选器筛选热门关键词

在实际的操作中，大多会采用三级或四级类目词表来选择宝贝的关键词。但是针对爆款宝贝，新手淘宝卖家可以采用操作方便的二级类目词表。而一级类目词表能反映出近期需求量最大的品类，为后续使用相关的热门关键词提供参考依据。

序号	热门关键词	搜索人气	搜索指数	点击指数	点击率	转化率
2	雪纺裙 修身	13621	27894	19450	23.16%	3.33%
11	连衣裙 2015夏	8516	10525	1689	35.40%	2.16%
35	拉夏贝尔 春夏新款	7121	87644	113	16.32%	0.09%
56	韩国东大门 淑女款	5511	70456	139	14.06%	0.14%
79	连衣裙夏 长裙	3716	5123	410	6.43%	0.56%
112	沙滩裙 长裙	3204	4916	81	9.83%	1.01%
201	蝴蝶结 连衣裙	2910	3217	103	7.49%	0.03%
289	韩版修身 短裙	1326	2618	236	5.36%	0.45%
377	连衣裙 A字裙	1003	1516	99	6.01%	0.02%
412	公主裙	894	1075	46	4.82%	0.05%
501	高腰 连衣裙	615	723	216	25.76%	1.29%

图9-3-11 筛选出热门关键词

六、利用网店优势提升客单价

1. 网店的定位

（1）价格的定位

科学合理的价格定位能在最大程度上提升网店的客单价。在淘宝网店的消费群体已经确定之后，卖家还要考虑怎么样用价格对网店进行定位。

按照价格定位划分网店的消费群体，即高端消费层级买家、中端消费层级买家和低端消费层级买家。如图9-3-12所示。

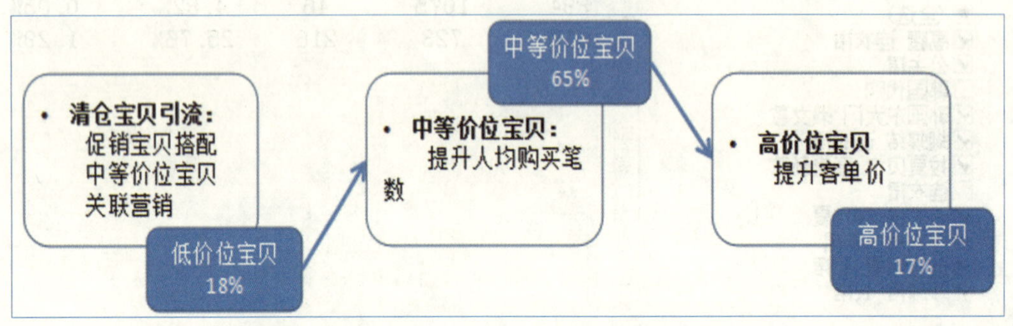

图9-3-12　价格定位

关联营销是指一个宝贝页同时放了其他的同类、同品牌、可搭配等关联性较强的宝贝，由此可以达到增加宝贝的浏览量和提升成交转化率的目的。

卖家直接以低价宝贝作为提升客单价切入点，逐步把买家注意力吸引到中等价位和高价位的宝贝上去。如图9-3-13所示。

图9-3-13　关联营销

（2）宝贝的定位

宝贝类目的广度

宝贝类目的广度是指淘宝网店经营的不同商品类目数量的多少。一般而言，网店类目的广度越广，买家的可选择范围较广，越有利于提升客单价。

如果卖家针对不同类目的商品进行有效的搭配或者是关联营销，能在最大程度上提升人均购买笔数，进而提升网店的客单价。如图9-3-14所示。

图9-3-14 宝贝类目的广度

宝贝类目的深度

宝贝类目的深度是指淘宝网店经营同一种商品类目数量的多少。宝贝类目的深度能反映一家网店的专业程度，类目细分越多，表示网店越专业，买家越容易精准地找到需要的商品，更能赢得买家对卖家的专业程度的肯定。如图9-3-15所示。

图9-3-15 宝贝类目的深度

2. 同类宝贝客单价的提升

淘宝卖家可以通过提高商品的单价和提高人均购买笔数来提升客单价。

直接提高商品的单价有一定的作用，但是客单价上升的空间有限。如果单单只依靠提高商品的单价，可能会导致网店的买家数量减少。在不包邮的情况下，如果网店的同类宝贝的人均购买笔数由1笔增加到2笔及以上，网店的客单价和利润也将会翻倍增加。如图9-3-16所示。

商品名称	笔单价/元	人均购买笔数	客单价/元	商品成本/元	商品利润/元
2015夏新款T恤	89	1	89	57	32
2015夏新款T恤	89	2	178	114	64
2015夏新款T恤	89	>3	>267	>171	>96

图9-3-16　同类宝贝客单价提升

（1）× 件包邮

× 件包邮是众多淘宝服饰行业卖家最常用的方法。卖家能承担的平均邮费是10元 / 单。卖家在包邮之前需要考虑偏远地区的邮费问题，不能为提升客单价而盲目包邮促销。如图9-3-17所示。

×件包邮的客单价与成交转化率的关系

促销方式	人均购买笔数	客单价/元	成交转化率	总成本/元	利润/元
1件包邮	1	45	95.16%	33	12
2件包邮	1	90	68.23%	56	34
3件包邮	1	135	12.49%	79	56
3件以上包邮	1	>180	9.56%	>102	>78

图9-3-17　× 件包邮

（2）第 × 件 × 折

从客单价及成交转化率分析，包邮促销成交转化率高于打折促销；从利润分析，打折促销高于包邮促销。所以，两种促销方式提升客单价各有千秋。淘宝卖家可以灵活运用不同的促销方式提升客单价。如图9-3-18所示。

第×件×折的客单价与成交转化率的关系

促销方式	人均购买笔数	客单价/元	成交转化率	总成本/元	利润/元
第1件原价	1	45	41.25%	23	22
第2件8折	1	81	82.23%	46	35
第3件7.5折	1	123.75	18.01%	69	54.75
第4件7折	1	166.5	6.24%	92	74.5

图9-3-18　第 × 件 × 折

（3）SKU 的优化

宝贝效果图能刺激买家的购买欲望，而 SKU 能为买家提供多种不同的选择，通过对宝贝效果图与 SKU 的优化，充分提升买家的人均购买笔数，进而提升客单价。如图9-3-19所示。

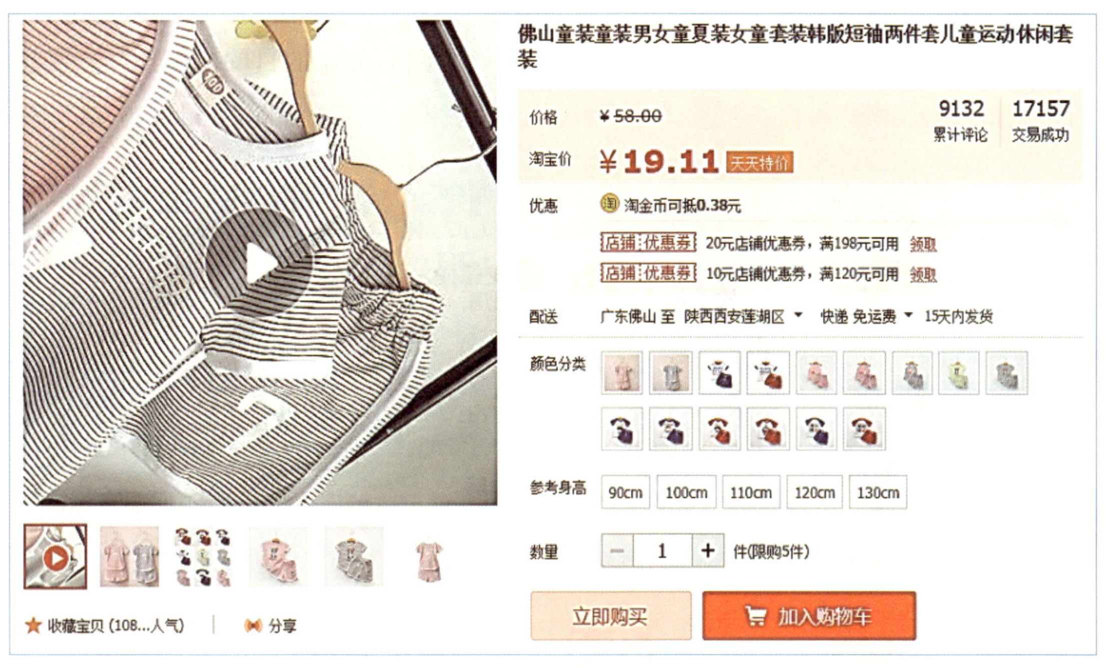

图9-3-19　SKU 的优化

3. 不同类宝贝客单价的提升

利用关联营销对宝贝进行精准的营销是每个新手卖家必不可少的营销技能。关联营销就是在一个宝贝页面里，放置其他的几个相关性较强的宝贝。

关联营销能提升了宝贝的访问深度，为网店带来更多的流量，同时宝贝的客单价也得到了提升。如图9-3-20所示。

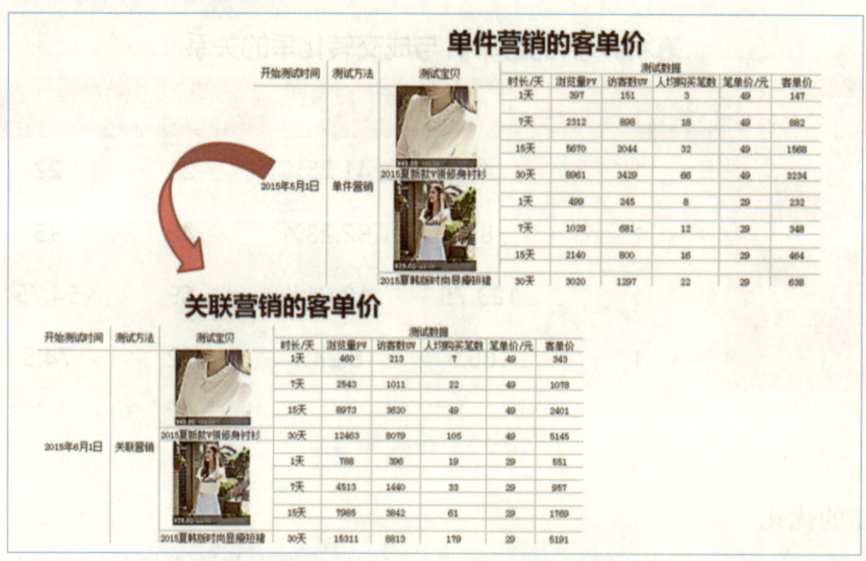

单件营销的客单价

开始测试时间	测试方法	测试宝贝	时长/天	浏览量PV	访客数UV	人均购买笔数	笔单价/元	客单价
2015年5月1日	单件营销	2015夏新款V领修身衬衫	1天	397	151	3	49	147
			7天	2312	898	18	49	882
			15天	5670	2044	32	49	1568
			30天	8961	3429	66	49	3234
		2015夏韩版时尚显瘦短裙	1天	499	245	8	29	232
			7天	1029	681	12	29	348
			15天	2140	800	16	29	464
			30天	3020	1297	22	29	638

关联营销的客单价

开始测试时间	测试方法	测试宝贝	时长/天	浏览量PV	访客数UV	人均购买笔数	笔单价/元	客单价
2015年6月1日	关联营销	2015夏新款V领修身衬衫	1天	460	213	7	49	343
			7天	2543	1011	22	49	1078
			15天	8973	3620	49	49	2401
			30天	12463	8079	105	49	5145
		2015夏韩版时尚显瘦短裙	1天	788	396	19	29	551
			7天	4513	1440	33	29	957
			15天	7985	3842	61	29	1769
			30天	15311	8813	179	29	5191

图9-3-20　不同类宝贝客单价的提升

相关型关联营销是指淘宝卖家根据两种或多种宝贝的相关密切程度进行组合营销。

买家在访问其他宝贝页面的同时，卖家成功达到为网店分流的目的，而且又能提高潜在客单价。因此，淘宝卖家可以在宝贝详情页设置宝贝的相关型搭配推荐。如图9-3-21所示。

图9-3-21　相关型关联营销

互补型关联营销是指淘宝卖家对功能互补的宝贝进行搭配营销。当两种或者是多种不同的宝贝在功能上互补，会带来意想不到的效果。

在日常生活中，有的宝贝是“天生一对”，如面包＋牛奶、牙膏＋牙刷＋杯子、床单＋被套＋枕头套＋枕芯等。如图9-3-22所示。

图9-3-22 互补型关联营销

根据宝贝的功能和规格进行有机组合搭配，形成多功能多选择的套餐方案。

互补组合搭配越多，买家选择就越多，越容易满足不同买家的消费需求，并且刺激买家不断产生新的消费需求。如图9-3-23所示。

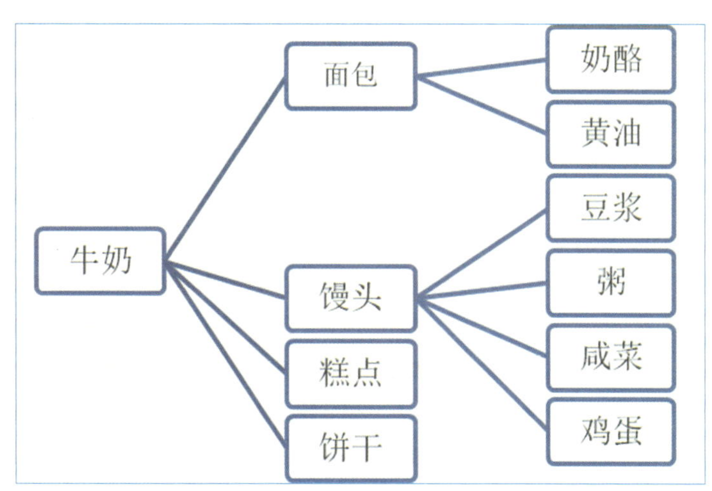

图9-3-23 互补型营销的延伸

七、挖掘客户的购买能力

客户价值是管理客户关系的核心。淘宝卖家需要经过精细化分析管理来提高网店的运营能力，进而达到挖掘客户购买能力的目的，实现客单价的提升。

针对不同等级的会员制定相应的积分规则与优惠制度。卖家就可以有针对性地管理不同等级的会员买家，也可以设置相应的优惠活动，提高网店的客单价。如图9-3-24所示。

会员等级	满足条件 交易金额或交易次数		升级模式	会员基本优惠和权益
网店客户	—	—	—	
普通会员	50	1	自动升级	无折扣
高级会员	200	10	自动升级	8.5折
VIP会员	500	25	自动升级	7.5折
至尊VIP会员	1000	40及以上	自动升级	7折

图9-3-24　网店会员等级的设置

1. 回头客

一个淘宝网店的访客类型能从侧面反映该网店的推广效果、服务水平以及整体实力。但是并不代表每一个访客对网店都有价值，如何实现买家的价值最大化是卖家运营网店的重中之重。

网店出现回头客是网店健康发展的重要表现，回头客的出现表示买家对网店的信赖。如图9-3-25所示。

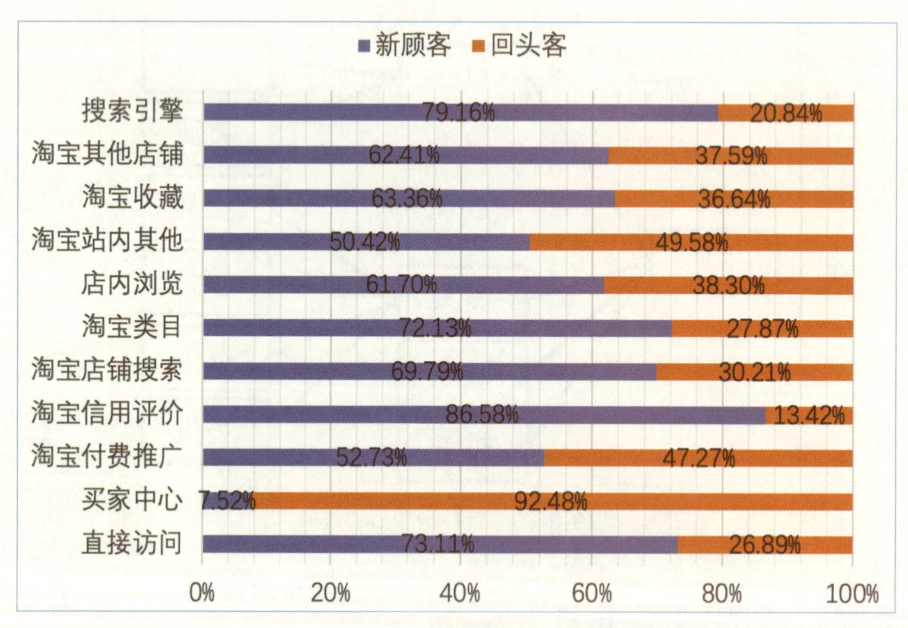

图9-3-25　网店不同渠道的访客类型占比

回头客占比是影响网店客单价的重要指标之一。回头客占比越高，说明买家对宝贝质量、服务态度以及网店整体水平都很满意。因此，回头客具有较高成交转化率，如果卖家在与买家交流过程中采用适当的销售技巧，网店的客单价会有很大的提升空间。如图9-3-26和图9-3-27所示。

买家与客服的对话

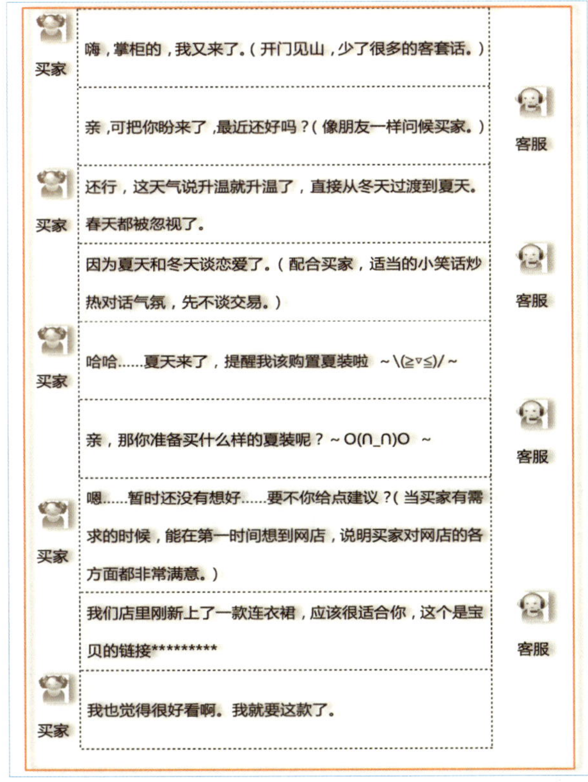

图9-3-26 提高回头客的客单价（1）

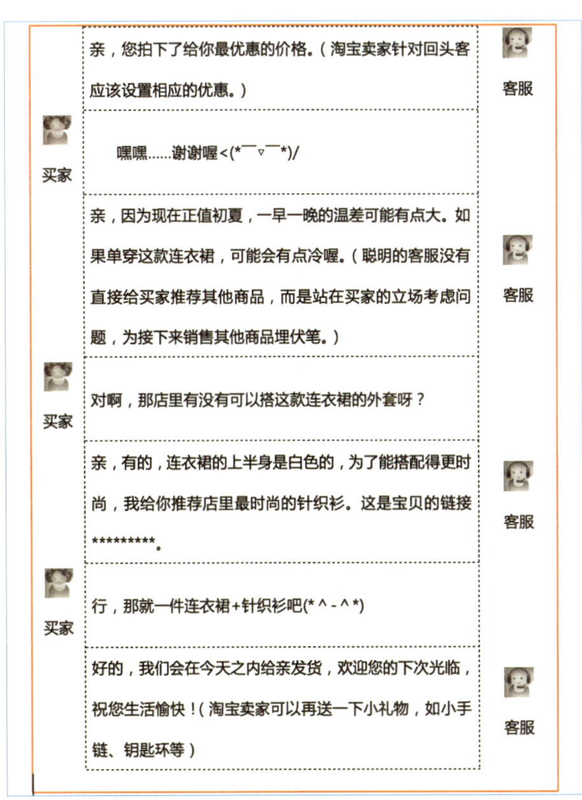

图9-3-27 提高回头客的客单价（2）

2. 回头客对网店的贡献

回头客对网店具有重要贡献，如图9-3-28所示。

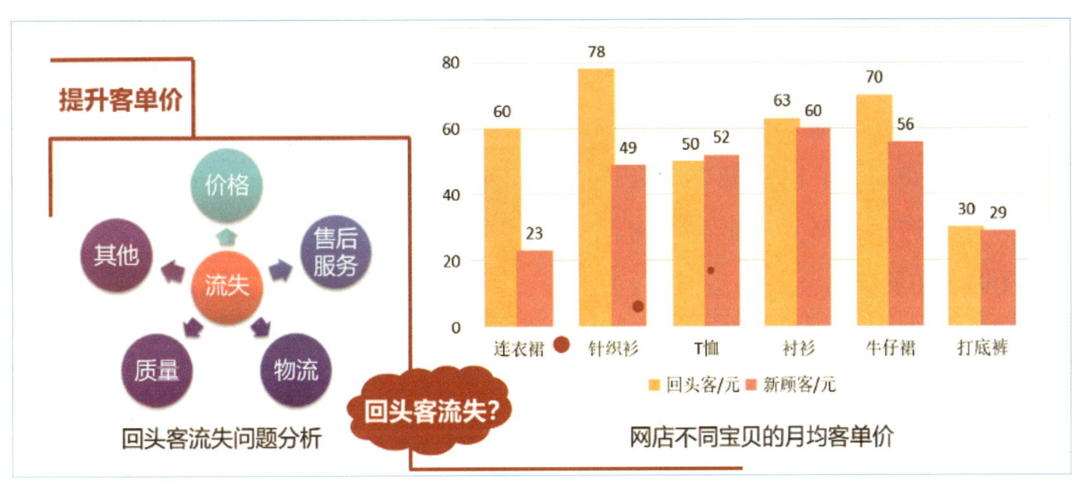

图9-3-28 回头客对网店的贡献

免费宣传

回头客除了能提升网店的客单价之外，这类买家往往还会给网店带来新的买家，如他们的亲人、朋友、同学、同事等；同时，回头客的评论对其他买家具有很大的诱导作用。如图9-3-29所示。

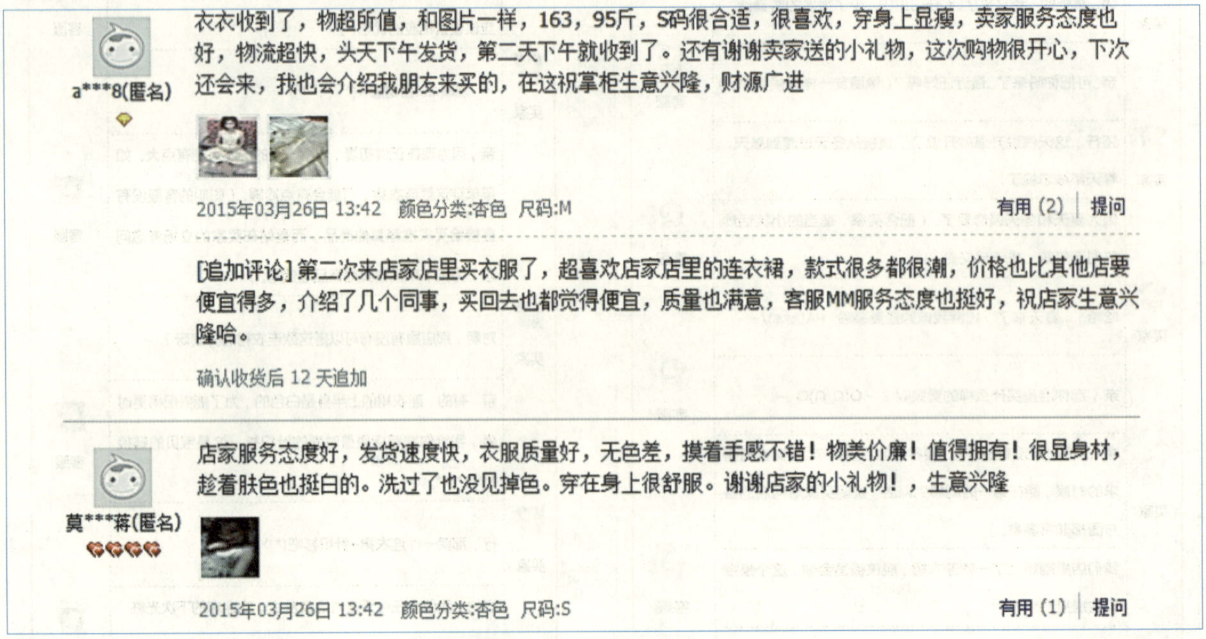

衣衣收到了，物超所值，和图片一样，163，95斤，S码很合适，很喜欢，穿身上显瘦，卖家服务态度也好，物流超快，头天下午发货，第二天下午就收到了。还有谢谢卖家送的小礼物，这次购物很开心，下次还会来，我也会介绍我朋友来买的，在这祝掌柜生意兴隆，财源广进
a***8(匿名)
2015年03月26日 13:42 颜色分类:杏色 尺码:M
有用 (2) 提问
[追加评论]第二次来店家店里买衣服了，超喜欢店家店里的连衣裙，款式很多都很潮，价格也比其他店要便宜得多，介绍了几个同事，买回去也都觉得便宜，质量也满意，客服MM服务态度也挺好，祝店家生意兴隆哈。
确认收货后 12 天追加
店家服务态度好，发货速度快，衣服质量好，无色差，摸着手感不错！物美价廉！值得拥有！很显身材，趁着肤色也挺白的。洗过了也没见掉色。穿在身上很舒服。谢谢店家的小礼物！，生意兴隆
莫***蒋(匿名)
2015年03月26日 13:42 颜色分类:杏色 尺码:S
有用 (1) 提问

图9-3-29 回头客带来的宣传效果

3. 客户关系的维护

客户关系的维护是一个网店实现持续性健康发展的重要命脉。

根据“二八法则”，一个网店80% 利润来自20% 客户，而这20% 客户主要就是网店的老客户。

维护客户关系的第一步就是区分客户的价值，并非所有来网店消费的客户都具有价值。淘宝卖家需要对网店的交易数据进行精准的定位分析，透过数据分析出潜在的客户特性。如图9-3-30所示。

高质量买家
中等质量买家
低质量买家
无黏性买家
产生购买行为的买家
期望型买家
试探型买家
持怀疑型买家
漠不关心型买家

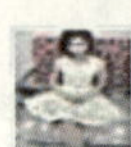

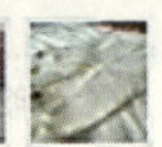

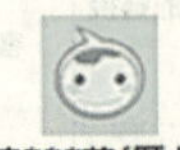

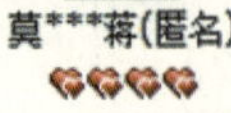

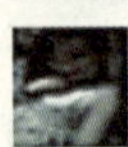

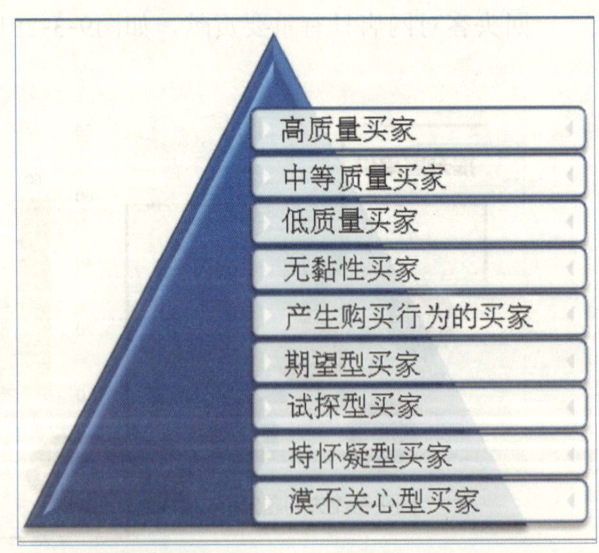

图9-3-30 区分客户的价值

根据成交量区分客户价值，成交量是指淘宝网店在某一固定的时间段内具体宝贝的成交数量。网店的成交量是一种体现供求关系的变量，并且能直接反映出网店的客单价变化情况。

淘宝卖家需要对相应的问题进行优化，抓住这一部分潜在的买家才是提升客单价的关键。如图9-3-31所示。

买家	访问深度	店内停留时间/秒	客服咨询/秒	成交量/件	单个客户贡献的价值/元
A	3.16	146	62	2	316
B	2.75	153	60	1	158
C	1.26	70	0	0	0
D	4.03	208	89	0	0
E	2.58	138	75	1	158

图9-3-31 不同买家的客单价统计表

客户价值是管理客户关系的核心内容。如何找出网店最具有价值的客户，并且利用数据对成本与收益进行有效的评估对淘宝卖家至关重要。

“开发一个新客户，不如维护一个老客户”

良好的会员体系能与客户产生友好的互动，其核心主要是凸显会员在网店的优惠与特权，让高质量的客户感受到网店的重视与关心，有利于网店口碑的传播和培养忠诚的客户群体。如图9-3-32和图9-3-33所示。

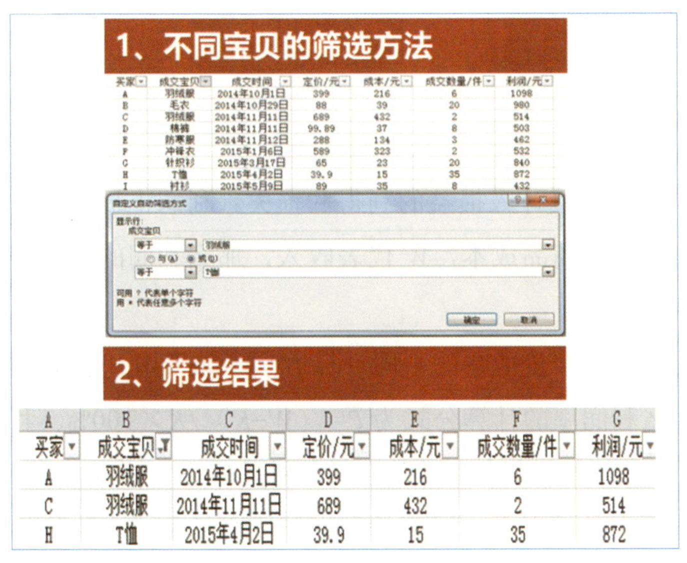

1、不同宝贝的筛选方法

买家	成交宝贝	成交时间	定价/元	成本/元	成交数量/件	利润/元
A	羽绒服	2014年10月1日	399	216	6	1098
B	毛衣	2014年10月29日	88	39	20	980
C	羽绒服	2014年11月11日	689	432	2	514
D	棉裤	2014年11月11日	99.89	37	8	503
E	防寒服	2014年11月12日	288	134	3	462
F	冲锋衣	2015年1月6日	589	323	2	532
G	针织衫	2015年3月17日	65	23	20	840
H	T恤	2015年4月2日	39.9	15	35	872
I	衬衫	2015年5月9日	89	35	8	432

2、筛选结果

买家	成交宝贝	成交时间	定价/元	成本/元	成交数量/件	利润/元
A	羽绒服	2014年10月1日	399	216	6	1098
C	羽绒服	2014年11月11日	689	432	2	514
H	T恤	2015年4月2日	39.9	15	35	872

图9-3-32 会员体系构建（1）

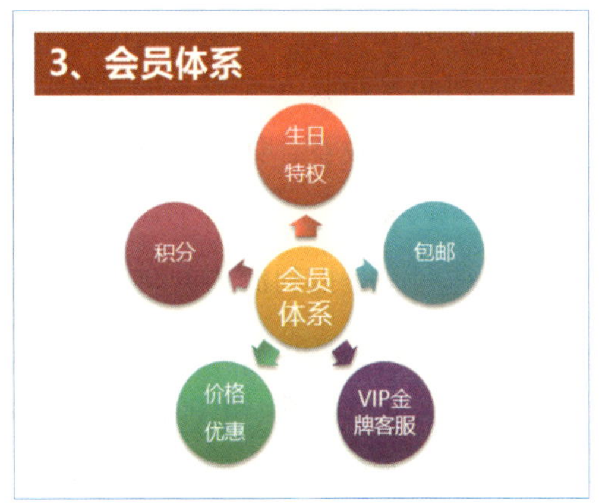

图9-3-33 会员体系构建（2）

课后练习

请结合本章所学的知识，分析自身网店目前存在的问题，找到存在这种问题的原因，运用数据化报表的形式帮自己解决问题。

单元四　网店利润分析

引导案例

从开店到现在，淘宝卖家小王对店铺的历史运营数据进行了统计。细心的小王发现：店铺的生意虽然比以前好，但是店铺的利润涨幅却不甚明显，有段时间基本上处于收支平衡状态。小王不禁开始反思：如果店铺按照现在这种状况发展下去，到年底也仅仅是收支平衡，店铺甚至无法为客服人员提供承诺过的年终奖，会直接导致人员的流动率很大。更关键的是店铺的发展将举步维艰。因此，小王决定要对下半年的各项成本进行预测，包括细小环节的成本。

如何为小王制定出一份店铺利润的分析与预测方案呢？

知识链接

一、网店利润与利润率的定义

1. 利润是指收入与成本的差额，以及其他直接计入损益的利得和损失。利润也被称为净利润或者说净收益。如果用 P 代表利润，K 代表商品成本，W 代表收入，那么利润的计算公式为：$P=W-K$。

2. 利润率是指利润值的转化形式，是同一剩余价值量的不同计算方法。如果用 P' 代表利润率，K 代表商品成本，W 代表收入，那么利润率的计算公式为 $P'=(W-K)/K\times100\%$。利润率分为成本利润率、销售利润率以及产值利润率，本章主要讨论成本利润率。

从整体上分析，在网店的总成本变化不大的情况下，网店的利润与成交量和成交均价相关。成本利润率越高，说明网店为获得相应的利润需要付出的代价越小，所以，网店掌柜需要在最大程度上提升成本利润率。

如图9-4-1所示。

	成交量（件）	成交均价（元）	网店成交额（元）	网店总成本（元）	网店利润（元）	利润率
4月	1346	95.45	128481	83928.3	44552.70	53.08%
5月	1209	95.19	115084.71	74468.1	40616.61	54.54%
6月	1532	86.26	132150.32	85752.8	46397.52	54.11%

图9-4-1 网店利润与利润率

二、影响网店盈利的因素

1. 宝贝成本

宝贝成本是网店总成本构成的关键部分之一。淘宝卖家在运营整个淘宝网店的过程中，关于成本的预测、分析、决策和控制都是必不可少的。而在决策和控制中需要先对宝贝成本进行预测和分析，根据网店之前的宝贝成本的相关数据进行研究。如图9-4-2所示。

最大化经济利益是每个淘宝网店发展的必然选择。淘宝卖家想要在竞争激烈的市场中生存下去，就必须最大限度地降低宝贝的生产成本，做好相关的核算工作。如图9-4-3所示。

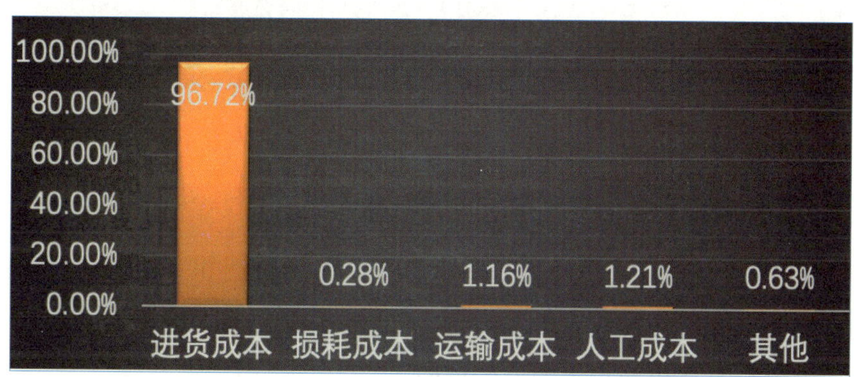

图9-4-2 宝贝成本的构成

进货渠道	进货成本（元）	人工成本（元）	运输成本（元）	损耗成本（元）	其他
当地的批发市场	5364.04	83.88	——	——	70.01
阿里巴巴	1341	——	80.42	19.41	

图9-4-3 两种不同进货方式的成本

2. 推广成本

推广的深度决定了网店的后期发展速度，切忌“酒香不怕巷子深”思想。淘宝网店最常用的付费推广方式有直通车、淘宝客以及钻石展位。

淘宝卖家需要定期对网店的推广进行有效的数据分析，挖掘出对网店贡献最大的推广方式，再对网店的推广方式进行有目的性、有方向性的战略调整。如图9-4-4和图9-4-5所示。

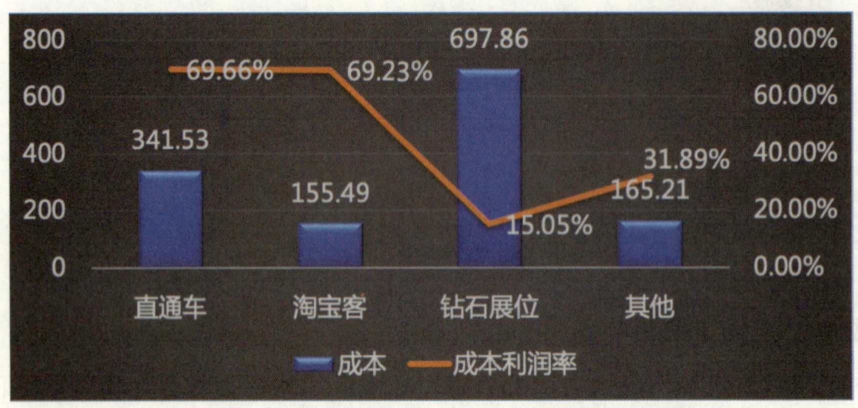

图9-4-4　推广成本和成交转化率

	成本（元）	成交额（元）	利润（元）	成本利润率
直通车	341.53	579.46	237.93	69.67%
淘宝客	155.49	263.15	107.66	69.24%
钻石展位	497.86	572.81	74.95	15.05%
其他	89.21	117.39	28.18	31.59%

图9-4-5　不同推广方式的成本利润率

3. 固定成本

固定成本又被称之为固定费用，是指成本总额在一定时期和一定业务量范围内，不受业务量增减变动影响而能保持不变或者影响不大。针对淘宝网店而言，固定成本主要包括场地租金、员工工资、网络信息费以及相关的设备折旧。

折旧设备的成本属于固定成本中最基础的成本之一，尽量降低人为损伤率能在一定程度上降低设备的折旧费用。如图9-4-6所示。

月份	场地租金（元）	员工工资（元）	网络信息费（元）	设备折旧（元）	合计（元）
4月	4000	22000	100	756.38	26856.38
5月	4000	21600	100	270.42	25970.42
6月	4000	25800	100	316.66	30216.66

图9-4-6　固定成本数据统计

影响该网店盈利的主要因素：

（1）宝贝成本

不同的进货方式的成本消耗率不同，根据统计的结果对网店进货方式进行调整，尽量把进货过程中的成本消耗率降到最低。

（2）推广成本

网店目前主要采用直通车、淘宝客以及钻石展位3种推广方式，掌柜根据推广效果与推广成本的统计数据来确定两者之间的平衡点，选择最优的推广方式，并且大力培养最具潜力的推广方式。

（3）固定成本

固定成本在短期内变化不大，网店无法通过缩减固定成本来提升网店的利润。但是掌柜可以制定员工的KPI（关键绩效指标）绩效考核制度，不断提升员工为网店创造的利润和价值。

三、网店利润的预测与分析

在收集网店运营历史数据和现有生产运营条件的基础之上，根据各种影响因素与利润的依存关系，对网店利润的变化趋势进行预测。几种主要的数据分析方法如下。

1. 线性预测法

线性预测法是一种用来确定两个变量之间关系的一种数据建模工具。在实际的工作中，这种预测方法经常被用于测量一个变量随另一个变量的变化趋势。下面将根据指定的销售目标，预测网店所需要的成本。

在Excel中，可以用TREND函数来做线性预测，该函数是返回一条线性回归拟合线的值，即找到适合已知数组Known_y's和组Known_x's的直线（用最小二乘法），并返回指定数组New_x's在直线上对应的y值。

例：上半年成交量与各项成本以及下半年销售目标，如图9-4-7所示。

	A	B	C	D	E
1	月份	成交量	宝贝成本	推广成本	固定成本
2	1月	369	¥9,463	¥1,245	¥11,397
3	2月	412	¥8,599	¥983	¥10,412
4	3月	185	¥6,542	¥671	¥9,822
5	4月	204	¥7,246	¥802	¥10,462
6	5月	351	¥10,349	¥1,279	¥13,029
7	6月	342	¥9,877	¥1,073	¥11,734
8	7月	400			
9	8月	450			
10	9月	500			
11	10月	550			
12	11月	600			
13	12月	600			
14	合计				

图9-4-7 上半年成交量与各项成本以及下半年销售目标

第一步，插入TREND函数。

首先选择需要进行预测计算的C8：C13单元格区域，再单击编辑栏左侧的“插入函数”按钮，弹出“插入函数”的对话框，“或选择类别”为“统计”，在“选择函数”列表框中选择TREND函数，然后单击“确定”按钮。如图9-4-8所示。

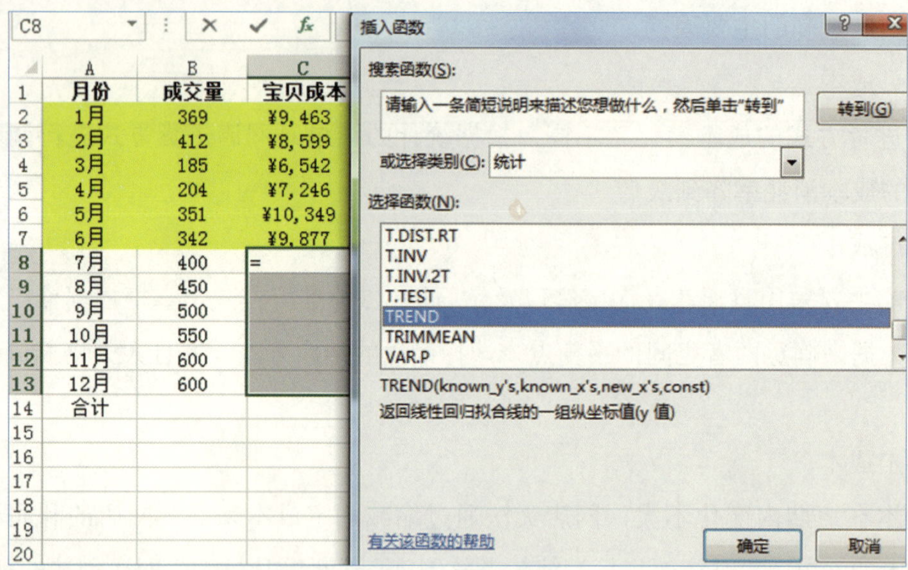

	A	B	C
1	月份	成交量	宝贝成本
2	1月	369	¥9,463
3	2月	412	¥8,599
4	3月	185	¥6,542
5	4月	204	¥7,246
6	5月	351	¥10,349
7	6月	342	¥9,877
8	7月	400	=
9	8月	450	
10	9月	500	
11	10月	550	
12	11月	600	
13	12月	600	
14	合计		

图9-4-8　插入函数

第二步，设置 y 值、x 值以及新 x 值。

弹出“函数参数”对话框，在 Known_y' s 文本框中输入“C2 : C7”，在 Known_x' s 文本框中输入“B2 : B7”，在 New_x' s 文本框中输入“B8 : B13”，最后单击“确定”按钮。如图9-4-9所示。

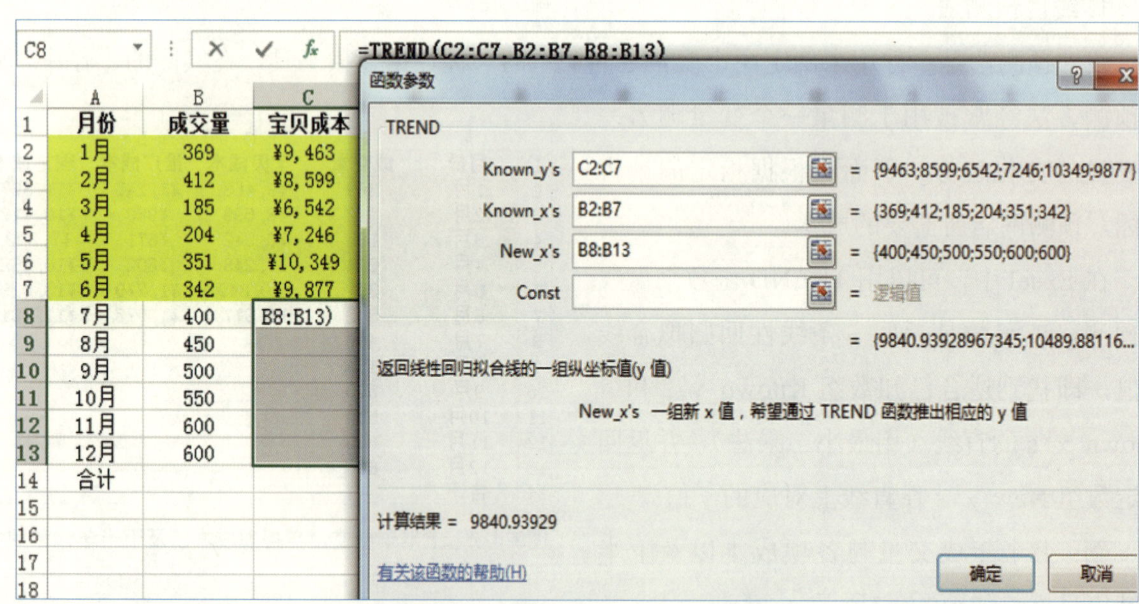

	A	B	C
1	月份	成交量	宝贝成本
2	1月	369	¥9,463
3	2月	412	¥8,599
4	3月	185	¥6,542
5	4月	204	¥7,246
6	5月	351	¥10,349
7	6月	342	¥9,877
8	7月	400	B8:B13)
9	8月	450	
10	9月	500	
11	10月	550	
12	11月	600	
13	12月	600	
14	合计		

图9-4-9　设置 y 值、x 值以及新 x 值

第三步，显示计算的结果。

选中 C8单元格，复制 C8单元格至 C13单元格，即可显示计算的数组结果，即该网店下半年预测的宝贝成本。如图9-4-10所示。

C8 =TREND(C2:C7, B2:B7, B8:B13)

	A	B	C	D	E	F
1	月份	成交量	宝贝成本	推广成本	固定成本	
2	1月	369	¥9, 463	¥1, 245	¥11, 397	
3	2月	412	¥8, 599	¥983	¥10, 412	
4	3月	185	¥6, 542	¥671	¥9, 822	
5	4月	204	¥7, 246	¥802	¥10, 462	
6	5月	351	¥10, 349	¥1, 279	¥13, 029	
7	6月	342	¥9, 877	¥1, 073	¥11, 734	
8	7月	400	¥9, 841			
9	8月	450	¥10, 482			
10	9月	500	¥11, 757			
11	10月	550	¥12, 313			
12	11月	600	¥12, 655			
13	12月	600	¥12, 740			
14	合计					

图9-4-10 显示计算结果

第四步，预测其他成本。

按照相同的方法计算网店下半年的推广成本和固定成本。选中单元格区域 D8 : D13，在编辑栏中输入 “=TREND（D2 : D7，B2 : B7，B8 : B13)”，输入正确的公式后，按 Enter 键即可得到预测的推广成本，复制 D8单元格至 D13单元格，即可得到该网店下半年的推广成本。

同样方法得到该网店下半年的固定成本、全面的总成交量、全年总值。如图9-4-11所示。

月份	成交量	宝贝成本	推广成本	固定成本
1月	369	¥9, 463	¥1, 245	¥11, 397
2月	412	¥8, 599	¥983	¥10, 412
3月	185	¥6, 542	¥671	¥9, 822
4月	204	¥7, 246	¥802	¥10, 462
5月	351	¥10, 349	¥1, 279	¥13, 029
6月	342	¥9, 877	¥1, 073	¥11, 734
7月	400	¥9, 841	¥1,191	¥11, 707
8月	450	¥10, 482	¥1,256	¥12, 059
9月	500	¥11, 757	¥1,442	¥13, 012
10月	550	¥12, 313	¥1,522	¥13, 233
11月	600	¥12, 655	¥1,588	¥13, 263
12月	600	¥12, 740	¥1,610	¥13, 427
合计	4963	¥121, 864	¥14, 662	¥143, 557

图9-4-11 预测其他成本

如果网店的成交均价为98.88元，卖家根据线性预测法可以分别求出网店上半年的利润、下半年的预计总销售额、预计总成本以及预计利润。

网店上半年的总销售额：1863×98.88=184213.44元

网店上半年的总成本：52076+6053+66856=124985元

网店上半年的利润：184213.44－124985=59228.44元

网店下半年的预计总销售额：3100×98.88=306528元

网店下半年的预计总成本：69788+8609+76701=155098元

网店下半年的预计利润：306528－155098=151430元

线性预测法是根据自变量 x 和因变量 y 之间的变化关系，建立 x 与 y 的线性回归方程进行预测的一种方法。由于淘宝网店的利润的影响因素是多方面的，而不是仅仅受某一个因素的影响，所以，网店掌柜在运用线性预测法的时候，需要对影响利润的因素进行多方面的分析和研究。只有当在众多的影响因素中，存在某一个因素对变量 x 的影响明显高于其他的因素的变量，才能将这个变量作为自变量 x，运用线性预测法对网店进行预测。

2. 指数预测法

指数预测法可以采用 LOGEST 函数进行预测，LOGEST 函数的作用是在回归分析中，计算出最符合数据的指数回归拟合曲线，并返回描述该曲线的数值数组。接下来将讲解利用 LOGEST 函数预测成本的具体方法及步骤。

结合所示范例，首先，在 C8单元格中输入公式：“=INDEX(LOGEST(C2：C7，B2：B7)，2)*INDEX（LOGEST（C2：C7，B2：B7)，1）^ B8”，按 Enter 键即可得到预测的7月份宝贝成本，复制 C8单元格至 C13单元格，即可得到该网店下半年的预测的宝贝成本。如图9-4-12所示

C8 =INDEX(LOGEST($C

	A	B	C	D	E
1	月份	成交量	宝贝成本	推广成本	固定成本
2	1月	369	¥9,463	¥1,245	¥11,397
3	2月	412	¥8,599	¥983	¥10,412
4	3月	185	¥6,542	¥671	¥9,822
5	4月	204	¥7,246	¥802	¥10,462
6	5月	351	¥10,349	¥1,279	¥13,029
7	6月	342	¥9,877	¥1,073	¥11,734
8	7月	400	¥9,892		
9	8月	450	¥10,722		
10	9月	500	¥11,621		
11	10月	550	¥12,596		
12	11月	600	¥13,653		
13	12月	600	¥13,653		
14	合计				

图9-4-12 指数预测宝贝成本

按照同样的方法，在 D8单元格中输入公式：“=INDEX(LOGEST(D2：D7，B2：B7)，2)*INDEX（LOGEST（D2：D7，B2：B7)，1）^ B8”，复制单元格至 D13，得到预测

的推广成本；在E8单元格中输入公式："=INDEX（LOGEST（E2：E7，B2：B7），2）*INDEX（LOGEST（E2：E7，B2：B7），1）^ B8"，复制单元格至E13，得到预测的固定成本。最后在B14单元格中输入计算公式"=SUM(B2：B13)"，得到全年的成交总量，向右复制公式至E14，即可得到各项的总成本。如图9-4-13所示。

月份	成交量	宝贝成本	推广成本	固定成本
1月	369	¥9,463	¥1,245	¥11,397
2月	412	¥8,599	¥983	¥10,412
3月	185	¥6,542	¥671	¥9,822
4月	204	¥7,246	¥802	¥10,462
5月	351	¥10,349	¥1,279	¥13,029
6月	342	¥9,877	¥1,073	¥11,734
7月	400	¥9,892	¥1,200	¥11,679
8月	450	¥10,722	¥1,342	¥12,019
9月	500	¥11,621	¥1,500	¥12,369
10月	550	¥12,596	¥1,677	¥12,729
11月	600	¥13,653	¥1,875	¥13,100
12月	600	¥13,653	¥1,875	¥13,100
合计	4963	¥124,213	¥15,522	¥141,852

图9-4-13 指数预测各项成本

3. 图表预测法

图表预测法也是数据预测的方法之一，图表预测法的实质就是通过分析数据源，创建预测图表，并在图表中插入趋势线，通过趋势性预测数据的走向。

卖家要使用图表预测法来预测网店的利润，首先需要根据网店的实际运营情况创建成交量分析图，以网店的实际成交量为数据源创建图表，并且对图表进行分析。

第一步，计算上半年每月总成本。

在F2单元格中输入计算公式"=SUM（C2：E2）"，按Enter键即可得到1月份的总成本，再向下复制公式，即可得到网店上半年的每月的总成本，如图9-4-14所示。

F2 =SUM(C2:E2)

	A	B	C	D	E	F
1	月份	成交量	宝贝成本	推广成本	固定成本	合计
2	1月	369	¥9,463	¥1,245	¥11,397	¥22,105
3	2月	412	¥8,599	¥983	¥10,412	¥19,994
4	3月	185	¥6,542	¥671	¥9,822	¥17,035
5	4月	204	¥7,246	¥802	¥10,462	¥18,510
6	5月	351	¥10,349	¥1,279	¥13,029	¥24,657
7	6月	342	¥9,877	¥1,073	¥11,734	¥22,684

图9-4-14 计算上半年每月总成本

第二步，插入图表。

选中 F2：F7单元格区域并切换到“插入”选项卡下，单击“图表”组中的对话框启动器，弹出“插入图表”对话框，切换到“XY（散点图）”选项卡下，选择“散点图”，并单击“确定”按钮，返回工作表即可看到图表，如图9-4-15所示。

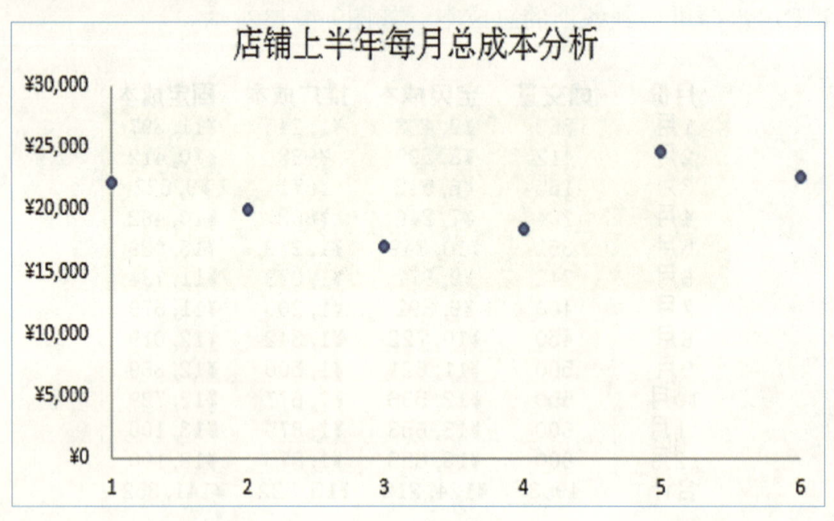

图9-4-15　插入图表

第三步，添加并设置趋势线。

选中图表，切换到“设计”选项卡下，在“图表布局”组中单击“添加图表元素”右侧的下三角按钮，然后在展开的下拉列表中指向“趋势线”，再选择展开的子列表中的“线性”，此时，即可看到图表中添加了趋势线。选中趋势线并右击鼠标，在弹出的快捷菜单中选择“设置趋势线格式”命令，如图9-4-16所示。

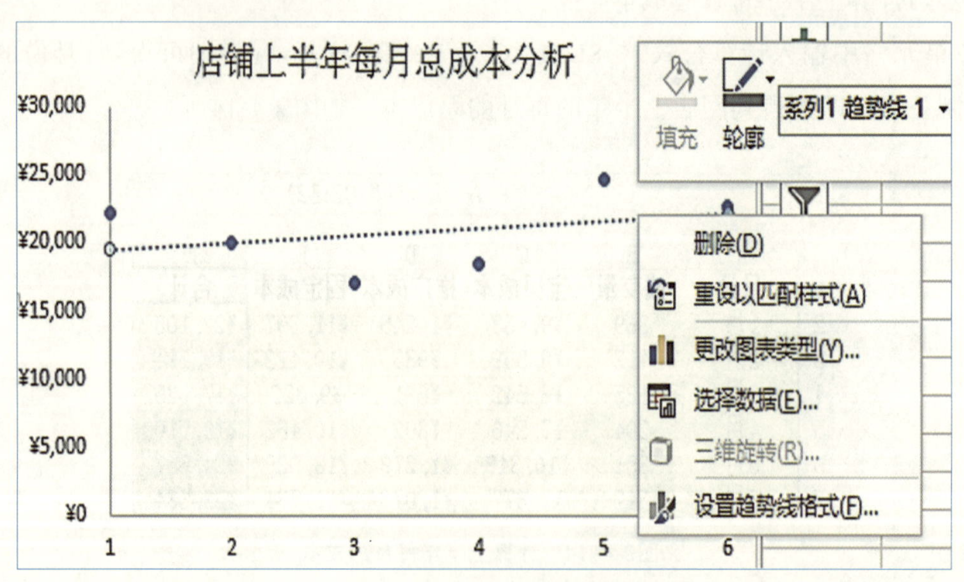

图9-4-16　添加并设置趋势线

弹出“设置趋势线格式”对话框，在“趋势线选项”选项卡下勾选“显示公式”、“显示 R 平方值”复选框，如图9-4-17所示。设置完成后，就可以看到图表中的趋势线位置处显示了使用的线性公式和 R^2 值。

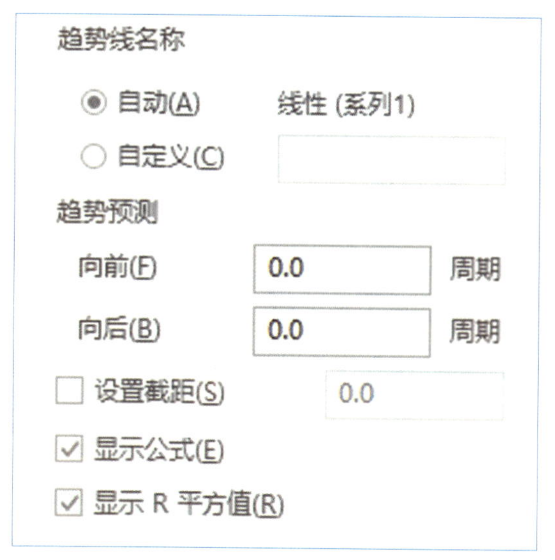

图9-4-17 设置趋势线格式

第四步，预测下半年的成本。

创建线性趋势线预测区域，根据图表中显示的线性公式“y=524.54x+18995”与 R^2 值，在 I15 单元格中输入公式“=524.54×G15+18995”，得到7月的预测总成本；向下复制公式至 I20单元格，即可得到下半年网店的预测总成本，如图9-4-18所示。

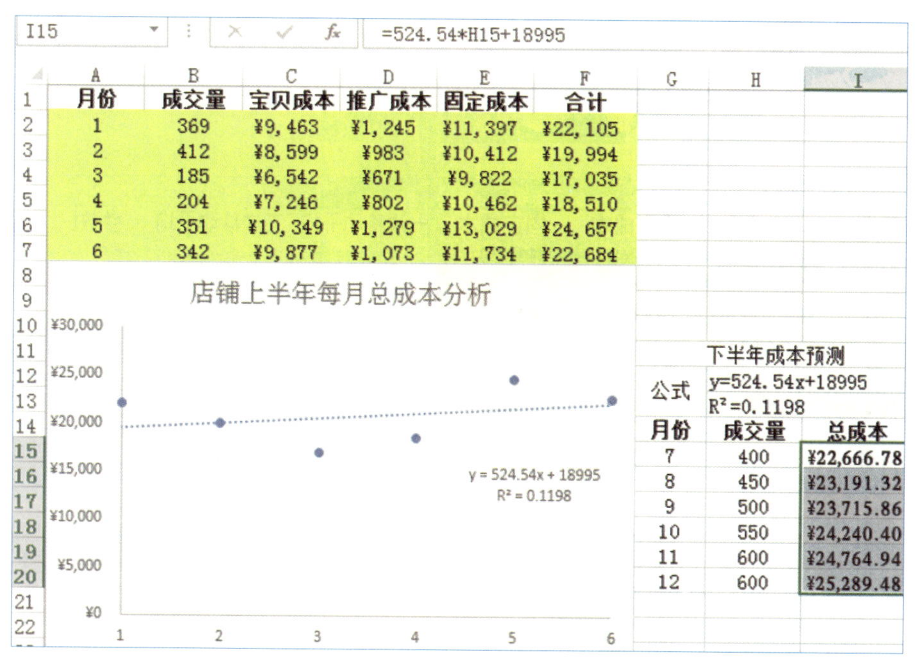

月份	成交量	宝贝成本	推广成本	固定成本	合计
1	369	¥9,463	¥1,245	¥11,397	¥22,105
2	412	¥8,599	¥983	¥10,412	¥19,994
3	185	¥6,542	¥671	¥9,822	¥17,035
4	204	¥7,246	¥802	¥10,462	¥18,510
5	351	¥10,349	¥1,279	¥13,029	¥24,657
6	342	¥9,877	¥1,073	¥11,734	¥22,684

月份	成交量	总成本
7	400	¥22,666.78
8	450	¥23,191.32
9	500	¥23,715.86
10	550	¥24,240.40
11	600	¥24,764.94
12	600	¥25,289.48

图9-4-18 预测下半年的成本

如果网店的成交均价为98.88元，卖家根据图表预测法可以分别求出网店上半年的利润、下半年的预计总销售额、预计总成本以及预计利润。

图表预测法是直接利用网店的各项已知总成本对下半年的总成本进行预测，卖家能够很直观地根据预测的数据结果分析网店的盈利情况。适合增长或降低速率比较稳定的商品。

网店上半年的总销售额：1863×98.88=184213.44元

网店上半年的总成本：52076+6053+66856=124985元

网店上半年的利润：184213.44－124985=59228.44元

网店下半年的预计总销售额：3100×98.88=306528元

网店下半年的预计总成本：

22666.78＋23191.32＋23715.86＋24240.4＋24764.94＋25289.48=143868.78元

网店下半年的预计利润：306528－143868.78=162659.22元

4. 分析工具预测法

移动平均法是一种最简单的自适应预测的方法。移动平均法是利用近期的数据对预测值的影响比较大，而远期数据对预测数据值影响较小的原理，把平均数进行逐期移动。而移动期数的大小视具体情况而定，移动期数少，能够快速地反映，但是不能反映变化趋势；移动期数多，能够反映变化趋势，但是预测值带有明显的滞后偏差。接下来将讲解如何利用移动平均法预测网店的成本。

第一步，选择分析工具。

结合图9-4-19所示范例，单击“数据”标签切换至“数据”选项卡下，并在“分析”组中单击“数据分析”按钮，弹出“数据分析”对话框，在“分析工具”列表框中选择“移动平均”选项，单击“确定”按钮，如图所示。

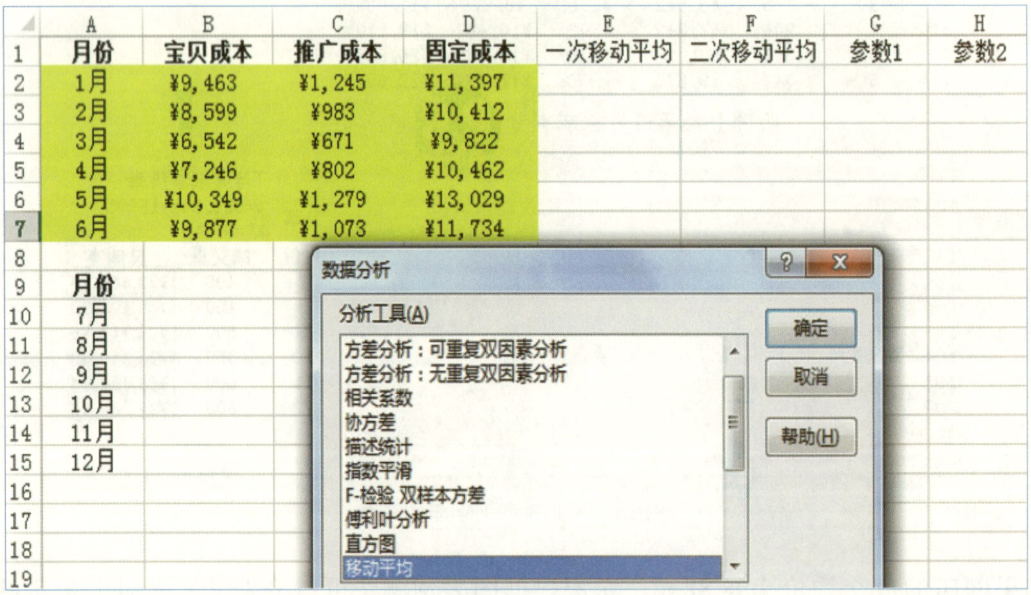

	A	B	C	D	E	F	G	H
1	月份	宝贝成本	推广成本	固定成本	一次移动平均	二次移动平均	参数1	参数2
2	1月	¥9,463	¥1,245	¥11,397				
3	2月	¥8,599	¥983	¥10,412				
4	3月	¥6,542	¥671	¥9,822				
5	4月	¥7,246	¥802	¥10,462				
6	5月	¥10,349	¥1,279	¥13,029				
7	6月	¥9,877	¥1,073	¥11,734				
8								
9	月份							
10	7月							
11	8月							
12	9月							
13	10月							
14	11月							
15	12月							
16								
17								
18								
19								

数据分析

分析工具(A)

方差分析：可重复双因素分析
方差分析：无重复双因素分析
相关系数
协方差
描述统计
指数平滑
F-检验 双样本方差
傅利叶分析
直方图
移动平均

确定
取消
帮助(H)

图9-4-19 选择分析工具

第二步，设置输入输出区域。

弹出输入对话框，单击“输入区域”文本框右侧的引用按钮，并选择“B2：B7”单元格区域返回到对话框；设置好输入区域后，并在“间隔”文本框中输入2；在“输出选项”选项组的文本框中设置输出区域放置的位置为E2，单击“确定”按钮。如图9-4-20所示。

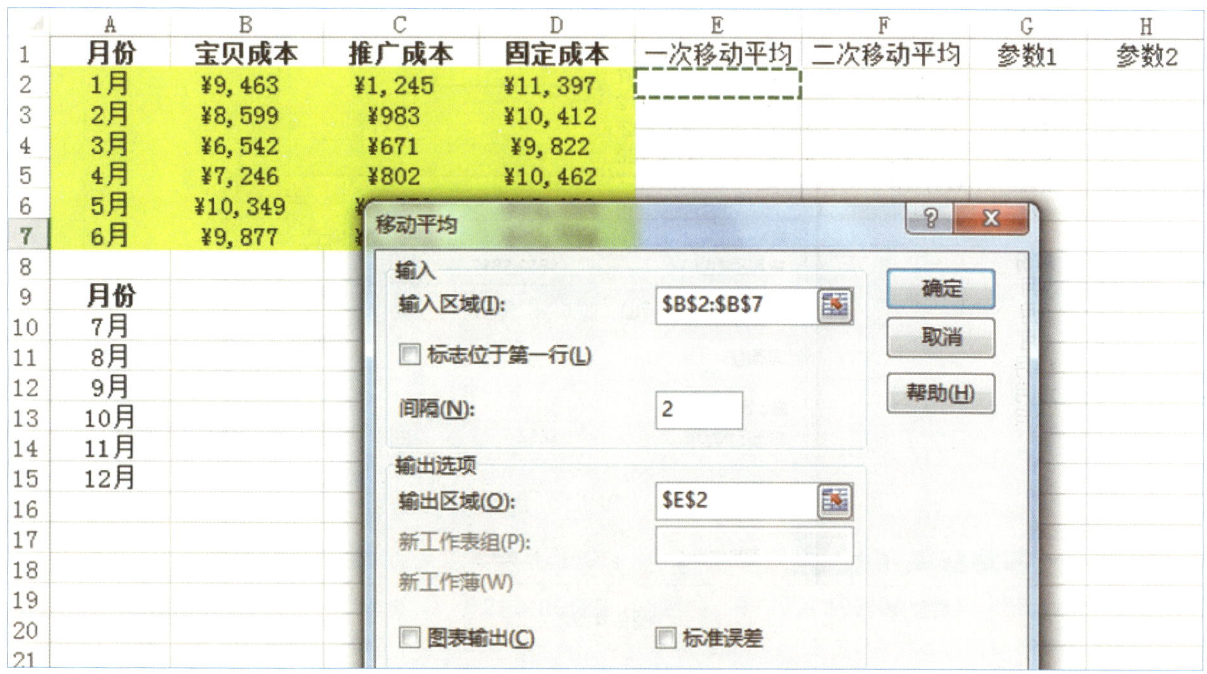

图9-4-20 设置输入输出区域

第三步，显示输出预测值。

返回到工作表中，系统自动计算出所选数组的一次移动平均的结果，如图9-4-21所示。

	A	B	C	D	E	F	G	H
1	月份	宝贝成本	推广成本	固定成本	一次移动平均	二次移动平均	参数1	参数2
2	1月	¥9,463	¥1,245	¥11,397	#N/A			
3	2月	¥8,599	¥983	¥10,412	¥9,031			
4	3月	¥6,542	¥671	¥9,822	¥7,571			
5	4月	¥7,246	¥802	¥10,462	¥6,894			
6	5月	¥10,349	¥1,279	¥13,029	¥8,798			
7	6月	¥9,877	¥1,073	¥11,734	¥10,113			
8								
9	月份							
10	7月							
11	8月							
12	9月							
13	10月							
14	11月							
15	12月							

图9-4-21 显示输出一次移动平均预测值

选中C8单元格，复制C8单元格至C13单元格，即可显示计算的数组结果，即该网店下半年预测的宝贝成本。如图9-4-22所示。

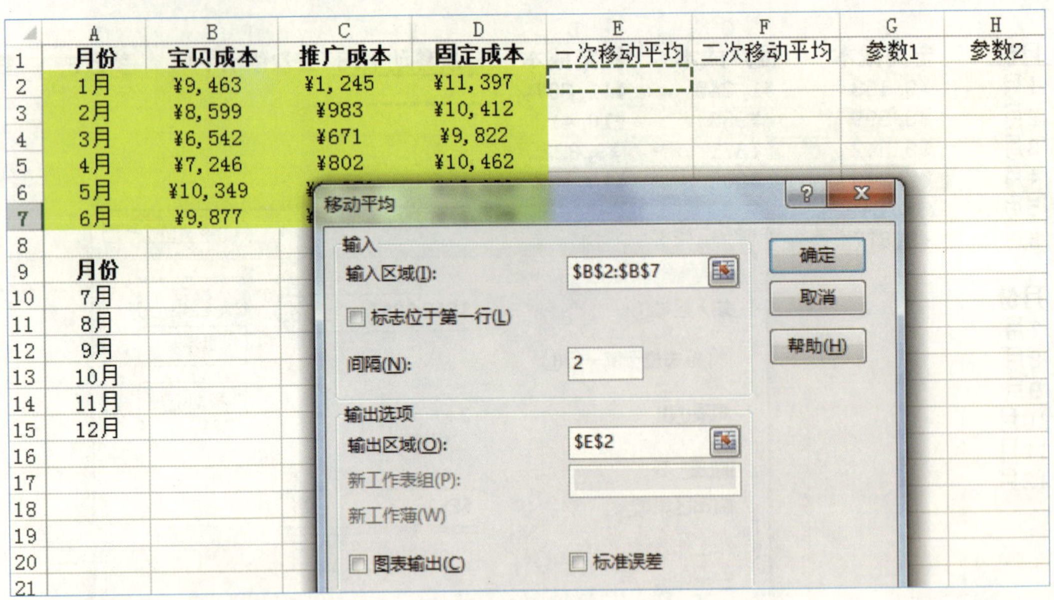

图9-4-22

第四步，计算二次平均及参数。

按照同样的方法，计算二次平均的结果。在弹出的输入对话框中单击“输入区域”文本框右侧的引用按钮，并选择“E3 : E7”单元格区域返回到对话框；设置好输入区域后，并在“间隔”文本框中输入2；在“输出选项”选项组的文本框中设置输出区域放置的位置为F3，单击“确定”按钮。如图9-4-23所示。

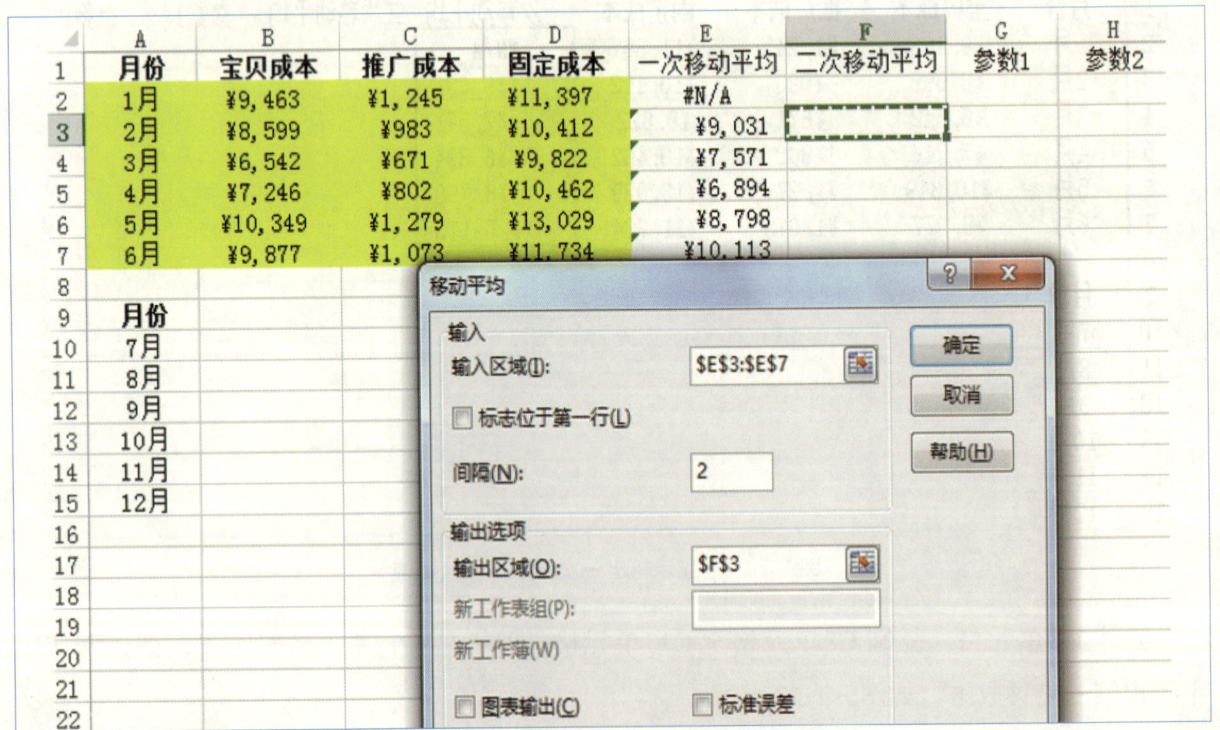

图9-4-23 设置二次移动平均选项

计算出一次移动平均数组值和二次移动平均数组值后，再利用一次移动平均和二次移动平均数组值计算出参数1和参数2，并且已知参数“参数1＝一次移动平均值 ×2－二次移动平均值”和“参数2＝一次移动平均值－二次移动平均值”。

在 G4单元格中输入公式“＝ E4×2－F4”，在 H4单元格中输入公式“＝ E4－F4”，利用自动填充功能向下复制公式计算出参数1和参数2，如图9-4-24所示。

	A	B	C	D	E	F	G	H
1	月份	宝贝成本	推广成本	固定成本	一次移动平均	二次移动平均	参数1	参数2
2	1月	¥9,463	¥1,245	¥11,397	#N/A			
3	2月	¥8,599	¥983	¥10,412	¥9,031	#N/A		
4	3月	¥6,542	¥671	¥9,822	¥7,571	¥8,301	¥6,840.25	(¥730.25)
5	4月	¥7,246	¥802	¥10,462	¥6,894	¥7,232	¥6,555.75	(¥338.25)
6	5月	¥10,349	¥1,279	¥13,029	¥8,798	¥7,846	¥9,749.25	¥951.75
7	6月	¥9,877	¥1,073	¥11,734	¥10,113	¥9,455	¥10,770.75	¥657.75
8								
9	月份							
10	7月							
11	8月							
12	9月							
13	10月							
14	11月							
15	12月							

图9-4-24 计算二次移动平均及参数

第五步，预测下半年的宝贝成本。

在单元格 B10中输入公式“＝ AVERAGE（E6：E7）”，得到7月的预测成本，并且已知预测成本的计算公式为“预测值＝参数1＋参数2× 预测期数”，在 B11单元格中输入计算公式“＝ G7＋ H7×2”，得到8月份的宝贝成本；同理，可计算出下半年的宝贝成本，图9-4-25所示。

	A	B	C	D	E	F	G	H
1	月份	宝贝成本	推广成本	固定成本	一次移动平均	二次移动平均	参数1	参数2
2	1月	9,463	1,245	11,397	#N/A			
3	2月	8,599	983	10,412	9,031	#N/A		
4	3月	6,542	671	9,822	7,571	8,301	6841	-730
5	4月	7,246	802	10,462	6,894	7,232	6556	-338
6	5月	10,349	1,279	13,029	8,798	7,846	9750	952
7	6月	9,877	1,073	11,734	10,113	9,455	10771	658
8								
9	月份							
10	7月	9,456						
11	8月	29,023						
12	9月	38,479						
13	10月	47,934						
14	11月	57,389						
15	12月	66,845						

图9-4-25 预测下半年的宝贝成本

第六步，预测下半年的推广成本和固定成本。

同理，则可以计算出下半年的推广成本和固定成本，如图9-4-26所示。

	A	B	C	D
1	月份	宝贝成本	推广成本	固定成本
2	1月	¥9,463	¥1,245	¥11,397
3	2月	¥8,599	¥983	¥10,412
4	3月	¥6,542	¥671	¥9,822
5	4月	¥7,246	¥802	¥10,462
6	5月	¥10,349	¥1,279	¥13,029
7	6月	¥9,877	¥1,073	¥11,734
8				
9	月份			
10	7月	¥9,455	¥1,108	¥12,064
11	8月	¥29,023.50	¥3,392.50	¥36,508.50
12	9月	¥38,478.75	¥4,500.75	¥48,572.00
13	10月	¥47,934.00	¥5,609.00	¥60,635.50
14	11月	¥57,389.25	¥6,717.25	¥72,699.00
15	12月	¥66,844.50	¥7,825.50	¥84,762.50

图9-4-26　预测下半年的推广成本和固定成本

第七步，预测其他成本。

如果网店的成交均价为98.88元，掌柜根据分析工具预测法可以分别求出网店上半年的利润、下半年的预计总销售额、预计总成本以及预计利润。

移动平均预测法比较适用于近期的数据预测

网店上半年的总销售额：1863×98.88＝184213.44元

网店上半年的总成本：52076＋6053＋66856＝124985元

网店上半年的利润：184213.44－124985＝59228.44元

网店下半年的预计总销售额：3100×98.88＝306528元

网店下半年的预计总成本：

66844.5＋7825.5＋84762.5＝159432.5元

网店下半年的预计利润：306528－159432.5＝147095.5元

四、网店利润的规划求解

1. 减少推广成本和固定成本以增加利润

利润最大化分析，淘宝网店为了提高网店的利润，可以减少推广成本的支出。

例如，某网店主营女装，为了保证网店的推广力度不受到影响，卖家规定下半年的推广成本不得少于总成交额的3%。同时，网店在扣除宝贝成本的情况下，对推广成本和固定成本的相关数据进行了统计。如图9-4-27所示。

	A	B	C	D	E
1	月份	推广成本	固定成本	总成交额	利润
2	1月	872.35	16731.12	23269.36	5665.89
3	2月	713.44	14128.75	19835.21	4993.02
4	3月	1053.02	17756.11	24008.49	5199.36
5	4月	1209.19	19779.88	26613.58	5624.51
6	5月	885.21	16413.43	21368.36	4069.72
7	6月	901.09	16920.54	22759.92	4938.29
8	合计	5634.3	101729.83	137854.92	30490.79

图9-4-27 网店上半年推广成本与利润统计

（1）设置目标单元格和可变单元格

在“数据”选项卡下单击“规划求解”按钮，弹出“规划求解参数”对话框，“设置目标单元格”为 E1，选中“最大值”单选钮；单击“通过更改可变单元格”下方的折叠按钮，返回到工作表中选择 B2单元格区域，如图9-4-28所示。

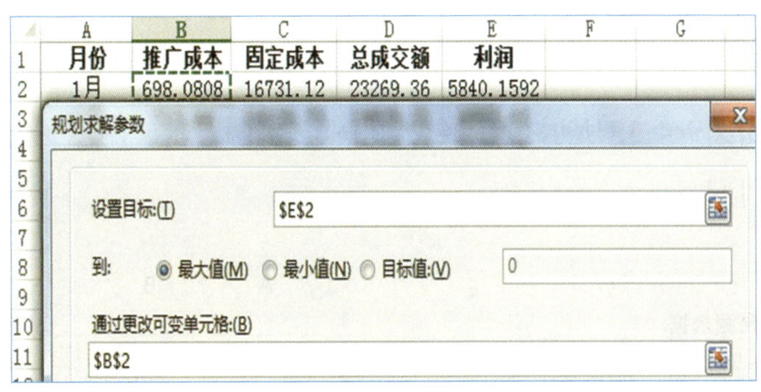

图9-4-28 设置目标单元格和可变单元格

（2）设置约束条件

单击“添加”按钮，弹出“添加约束”对话框，约束条件设置如图9-4-29所示。

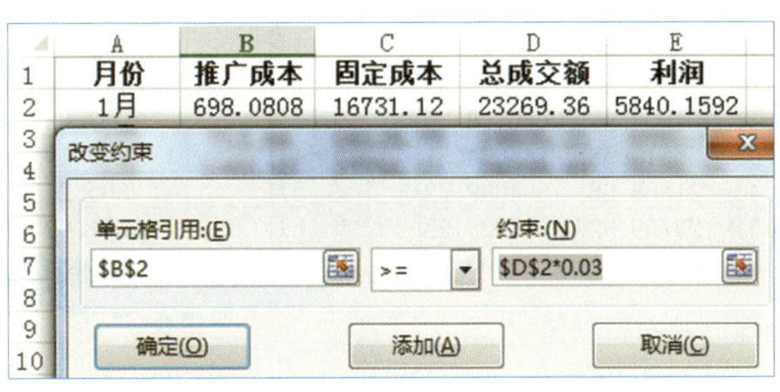

图9-4-29 设置约束条件

（3）求解最大值

单击“确定”按钮，返回到“规划求解参数”对话框中，在“约束”列表中显示了所有的添加条件，再单击“求解”按钮，如图9-4-30所示；单击“保存方案”按钮，在“方案名称”中输入“减少推广成本”，如图9-4-31所示。

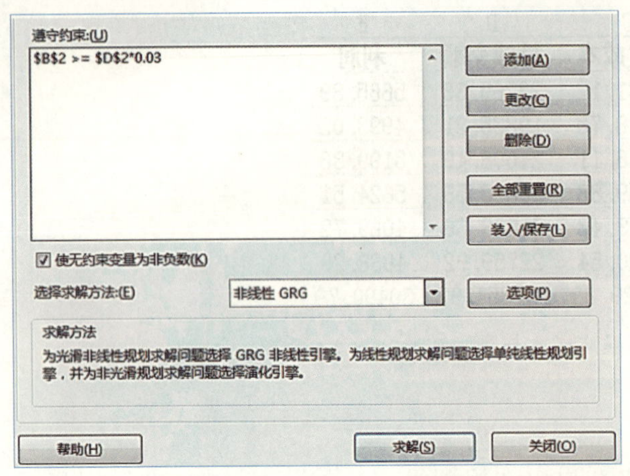

图9-4-30 求解最大利润

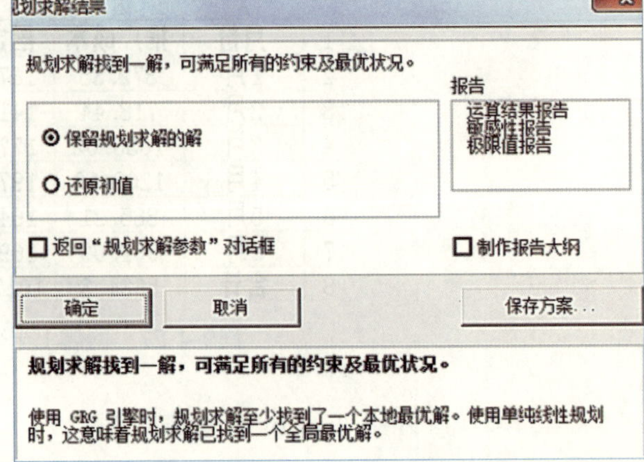

图9-4-31 保存方案

（4）预测其他月份的推广成本

返回到工作表中，即可看到1月份所支出的推广成本为698.0808元，1月份的利润为5840.1592元；按照同样的方法，计算出2—6月的推广成本，如图9-4-32所示；按照同样的方法，预测网店固定成本，如图9-4-33所示。在成交额一定的情况下，网店通过减少推广成本和固定成本的支出，以提升利润。

	A	B	C	D	E
1	预测数据				
2	月份	推广成本	固定成本	总成交额	利润
3	1月	698.0808	16731.12	23269.36	5840.1592
4	2月	595.0563	14128.75	19835.21	5111.4037
5	3月	720.2547	17756.11	24008.49	5532.1253
6	4月	798.4074	19779.88	26613.58	6035.2926
7	5月	641.0508	16413.43	21368.36	4313.8792
8	6月	682.7976	16920.54	22759.92	5156.5824
9	合计	4135.6476	101729.83	137854.92	31989.4424
1	历史数据				
2	月份	推广成本	固定成本	总成交额	利润
3	1月	872.35	16731.12	23269.36	5665.89
4	2月	713.44	14128.75	19835.21	4993.02
5	3月	1053.02	17756.11	24008.49	5199.36
6	4月	1209.19	19779.88	26613.58	5624.51
7	5月	885.21	16413.43	21368.36	4069.72
8	6月	901.09	16920.54	22759.92	4938.29
9	合计	5634.3	101729.83	137854.92	30490.79

图9-4-32 其他月份的推广成本预测值

	A	B	C	D	E
1	预测数据				
2	月份	推广成本	固定成本	总成交额	利润
3	1月	872.35	16288.552	23269.36	6108.458
4	2月	713.44	13884.647	19835.21	5237.123
5	3月	1053.02	16805.943	24008.49	6149.527
6	4月	1209.19	18629.506	26613.58	6774.884
7	5月	885.21	14957.852	21368.36	5525.298
8	6月	901.09	15931.944	22759.92	5926.886
9	合计	5634.3	96498.444	137854.92	35722.176
1	历史数据				
2	月份	推广成本	固定成本	总成交额	利润
3	1月	872.35	16731.12	23269.36	5665.89
4	2月	713.44	14128.75	19835.21	4993.02
5	3月	1053.02	17756.11	24008.49	5199.36
6	4月	1209.19	19779.88	26613.58	5624.51
7	5月	885.21	16413.43	21368.36	4069.72
8	6月	901.09	16920.54	22759.92	4938.29
9	合计	5634.3	101729.83	137854.92	30490.79

图9-4-33 网店固定成本预测值

最大限度地提升利润是淘宝网店赖以生存和发展的前提，也是网店的基本目标。网店的一切运营活动都是围绕利润而展开的，而如何有效控制成本是提升利润的关键。卖家在控制成本的时候也应该注意两点：

统计历史运营数据的前提是必须保证数据准确无误，根据前期的运营情况对接下来的运营建立上下控制线，并且制定相关工作人员制度。

关于减少固定成本的支出，需要形成全员参与的氛围，如节约水电、爱惜办公设备等方面。

2. 创建规划求解报告

在前面两个小节利用规划求解时，当求得一个数值的时候，会弹出“规划求解结果”对话框，在对话框中共显示了3种类型的报告，分别是运算结果报告、敏感性报告和极限值报告。淘宝卖家可以根据实际的数据分析需要选择创建报表的类型，最后生成数据报表。

（1）选择报告类型

打开减少推广成本表格，在“数据”选项卡下单击“规划求解”按钮，弹出“规划求参数”对话框，单击“求解”按钮，弹出“规划求解结果”对话框，在“报告”列表框中选择创建的报告类型为“运算结果报告”，单击“确定”按钮，如图9-4-34所示。

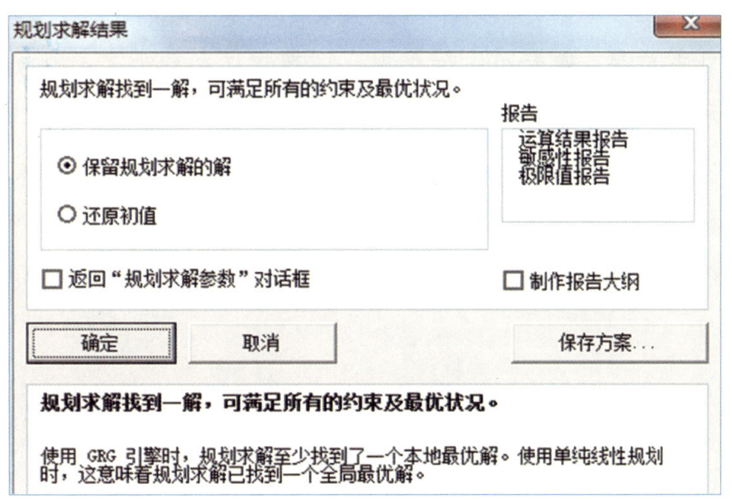

图9-4-34　选择报告类型

（2）运算结果报表

Excel 会自动在当前的工作簿中插入一个新的工作表“运算结果报告1”，如图9-4-35所示。

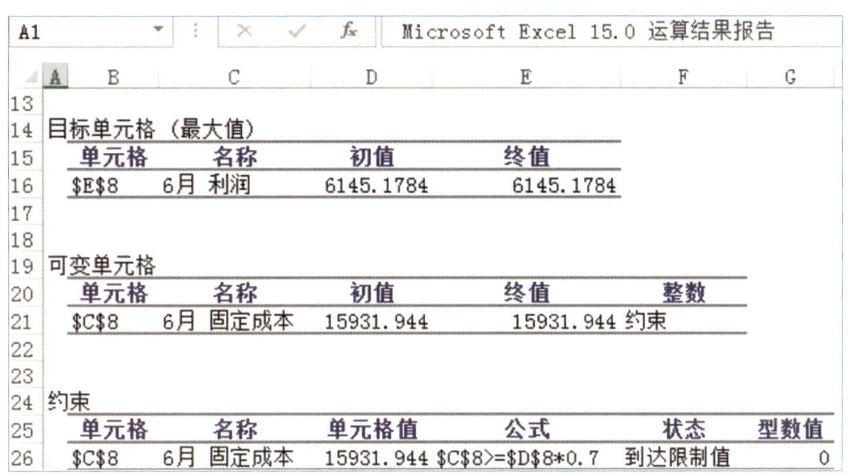

A1　Microsoft Excel 15.0 运算结果报告

	A	B	C	D	E	F	G
13							
14	目标单元格（最大值）						
15		单元格	名称	初值	终值		
16		E8	6月 利润	6145.1784	6145.1784		
17							
18							
19	可变单元格						
20		单元格	名称	初值	终值	整数	
21		C8	6月 固定成本	15931.944	15931.944	约束	
22							
23							
24	约束						
25		单元格	名称	单元格值	公式	状态	型数值
26		C8	6月 固定成本	15931.944	C8>=D8*0.7	到达限制值	0

图9-4-35　运算结果报表

报告图表的最大优势就是能在第一时间内反映出相关的核心数据指标。前图所示的运算结果报表很直观地反映了目标单元格的最大值、可变单元格以及约束条件3项数据指教，不同的数据指标按照单元格、名称、初值、公式等选项进行综合排列。因此，卖家直接利用运算结果报告能判断出网店按照之前制定的成本规划是否合理，如果相关的数据还存在缺陷，便于卖家能及时更改数据，为网店下阶段的健康运营打下基础。

课后练习

从开店到现在，淘宝卖家小王对网店的历史运营数据进行了统计，细心的小王发现：网店的生意虽然比以前好，但是网店的利润涨幅不甚明显，有段时间基本上处于收支平衡状态。

小王不禁开始反思：如果网店按照现在这种状况发展下去，到年底也仅仅是收支平衡，网店甚至无法为客服人员提供承诺过的年终奖，会直接导致人员的流动率很大；更关键的是网店的发展将举步维艰。因此，小王决定要对下半年的各项成本进行预测，包括细小环节的成本。

请根据本章节所学习的内容，为小王制定出一份网店利润的分析报告。

模块十 线上店铺设计与装修

学习目标

知识目标

- 了解网店首页的设计方法
- 了解店铺装修色彩设计的原则与配色方案
- 掌握商品图片拍摄与优化的方法与技巧
- 掌握店铺文案的规划与设计方法
- 掌握商品详情页的设计技巧

技能目标

- 能够设计店铺装修色彩并提出配色方案
- 能够设计商品首页
- 能够制作店招，Banner 广告图，组图，辅图
- 能够设计商品详情页
- 能制作商品详情页

素养目标

- 具备艺术审美、色彩搭配能力
- 树立正确的文化自信
- 熟悉《中华人民共和国电子商务法》相关法规
- 具备法律意识，尊重公民隐私，不侵犯公民合法权益
- 熟悉《中华人民共和国广告法》

单元一　整体风格的设计

引导案例

小雅是一家女装网店的淘宝推广负责人，“6 • 18”大促活动之后，店内的访问量及转化率降低，通过自然搜索进店的访客数也比往日减少。为了能够使店获得更多进店流量，小雅决定对店铺首页的风格，广告图，主图的风格进行优化。

通过阅读案例并查阅资料，思考并回答以下问题：

该如何对网店的文案、风格进行优化？

知识储备

一、视觉营销的内涵与价值

视觉营销（visual marketing）的概念从形成之初的本意上讲是为达成营销的目标而存在的，是将展示技术和视觉呈现技术与对商品营销的彻底认识相结合，与采购部门共同努力将商品提供给市场，加以展示售卖的方法。品牌（或商家）通过其标志、色彩、图片、广告、店堂、橱窗、陈列等一系列的视觉展现，向顾客传达产品信息、服务理念和品牌文化，达到促进商品销售、树立品牌形象之目的。

视觉营销的研究范畴开始主要集中在实体零售终端卖场的商品视觉展示设计领域，当时对于视觉营销的含义有着不同的表述，大致可以归纳为三类观点。一类观点认为视觉营销就是利用色彩、造型、声音等造成的冲击力吸引潜在顾客来关注产品，着重强调商品的陈列和展示对视觉的冲击，并以此促进商品的销售。另一类观点则糅合了商品展示技术、视觉呈现技术和市场营销策略，强调了商品展示技术和视觉呈现技术的运用必须与商品营销策略相结合。这类观点虽然强调了商品展示技术和视觉呈现技术的运用必须与商品营销策略相结合的重要性，但仍然只将视觉营销界定在“商品的终端卖场”这一领域。还有一类观点则是在上述两类观点的基础上，将视觉营销由“商品的终端卖场”领域扩展到其他领域，并深入到对消费者心理层面的影响方面研究。

在实际应用领域，视觉营销也用“VMD”来表示，是“Visual Merchandise Design”的缩写，有时候也称为商品计划视觉化。

现在的视觉营销功能与范围已经有了很大的拓展，主要是延伸到了电子商务领域。但两者所依附的媒介完全不同，根据视觉营销所依附的媒介可分为传统视觉营销和网络视觉营销，网络视觉营销也称网店视觉营销，传统视觉营销也就是在现实生活中消费者在实体店中所见商品的视觉摆设；网络视觉营销则是在虚拟的互联网购物平台所见商品的视觉摆设，它是现实生活中视觉营销的拓展，因此，它与现实中的视觉营销在很多方面的类似特征都可以进行分析和研究。

根据视觉营销的冲击程度可分为无冲击型、冲击型、强烈冲击型。其冲击程度取决于购物网络平台在视觉上给消费者带来的心理冲击，包括需求的产生和波动以及它们的幅度。

二、网店的视觉营销与类型

网店的视觉营销与传统的视觉营销的本质与目的是一致的，但形式、结构、实施方式、对象等是不一样的。网店的视觉营销也可以理解为计算机视觉效果的商品计划，网店的视觉营销以网页为空间表现基础。通过色彩、图形、声音、文字、动画、视频等数字化内容造成的视觉冲击，增强消费体验，激发消费者的购买欲望，以达到销售商品或服务的目的。网店视觉的冲击程度一般可分为：无冲击型、冲击型、强烈冲击型。

三、网店视觉营销的功能

根据众学者在消费心理学研究方面的成果可见，消费者在网络购物环境中期望得到一种视觉享受。所以在网店页面设计时，视觉效果影响着消费者的潜意识与情绪。人的大脑分为显意识与潜意识，显意识是我们在日常的生活当中容易察觉到的。比如我们有明确目的的时候要做某件事，那么所有的一切主导全部为显意识，而潜意识是不易察觉到的。

心理学研究表明，人们在所获知的外界信息中，有87%是靠眼睛获得的，75%～90%的人体活动由视觉主导。而网店视觉营销是将“视觉”这一心理现象对网店商品个别属性的反映，作为影响消费者行为的主要因素，结合不同的视觉呈现技术和商品展示技术，制定出不同于其他营销理念的营销组合策略。以此对目标顾客及潜在顾客形成强大的视觉冲击力，并对其产生心理层面的影响，从而带动商品的销售，达到营销目的。

四、视觉营销的实施原则

视觉营销是利用文字、图像、色彩等造成视觉的冲击力来吸引潜在顾客的关注。因此要增加产品和店铺的吸引力，达到营销制胜的效果，视觉营销在电子商务营销服务中是必不可少的营销手段之一。

视觉营销的作用是吸引更多顾客关注，从而提升网店的浏览量，并刺激消费者的购买欲望，使目标流量转变为有效流量。当然，卖家在考虑吸引消费者眼球的情况下不要忘记塑造自己的网店形象和品牌形象，这样就可以让你的有效流量转变为忠实流量。

五、网店视觉营销构成的要素

（一）文字设计

文字显示要自然流畅。网店页面的每一部分都是在为销售产品而服务的，网店中海报的文字与广告牌上的文字一样，文字要在页面上突出，周围应该留有足够的空间展示产品的其他信息。文字部分不能出现拥挤不堪的现象，紫色、橙色和红色的文字会让人眼花缭乱，会让人感觉压抑，反而不利于用户浏览。

文字的字体使用统一规范。设计时用一种能够提高文字可读性的字体是最佳选择。一般都会采用Web通用的字体，因为这样最易阅读，也符合消费者的浏览习惯。而特殊字体则用于标题效果较好，但不适合正文。如果字体复杂，阅读起来就会很费力，也会让顾客的眼睛很快感到疲劳，不得不转移到其他页面。

一般分类导航类目的文字如果要用个别特殊的文字来体现网页的风格和美感，可以将文字做成图片格式，但一般不用太大的字。而宝贝的文字标题和分类导航类目使用的字体一般是宋体12磅或9磅，因为这种字体可以在任何操作系统和浏览器中正确显示。产品文字标题也就是我们常说的关键词，卖家在设置文字标题的时候要构建一个完整的关键词，也就是当下最为流行的关键词营销。对于关键词营销，卖家们都知道很重要，却往往没有抓住要领。其实，关键词关键在于如何设置，这是有径可循的。

（二）图像设计

图像在网店页面是非常重要的部分，其视觉冲击力相对文字要强很多。它能够在瞬间吸引顾客的注意，让他们知道产品的基本信息。

在多媒体的世界，它的作用比文字要大。在网店中，优秀的产品图像更是增加浏览量和促进购买的关键。应使图片在视觉信息传达上能辅助文字，帮助理解。因为图片能具体而直接地把信息内容高质量、高效率地表现出来，使本来平淡的事物变成强而有力的诉求性画面，体现出更强烈的创造性。图片在版面构成要素中，充当着形成独特画面风格和吸引视觉关注的重要角色，具有烘托视觉效果和引导阅读两大功能。网店的图像主要有广告图、产品主图、实拍图等。如何打造和美化这些图片呢？

1. 广告图。一个网店的广告图是为网店的推广服务的，一般都包括产品海报、焦点图、促销海报、钻展、直通车图片。做好了这些图，你的推广费从此不再打水漂。

首先要主题明确，不要出现多个主题现象；其次风格切忌挂羊头卖狗肉，简单地说就是表里如一；再次就是构图忌讳整齐划一、主次不分、中规中矩；最后就是注重细节，细节决定成败，一切的效果都要在细节中实现。

2. 产品主图。一张好的产品主图能决定50%的购买欲望。主图可以放的内容包括品牌logo、产品价格（如2折、仅99元等）、促销词汇（如包邮送礼、仅限今日等）。从2012年10月1日开始在类目客服的支持下，主搜图是否有“牛皮癣”将作为搜索展现的重要权重，多个类目进行了整改，以恢复主搜图的美观形象。主图设计优美能给卖家带来一定的流量和转化率。

3. 实拍图。面对实拍图买家会有这样的要求：图片要是实物拍摄图；细节图要清楚展示；颜色不能失真，要有色彩说明；图片打开的速度不能太慢；图片清晰等。这些问题都是买家平时关注的。卖家在展示产品实拍图时要关注买家的需求。

（三）色彩设计

Web上色彩丰富，怎么才能知道哪些颜色放在一起会好看呢？可以看看其他设计人员在印刷品和网上使用的颜色。倘若有一些颜色组合很引人注目，可以把这些例子保存下来。如果别人使用这些颜色组合的效果不错，你使用这些颜色时看上去也会很棒。任何一种颜色组合都已经使用无数次了，因此不必担心你剽窃别人的想法。

（四）版式设计

网店页面设计就像传统的报纸杂志一样，我们可以把网店的页面看作是一张报纸或一本杂志来进行页面排版布局。网店页面设计是否成功，不仅取决于文字、图像、色彩的搭配和选择，同时也决定于其版式的排布是否得当。如果网店页面中的文字和图像排列不当，会显得拥挤杂乱，不单单影响到字体和图像本身的美感，不利于顾客进行有效的浏览，更难以产生良好的视觉传达效果。为了构成生动的页面视觉效果，网店的版式布局要有一定的平衡性，可以从4个方面来看版式布局的平衡性，分别是留白、颜色、文字和节奏。

（五）功能模块设计

淘宝店铺的功能模块主要是根据客户心理起到一个良好的交互作用，优化店铺的用户体验。目前可选择的功能模块有轮播页面、搭配套餐、成交地图、分类模块、产品推荐模块、促销模块等。除此之外，还有收藏、客服、微博、QQ 等互动性的模块。

（六）导航设计

导航就像一组超链接，是用来浏览网页的工具。它可以是按钮或者是文字超链接。在每个页面上显示一组导航，顾客就可以很快又很容易地找到他想浏览的网页。导航是网页设计中的重要部分，也是整个 Web 站点设计中的一个独立部分。

单元二　网店配色方案

引导案例

色彩是人的视觉上最敏感的东西，给人一种直观的展现，而在网店设计中就充分地应用到色彩这块，色彩搭配恰当的话对于吸引顾客也有很大的帮助，所以设计师要应用好色彩给予人的特别表现，处理好网店色彩的搭配。下面我们一起了解下网店设计过程中是如何进行色彩的搭配的。小王是一家女装网店的淘宝推广负责人，“6·18”大促活动之后，店内的转化率降低，为了能够提升转化率，小王决定对店铺首页的色彩搭配、主图色彩设计、详情页进行优化。

小王该如何对网店的首页及详情页色彩搭配进行优化？

知识储备

一、不同色彩的“性格”表现

不同色彩有着不同的“性格”，它们会在一定程度上影响人们的心理感受和情绪。在装修店铺时，充分利用色彩的“性格”表现，能够有效提升店铺页面的视觉表现，给买家带来视觉享受，刺激其购买欲。

表10-2-1所示为一些常见色彩的“性格”特点及其适用的场景。

表10-2-1 色彩的“性格”特点及其适用的场景

色彩名称	“性格”特点	适用的场景
红色	色感温暖，是一种对人刺激性很强的颜色，是热情、活力、喜庆的颜色代表，容易使人兴奋、激动、紧张、冲动	①婚庆类商品、女装、化妆品等店铺适合红色系搭配 ②用于店庆活动或大型促销活动广告图主色调
橙色	具有健康、富有活力、勇敢自由等象征意义，能让人产生尊贵、温暖、兴奋、神秘等感觉，而且是一种能引起人们食欲的色彩	销售食品的店铺
黄色	会让人产生明亮、灿烂、愉快、高贵、柔和、辉煌的感觉，同时又容易引起人们味觉的条件反射，给人以甜美、香酥的感觉	①可用于食品类店铺 ②可用于表现喜庆氛围和富饶景色的画面 ③销售高档商品的店铺也适合使用黄色系，给人一种华贵的感觉
紫色	代表着高贵、奢华、优雅、魅力，也象征着神秘、庄重、神圣和浪漫，会让人产生浪漫、柔和、华丽、高贵、优雅的感觉	通常用于以女性为对象或以艺术品为主的店铺，很适合表现珍贵、奢华的商品
绿色	偏向于自然美、宁静、生机勃勃、宽容，可以让人产生一种清新、自然、舒适、亲和的感觉	通常与环保意识有关，也经常被联想到与健康相关的事物上，经常用于一些销售生态特产、护肤品、儿童商品的店铺中
蓝色	给人以沉稳、稳重、冷静、严谨、成熟、淡雅、智慧、科技的感觉	可用于营造安稳、可靠、略带神秘色彩的氛围，销售数码类商品、科技类商品、家电类商品的店铺适合使用蓝色系
白色	让人产生纯粹、客观、淳朴、神圣、光明、明快的感觉	大多数店铺都适合使用白色
灰色	一种最被动的颜色，容易受到邻近颜色的影响。若靠近鲜艳的暖色，灰色就会显出冷静的品格；若靠近冷色，灰色就会变成温和的暖灰色	销售电子、电器商品的店铺
黑色	给人以稳重、高贵的感觉	而生活用品和服饰用品用黑色可以给人带来一种高贵、神秘的感觉。黑色的暗沉可以让与之搭配的生活用品、服饰的颜色显得更加鲜明、华丽科技商品可以用黑色来做主色调

二、店铺装修的配色方案

色彩是通过人对其形成的印象或者联想来对人产生心理上的影响，而配色的作用就是通过改变空间的舒适程度和环境气氛来影响买家的视觉感受和刺激买家的购买欲。下面将从色彩的三要素即色相、明度、纯度来介绍一些网店装修中常用的配色方案。

（一）色相对比与调和配色

色相即色彩的相貌，也就是色彩的名称，即我们所说的红、橙、黄、绿、青、蓝、紫。色相是色彩最显著的特征，基本色相的秩序以色相环的形式体现，即色环。色环分为六色相环、九色相环、十二色相环等，其中十二色相环最为常见。

色相对比是指色彩因色相之间的差别形成的对比。一般可以采用4种对比搭配，即同类色搭配、邻近色搭配、对比色搭配和互补色搭配。

1. 同类色搭配

同类色是指色相性质相同，但色度深浅不同的颜色，是在色相环中30°夹角以内的颜色。同类色是最弱的色相对比，一般将其看作同类色色相的不同明度和纯度的对比，即通过调整色彩的透明度与饱和度来使色彩产生深浅的区别。同类色会让人感觉非常协调，它们所形成的对比效果单纯、雅致，但也容易出现单调、呆板的感觉。为了不让页面显得单调，可以在页面中加入一些较少的其他颜色来做点缀。

2. 邻近色搭配

邻近色是指色相环中相邻近的颜色，例如，红色和黄色、绿色和蓝色就互为邻近色。在十二色相环中，凡夹角在60°左右（不超过90°）的颜色为邻近色。与同类色搭配相比，邻近色之间的可搭配度更大一些，其产生的效果也更加丰富，富于变化。

3. 对比色搭配

在十二色相环中，夹角在120°左右（不超过180°）的色相关系称为对比色。对比色搭配能让色彩更具表现力，产生强烈、兴奋的效果。但是，如果对比色处理不当，容易让浏览者产生视觉疲劳。为了避免发生这种情况，设计者可以采取一些方法来调和对比色所产生的效果，使其更加温和，例如，提高或降低对比色的纯度，在对比色中插入黑、白、灰等分割色，调整对比色在页面中所占面积的大小，以及在对比色中插入类似色等。

4. 互补色搭配

互补色是色相环上处于180°角的强对比色，如红色与绿色、黄色与紫色、橙色与蓝色等色组。互补色的搭配可以形成华丽、跳跃、浓郁的画面效果。但是，如果互补色以高纯度、高明度等面积的形式来搭配，就会产生比对比色色组更具视觉刺激的效果，容易使浏览者产生视觉疲劳。互补色的合理搭配能够让页面中的前景和背景产生空间感，使页面中的主体更加突出。

（二）明度对比与调和配色

色彩的明度也称色彩的亮度，是指色彩明暗、深浅的变化，例如，深黄、中黄、淡黄、柠檬黄等黄颜色在明暗、深浅上的不同表现。明度高的色彩显得自然、清新，明度低的色彩显得神秘、冷艳。

明度对比与调和配色是指利用色彩之间明暗的变化使色彩形成对比，分为彩色差的明度对比和非彩色差的明度对比。

1. 彩色差的明度对比配色

色彩的明度决定了色彩的光感与明快感，色彩的明度对比会让色彩的层次和空间关系更加突出。

2. 非彩色差明度对比配色

非彩色的色彩个性不太明显，与任何色彩的搭配都可以形成比较协调的画面效果。

（三）纯度对比与调和的配色

色彩的纯度是指原色在色彩中所占据的百分比，用来表现色彩的鲜艳和深浅。纯度是深色、浅色等色彩鲜艳度的判断标准。色彩纯度分为高纯度、中纯度和低纯度3种。纯度最高的色彩就是原色，随着纯度的降低，色彩就会变暗、变淡。纯度降到最低就失去色相，变为无彩色，也就是黑色、白色和灰色。

色彩的纯度对比与调和是指因色彩之间纯度的差异而形成的对比。纯度的对比会让色彩呈现出更加明显的效果。高纯度色彩之间进行搭配，需要对色彩的明度进行调和，这样可以让页面呈现出鲜艳夺目、华丽而强烈的感觉；中纯度色彩之间进行搭配，虽然不会产生强烈的视觉效果，但是能让人产生含蓄、稳重、大方、明快的感觉；低纯度色彩之间的搭配可以形成低调、陈旧、平淡的视觉效果。

单元三 装修元素设计

引导案例

运营女性服饰类的店铺，在装修风格上尽可能要表现出一种雅致大气漂亮的感觉，色调上一般选用蓝紫色、粉色及鲜红色等可以突显女士特性的色彩。除此之外，为了能够更好地突显女士的优美特性，大家常常也会选用一些时尚美女和动漫卡通的素材图片来开展装修。自然，品牌女装也非常多种多样，实际的难题还得深入分析。

知识储备

一、店招设计

店招就是店铺的招牌，也是网店品牌定位最直观的体现，是店铺给人的第一印象，鲜明而有特色的店招不仅能吸引用户的眼球，带来订单，同时起到品牌宣传的作用。

网店店招在内容上可包含：店铺名、店铺 logo、收藏按钮、关注按钮、促销产品、优惠券、活动信息 / 时间 / 倒计时、搜索框、店铺公告、店铺导航条、旺旺、电话热线、店铺资质、店铺荣誉等等一系列信息。可根据网店的具体情况进行内容设计安排，做到核心信息告知，引起并放大买家的购物欲望。

“俪人装”服装网店即将迎来夏季促销活动，现要求为其网店设计符合活动主题的店招。要求：（1）突出店铺品牌特色及活动信息；（2）配色符合优雅、浪漫的女装特点；（3）布局简洁大方，要与整个页面风格、色彩统一。同时，设计师与客户沟通后得到具体需求信息如表10-3-1：

表10-3-1　客户反馈信息

信息	客户反馈
消费人群	25~35岁女青年
服装风格	柔和、优雅、浪漫
关键信息	新品、特价、59元起
广告版面	突出产品和关键信息
店招尺寸	宽为950像素，高为120像素
导航栏尺寸	宽为950像素，高为30像素
文案	简短，能放大购物欲望

设计思路分析

（1）网店店招以网店品牌为主，结合店铺的经营类目、店铺活动信息、总体特色等几个方面进行设计。

（2）整体构图以文字搭配图像，背景选取柔和优雅的鲜花图案为装饰，并根据配色要符合优雅、浪漫的女装特点的要求，字体选择白色、紫色为主色，体现知性的稳重感，同时用红色突出活动信息放大买家购买欲望。

（3）清晰明了的导航栏，把流量合理地分配给主推的页面或商品页面，引导用户找到合适的产品。

（4）新品、特价力度是消费的关注点，因此在店招中加入这些文案。

二、制作服装网店 Banner 广告和侧栏广告

某服装网店在换季阶段将发售新款连衣裙，为了配合新品的上市，现需制作网店 Banner 广告和侧栏广告以期扩大宣传和推广。设计师与客户沟通后得到以下需求信息，见表10-3-2。

表10-3-2 客户反馈信息

信息	客户反馈
消费人群	25～35岁女青年
服装风格	柔和、优雅、浪漫
关键信息	新品、特价、6折起
广告版面	突出产品和关键信息
Banner 广告尺寸	宽为1920像素，高为600像素
侧栏广告尺寸	宽为190像素，高为500像素
广告文案	简短，有季节特点，能引起共鸣

广告是一种很古老的宣传和推广手段。网页媒体上的产品广告，从表现形式上主要分为静态广告和动态广告。静态广告即画面没有动画效果的广告，动态广告即有动画效果的广告。无论是哪种形式，它的目的只有一个，就是宣传和推销产品，将产品广而告之。

图10-3-1 Banner 广告　　图10-3-2 产品广告

三、服装类主辅图设计

设计师通过与客户沟通了解得知，该网店要为“DCODE”品牌的一款披风设计主辅图，再通过进一步交流得知客户的要求如下：

1. 在主图中体现出产品的品牌与品质；
2. 辅图要更全面地展示出产品的多种信息；
3. 图片配色和谐，文字使用美观得当；
4. 提高产品在手机端的曝光率。

四、网店详情页设计

千纤纺女装网店到了一款风衣，新款风衣要上架，现征集新款风衣的宝贝详情页。设计师与客户沟通后得到需求信息，见表10-3-3。

表10-3-3　客户反馈信息

信息	客户反馈
消费人群	20—35岁女性
服装风格	优雅、高贵、浪漫
关键信息	风衣、新品
详情页版面	海报情景图、宝贝信息、尺码信息、细节展示、品牌售后等
详情页尺寸	宽800像素 × 高度不限（根据实际情况）
宝贝文案	简短、强调卖点

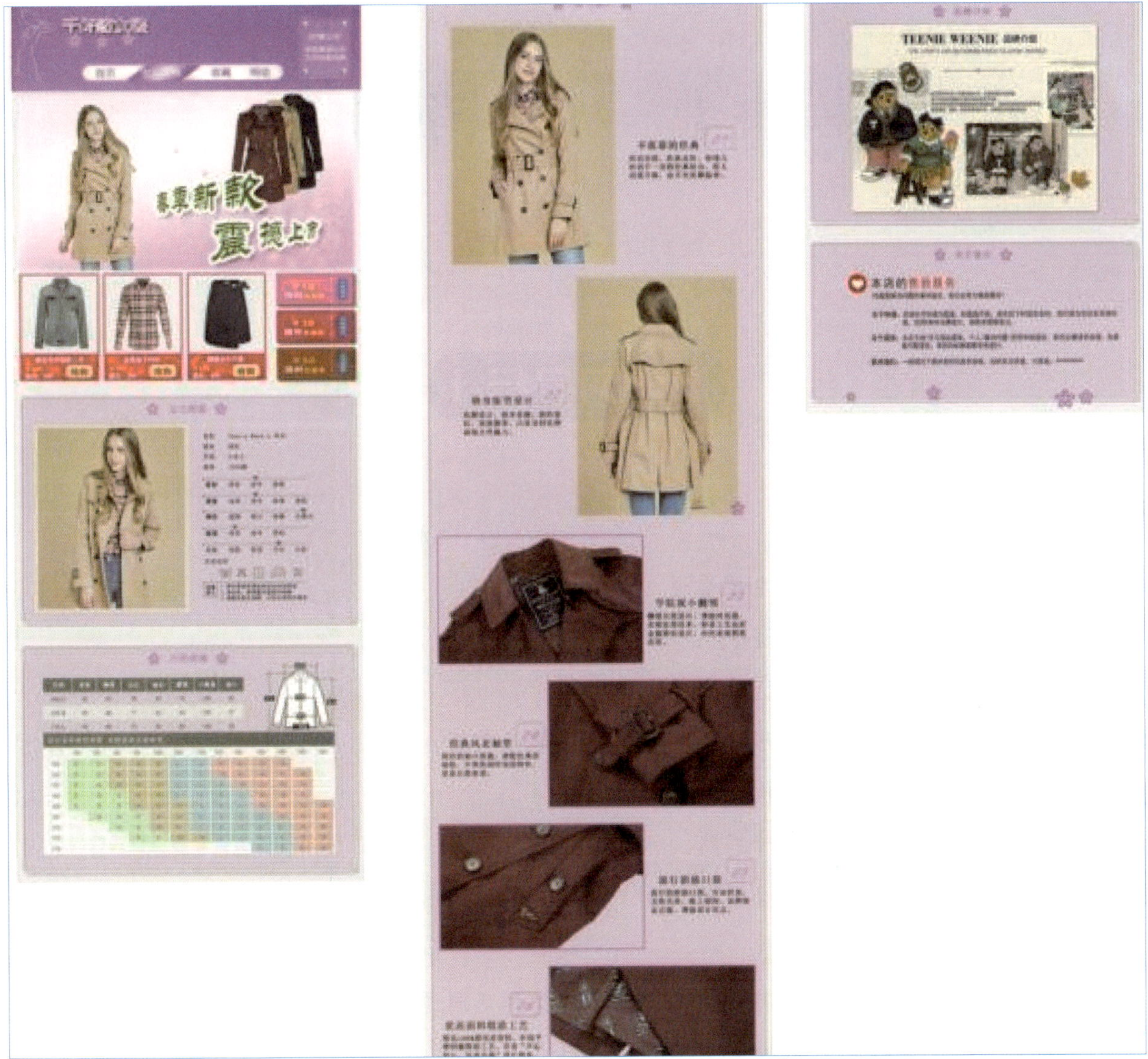

图10-3-3 详情页效果图

模块十一　营销推广

学习目标

知识目标

- 熟悉店铺流量来源的主要渠道
- 了解搜索引擎优化(SEO)的含义
- 掌握影响 SEO 的主要因素及具体工作
- 掌握付费推广的主要形式、条件要求、展示位置
- 掌握直通车推广的操作流程和操作要点
- 熟悉直通车推广的运营思路
- 熟悉信息流推广的基本原理
- 掌握信息流推广的流程
- 熟悉钻石展位推广的展示位置、展示逻辑和定向逻辑
- 掌握钻石展位推广的操作流程和投放要点
- 准确理解淘宝客推广的应用要点
- 熟悉店铺微淘和直播推广的应用流程
- 了解其他信息流推广

技能目标

- 掌握影响 SEO 的主要因素及具体工作
- 掌握付费推广的主要形式、条件要求、展示位置
- 掌握信息流推广的操作流程和操作要点
- 掌握信息流推广的操作流程和投放要点

素养目标

- ◆ 具备淘系店铺运营管理能力
- ◆ 树立网络守法经营的思想意识
- ◆ 引导拓展更多元化的信息流推广能力

单元一 搜索引擎推广

引导案例

小雅是一家3C数码配件网店的淘宝推广负责人，“6 • 18”大促活动之后，店内爆款商品的免费流量占比逐渐降低，通过自然搜索进店的访客数也比往日减少。

为了能够使店内的爆款商品获得更多免费的自然流量，小雅决定对店铺内“ROMOSS/罗马仕20000毫安大容量充电宝便携正品移动电源”进行关键词挖掘，为后面的SEO标题优化提供一个完整的关键词词库。

通过阅读案例并查阅资料，思考并回答以下问题：

该如何对这款产品进行关键字优化挖掘？

知识储备

搜索引擎优化工作（淘系）

一、店铺流量来源的主要渠道

网络店铺申请成功并完成商品发布、店铺装修后，商家首先面临的就是流量问题，没有流量就没有成交。从平台视角看，对于大多数商家而言，其店铺流量来源渠道主要分为站内流量和站外流量；从费用视角看，流量来源渠道主要分为免费流量和付费流量。

下面重点从平台视角讲述一下站内流量和站外流量。为便于理解，下面主要以代表性的淘系平台为例。

1. 站内流量

站内流量包括免费的搜索引擎优化（search engine optimization，SEO）流量、付费推广流量（淘系内有直通车、钻石展位、淘宝客、品销宝、新推出的超级推荐等）、活动流量（淘系站内聚划算、淘抢购、“双十一”等）、其他免费流量（淘系内每日好店、有好货、直播、微淘、店铺收藏流量、回头客流量等），同样在京东、拼多多体系也有类似流量。

2. 站外流量

站外流量包括搜索引擎流量，站外广告流量，论坛、博客、微博、微信、快手、抖音等社交流量，站外活动流量等。

二、搜索引擎优化认知

商家可以通过各种各样的渠道引入流量，但总体而言，搜索引擎优化流量意义更为突出。一方面大多数客户主要通过搜索进入商家店铺；另一方面，较其他流量方式而言，搜索引擎优化流量的总体性价比是最高的，且可操作性强。

网络信息量大、繁杂，客户要快速地找到信息，搜索是最便捷的方法之一，因此搜索引擎优化也是网络世界永恒的话题。尽管信息流推荐的去中心化特征在不断削弱搜索地位，但依然无法撼动搜索引擎优化在网店推广的地位。

1. 零售平台搜索引擎优化认知

零售平台搜索引擎优化就是指根据网络零售平台搜索引擎工作原理，商家通过优化自己的商品信息使自己的商品和店铺在零售平台排名靠前，以促进客户关注、购买的行为活动。零售平台搜索引擎不同于综合类搜索引擎在整个互联网进行数据的抓取、分析和归类，然后结合网站内容、外链等进行自然搜索展示。对于零售平台而言，商家商品发布的过程就是零售平台建立商品搜索索引的过程，有了按关键词、类目、属性发布的商品，就有了搜索索引基础，然后平台可以根据其排名要素，将客户搜索的商品信息展示出来。

2. 零售平台搜索引擎优化的影响因素

究竟怎么做才能使零售平台上的搜索排名靠前呢？日常观察各大平台的搜索框搜索筛选条件基本就能获知。以淘宝为例，打开搜索框，会看到可以按照店铺类型、综合、销量、品牌、价格区间、区域进行搜索，因此这些相关信息都是影响搜索结果排名的因素，但具体细分下来主要表现为以下几个方面。

（1）违规因素

违规因素是商家商品参与搜索排名的必要因素，商家一旦触犯平台规则，商品就没有资格参与搜索排名，在影响搜索排名的规则中比较有代表性的就是虚假交易规则。以淘系为例，规则明确指出触犯虚假交易规则将面临搜索降权的处罚：涉嫌虚假交易（不论次数和笔数）单个商品降权30天。另外，在淘系还明确规定搜索作弊行为包括虚假交易、重复铺货、广告商品、错放类目和属性、标题滥用关键词、价格不符、邮费不符等，一旦被发现都会被降权处理。

（2）文本因素

文本因素是指在商品发布的过程中，在遵循商品特质的基础上，商家要围绕客户搜索关键词来布局商品标题和属性乃至店铺相关内容，因为搜索引擎优化工作是以关键词搜索为基础的，淘系搜索引擎优化也不例外。从搜索原理分析，如果标题和属性中没有对应关键词，那么商品几乎不可能出现在对应搜索结果中。

（3）人气因素

人气因素主要是指商家商品在客户搜索结果中的点击率、收藏率、加购率、转化率、熟客率、流量、销量等因素，且这些因素甚至与客户消费等级有关。准确地说，在诸多因素满足的情况下，人气因素是决定商品搜索排名的核心因素，而且人气因素的原理也适用于直通车、钻石展位、超级推荐等诸多场景。

（4）类目因素

类目因素主要是指商家在商品发布过程中一定要精准选择类目，填写的精准与否会直接影响到商品信息的排名。在网络商业行为中，类目划分是常规分类管理的初始，是淘系商品关键词分类的基础，也是客户查找信息的一项重要依据。

（5）服务因素

服务因素指商家服务于客户过程中涉及的各种因素，表现指标有投诉率、纠纷率、退款率、旺旺响应时效等一系列的因素，综合的表现为后台操作中对应的DSR指标、综合体验星级、基础服务考核分等。当这些指标达到类目平均水平以上的时候，平台会给予对应的店铺商品优先排序；反之，则对商品排序起到反作用。

（6）个性化因素

个性化因素是指淘系在统计分析客户购买偏好（个性化标签）的基础上，往往会把商品优先展示在其对应标签的客户浏览结果中。其影响因素包括但不限于：客户成交价格区间、店铺偏好、属性偏好、品牌偏好、类目偏好等。如果客户经常在某个店铺购买商品，当客户搜索同类商品的时候，该店铺商品在排序结果中就会有更突出的表现。例如某客户经常购买高客单价的商品，低客单价的商品在其搜索结果中排名就不会表现很突出。目前，由于淘系大数据分析愈加完备精准，千人千面式的个性化展示已被广泛地应用在淘系的各个领域，如手淘首页、搜索结果页等。

三、做好搜索引擎优化工作

搜索引擎优化工作是一个系统工程，不是单纯做好其中的一个或几个方面就能收到理想的排名效果，因此要做好搜索引擎优化工作，就需要扎扎实实地做好每个环节的工作，落实到每一个步骤，不能顾此失彼。

1. 熟悉平台规则，避免违规行为

商家要避免出现违规行为，就需要熟悉平台规则。淘系商家尤其需要关注上述提到的搜索降权行为；除上述明显违规行为外，还要注意淘系规则中的其他因素，如违背承诺、不当使用其他人权利、不当谋利，发布违禁品或假冒品。尽管淘系没有明确这些行为会造成搜索降权，但扣分一旦达到节点，就会造成店铺降权乃至屏蔽、下架商品，也就没有所谓的排名可言了。

2. 做好淘宝搜索关键词处理工作

商家要填写准确的商品标题、属性，满足客户搜索需求，主要包含三方面的工作：关键词查找工作，关键词的选用和布局工作，准确书写商品属性的工作。

（1）关键词查找工作

通常情况下，淘系查找关键词的方法有如下几种。

① 利用生意参谋查找关键词。

② 通过淘宝搜索下拉框来判断关键词。

③ 通过淘宝直通车后台流量解析工具或推广计划添加关键词来发现不同的关键词。

（2）关键词的选用和布局工作

收集好关键词以后，接着就是选择关键词，在标题中合理地穿插相关关键词，在属性中选择对应关键词，其对应的原则如下。

① 前期以转化率高的长尾关键词为主，循序渐进拉动核心关键词。

② 尽量有效利用关键词，合理地将标题字数使用到位，避免无效留空。

③ 将客户需求结合商家、商品特点有效地融合在一起，避免生搬硬套。

④ 将合理的关键词有效组合，避免大量重复使用相似关键词，不要使用怪异的符号分割标题，在标题里大量重复铺设相似关键词会被淘宝认定为违规行为。

（3）准确书写商品属性的工作

商品属性乃至店铺介绍中的关键词也是搜索文本检索的区域，因此在商品属性选择、填写的时候，适当融入的关键词也是触发搜索、扩充搜索优化排名的补充手段。

3. 做好商品发布、类目选择工作

做好商品发布、类目选择工作就要做到准确选择商品所在类目。在发布商品、选择类目时，要通过搜索商品关键词确定最适合的类目。在类目难以抉择的时候，可以通过“生意参谋—市场—搜索分析—类目构成”参考选择，也可以借助第三方工具，分析同行竞品所属类目。

4. 做好商家日常服务工作

商品人气是做好搜索引擎优化工作的核心，前面提到的各种工作只是做好优化的基础，要做好搜索引擎优化关键还是提高商品人气，这就要求做好商家日常工作，包括提升客服服务水平，做好客户对店铺及商品的收藏、加购、评价的引导工作，提升店铺转化率、客户的重复购买率、店铺 DSR 值，减少投诉率、纠纷率、退款率，当然提高商品人气最重要的还是做好商品的选款、定价工作。

站内付费推广工作（淘系）

一、站内付费推广概述

1. 站内付费推广的主要形式

站内付费推广是网店流量的重要来源之一，尤其是当下网店竞争激烈，站内付费推广以其多样性和高效性广受商家推崇。

按照当下广告扣费的形式划分，站内付费推广主要表现为点击计费推广（cost per click，CPC）、千人成本推广（cost per mille，CPM）、交易收费推广（cost per sale，CPS）三种主要形式，如业内常讲的淘宝直通车、京东快车、多多搜索等就是 CPC 推广的典型代表，淘宝钻石展位、京选展位等是 CPM 推广的典范，淘宝客、京挑客是业内代表性的 CPS 推广。当然，除此外，还有淘系超级推荐、拼多多场景等各式的付费推广。

2. 站内付费推广的特征

（1）付费性质，一切引流活动都是以商家付费为前提。

（2）高效性、针对性，免费搜索引擎优化工作引流是需要一定周期的，而付费推广一般只要开始推广，其商品基本就可以即时展现，起到快速引流的效果。与站外推广相比较，由于站内付费推广都是以站内消费数据、站内展位为基础开展的，因此其针对性更强。

（3）多样性，目前随着技术的不断推进，付费推广越来越灵活多样，不仅广告计费的模式多种多样，可以按照展示、点击、成交付费，而且其展现位置、形式也越来越多样化，可以按照搜索关键词展现、人群展现、站内展现、站外展现等。

3. 商家付费推广要求

商家参与平台的各种付费推广都有一定的要求，并非可以无条件参加。以淘系为例，要参加淘宝直通车、钻石展位和淘宝客推广，商家就要在违规情况和店铺运营等方面符合一定的要求。

（1）违规方面要求

根据违规类型及扣分分值的不同，有周期内处罚时间限制，如当商家严重违规行为（出售假冒商品除外）扣分达到6分小于12分的情况下，必须处罚满30天后才能开启推广活动。

（2）店铺运营要求

店铺运营状态正常，淘宝店铺的开通时间不低于24小时，近30天内成交金额不能为零，店铺每项 DSR（淘宝店铺的动态评分）在4.6及以上。

（3）特殊要求

除了上述普通要求外，不同的推广形式、不同的商品类目其要求也有细微差别。

开通钻石展位要求淘宝商家店铺信用等级一钻及以上（天猫店铺没有此项要求）。

特殊类目开通，需要提交相应的资质条件，例如对于化妆品类目，直通车推广要求商家必须提供行政部门核发的批准文号，对于农药 / 兽药类目，平台要求必须出具广告审查表。有些比较特殊的类目，平台不允许进行直通车推广，例如交通票、国货精品数码类目。有些比较特殊的类目，天猫商家可以开通直通车推广功能，但淘宝商家无权开通，如书籍 / 杂志 / 报纸、闪存卡 /U 盘 / 存储 / 移动硬盘类目。

当然，更为详细的规定可以具体查看《淘宝网营销活动规则》要求及直通车、钻石展位等广告服务使用规范。

二、CPC 推广

目前网络推广方式中，CPC 推广几乎是所有平台的标配。所谓 CPC 推广就是指商家通过后台关键词、创意文案、排名出价等设置，将广告展示在客户面前，按照客户点击付费的一种广告模式。在网络零售平台中最具有代表性的就是淘宝 / 天猫直通车、京东快车、多多搜索、多多场景等，当然淘宝钻石展位广告也有 CPC 的成分。由于各大平台 CPC 广告应用原理类似，所以下面以淘宝 / 天猫直通车为例进行介绍，分别从展示位置、开通操作流程、标准推广操作、操作要点等方面展开介绍。

1. 淘宝 / 天猫直通车展示位置

（1）搜索展示

PC 搜索结果页带有“掌柜热卖”标识，移动端带有“hot”标识的即为直通车的展示位置。

（2）定向推广展示位

定向推广分为站内和站外两个部分，其中站内定向推广有定向推广 PC 端展示位置和定向推广移动端展示位置。

2. 淘宝 / 天猫直通车开通操作流程

打开淘宝“卖家后台—营销中心—我要推广”。

首次使用淘宝 / 天猫直通车推广需要签订淘宝直通车服务协议并充值，然后开始使用。

3. 淘宝 / 天猫直通车标准推广操作

目前新版的淘宝 / 天猫直通车（以下简称直通车）推广后台，其常规推广主要包括两类，即标准推广和智能推广，其中智能推广是系统为初级使用者推荐的便捷推广方式，商家只需简单设置，系统便会为其匹配流量。对于一般商家而言，系统默认标准计划可新建8个，智能计划可新建20个，当然根据商家运营能力、消费额度的提升，也可以申请开通更多数量的计划。下面以标准计划为例，具体介绍一下直通车推广操作流程。

打开直通车后台，在标准推广下，单击“新建计划”按钮，接着将进行三个流程的操作，分别是投放设置、推广设置、完成推广。

第一步，投放设置，该设置主要是对该计划名称、日限额、投放平台 / 地域 / 时间的设置、投放方式等内容的设置，即商家可以根据要推广的商品情况合理地规划设置，以达到在预算内精准推广的目的。

第二步，推广设置，主要包括商品推广关键词添加、关键词出价及投放人群添加和溢价设置。

第三步，完成推广，直通车推广流程就结束了。

4. 直通车操作要点

直通车是淘系网店推广商家使用频度高、效果较为突出的推广方式之一。要高效地应用好直通车，商家必须关注以下操作要点。

（1）精准的计划设置

网络广告最大的优势就在于其精准性，计划设置要想达到精准的效果，其影响因素有以下几个方面：根据商品特征进行计划分配，将具有类似权重、客户消费特征（时间、平台、区域）的宝贝放置在同一计划下面，可以共享日预算、投放平台、时间、区域等因素，达到精准投放的效果。商家一般都会给予权重高、回报率高的商品大量付费推广预算，因此这类商品适合放置在同一个计划下面共享高预算；客户消费特征类似的商品，其客户网络购物时间、平台、区域特征相对一致，因此也适合放置在同一个计划中。

总之，要综合多个维度考虑，将不同的商品放置在同一个计划，要充分考虑商品是否在客户消费行为上具备相同的预算、投放平台、区域和时间等共同特征，尽量将这些指标做到精准化。

（2）优质的选品（单元）

推广的目的是成交，因此选品和创意也是其中的重要环节，优秀的创意设置影响着广告曝光后客户关注、点击，而有竞争力的选品是影响最终成交的关键。因此商家在推广之前，要充分对比，查看商品在品质、功能、工艺、款式风格、价格、基础销量、客户评价等方面是否具备明显的优势，再决定是否推广。

（3）恰当的关键词设置

关键词选择得恰当与否、排名如何、投放人群怎样，都直接影响着客户能否点击以及后期转化的力度，因此恰当的关键词选择与投放也不可或缺。

关键词选择、出价及投放人群方面要注意选词的适用性，预算充裕的商家可以选核心词、高出价、广泛人群投放，以获得更多的关注和转化；初级商家则要重视精准度、投入回报比（Return On Investment，ROI）、量入为出，根据目标要求选择适合的关键词、出价，自定义人群定向溢价，以达到精准营销的目的。

需要强调的是，直通车实际支出不是严格按照出价扣费的，而是由竞争对手的出价和自己关键词的质量决定的，扣费＝（下一位的出价 × 下一位的质量得分）/ 自己的质量得分＋0.01元。关键词质量分为1～10分，关键词质量分高不仅可以大大提升排名效果，而且还可以达到降低单次点击出价的效果。质量分的高低是由商品关键词和标题、创意相关度，推广商品的点击量、点击率、转化率等诸多因素共同决定的。

（4）优秀的文案创意设置

创意是客户与商家的第一个触点，创意优秀不仅可以提升访客量，而且有助于促进客户购买，因此优秀的文案创意非常重要。

在创意方面，要综合借鉴优秀的竞品创意文案，做好推广图片、标题，充分地体现出商品优势，紧扣客户痛点。在推广中，充分利用系统提供给每个推广商品的广告创意机会（在创建成功的计划中调整），不断优化提升商品点击率、转化率。

（5）持续的推广方案优化

直通车投放效果受展现量、点击率、关键词质量分和投入回报比等多个因素影响，但从盈利的角度讲，最终还在于投入回报比，因此优秀的直通车方案不是一成不变的，而是需要商家根据呈现效果不断地动态调整，持续优化。

综上所述，商家高效地开展直通车运营不单是某个环节的问题，它需要商家根据运营目标进行综合考虑，包括前期选品、定价、视觉装修、基础销量评价铺垫；投放过程中，宝贝计划分配、预算设置，投放平台、区域、时间优选，推广关键词、出价、精准人群定向优化；投放后客服跟进、效果跟进，不断优化预算、投放设置，优化关键词、优化关键词出价、优化人群定向，从而带动正向循环，达到不断提升曝光率、点击量、点击率、收藏率、加购率、支付转化率、关键词质量分、提升投入回报比的目标。

5. 直通车运营思路

直通车主要应用于商品推广引流，但在实际操作过程中，由于商家发展阶段不同、运营水平不同、运营目标差异，直通车又可以延伸出不同的运营思路。

（1）辅助商品推广，以直接盈利为目的

对于部分初级或者保守型商家而言，开直通车的目的是辅助商品推广、稳定盈利。因此他们的通常做法就是选择优质商品，精准化平台、区域、时间投放，优化创意，选择高转化关键词，精准化人群溢价投放，不断降低成本、高效带动宝贝销售，稳定获取利润。

（2）应用于测试，以商品选款、测图为目的

直通车受众多数是以关键词搜索为基础、购物目的明确，且能让商品在短期内快速曝光，因此部分成熟商家将直通车应用于前期选品和测图，他们通常的做法是适度投放（平台、时间、区域）设置、选取高流量转化关键词、高出价以达到快速曝光、快速积累客户点击的目的，通过点击率、收藏、加购情况来判断直通车创意图片及商品的受欢迎度，从而为图片优选和选款寻找依据，这种一般为短期行为，持续1～2周即可。

（3）应用于提升商品标签精准度，明确运营人群

当下千人千面式个性化展示的推行，商品标签在日常运营中的权重不断提升，因此快速提升商品标签精准度成为运营的关键环节。同时由于直通车在转化及人群定向上的突出优势，利用直通车快速提升商品标签精准度也成为成熟商家的前期推广的惯用手法，通常的做法是在前期开启区域投放，选取精准词，低出价，开启定向人群高溢价，不断获取精准人群流量、点击和转化，迅速提升商品标签精准度。

（4）以拉动自然搜索打造爆款为目的

直通车具有带动自然搜索的功效，且自然搜索流量成本更低，因此部分成熟的商家会利用直通车运营拉动自然流量，以追求潜质商品迅速热卖、持续盈利，表面上看直通车投入提升了，但综合投入回报比更高。通常的做法是在完成测款、测图、商品标签精准化后，商家持续关键词高出价、人群定向溢价，不断拉动大量关键词自然搜索排名靠前，当自然流量高于直通车流量的时候，慢慢地减少直通车投入，当然前提条件是保障搜索引擎优化流量的转化率，有节奏地减少直通车投入。

（5）以蓄积流量、提升活动效果为目的

部分商家为了使活动达到更好的效果，也会在活动前进行大量的直通车引流，为活动蓄积流量。通常的做法是在活动前期选取类目及高流量词及对活动感兴趣的人群，为活动爆发期蓄积流量，活动开始后，有针对性地定向选择已浏览人群、购物车人群进行精准投放，促进转化。

6. 销量明星

在淘宝直通车体系下，还有一项功能被称为销量明星，因为销量明星并非针对所有商家

开放，所以很多商家对它并不了解，在这里对它进行一个补充介绍。

（1）销量明星概述

销量明星是针对手淘销量排序页进行商业广告卡位的推广功能，通过销量明星推广的商品将会展示在销量排序搜索结果下的固定位置第1位和第11位，与普通直通车左上角带有“hot”标识不同，销量明星商品左上角带有“皇冠”标识。

（2）销量明星机制

手淘搜索销量tab（常用说法，指手淘上的一个导航栏）下，也是通过关键词竞价方式来获取广告位进行推广，让商家优质商品的排名优先。

（3）销量明星商家门槛

对商品销量有一定的要求，销量排序页关键词搜索结果，销量排在前10的商品可竞争第一位广告位，销量排在11～20的商品可竞争第11位广告位。

（4）销量明星功能优势

有别于目前综合排序页下千人千面式个性化展示机制，销量明星将成为目前淘系唯一非个性化流量的搜索推广功能。

（5）销量明星应用场景

销量明星主要应用于新品爆款推广、稳定销量排名、淡季快速起量。

行业洞察

淘宝搜索权重列表。（重要性由高到低排列）

1. 淘宝商城优先，消保其次，无消保其后。
2. 店铺高级别优先，级低的其次。
3. 无优先程度按百分比例排序，高者靠后。
4. 违规扣分程度：按违规程度排序。
5. 退款率：按退款百分比排列。
6. 转化率：按每进店百人购买比例排序。
7. 投诉率：对口碑营销很重要。
8. 平均旺旺每天在线时间（不含手机在线）。
9. 买家评估分数，好评率。
10. 旺旺平均第一响应时间。
11. 发货速度，物流很重要。
12. 商品属性正确率，确保描述与产品相符合。
13. 下架时间，在商品下架前6～24小时内排序优先。

14. 百件宝贝被投诉率。
15. 举报无货相关次数。
16. 支付宝使用率。
17. 橱窗推荐靠前，非橱窗推荐靠后。
18. 店铺服务质量。
19. 刷信用占全店所有交易比例。
20. 买家综合评定分数。
21. 热销商品靠前。
22. 正常收藏量靠前，无收藏量靠后，非正常收藏量最后。
23. 近三十天总交易笔数。
24. 回头客总比例。
25. 单个宝贝浏览量。
26. 宝贝关键词设置合理性。
27. 近三十天宝贝好评率。
28. 上直通车排序优先。

德技并修

一、淘系店铺权重提升方案

总体设计思路：淘宝搜索的权重决定着店铺关键词的综合排名。我们需要根据客观情况以及分析出的原因，作出及时的调整部署，以确保店铺权重的提升。具体对应的操作方式包含但不限于以下几点：

1. 店铺名称更换的注意事项

根据店铺名称的更换，及时向淘宝官方澄清并提交更换店铺名称的说明，以保证店铺商品的整体排名。并多次致电淘宝相关人员，最大限度上减少店铺名称更换对权重的影响。并且根据店铺名称的变化，我们的相关负责人，更要以认真负责的心态，进行技术层面的、积极冷静的沉着应对。

2. 店铺商品的优化

对店铺中的商品进行分析，并根据分析的结果，增加相应的优化。在日后的淘宝搜索中，店铺的商品会排在较为醒目的位置，并增加流量与转化率。

3. 店铺整体的优化

可以说这是至关重要的一次变更与提升。在减少了店铺名称更改引起的降权、店铺商品的优化外，对全店铺进行搜索优化是很有价值的。

4. 无关因素规律

排名先后与售出量、浏览量、价格、卖家好评率、先行赔付、所在地、商品页面的排版布局和单一关键字在商品名称中出现的先后顺序、次数等因素基本无关。例如“iPhone 4行货”的商品和名为“iPhone 4港行”的商品比较，在搜索“iPhone 4港行”关键字的时候，前一种商品不会因为“iPhone 4港行”关键字出现了两次或者售出量多等因素而在搜索结果中排名靠前。

5. 搜索结果排名规律

影响商品排名的关键因素有两个，分别是“剩余时间”和“是否推荐商品”。其中的剩余时间＝宝贝有效期－（当前时间－发布时间）。宝贝有效期有两种取值，分别是14和7，对应于产品发布时选择的有效期，发布时间就是你的宝贝上架的时间。“推荐商品”这个因素对应于我们发布商品时的“橱窗推荐”选项。搜索结果根据是否“橱窗推荐”商品这个因素，被划分为两个区段，无论剩余时间是多少，推荐商品的区段排名都在未推荐商品区段的前面，同一区段内，剩余时间越短，排名越靠前。例如：即便“iPhone 4港版白色”商品还有5分钟就要下架了，如果它没有被勾选为橱窗推荐商品，它的排名还是比刚刚发布出来的橱窗推荐商品“iPhone 4原装正品”靠后。如果同样都是橱窗推荐商品，那么快要下架的“iPhone 4港版白色”排在了前面。

6. 等效搜索词规律

（1）第一关键词＋第二关键词＝第一关键词＋特殊字符＋第二关键词即紧密排列规律，搜索时特殊字符将被忽略，搜索结果不含拆分（即搜索结果中多个关键词按照顺序紧密相连）。我们用此方法操作的有：“苹果 iPhone 4 16G”等相关的关键词。

（2）第一关键词＋空格＋第二关键词＝第二关键词＋空格＋第一关键词，即顺序无关规律，用空格分割两个关键词搜索的结果中含拆分（即搜索结果中既有多个关键词紧密相连又有多个关键词不紧密相连的情况），关键词出现顺序和搜索时的顺序无关。例如搜索“iPhone 4正品”，那么标题为“iPhone 4大陆行货原装正品”和“大陆行货原装正品 iPhone 4”这两种情况都将被搜索到。同时无论搜索的结果含不含拆分，排名一定严格按照搜索结果排名规则来排序。

7. 高级搜索页搜索规律

淘宝高级搜索页搜索所得出的结果和首页搜索的结果有很大差别，搜索不再以剩余时间为主要的排名依据，通过分析结果得到以下一些规律。首先，通过高级搜索页搜出来的结果默认显示的是“人气宝贝”列表中的宝贝，这个列表的排名显然不是以剩余时间来排序的，经过测试，我们发现影响人气宝贝列表排名的因素主要是浏览量、售出量、卖家等级（信誉值）这几个因素。淘宝经过一定的权值计算后，给出了最终列表的顺序。并且这个顺序十分不稳定，顺序经常发生变化，这主要是由于商品浏览量的变化导致的。由此可以说明，浏览量对排名因素的作用高于其他因素。

8. 关于高级搜索页的积极优化策略

实际进入高级搜索页来搜索商品的买家相对较少，大部分买家一般都在首页搜索栏进行搜索。并且在高级搜索页面进行第二次搜索时，实际上采用的仍然是首页搜索的机制，所以在考虑店铺优化时，可先暂时规避因为高级搜索规律所带来的复杂度，集中考虑普通搜索的三个规律的优化策略。

（1）标题的充分利用

等效搜索词规律告诉我们，在宝贝有多种属性的时候，应该把联系最紧密的属性和宝贝的名称写在一起。紧密排列和关键字组合是门学问，它让你能够提高宝贝被搜索到的概率。当然，仅仅用第二种标题还是远远不够的。综合所有规律，宝贝是否能够被搜索到，取决于宝贝的标题里是否含有关键字，以及关键字是否正确组合。淘宝规定宝贝的标题最长不能超过60字节，也就是30个汉字，在组合理想的情况下，包含越多的关键字，被搜索到的概率就越大。第二种标题总共35字节（半角符号为一字节），浪费了25字节，大约10个汉字，这种浪费是很可惜的。

（2）标题关键字的分割

如果一点都不分割标题，会使整个标题看上去一团糊涂。所以，少量而必要的断句是应该的。而且断句符号的选择也是门学问，在使用半角符号的情况下，搜索引擎认为逗号的两边完全是不同的词句，进而硬性割裂；而使用其他一些符号比如 /.^ 或者是半角空格，虽然标题看上去有断句，但搜索引擎在处理的时候会按照紧密排列规律，忽略这些特殊符号的存在。第二种标题除了增加字数以外，还有改进的余地，那就是把中间的半角逗号全部替换为 / 符号，如此一来，本来搜索“iPhone 4美版”时因为逗号分隔而不被搜索出来的标题，由于 / 被忽略也将能够被搜索出来。相应的关键词都进行分割关键词的操作。这样，更有利于利用淘宝的搜索规则。

9. 店铺后续处理需注意的事项

（1）切记一定要避免商品的违规上架。

（2）从根本上杜绝商品重复铺货的出现。

（3）减少退款率。

（4）增加店铺流量的转化率。

总而言之，我们可以通过先进的技术手段和分析能力，对淘系统店铺的整体排名进行很大程度上的优化，把因为店铺名称更改、商品重复铺货、违规上架、滥发信息、退款率过高、店铺流量转化率过低等原因造成的店铺降权进行深入的优化。使店铺在最短的时间内，恢复店铺的权重，增加店铺的流量，促进店铺的成交和销售。此外，我们也要在店铺操作中，尽量减少和避免因为违规操作而引起的降权。

单元二　信息流推广

引导案例

男人的衣柜App是海澜之家的手机端网上商城。App定位平价优质市场，货品款式多、品种全。为增加App的注册用户数量，打响品牌知名度，进一步提升产品销量，公司总部决定在巨量引擎投放平台开展“国庆节期间，注册男人的衣柜App，即可成为海澜之家VIP会员，享受全场98折的购物优惠”的推广活动。

小瑜是海澜之家网店的今日头条推广负责人，为了能够提高App的下载注册量，更好地推进国庆推广活动的实施，需要根据推广目标完成应用下载目标人群的精准定向与出价。通过阅读案例并查阅资料，思考并回答以下问题：

（1）产品定位人群是什么人群，有什么特点？

（2）如何针对定位人群进行信息流推送？

知识储备

一、认识信息流推广

信息流广告是信息流里穿插出现的广告。信息流广告以文字、图片、短视频等夹杂在用户浏览的信息中，与所处的环境贴合，被认为是最不像广告的广告。

运营商通过各种渠道，获取用户的行为数据及兴趣数据，再基于大数据算法，将广告与用户的兴趣和需求进行匹配，然后将广告有针对性地推送到用户面前。信息流推广是指通过信息流渠道把信息流广告精准推荐给用户的过程。信息流的特点：

（1）算法推荐：通过大数据描绘多维度用户画像，通过人群标签精准定向理想受众，把合适信息在合适的场景推送给合适的人；

（2）原生体验：广告与内容融合在一起，用户操作和阅读时无强行植入，实现商业和用户体验的良好平衡；

（3）互动性强：用户可以参与互动（转发、点赞），根据平台的特性可以自发进行广告的多维传播，持续影响潜在受众。

二、信息流人群定向

（1）基础定向：是根据人群的性别、年龄、地域等基础信息进行定向的过程。包括核心基础定向（职业和场景）和辅助基础定向（地区、设备、时段）。

（2）行为定向：就是对线上或者线下有过某种行为的用户进行跟踪广告投放，一般分为关键词定向、互动定向和回头客定向三种方式。

（3）兴趣定向：根据平台对访客的不同标签，汇集成不同的兴趣爱好，作为信息流推广选择人群的重要手段。兴趣定向一般分为核心兴趣和人群兴趣。

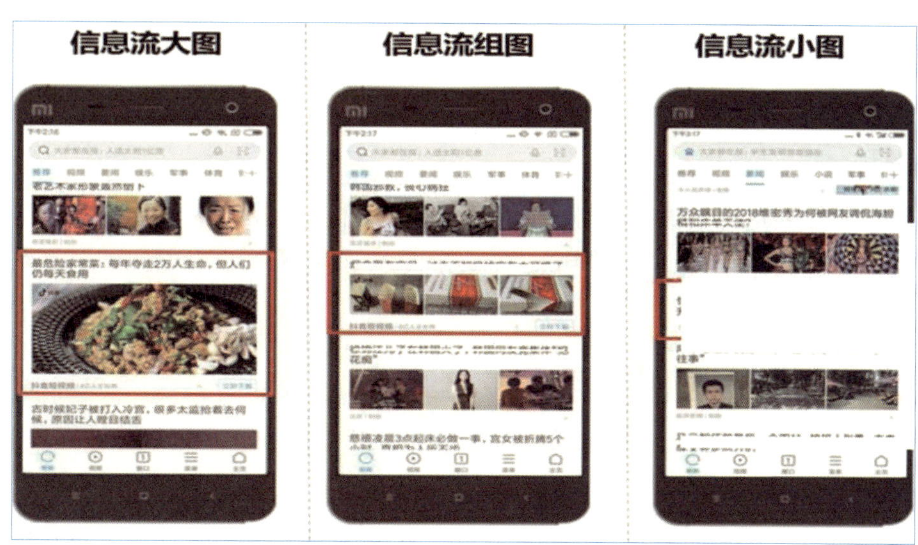

图11-1-1　信息流人群定向

三、信息流推广竞价机制

（1）实时竞价。

（2）实时竞价过程：用户访问媒体平台浏览信息；媒体平台收集用户兴趣等信息，发送给广告交易平台；广告交易平台向多家需求方平台（DSP）发送竞价请求组织竞价；需求方平台发送竞价响应给广告交易平台；广告交易平台开展竞拍；媒体平台将赢得竞拍的广告展现给用户；实时竞价排名机制是看广告展示的预估收益（ECPM），ECPM 值越高，排名越靠前。

（3）影响因素：

① 创意历史点击率；

② 创意相关性；

③ 落地页相关性；

④ 其他影响因素。

（4）出价方式：CPM，CPC，CPA（按行为计费），CPV（按展示计费），CPT（按时长计费），OCPM（优化千次展示出价），OCPC（优化点击付费）。

四、信息流推广目标分析

在制定信息流推广策略之前，我们需要对推广目标进行分析，掌握投放信息流的渠道和竞争环境，对所在的行业、产品、目标人群、财务和运营状况进行深入挖掘。主要分为3个方面：

1. 渠道分析

今日头条、抖音、百度信息流、腾讯信息流、微博、知乎。

2. 产品分析

自身产品分析、竞品分析。

3. 人群分析

寻找企业品牌需要的具有共同需求和偏好的消费人群；寻找能帮助公司获得期望达到的销售收入和利益的人群。

五、信息流推广投放策略（3C 理论）

1. 核心用户

精准的定向投放能够降低成本，提高转化率。在制定投放策略时首先要找到核心用户。

2. 投放成本

信息流广告主要有原生信息流、开屏广告、文章详情页三种形式，广告投放计费方式主要有 CPC/CPM/CPT 三种。

3. 设计素材

我们需要设计几套主题素材风格，投放给相同的用户，试用同样的出价，查看线上的效果。点击率较高的素材可初步判定为用户较感兴趣的素材。

（1）加入地域通配符

（2）提炼素材和文案

（3）善用多图样式创意

六、信息流推广人群定向策略

常用的定向策略有以下8种：时间定向、重定向、地理位置定向、人口属性定向、行为定向、频道定向、新客定向、兴趣定向。

信息流推广计划的运作流程：用户在平台上的搜索、浏览、收藏、购买等行为会被记录下来，形成用户日志。通过对用户日志的分析和挖掘得到用户画像，包括用户基本属性、兴趣偏好、行为标签等。

七、信息流推广资源位策略

1. 交互样式

（1）基于购买路径定位运营导购

（2）基于购买路径分析运营导购

（3）基于运营导购路径定位优先级

（4）基于优先级定位交互样式

2. 组合溢价

（1）提高基础价

（2）降低基础价

单元三 CPM推广（淘系）

一、站内CPM推广

CPM是一种按照千次曝光进行计算收费的推广模式，网络广告也起源于CPM形式，从网络资讯平台到零售平台，CPM从未缺位过，以淘系为代表的钻石展位、京东展位、头条广告、腾讯体系的广点通及各大平台的信息流广告都有CPM的基因。尽管在历史的更迭中，按照点击量来进行收费（Cost Per Click，CPC）和按照实际的销售量进行收费（Cost Per Sales，CPS）的广告已然崛起，但CPM推广依旧是网店运营不可或缺的部分。下面以淘系钻石展位为例，介绍一下CPM推广的应用。

1. 钻石展位概述

钻石展位是面向全网精准流量实时竞价的展示推广平台，支持按展现收费和按点击收费，以精准定向为核心，为商家提供精准定向、创意策略、效果监测、数据分析等一站式全网推广投放解决方案，帮助商家实现更高效、更精准的全网数字营销。准确地说，从开始发展到现在，钻石展位已经由单纯的CPM广告转化为CPM和CPC的结合体。

2. 钻石展位的特征

（1）媒体资源丰富，高效提升品牌价值

（2）全网大数据，精准定向目标客户

（3）相对门槛高，可挖掘潜力大

3. 钻石展位展示位置

钻石展位目前有上百个资源位，分布在淘宝网、天猫和各大站外媒体，如腾讯、新浪、网易、豆瓣、今日头条、土豆、抖音等。

4. 钻石展位展示逻辑

钻石展位按照出价高低顺序进行展现，系统将各时间段的出价，按照竞价高低进行排名，价高者优先展现，出价最高的预算消耗完后，轮到下一位，以此类推，直到该小时流量全部消耗，排在更后面的无法展现。商家能获得的总流量＝总预算 /CPM千次展现单价 ×1000，在同样的预算下，千次展现单价越高，获得的流量反而越少，因此商家需要在保证出价能展现的基础上，合理竞价。

5. 钻石展位定向逻辑

钻石展位最为突出的功能就是人群定向能力强大。钻石展位的定向逻辑原理在于：每个访问淘宝的客户，都会形成搜索、浏览、收藏、购买等各种行为，钻石展位的系统会根据这些行为给客户打上各种标签。因此每个行为不同的人，在同一时间打开钻石展位的广告位，看到的广告都是不一样的。商家通过合理定向，把广告展现给目标人群，从而获得精准流量和好的广告效果。目前改版之后的钻石展位就是以定向为核心，面向全网精准流量实时竞价的展示推广平台。

6. 钻石展位扣费原理

钻石展位支持按展现收费（CPM）和按点击收费（CPC）的扣费模式。

（1）按展现收费

按照CPM竞价收费，即按照每千次展现收费，点击不收费。按照竞价高低进行排名，价高者优先展现，获得的总流量＝总预算 /CPM千次展现单价 ×1000，实际扣费＝按照下一名CPM结算价格＋0.1。

（2）按点击收费

按照CPC竞价收费，即展现免费，点击收费。进入付费投放模式，将“点击出价”折算成“千次展现的价格”（CPM = CPC×CTR×1000），折算后的 CPM 出价与其他商家进行竞争，价格高的优先展示。与直通车的 CPC 不同，直通车的 CPC 是基于关键词点击扣费，而钻石展位是基于人群定向展示后的点击扣费。

7. 钻石展位操作流程

从总体流程看，钻石展位操作流程与直通车比较接近，主要包括选择营销目标、设置计划、设置单元、添加创意、完成创建五大步骤。

（1）选择营销目标

根据推广内容、展示位置、定向人群及其他设置条件（包括出价方式等）的差别，将钻石展位分为全店竞价推广、视频推广、单品推广、内容推广、直播推广五大场景（新版钻石展位由原来的单纯的全店推广升级为更多应用场景），从这个角度分析，钻石展位推广的内容比直通车更加丰富化，展示的位置也更加多元化。

（2）设置计划

设置计划主要是对营销参数（计划类型、营销目标、生成方案）、基本信息（竞价方式、预算、计划名称、投放日期、推广主体、地域设置等内容）的设置。其各项设置基本与直通车类似，与直通车不同的是，其推广落地页可以是首页、单品页和自定义页面，投放区域是以省为单位的，投放时段是以7×24小时的每单个小时为单位的，预算不能低于300元。

（3）设置单元

设置单元主要是对人群定向、资源位和出价的设置。其中人群定向中主要包括通投、智能定向、关键词人群、私域定向、公域定向、达摩盘定向、达摩盘 - 平台精选资源位和竞件设置，取代了以前的群体定向、兴趣点定向、访客定向，增加了关键词人群，总体更加智能化了。

（4）添加创意

添加创意主要是根据选择资源位的尺寸添加相应创意。需要注意的是，不同规格的创意图片设置都有明确的规范，图片不符合规范是很多商家被拒绝投放的关键原因。

8. 钻石展位投放要点

钻石展位的投放与直通车投放的要点接近，与选品、定价、创意质量、资源位、出价都有密切的关系，同样根据营销目标的不同，钻石展位也可以用来测图、打标签、推手淘首页等。

通常钻石展位的应用可以分为两个方面。一方面，拉新策略即进攻策略，通过加大投入推动创意被展示、点击、转化，与竞争对手争夺流量，开发新客户。另一方面，收割策略即防守策略，通过精准投放促进老客户收藏、加购、点击、转化，提升业绩。

二、超级推荐

超级推荐是淘系在2019年新推出的一种推广模式，是在手淘猜你喜欢等推荐场景中穿插原生形式信息的推广功能，其扣费模式也包含 CPM、CPC 两种。超级推荐推广设置流程与直通车、钻石展位相似，其展位主要展示在手淘端猜你喜欢、微淘、直播广场、有好货等位置，且支持商品、图文、短视频、直播间、淘积木等多种创意形式，但从本质上理解，超级推荐恰恰是迎合了客户“逛”的需求、满足了当下“人找货”的情景需求，而非过去商品信息硬性展示的“货找人”场景。

三、明星店铺

明星店铺是淘系品销宝的基础营销服务，按千次展现计费，主要面向旗舰店或专卖店的天猫用户开放（集市用户暂不开放）。通过设置品牌流量包、出价系数以及制作推广创意，即可完成整个推广操作。当有客户在计算机端淘宝网 / 手机淘宝 /UC 浏览器的搜索框中输入特定品牌关键词时，出价为第一名的店铺（明星店铺）即可在搜索结果页最上方的位置获得展现。因此，明星店铺尤其适合品牌类店铺曝光、推广及品牌宣传。

四、付费推广综合应用思路

1. 展示原理角度应用思路

直通车推广是基于搜索关键词的展现方式，更适合相对标准化的商品或者是购物目的比较明确的人群推广投放，且对自然搜索排名拉动效果更为明确；钻石展位和超级推荐更多是基于人群的定向投放，因此更适合关键词较少抑或是个性化比较突出的商品人群投放，尤其是超级推荐，由于其主要是以内容化场景出现的，更适合个性化商品人群投放。

2. 展示位置和曝光量角度应用思路

直通车、钻石展位的展示位置更突出，相对比较丰富且曝光量更为充分，在店铺运营初期或是要求短期爆发的情形下，直通车和钻石展位的推广力度更加突出。超级推荐展示场景相对有限且以内容化为多，因此适合长期培养用户，利于长远店铺效果的拉动；同时由于超级推荐在新品人群匹配上效率更高，也比较适合新品。

3. 展示内容角度应用思路

钻石展位、超级推荐展示内容比较丰富，可以以图文、视频、直播、商品等多种形式展现，因此在多内容展示、多渠道推广方面，成效更为显著。

4. 整体应用角度应用思路

三种付费推广方式虽然各有差异，但并不是对立的，反而是相辅相成的。在实际网店运营中，除了根据自身特征选择合适的推广方式外，还应考虑如何将直通车、钻石展位、超级推荐三种推广方式结合起来应用，这样才能达到更高效的运营效果。

单元四 其他信息流推广方式的应用

一、CPS 推广

1.CPS 推广概述

CPS 推广是一种按照成交来计费的广告推广模式，其流程是推广者借助于自己的网络资源帮助卖家推广商品，客户通过推广的链接进入并完成交易后，卖家支付给推广者一定比例的佣金。自 CPS 推广诞生以来，其发展迅速，从早期以凡客联盟为代表的凡客广告到后来的淘宝客广告，再到现在的京东的京挑客、拼多多的高佣联盟，CPS 推广应用越来越广泛，尤其是随着移动端 App 的发展，CPS 推广成交规模不断攀升。

2. 淘宝客概述

淘宝客是帮助卖家推广商品的平台。淘客是帮助淘宝卖家推广商品并按照成交效果获取佣金的推广者（以下称为淘客），类似于传统销售方式中的导购人员。

3. 卖家加入淘宝客的要求

对于卖家而言，如果要加入淘宝客，除了违规方面的要求外，还包括卖家店铺信誉、商品数量及店铺动态评分等方面明确的具体要求。

4. 卖家加入淘宝客的推广流程

（1）在计算机端打开淘宝网，登录店铺账户，选择“我是卖家—营销中心—我要推广—淘宝客”，单击“开始拓展”按钮。

（2）查看“淘宝客推广软件产品使用许可协议”，仔细阅读后勾选“我已阅读并同意《淘宝客推广软件产品使用许可协议》”复选框。

（3）查看协议确定提示，确认无误后单击“确定”按钮。

（4）输入支付宝账户、支付密码和校验码，单击“同意协议并提交”按钮即可参加推广。

5. 商家淘宝客推广的操作流程

淘宝客推广操作流程相对比较简单，商家只要选择推广计划类型，在对应计划里面添加对应的商品、设置相应的淘宝客推广佣金即可，其细节流程因计划不同而有所差异。

打开淘宝客操作后台，其推广方式主要包括通用计划、营销计划、如意投计划、定向计划、自选计划五种主要类型，另外还有活动类、分享类、权益类、返利类推广方式。

6. 商家淘宝客推广的应用要点

（1）淘宝客推广的关键是选品及佣金

淘宝客推广是一种按成交结算的推广模式，广受商家推崇，但淘宝客推广要达到良好的效果，其根基还在于选品和佣金设置，毕竟淘客帮商家推广的目的就在于赚取佣金，因此有突出优势的选品和有诱惑力的佣金才是真正调动淘客主动性的最大推动力。

（2）淘宝客推广是商家提升基础销量、评价及开展清仓活动的“撒手锏”

目前，淘宝客推广的受众多数是价格敏感型用户且用户类型复杂，因此在当下千人千面的趋势下，庞杂的用户购买行为对商家人群标签的形成尤为不利，且自然搜索权重拉动效应日渐淡化，其应用优势每况愈下。由于淘宝客销量爆发力强，目前更多商家利用淘宝客推广的直接目的在于提升商品基础销量、评价及开展清仓活动，但须充分考虑利用淘宝客推广对人群标签的干扰情况。

（3）精准淘宝客推广对个性突出商品销量的拉动效应较为明显

在网络零售市场中，个性化商品由于其突出的个性特征，价格受市场波动影响较小，所以对于个性鲜明的商品，由于其人群标签吻合度高，精准的淘宝客推广对提升商品标签精准度、提升手淘首页流量有巨大的推动作用，大大提升商品销量。

二、内容推广

近年来，随着用户量的不断提升，移动端网络入口越来越趋于多元化，用户对网络内容的诉求也愈加趋向多样化、个性化。因此，原来主要以单纯购物为目的的搜索、类目、活动为中心的流量入口，逐步向以内容为中心的流量入口拓展。

为满足用户需求，淘系不断地推进内容化运营，先后推出微淘、淘宝直播等内容化栏目，并最终形成了微淘、淘宝直播、有好货、每日好店、淘宝头条等一整套的内容体系。与此同时，京东也及时推出了发现好货、逛好店、发现、新品首发等内容渠道。

下面以相对成熟的淘系内容推广为例进行介绍。

1. 淘系内容推广的特征

淘系内容推广不再是商家单纯的直抒胸臆式、单向式的商品介绍，取而代之的是商家场景化、趣味化、互动化的内容文案，淘系内容推广通过粉丝关注或者系统分发有针对性地将内容传递给用户，能达到更好的推广的目的，于无形中占领用户心智，引导用户购买。也正是如此，这种推广也更适合那些出现在生活化场景中的有一定重复购买率的商品，如女装、化妆品、家居等，当然随着内容的不断外延化，其应用的类目范围会得到不断拓展。

2. 淘系内容推广的流量分类

目前根据淘系对内容受众面的影响，可以将内容流量主要划分为两种形式：商家自主渠道（私域）流量和平台公共（公域）流量。

（1）商家自主渠道（私域）流量

商家通过自主内容制作，通过私域渠道（微淘、直播、淘宝群等）发布内容，吸引粉丝的那部分流量。

（2）平台公共（公域）流量

商家将自己的高质量内容或达人推荐内容发布在淘系公域流量区（淘宝直播、有好货、每日好店、淘宝头条），以获取大众关注的流量。私域流量影响的是商家自己的受众，受众面比较窄且维护成本相对较高，因此私域流量运营比较适合粉丝量大或商品有一定的重复购买率、个性特色鲜明的商家，而公域流量由于受众广泛，所以广泛适合各种规模的商家。

3. 淘系内容推广的运营方式

目前商家如果要获取这些内容渠道的流量，主要操作方式有两种：自主运营和寻求“达人”合作运营。

（1）自主运营

商家自己组织内容团队，通过渠道（微淘、淘宝直播、有好货、每日好店）发布内容，获取内容流量。自主运营的特点是商家要有自己的内容团队，而且对团队人员要求较高，要能产出高质量、场景化、趣味性、互动性的内容。

（2）寻求“达人”合作运营

商家可以寻求成熟的“达人”进行合作，以获取公域流量，促进商品销售、品牌推广。与“达人”合作的优势是“达人”粉丝量大、内容曝光量大；另外，“达人”更熟悉淘系内容社区的环境，因此他们制作的内容更容易被有好货、每日好店、淘宝头条等栏目采纳、曝光。商家需要甄选适合自己商品的“达人”，以保障引流的精准性。

4. 微淘内容发布和运营

作为淘系内容推广的重要形式，下面重点讲解微淘内容发布和运营要点。

（1）微淘内容发布

商家在后台打开“自运营中心—发微淘”，选择对应模式发布即可，商家可以选择官方提供的店铺上新、好货种草、洋淘秀（原买家秀）、主题清单、粉丝福利这五种范式发布， 也可以选择图文教程、短视频、店铺动态、转发等类型进行发布。

（2）微淘内容运营

微淘内容发布流程较简单，但真正地运营好微淘需要商家精心策划内容。微淘内容运营的要点在于：图文清晰、内容突出，以介绍商品卖点、风格为主，结合真实用户使用感受、优质用户评价，灵活应用粉丝福利，设计投票、征集活动等互动模式（微淘发布中包含的功能）。如果微淘内容质量较高，不仅会在私域空间收到良好的成效，而且有可能被官方推荐到公域空间得到更多的展现。当然，如果能报名官方的热门活动，参与官方的微淘招募清单活动，微淘内容会得到更大的曝光。

5. 淘宝直播

2019年是淘宝直播在淘系渠道里爆发的一年，一方面视频推广已成为未来趋势，另一方面淘宝直播得到淘系大力度的支持。2018年淘宝直播交易额达1000亿元，2019年仅“双十一”直播交易额就近200亿元，未来几年预计规模将达到5000亿元。

（1）商家直播开通条件

商家要开通直播须具备一定的条件，如商家店铺信用等级须为一钻及以上；主营类目在线商品数≥5，近30天店铺销量≥3，且近90天店铺成交金额≥1000元；同时无论是淘宝商家还是天猫商家，都要具有一定的微淘粉丝量、客户运营能力和主播素质。

（2）开通淘宝直播权限

商家下载“淘宝主播”App，打开App进行注册并登录后，入驻淘宝直播，选择“商家入驻通道”，也可以在手机淘宝或者计算机端淘宝网申请，符合条件即可开通直播。

（3）创建直播

在淘宝直播计算机端后台单击进入“自运营中心—直播”，进入淘宝直播中控台，单击右上角“创建直播”按钮，进入“发布直播”页面，选择“普通直播”，单击“开始创建”按钮。

进入直播信息设置页面按照要求填写对应内容，并选择直播中对应的商品，可以是单个也可以是多个商品，单击“发布”按钮，正式发起直播。然后单击“正式开播”按钮。

（4）直播要点

① 正式直播前推流，推流的目的是让店铺首页、详情页、聊天页及订单页面展现直播间入口，激活客户端直播图标，方便用户浏览。具体推流可以在中控台单击视频右上角的“设置”按钮，通过淘宝直播App扫码或者计算机端淘宝直播软件设置来完成。推流完成后就可以开始正式直播。

② 互动玩法，在淘宝直播中控台下面有互动按钮：红包、淘金币红包、优惠券、抽奖、投票、店铺小卡、关注卡片、公告、粉丝推送、专享价宝贝等，通过设置这些互动玩法来增加直播过程中的促销力度和互动氛围。

③ 良好的直播效果还在于整个直播活动的策划，包括选品、直播脚本的准备、直播前预热等。

三、站外推广方式

除了常规的平台内推广方式外，其实可供商家选择的还有很多站外推广方式，例如可以通过综合搜索引擎如百度、搜狗等进行推广，也可以通过微信、微博以及目前比较火爆的直播平台等进行推广。

1. 微信推广

微信是当下人们使用较广泛、依赖度较高的 App，因此以微信为渠道开展网店推广的商家越来越多，甚至有些商家直接将微信渠道作为客户私域流量运营的最佳选择。尽管腾讯对淘系链接进行了部分限制，但依旧无法阻挡商家的热情，尤其是淘系陆续推出的淘口令、微海报等推广工具可谓是商品微信推广的“神器”。一般而言，商家在微信端推广主要借助于微信公众号、微信群、微信号、微信朋友圈四种形式。借助微信公众号进行品牌宣传、新品发布；借助微信群实现对客户分类维护、新品发布、活动预热；借助微信号实现与客户一对一的沟通交流、售后服务等；当然目前在微信体系内应用最为广泛的就是淘客通过微信群和微信朋友圈助力商家开展的推广。

2. 微博推广

微博社交性、传播力强，因此微博推广是商家进行店铺推广的重要阵地。商家通过微博既可以实现品牌宣传、新品发布、客户维护的效果，又可以直接发布链接，方便客户跳转淘系店铺，直接促进购买，还可以通过微博本身的广告粉丝通、微博置顶、粉丝头条等形式丰富自己的推广体系。从淘客的角度讲，微博也是商家利用淘宝客推广的重要阵地。

3. 综合搜索引擎推广

百度、搜狗、360等综合搜索引擎推广，主要包括搜索引擎优化和竞价推广，与之类似的还有搜索引擎的相关产品如百度百科、百度知道、百度贴吧等。尽管当下综合搜索引擎流量不断被削弱，但于站外而言，综合类搜索仍旧是客户进行商品查找、商品对比、品牌对比的重要渠道。因此商家通过搜索引擎宣传自己的商品，一方面可以提升品牌影响力、店铺曝光度，另一方面可以增加客户信任度。

4. 其他站外推广

除了常规的站外推广方式外，还有传统的 Email 推广，论坛、问答系统的线索推广，以及新型的短视频、直播领域的抖音、快手、映客推广等。目前，抖音、快手等已经加入了外部店铺的跳转链接，无疑为第三方平台店铺打开了新的流量红利通道。

总之，只要有客户出现的地方，就存在推广的手段、推广的价值。今后随着互联网环境的变化，网络推广形式、方式、手段还会出现不断的发展和革新。

行业洞察

在2022年初，阿里妈妈开始开放直通车AP（业务策划）技术去为客户寻找新的潜在买家，通过开发系统工具帮助绫致对接其线上线下的ERP系统，寻找在淘宝上未授权销售他们产品的盗版店铺等等。

刚才提到的绫致就是典型数亿销售额的客户，喜宝能够深度介入到客户的供应链，运营，大数据挖掘等各方面。而小卖家也受益于喜宝这款第三方服务商的服务，得以茁壮成长。

例如，小卖家使用喜宝的标题优化工具“标题快车”后，为客户自动产生一个搜索关键字最优选择排列的标题，调整好上下架时间与橱窗展位，也便于客户在自然搜索时有更大的展现机会。有一定销售之后，可以使用喜宝的“超级车手”或者“无线车手”，在PC或手机上针对这个宝贝进行直通车的投放与优化，同时可以看到宝贝的流量、收藏、购物车、拍下等情况，给出操作上的建议，帮助客户优化定价，制定选品策略等。通过喜宝，能够帮助这些小卖家去创造无限的可能性。

如果把阿里巴巴看作是一个巨大的电商生态圈的话，那么海量的中小卖家和买家就是这个生态圈的土壤和小草，因为有了肥沃的土壤，长出了一些大树和鲜花。那么像喜宝这样的第三方服务商的工作更像是蜜蜂，帮助这些植物传播花粉和种子，带动整个生态圈更活跃更繁荣。没有蜜蜂授粉，植物就不能传宗接代，当然在这个过程中蜜蜂也会收获花蜜，这些服务商和阿里服务商平台之间是共生关系。

本地生活网运营中心副总经理唐宋在名为《像可口可乐一样卖水果》的分享中提及，在做褚橙2022年的品牌营销的时候，考虑到的问题——如何将非标准化的东西做成标准化，以及如何面对年轻人做推广。

于是我们看到本地生活网以“讲故事、文化包装、食品安全、社会化媒体营销、产销电商一条龙”，打造了2022年褚橙大卖。其中将大数据技术和社会化广告技术进行结合，通过“褚橙故事”传播、预售、促销活动相互配合的形式为褚橙的售卖做预热的方式值得借鉴。以下是一些在之前广泛讨论的事实基础上总结的褚橙案例要点：

1. 利用大数据技术为社会化广告投放提供方向和依据

精准锁定目标人群，进行定向推广，搜集信息范围包括产品潜在粉丝、竞品消费者、达人意见领袖等。

2. 为产品传播进行内容营销

制定了三组适合社会化传播的内容方向，包括：褚橙产品安全方向、褚时健故事励志方向、微博粉丝独享优惠方向，建立起与目标消费者联系的桥梁。

3. 将大数据技术捕捉到的精准画像与内容方向进行匹配

制定不同投放组合计划，测试出互动率最高的传播组合进行重点推广，确保每一分推广费用都花在刀刃上。

4. 邀请达人品尝励志橙，开展“无任何门槛”形式的馈赠活动，搜集了1000名不同行业的80后创业达人进行褚橙无偿激励赠送活动。30% 的达人接受了赠送，后续带来了更多围绕褚橙的热议话题。

监管之窗

1. 网络广告行政监管制度

（1）网络广告监管与规范的必要性

①网络虚假广告呈现很大危害，影响网络广告发展环境。

②网络广告价格混乱，恶性的价格竞争不断。

③欺诈广告、色情广告、枪支广告、毒品广告等违法犯罪广告内容在网络空间不时出现，严重影响社会秩序，败坏社会风尚。

（2）网络广告监督管理机关及职责

①网络广告行政管辖权的确定应该按以下几个原则处理：第一，地域管辖优先原则；第二，主要侵权行为地为辅原则。

②网络广告监管职责的工商管理部门在监管过程中的主要职责应包括以下几个方面：第一，制定网络广告有关行为规范与法律解释；第二，审核登记；第三，网络广告的过程监管，对网络广告违法案件的查处和复议；第四，行业指导。

（3）网络广告监管的基本原则

①依法行政与行业自律相结合原则。

②制定法律法规与倡导与行业相结合原则。

③行政监管与第三方监测相结合原则。

④综合监督与社会监督相结合原则。

⑤规范、协调与服务相结合原则。

（4）网络广告监管的具体制度

①市场准入制度，主要有以下5种：其一，放任设立原则，政府对该市场的准入不规定任何形式和条件，对当事人的自由选择不做任何干涉；其二，特许主义，从事某一行业必须通过国家的特别许可；其三，行政核准主义，进入特定行业，不仅应符合法律规定的条件，还需要经行政主管机关许可；其四，准则主义，法律预先设立市场准入的条件，只要符合条件，就可以取得市场主体的资格；其五，严格准则主义，法律不仅规定市场准入的基本条件，还规定成

为市场主体的严格责任，行政主管机关在登记时虽没有自由裁量的权力，但对市场主体有监管职权，对不合格的市场主体可以随时取消其主体资格。

②网络广告审查制度，是保证广告真实和合法的一项重要的制度。广告审查员的职责主要有三个方面：第一，查验广告证明文件是否真实有效；第二，核实广告内容是否真实合法；第三，将所有的广告证明文件以及其他审查材料归档，以便日后备查。

③其他广告管理制度：广告代理制是指在广告活动中，广告主委托公司实施广告宣传计划，广告媒介通过广告公司承揽广告业务的一种机制和经营体制，它是衡量广告业是否走向成熟的标志之一。

2. 网络广告违法行为以及其法律责任

（1）网络广告违法行为概述，概念：是指违反我国广告法律法规以及计算机网络管理相关法规的有社会危害性的行为。网络广告违法行为具有以下几方面的特征：第一，该行为具有社会危害性；第二，该行为违反国家广告法律法规以及计算机网络管理相关法规；第三，该行为依据国家的法律法规应当受到处罚；第四，该行为有过错。

（2）网络广告违法行为的构成要件：第一，网络广告违法行为主体是从事网络广告活动的法人，其他经济组织和自然人，包括广告主、网络广告经营者、网站发布者；第二，网络广告违法行为人有主观上的过错；第三，网络广告违法行为客观上损害了我国法律所要保护的社会关系。

（3）网络广告违法行为类型

①行政违法，是指网络广告违法行为违反了国家对网络广告活动的管理规定以及对计算机网络的管理规定。

②民事违法，是指网络广告中合同之责的不履行以及侵权行为。

③刑事犯罪，是最严重的违法行为，是指网络广告违法行为已经触犯我国的刑法，将接受刑罚制裁的行为。

（4）网络广告违法行为法律责任：是指行为人由于违反网络广告的相关法律法规，所应承担的法律责任。

（5）网络广告违法行为法律责任的构成要件：第一，要有违反网络广告相关法律法规的行为；第二，要有网络广告违法行为造成的损害事实；第三，网络广告违法行为和损害事实之间有因果关系；第四，网络广告违法行为在主观上有过错。

（6）网络广告违法行为行政责任：是指网络广告行为主体由于不履行网络广告相关法律法规的义务或实施了法律法规所禁止的行为时，所应承担的法律责任。

（7）网络广告违法行为民事责任：是指网络广告主、广告经营者和发布者因进行网络广告违法活动，欺骗或误导消费者，使购买商品或接受服务的消费者的合法权益受到损害，或者存在侵犯他人隐私权、知识产权等其他侵权行为时，应承担的民事法律责任。

（8）网络广告违法行为刑事责任：是指网络广告主或网络广告经营者所进行的网络广告行为，不仅违反了相关网络广告法律法规，而且情节严重，社会危害性大，已构成犯罪，依照刑法典的规定应承担的法律责任。

（9）虚假广告：指的是广告主利用虚构的事实进行广告，以欺骗消费者对其产品或服务的信任，从而成为购买其商品或服务的潜在顾客。

（10）网络广告不正当竞争行为：是指经营者违反国家法律规定，违反商业道德、善良风俗以及诚信惯例，损害其他经营者的合法权益，扰乱社会经济秩序的行为。网络上不正当竞争主要有以下几种形式：

①利用超链接技术进行不正当竞争。

②通过抄袭和剽窃他人网站内容进行不正当竞争。

③利用关键字技术进行不正当竞争。

（11）强迫广告：是指当用户上网浏览某一网站或网页时就会出现一些强制性的插播广告，以全屏、半屏或小窗口等形式出现，有些可以关闭，有些甚至无法关闭的广告。对于强迫广告，应该分以下几种情况处理：①可以出台行政法规，严禁恶意的不可关闭的广告弹出窗口；②对于没有收费的网站，应该通过加强行业自律和行业竞争来解决强迫广告的问题；③对于另外收取会员费或其他网络浏览费用的经营性网站，则不允许发布强迫广告，以保护消费者的利益。

（12）隐形广告：是以消费者不易识别的形式，宣传商品或服务，诱使消费者使之误认为是新闻或其他类型信息，从而增加可信度。隐形广告主要有以下三种形式：①以软新闻的形式发布网络广告；②在 BBS 论坛上发布广告；③联合品牌网站发布广告，即几家广告客户与网站结合为合作伙伴，通过网站提供商品信息。

摘自《互联网广告管理暂行办法》

职业技能训练（三级）

一、单选题

1. 以下不属于 SEO 范畴的是（　　）。

A. 提高淘宝商品的自然搜索排名　　B. 提高美团店铺的自然搜索排名

C. 优化速卖通商品属性　　D. 优化淘宝直通车主图

标准答案：D

2. 以下说法正确的是（　　）。

A.SEO 与 SEM 的关系为负相关

B.SEO 是网店唯一获取平台免费流量的重要手段

C. 搜索相关性包括类目的相关性和主图的相关性

D. 关键词可分为核心词、属性词、营销词等

标准答案：D

3. 以下不属于作弊处罚项目的是（　　）。

A. 提高价格　　B. 重复铺货　　C.SKU 作弊　　D. 重复开店

标准答案：A

4. 详情页文案优化的原则不包括（　　）。

A. 文案不应该空洞　　B. 文案应简洁简练

C. 文案应考虑买家的需求　　D. 文案应多使用文字

标准答案：D

5. 下面哪种做法不会受到搜索引擎的惩罚？（　　）

A. 针对搜索引擎自动生成数千个页面　　B. 稳步创建高质量链接

C. 采集其他网站的内容　　D. 有搜索引擎认为是坏链接的网站的反向链接

标准答案：B

6. 请问以下哪种关键词的配比方式比较适合新推广宝贝计划？（　　）

A.5% 热门词，95% 长尾精准词　　B.20% 热门词，80% 长尾精准词

C.50% 热门词，50% 长尾精准词　　D.95% 热门词，5% 长尾精准词

标准答案：B

7. 直通车推广标题的字数限制为多少个汉字以内？（　　）

A.10 个　　B.15 个　　C.20 个　　D.30 个

标准答案：C

8. 以下不属于店铺 DSR 评分因素的是（　　）。

A. 店铺动销率　　B. 品质退款率　　C. 纠纷退款率　　D. 退货退款自主完结时长

标准答案：A

9. 卖家为关键词“羽绒服”设置出价1元，对已购买过该宝贝的搜索人群溢价50%，其余时间100%。请问，若有位已购买过该宝贝的买家在23：00再次点击此关键词，此时“羽绒服”的最终出价是多少？（ ）

A.0.75 B.1 C.1.25 D.1.5

标准答案：A

10. 直通车是拥有多种推广形式的营销工具，每种推广形式是按点击进行扣费，请问以下哪项是直通车推广的扣费规则？（ ）

A. 下一位的出价 × 下一名的质量打分 / 您的质量得分+0.01

B. 下一位的出价 × 下一名的质量打分 / 您的质量得分+0.05

C. 下一位的出价 × 下一名的质量打分 / 您的质量得分+0.1

D. 下一位的出价 × 下一名的质量打分 / 您的质量得分+0.5

标准答案：A

二、多选题

1. 给定展现量一样的情况下，以下哪些因素会直接影响点击量的变化？（ ）

A. 关键词排名 B. 创意的质量 C. 关键词搜索量 D. 关键词匹配方式

标准答案：AB

2. 以下属于淘宝关键词常见挖掘方法的是（ ）。

A. 搜索下拉框 B. 生意参谋 C. 直通车选词助手 D. 百度关键词规划师

标准答案：ABC

3. 解析以下属于百度搜索引擎中网站关键词常见挖掘方法的是（ ）。

A. 搜索下拉框 B. 生意参谋 C. 百度指数 D. 百度关键词规划师

标准答案：ACD

4. 以下属于商品标题制作流程的有（ ）。

A. 从关键词词库中找出合适的关键词 B. 根据关键词数据指标筛选关键词

C. 调整标题关键词排序 D. 确定商品标题

标准答案：ABCD

5. 以下属于商品标题优化策略的是（　　）。

A. 爆款商品优化策略　　　B. 日常销售商品优化策略

C. 新品／滞销品优化策略　　D. 违规商品优化策略

标准答案：ABC

三、判断题

1. 信息流推广是指通过信息流渠道把信息流广告精准推荐给用户的过程。（　　）

标准答案：×

2. 搜索定向是比较宽泛的判定依据，针对潜在人群，适合刚需类产品、品牌曝光等基础设定。（　　）

标准答案：×

3. 钻石展位竞价过程中，不管使用 CPM 付费方式还是使用 CPC 付费方式，最终参与竞价排名时，全部折算成 CPM 价格去参与竞价排名。（　　）

标准答案：×

4. 实时竞价排名机制是广告展示的预估收益，预估收益值越高，排名越靠后。（　　）

标准答案：×

5.A/B/N 测试，是指当一个落地页存在两个或多个版本时，在同一时间维度上，让用户随机地去访问这些版本，然后搜集各版本的数据进行比对分析，从而确定出最好的版本。（　　）

标准答案：×

模块十二 业务处理

学习目标

知识目标

- ◆ 了解业务处理过程中的相关术语及基本概念
- ◆ 熟悉业务处理的基本原则和基本操作流程
- ◆ 掌握业务处理中高效操作的技巧和方法

技能目标

- ◆ 能够根据电商平台规则和运营策略、库存及销售情况，制定商品补货计划
- ◆ 能够根据补货计划对商品采购价格和采购量进行管理
- ◆ 能够根据网上交易信息，进行客户信息管理，分析销售数据，并制作销售报表

素养目标

- ◆ 具备线上业务处理的基本知识和技能，以及较强的心理素质和人际沟通能力
- ◆ 树立正确的电商营销理念和积极正向的网商公众形象
- ◆ 引导网商诚信经营及树立社会主义核心价值观

思维导图

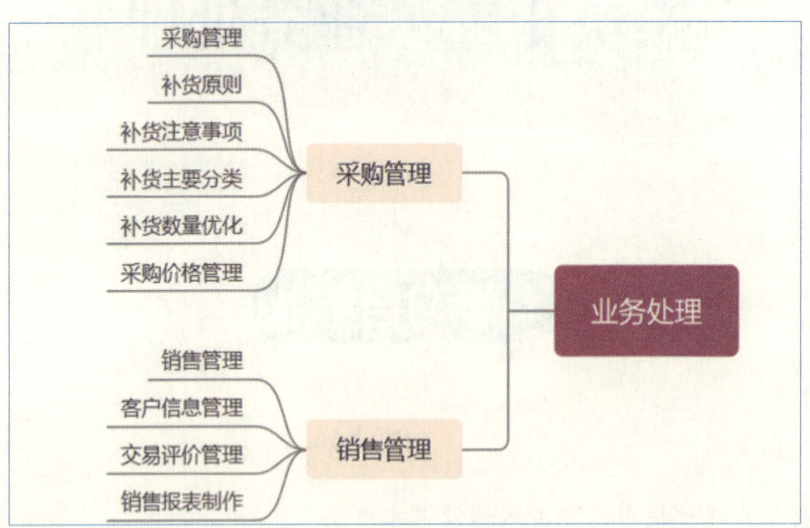

单元一　采购管理

引导案例

一般来说，产品从上市到退仓，整个生命周期按照不同阶段可以划分为：导入期、成长期、成熟期和衰退期。

1. 导入期：新品上市，消费者处于观察期，产品处于试销期。

2. 成长期：经过一段时间后，产品销售增长速度加快，这个时候也是最容易出现断货的时期。

3. 成熟期：在商品销售达到顶峰后，增长趋势开始放缓，产品已被大多数潜在购买者接受。

4. 衰退期：产品销售量开始衰退，直至退出市场。了解产品的生命周期和行业动态对店铺经营过程中选品、备货及补货等至关重要。

以亚马逊补货流程为例：

1. 了解备货时间周期：亚马逊卖家需要清楚知道店铺从备货到入库上架需要花费多少时间。

2. 计算产品安全库存数量：清楚店铺近一段时间的平均销量，用平均销量乘以备货时间周期，所得出的结果就是我们的产品安全库存数量，当我们的FBA库存数接近安全库存数的时候，卖家就应该开始向供应商下单了。

3. 计算补货数量。

4. 调整补货数量：在补货前，根据自己对产品销量的预测来调整补货数。

亚马逊补货时的注意事项：

1. 了解产品库存和销量

在进行货之前，卖家需要清楚知道自己店铺的产品库存数以及目前的销售量，这样才能知道自己的产品周期，通过库存数量和产品周期，计算得出成本/收益的比例，从而分析产品所得利润是否能够负荷仓储的成本。

2. 判断产品需求量

分清店铺中的热销品和冷门产品以及热销时间段，然后对自己的库存产品进行FBA备货调整。

3. 清楚库存周期

清楚产品的库存周期，比如3天的平均销量、7天的平均销量，有了销量数据的比例权衡，准确把控库存周期，才能帮助你及时处理掉滞留积压的库存，避免不必要的仓储费用浪费。

4. 考虑采购周期以及到货天数

选择不同的运输方式，到货时间也会有所差异，准确了解采购周期和到货天数才能避免因断货导致的销量下降和排名跌落。

5. 分析竞争对手

每一个阶段找一个竞争对手，测它在那个排名下的销量，就能清楚知道自己的产品页面在什么阶段能到达什么位置，用于预估下阶段的补货数量。

亚马逊补货公式＝采购时间＋发货时间＋清关时间（铁路和海运一般会较长）＋亚马逊入仓时间

通过阅读案例并查阅资料，思考并回答以下问题：

（1）亚马逊为什么如此重视补货？

（2）亚马逊补货主要考虑哪些因素？

知识储备

一、采购管理

此处的采购管理，主要是针对补货，即将标好价格的商品，依照商品各自既定的陈列位置，定时或不定时地将商品补充到货架上去的作业。补货可分为定时补货和不定时补货。定时补货是指在非营业高峰时对货架商品进行补充，不定时补货是指只要商品即将售完，就立即补货。

整体补货逻辑链路如图12-1-1所示。

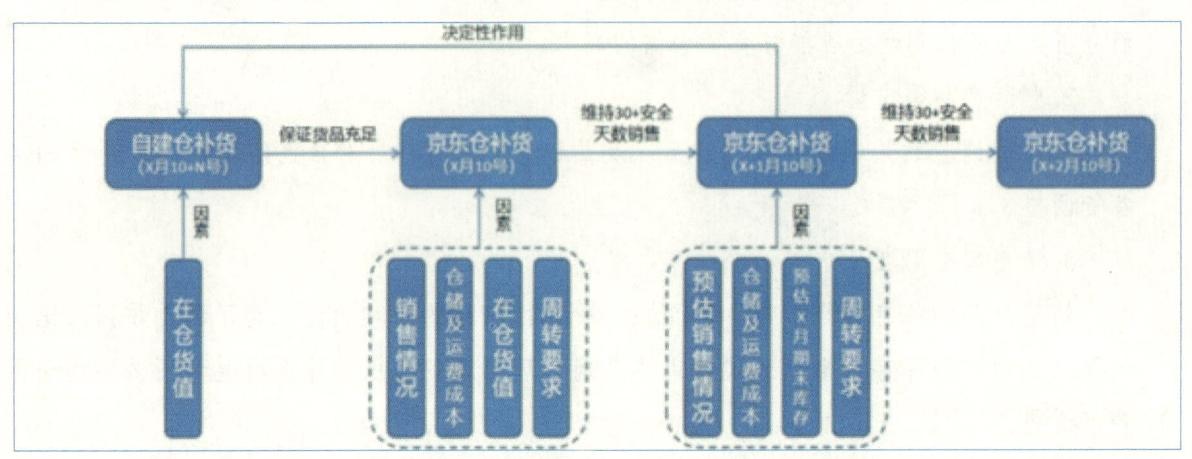

图12-1-1　整体补货逻辑链路

（一）商品补货原则

商品补货的基本原则如下：

①商品缺货和营业高峰前、结束营业前必须进行补货。

②补货以补满货架、端架和促销区为原则。

③补货品项的先后次序：促销品项→主力品项→一般品项。

④当商品缺货但又无法找到库存时，必须首先通过对系统库存数据的查询进行确定，确定属于缺货时，将缺货标签放置在货架上。

⑤补货时必须检查商品的质量、外包装以及条形码是否完好。

⑥补货时必须检查价格标签是否正确。

在营业高峰前和结束营业前容易缺货，应及时发现商品缺货情况，并进行补货。补货以补满货架、端架或促销区为原则，尽量不堵塞通道，不妨碍顾客自由购物，补货时要注意保持卖场的清洁。

补货前，先对系统的库存数据进行确认，确定属于缺货时，将暂时缺货标签放置在货架上。

补货品项依促销品项、主力品项、一般品项的重要等级依次补货上架。有保质期限的商品和食品必须遵循先进先出的原则。

补货时，注意检查商品的质量、外包装以及条形码是否完好，价格标签是否正确。按区域依类目的顺序进行补货。

补齐后，要及时对商品进行编辑上架。

（二）商品补货注意事项

基本补货逻辑就是围绕销售、成本、平台仓周转要求、补货前的货值4个要素进行的，如图12-1-2所示。

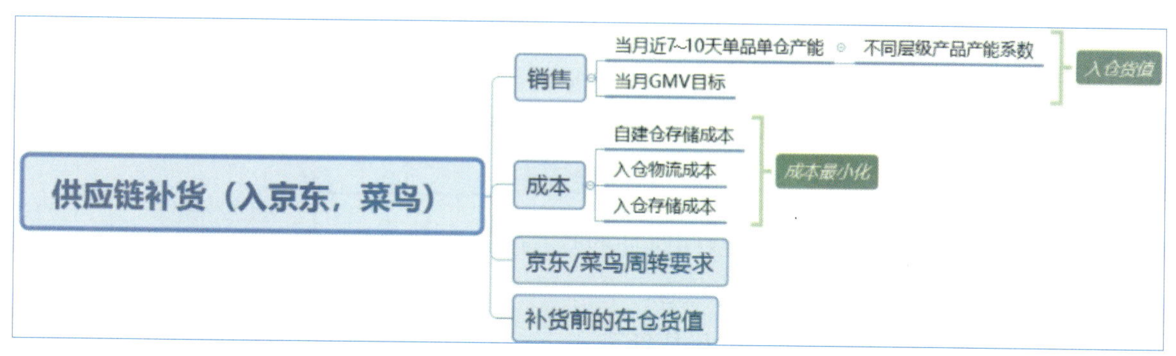

图12-1-2 供应链补货

（1）销售：当月近7～10天单品单仓销售，能清晰地判断本月产品的OUT（脱销）能力，有的商家经常上个月月底补货，然后通过上月近7天的产能再补货，其实不太切合本月的销售实际。

举个简单的例子，你在“6·18”过后，也就是6月26日补货，采用6月19—25日的销售，其实和7月还是有很大差别的，这也是导致补货完发现周转偏高的原因之一。所以“要尽可能地贴合当前实际销售预测进行补货”。

（2）成本：自建仓储成本、物流成本、入仓仓储成本都需要考虑，货品不论是在自己家的仓库还是入京东／菜鸟仓，只要在库，就有成本产生，同时运输也是会产生费用的。这就决定了补货频次和每次补货的数量。

简单说：为了降低运费，一次补半年的货到京东仓可以吗？不可以，京东仓肯定是收费高于自建存储仓的，那多次补货可以吗？每次保证1周销售，一个月送4次？基本也是不切合实际的，因为每次运输都有成本，同时还有起送量的问题。所以平衡这三个成本相当重要。

（3）平台仓周转要求：这个不必多说，平台仓是需要给有销路的产品准备的，长期滞销品是会被清除出仓的，同时平台仓还会根据周转情况，收取不同费用，也会增加仓储成本。

（4）补货前的货值：补货前的在仓货值和即将补进去的货，共同组成你未来的弹药粮草。

除了以上4个要素外，还有一个重要因素就是补货天数，可以通过以下办法来计算补货天数：

（1）考虑平台周转要求：用京东举例，平台要求低于60天周转，可以将仓储打折扣，以60天为基础界限，最佳周转天数60，超过这个就要多交仓储费用

（2）考虑补货频率：假设某品类产品7天销售量并不大，所以考虑起送量问题，及节约物流成本，再综合考虑仓储费用，该品牌补货定为1个月1次，时间定为每个月10号进行补货（为获取当月数据），30天为一周期。

（3）考虑安全库存：再根据经验，从订单发出，到入京东仓上架需要7天，再考虑安全库存，在下个月补货前，货品支持卖37天，这是最小值。再加上一些安全系数，比如偶尔的活动爆发等，再额外加7天，作为安全系数膨胀，因此，补货完，仓内货至少应该支撑45天的销售。因此库存周转应该在45～60天之间。60天是最理想状态。

这些基础参数定位好，就可以进行补货了。

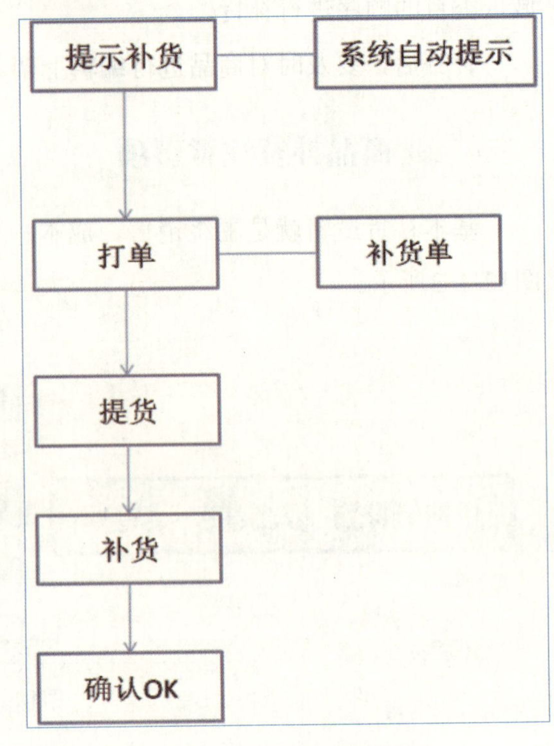

图12-1-3　补货流程图

（三）补货主要分类

（1）定量补货：日常销售过程中对销售所产生的库存短缺有针对性进行的补货，从而确保终端货品齐色齐码。正常销售补货是不定时发生的，所以是当发现单款库存量不足时就应进行补充。

（2）预备销售补货：针对即将来到的销售高峰期，提前进行补货，以保证销售高峰期内有充足的货源，用来支持高销售额。一般来说，销售高峰无外乎像五一、十一、双11以及农历新年等大型节假日。补货时间在销售高峰期到来之前5～10天左右（具体时间以由公司发货至店内时间为宜）。补货数量则应根据之前货品销售反映情况，再结合店铺和公司可补库存以及销售目标而定，以能保证一个星期销售为宜。补货方法则需根据实销数据，提取畅销款信息，计算店铺日均销售量以及库存量（包括在途库存），核算到衰退点的销售时间从而得出，但必须遵循几个原则：根据实销数据进行周滚动预测分析原则、畅销款不断货原则、生命周期原理，即备货截止到衰退点为止原则。

（3）定期补货：一般来说，每周六日是销售相对较好的时期，为保证在这两天内货品对顾客的吸引力，在周六日来临之前进行定期补货、定期上新货就成为最好的办法。定期补货也包

含定期上新货的含义。根据新品的上市节奏，由总公司或者分公司发货至店内，以保证补货货品与新货品能在每周五前到达店内，在货品深度上保障周六、周日销售。

（四）补货数量优化

在补货操作中，重点是如何优化控制补货数量，找到合适的平衡点，使其保证销售的同时，又不造成过多的库存。

（1）货品数量的控制：商品订货量太大，会造成周转缓慢，订货量太小，则有可能出现缺货而无法使其销售最大化，造成不必要的销售损失，那么到底多少是合适的补货数量呢？通过运用补货数量计算公式可以给出一个大致合理的建议。

补货数量＝（订单间隔＋在途天数）×（日预测销量＋日安全库存）－可供库存

公式中的要素定义：

订单间隔：平均订单频率

在途天数：下单与货物到达之间的天数

日预测销量：预估的每日理想销量

日安全库存：为确保销售设定的库存数量

可供库存：当前库存可销售商品数量

在这个补货公式中，日预测销量与日安全库存是两个非常重要的影响因素，尽管能够根据过往的销售数据通过科学的计算公式给出合理的建议，但是两个因素会因为市场、气候、季节、事件以及促销等原因而改变，因此补货人员还需要具备敏锐的市场洞察力以及丰富的经验，同时与采购人员保持良好的沟通，在补货公式给出的建议订货量的基础上进行适当的调整来确定最佳的订单补货数量。

（2）及时处理库存过多的商品：对店内货品的库存数量要经常进行统计，发现有单品库存过多时，就应及时进行处理。展开适当的促销活动消化库存。所以要经常统计店内货品结构与库存情况，掌握销售时机。

（3）根据货品结构进行补货。如衣服类货品根据尺码比例进行补货，在大部分的情况下，S、M、L、XL、XXL 码都应有货，同时 M、L 码在补货时可适当多补几件。

（五）采购价格管理

通常采购的基本要求是品质第一，服务第二，价格列为最后。因此，采购价格以能达到适当价格为最高要求。尽管价格是采购中一个非常重要的因素，应予以重视，但也不能因此过分重视，而忽略其他采购因素。在采购作业阶段，商家应当注意要对所需采购的物资，在适当的品质、数量、交货时间及其他有关条件下，付出合适的价格。因此，决定适当采购价格的目标，主要在于确保所购物资的成本适中，以期能树立有利的竞争地位，并在维持买卖双方利益的良好关系下，使供应持续不断。

商品采购价格的确定主要有以下方法：

①实绩法：参考过去的实际购价，算出欲购底价的方法。

②目标价格：从产品的卖价逆算采购品所须有的目标单价。

③横向比较法：选出和对象品类似或共同的采购品，调查影响成本的参数（成本变动要因），将参数做横的比较，算出大概希望以何价格购入。

④应用经验法：依据丰富的专家经验或感觉，算出价格。

⑤价格比较法：比较两家以上的估价，参考具备有利条件那一家的估价，研究出欲购单价。

⑥市场价格法：采购原材料、市场规格品时，参考报纸上的价格版或其他资料，研究出欲购价格。

⑦制造商价格法：参考制造商独自设定提出的规格品价格，算出单价。

⑧实际成本法：作业完成后，按实际成本之检讨算出单价。

⑨科学简易算定法：将构成单价的各要素分别加以分析，算出欲购单价。

⑩采购价格标准法：追求标准成本价值的成本尺度，按照此成本尺度算出欲购成本。

职场透视

补货操作时容易出现的问题：

1. 订货会的订单数不够支撑销售：订货会的下单数远不够支撑当季的销售。从而产生补货困难、补货周期长等问题，严重影响销售额。

解决思路：订货会的下单数尽可能做到满足当季80%以上的销售需要。充分考虑自身店面铺货单品数量（即挂版数），单品的码数、数量比例，货品结构（减少在当地并不适宜的部分款式或数量）。

2. 补货时缺什么码就补什么码：这是补货最常见的操作，缺2件M码就补2件M码。

解决思路：做好销售统计，分析货品能否有较长的销售期。如果销售期较长，在补货时，应考虑除补齐码数外，另加上能满足一段周期销售需要的数量与其他码数的数量。举例：A款（连衣裙或针织外套）的销售反应尚可，根据天气，至少能再卖2个星期左右。目前库存如下：M码0件，L码2件，XL码1件。补货时，除根据销售比例补齐M码外，另加上预计2个星期内的销售量，则补货时，数量如下：M码4件、L码2件、XL码1件（这是通常情况下的补货调配，适当地根据自己店铺的销售情况做具体的分析）。

3. 不预留货品提前补货时间，如在途时间等：货品自订单发出，有备货时间、货运时间等，进行补货操作时，应将这段时间计算在内。

解决思路：做好销售分析，提前补货。计算好在途时间，学会按固定频率补货。

以冬装为例，出货时间＝面辅料到货时间（取最大值，一般15天）＋排单等待时间（视产能状况而定）＋生产时间（6天）＋运输时间（2～3天），当然时间可根据具体情况而定。因此冬装补货周期至少是25天左右，毛衣、羽绒35天左右，这就是通常需要提前补货的原因。如果某产品的产品生命周期还有30天，公司库存加上总部未发补单还能维持10天，现在补货25天后到货，那么店铺就只能再补5天的量，中间有15天为断货时间。

行业洞察

备货原理数据分析

我们都知道产品从上市到退仓，整个生命周期按照不同阶段可以划分为：导入期、成长期、成熟期和衰退期。

1. 导入期：新品上市，消费者处于观察期，产品处于试销期；

2. 成长期：经过一段时间后，产品销售增长速度加快，这个时候也是最容易出现断货的时期；

3. 成熟期：在商品销售达到顶峰后，增长趋势开始放缓，产品已被大多数潜在购买者接受；

4. 衰退期：产品销售量开始衰退，直至退出市场。一般来说，夏装南方第一波货衰退期为5月上旬，秋装南方第一波货的衰退期为10月上旬。

单元二 销售管理

引导案例

来自《输赢》的故事：三个小贩卖李子的故事。

一个老太太在市场上买李子，她来到了第一个小贩面前。老太太：“这李子怎么样？”第一个小贩：“我的李子又大又甜，特别好吃。”结果呢，老太太摇了摇头没有买，走到另外一个小贩面前。第二个小贩：“我这里是李子专卖，各种各样的李子都有，您要什么样的李子？”“我要买酸一点儿的。”“我这篮李子酸得咬一口就流口水，您要多少？”“来一斤吧。”老太太买完李子继续在市场里逛。“你的李子多少钱一斤？”第三个小贩：“请问您要哪种李子？是您吃吗？”“不，我儿媳妇要生孩子了想吃酸的。”“老太太，您对儿媳妇体贴，她想吃酸的说明她一定能给您生个大胖孙子。您要多少？”“我再来一斤吧。”老太太被小贩说得很高兴，便又买了一斤。小贩一边称李子一边继续问：“您知道孕妇最需要什么营养吗？”“不知道。”“孕妇特别需要补充维生素。您知道哪种水果含维生素最多吗？”“不清楚。”“猕猴桃含有多种维生素，特别适合孕妇。您要给您儿媳妇天天吃猕猴桃，她一高兴，说不定能一下给您生出一对双胞胎。”“是吗？好啊，那我就再来一斤猕猴桃。”“您人真好，谁摊上您这样的婆婆，一定有福气。”小贩开始给老太太称猕猴桃，嘴里也不闲着：“我每天都在这儿摆摊，水果都是当天从批发市场找新鲜的批发来的，您媳妇要是吃好了，您再来。”“行。”老太太被小贩说得高兴，提了水果边付账边应承着。

为什么三个小贩，面对同一个客户，结果不同呢？

客户的真实需求、潜在需求和深层次需求是询问出来的。第一个小贩没有掌握客户真正的需求，所以失败了；第二个小贩通过询问了解客户的需求，所以销售成功；第三个小贩不仅通过提问了解客户的需求，而且更深层次地了解客户的潜在需求，将客户需求层次提高，所以销售了更多的产品。

通过阅读案例并查阅资料，思考并回答以下问题：

（1）为什么要进行客户信息管理？怎样做？

（2）怎样才能做好网商的交易评价与管理？

知识储备

一、销售管理

客户信息管理对于企业来说至关重要，是企业展开后续业务的基础。企业全面、准确、及时地掌握客户信息，可以成为企业管理者进行后续决策的依据。

对于销售人员来说，客户信息管理有利于与客户建立良好的客户关系，从而提高客户满意度，进一步提升客户转化率，为企业增加经济效益。反之，没有全面准确的客户信息，会影响判断，因此，客户信息管理是销售管理的重要内容。

（一）客户信息管理

客户信息管理，简单来说就是对客户相关信息的管理，包括客户关系管理、客户信息汇总以及客户数据分析三要素，如图12-2-1所示。

客户信息管理的重要性：

1.有助于企业管理者做决策

客户信息是企业管理者进行决策的基础，只有企业管理者充分掌握客户信息，才能准确做出相关决策，助力企业更好地发展。客户关系需要用心经营，也就是说企业管理者需要像了解自己的产品或服务一般了解客户的具体情况，也需要像了解自己企业的变化一般了解客户的变化，这样才能“以不变应万变”。

图12-2-1 客户信息管理三要素

2.有助于客户分类

企业都知道，要想最大程度地为企业产生经济效益，就要对客户进行分类，毕竟客户质量也是有优劣之分的，不同类别的客户可以对企业贡献的价值是不同的。客户分类更是基于全面准确的客户信息之上，客户信息越精准，越有利于客户分类，从而便于销售人员对于不同类别的客户实施相应的销售策略，对于当下的重点客户也可以一目了然，更科学地安排时间。

3.有助于建立良好的客户关系

当前社会，各行各业竞争激烈，拥有足够多的客户才能使企业站稳脚跟，而企业真正拥有客户的前提是与客户建立良好的关系，提高客户的忠诚度。那么，全面准确的客户信息可以成为企业销售人员与客户进行良好沟通的筹码，进而了解客户的更多面，说服客户转化成交，同时也降低了企业的营销成本。

4.有助于提高客户满意度

企业要想让客户满意度提高，就需要满足客户的需求、偏好，甚至超预期，客户的心理分数一高，自然客户满意度也高。所以，企业要通过客户信息来掌握客户的需求特征、行为偏好、交易习惯等等，来制定和及时调整针对性的营销策略，提高客户满意度和忠诚度。

客户信息管理步骤：

第一步：记录用户的基本信息，可以包括：姓名、ID、地区、年龄、购买记录、购买时间、购买后的反馈、退换货记录、客户的其他信息（通过交流等获取，如特别的癖好、特别的纪念日、特别的要求，比如以服装为例，是对材质的要求、对版型的要求等等）；

第二步：在此基础上进行客群分析（第一步记录的是个体行为，针对个体推广时可用），比如你的顾客群表现出来的集中的特征：如年龄、职业、地区、风格（这个应该和你自己的产品相对应）；

第三步：根据第二步整理分析的数据，可以通过网络或相关方法了解此类人群的其他购物习惯和特点，如对促销的倾向性癖好等，以此可以拓展你的业务范围，如关联性产品销售、促销活动设计等；

第四步：设计沟通方案，在第一步的资料基础上，针对每个顾客个体建立相关提醒备忘体系，如生日问候、新品推介等等；

第五步：设计促销方案，在第二第三步基础上，对此类人群进行针对性促销设计，如换季打折、秒杀、团购、满就减、买一送一等等。

（二）交易评价管理

买家在收到商品后，便是确认收货，并进行评价。

以拼多多为例，交易评价情况如下：

1.评价生效时间

评价生效时间是在用户进行了评价之后的次日凌晨生效，用户追加评价（即用户收货后30天内）生效时间也是在次日凌晨生效，但是并不是所有评价都会进行展示，用户的评价会由拼多多客服进行审核后才能进行显示。

2.评价规则和类型

① 评价时限。用户有权基于真实的交易在订单确认收货之后30天内对商品和服务进行评价。

② 交易评价内容。买家评价内容包括【店铺评分】和【评论内容】,【评论内容】包括文字评论和图片评论。

③ 店铺评分内容。店铺评分对于卖家来说就是DSR评分（也叫卖家服务系统），由宝贝描述相符、卖家服务态度、物流服务质量三项组成，DSR评分是一个动态指标，90个自然日会进行一次计算。每个自然月相同用户和商家之间存在多次交易的，店铺评分只会取前面三次，店铺评分是卖家不能进行修改的。

④ 追加评论。追加评论是买家在收货之后进行了有效评价后的90个自然日内进行追加的评论，追加评论是不可进行修改的，也不会影响店铺的DSR评分。

3.买家可以删除自己的评价？

买家是不能删除自己的评价的，拼多多评论一旦发出就是不能进行更改和删除的，追加评论也是一样的，一旦追加，买家也是不能进行更改和删除的。

4.卖家可以删除或隐藏评论？

当然也不行，卖家也是没有权利对店铺评论进行删除或隐藏的操作的，买家都不能对自己的评论进行操作，卖家怎么可能会有权限？如果卖家可以进行操作，那岂不是每个店铺都是五星好评？不过有一些评论卖家是可以进行删除的，比如一些恶意评价，卖家只需要收集证据向拼多多客服进行申诉，客服审核通过后，会将其评论删除，且不会影响店铺DSR评分。

行业洞察

店铺DSR是拼多多平台考核店铺的重要指标，想要DSR评分保持一个高的水准，就需要商家们用心服务每一位买家，让买家有一个好的购物体验，相信买家们也是会乐意给出一个好的评论的。

淘宝网会员在使用支付宝服务成功完成每一笔交易后，双方均有权对对方交易的情况作一个评价，这个评价亦称之为信用评价。

评价积分：评价分为“好评”“中评”“差评”三类，每种评价对应一个积分。

评价计分：评价积分的计算方法，具体为：“好评”加一分，“中评”零分，“差评”扣一分。

信用度：对会员的评价积分进行累积，并在淘宝网页上进行评价积分显示。

评价期间：指交易成功后的15天。

评价计分规则：

①每个自然月中，相同买家和卖家之间的评价计分不得超过6分（以支付宝系统显示的交易创建的时间计算）。超出计分规则范围的评价将不计分。

②若14天内（以支付宝系统显示的交易创建的时间计算）相同买卖家之间就同一商品，有多笔支付宝交易，则多个好评只计1分，多个差评只记 -1分。

信誉评价的修改和删除：

①“中评”或者“差评”在评价后30天内，评价方有一次自主修改或删除评价的机会，可以选择修改，仅限修改成“好评”，也可以进行删除。评价经修改以后不能被删除或再次修改。更改后的评价按本规则规定计分。

②如评价方确认需要修改或删除评价的，请登录“我的淘宝”—“信用管理”—“评价管理”—“给他人的评价”，找到相应评价，点击“我要修改”按钮进行修改或删除此评价。评价只能修改或删除一次，请谨慎操作。

评价修改后，被评价方所作的解释将被清空。

（三）销售报表制作

电商日常数据多、变化快，很多时候往往要求管理者及时掌握各项销售数据，以及时应对市场变化。假设管理者想了解前几月的销售数据情况，等了许久分析报表还没出来，某些想法难以得到数据的支撑，那么电商销售报表该怎么做，可以让管理者直观又及时地掌握销售情况呢？

以天猫为例，卖家可以从系统导出一定的交易数据和交易信息，这些数据和信息不一定能够满足我们销售管理的需要，如图12-2-2和图12-2-3所示。

图12-2-2　天猫店铺交易数据

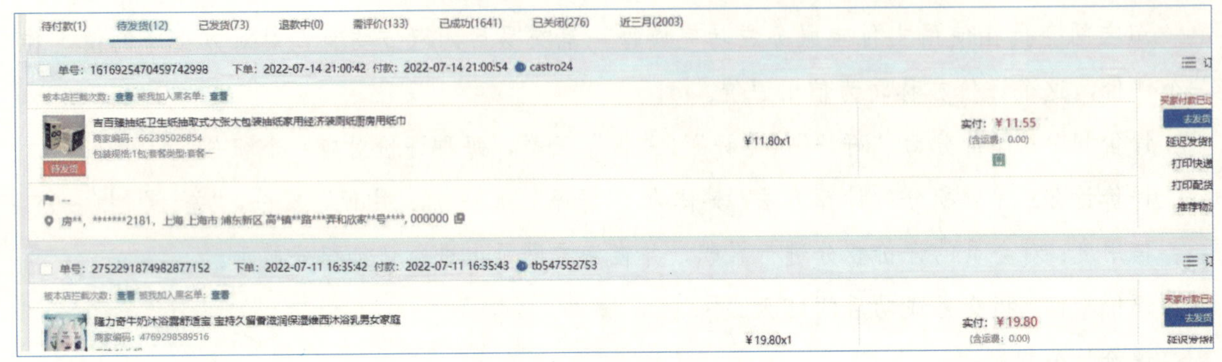

图12-2-3　天猫店铺交易信息

商家可以根据销售管理需要，来设计适合店铺数据分析需要的销售报表。以下本书提供基础销售报表供参考，如表12-2-1所示。

表12-2-1　基础销售报表

订单序号	日期	宝贝标题	所属品牌	所属类目	价格	折扣价	销量	销售额

若是卖家更关注客户对店铺的黏性情况（笔数、商品种类、单价、退货率等），可以在基础报表的基础上，加入“客户名称”这一项目，如表12-2-2所示。

表12-2-2　基于客户的销售报表

客户名称	日期	订单序号	宝贝标题	所属品牌	所属类目	价格	折扣价	销量	销售额

总之，卖家可以根据销售管理的需要来定制自己的销售报表，需要哪些信息，就在报表中加入哪些信息，后期再依据需要对销售报表进行分析。

职业技能训练（三级）

一、单选题

1. 通常采购的基本要求是（　　）第一，服务第二，价格列为最后。

A. 存货　　B. 销量　　C. 品质　　D. 成本

标准答案：C

2. 要经常统计店内货品（　　）情况，掌握销售时机。

A. 结构　　B. 库存　　C. 销量　　D. 结构与库存

标准答案：D

3. 采购原材料、市场规格品时，参考报纸上的价格版或其他资料，研究出欲购价格，这种采购方法是（　　）。

A. 目标价格　　B. 市场价格法　　C. 实际成本法　　D. 采购价格标准法

标准答案：B

4. 针对即将来到的销售高峰期，提前进行补货，以保证销售高峰期内有充足的货源，用来支持高销售额的补货方式是（　　）。

A. 定量补货　　B. 预备销售补货　　C. 定期补货　　D. 定时补货

标准答案：B

5. 根据货品结构进行补货。如衣服类货品根据尺码比例进行补货，在大部分的情况下，S、M、L、XL、XXL 码都应有货，同时（　　）码在补货时可适当多补几件。

A.S　　B.M　　C.L　　D.M 和 L

标准答案：D

6. 订货会的下单数尽可能做到满足当季（　　）以上的销售需要。

A.40%　　B.60%　　C.80%　　D.50%

标准答案：C

7. 补货操作时容易出现的问题，不包括以下哪一项（　　）。

A. 订货会的订单数不够支撑销售　　B. 补货时缺什么码就补什么码

C. 不预留货品提前补货时间　　D. 预留货品在途时间

标准答案：D

8. 经过一段时间后，产品销售增长速度加快，最容易出现断货的时期是（　　）。

A. 导入期　　B. 成长期　　C. 成熟期　　D. 衰退期

标准答案：B

9. 以下不属于处理退货的技巧的是（　　）。

A. 尽快处理　　B. 主动联系　　C. 多多回复　　D. 安抚好买家情绪

标准答案：C

10. 追加评论是买家在收货之后进行了有效评价后的（　　）个自然日内进行追加的评论。

A.30　　B.50　　C.60　　D.90

标准答案：D

二、多选题

1. 产品从上市到退仓，整个生命周期按照不同阶段可以划分为（　　）。

A. 导入期　　B. 成长期　　C. 成熟期　　D. 衰退期

标准答案：ABCD

2. 亚马逊补货流程（　　）。

A. 了解备货时间周期　　B. 计算产品安全库存数量

C. 计算补货数量　　D. 调整补货数量

标准答案：ABCD

3. 补货，即将标好价格的商品，依照商品各自既定的陈列位置，（　　）地将商品补充到货架上去的作业。

A. 定时　　B. 不定时　　C. 定量　　D. 不定量

标准答案：AB

4. 客户信息管理，简单来说就是对客户相关信息的管理，包括（　　）。

A. 客户关系管理　　B. 客户信息汇总　　C. 客户数据的分析　　D. 客户分类

标准答案：ABC

5. 买家评价内容包括（　　）。

A. 店铺评分　　B. 评论内容　　C. 文字评论　　D. 图片评论

标准答案：AB

三、判断题

1. 补货品项依促销品项、主力品项、一般品项的重要等级依次补货上架。（　　）

标准答案：√

2. 买家评价内容包括文字评论和图片评论（　　）

标准答案：×

3. 补货时不需要检查价格标签。（　　）

标准答案：×

4. 发现有单品库存过多时，不需进行处理。（　　）

标准答案：×

5. 根据货品结构进行补货。如衣服类货品根据尺码比例进行补货，只需确保 S、M、L、XL、XXL 码都有货即可。（　　）

标准答案：×

模块十三　客户服务

学习目标

知识目标

- ◆ 社群管理
- ◆ 社群定位方法
- ◆ 社群推广策略与技巧
- ◆ 社群用户运营策略与技巧
- ◆ 客户关系管理
- ◆ 客户忠诚概念与意义
- ◆ 客户忠诚度管理方法
- ◆ 客户流失的原因
- ◆ 挽回流失客户的方法

技能目标

- ◆ 能根据企业需求，进行社群的定位，并建立社群
- ◆ 能通过推广渠道，吸引用户加入社群，提高社群用户数
- ◆ 能制定社群运营策略，提高社群用户活跃度和留存率
- ◆ 能设计并管理客户忠诚度计划，提高客户忠诚度
- ◆ 能分析客户流失的原因，制定挽回客户的策略，提高客户挽回率

素养目标

- ◆ 具备良好的语言表达和沟通能力、良好的心理素质、快速应变能力
- ◆ 树立正确的服务思想、强烈的服务意识、马克思主义人民观、以人为本的思想
- ◆ 引导学生尊重他人、换位思考、有效沟通、形成主动积极服务的意识

◆ 培养学生注重学思结合．知行统一，在实践中“敢闯会创”，增强勇于探索的创新精神、善于解决问题的实践能力，增强创新精神、创造意识和创业能力

单元一 社群管理

引导案例

2010年4月，小米科技注册成立，总部位于被称为中国硅谷的北京中关村银谷大厦。2010年8月，小米发布了首个专为中国人习惯设计，全面改进原生体验的基于Android系统深度优化、定制的系统包米柚（MIUI），因极受手机发烧友的欢迎而造成了一定的影响，从而奏响了小米进军手机市场的前奏。同年年底推出了手机实名社区——米聊，推出半年内注册用户突破300万，在国内引起了广泛关注。2011年7月12日，小米团队通过媒体沟通会发布了小米手机，宣布正式进入手机市场。2011年10月20日小米手机通过小米网开卖，仅用了3个月时间销量就突破了100万台，月营收入也超过了10亿元人民币。至此，MIUI、米聊和小米手机三大核心产品的相继推出，小米成为业界最受关注的一匹黑马，开始步入快速发展的时期。小米社区成立于2011年8月1日，是小米手机用户主要的交流平台和官方动态媒介。小米社区早期仅仅是MIUI用户在互联网上交互的平台，经过企业将部分用户转化为粉丝的努力后，发展到小米论坛，再演变到小米社区来积累品牌粉丝。除了小米社区外，小米公司也积极利用其他社会化媒体，如微博、微信和QQ空间等，创建了各种依托于第三方平台的虚拟品牌社群。通过构建虚拟品牌社区，小米公司建立了新型的消费者沟通形态，在客户关系管理模式上实现了创新。

通过阅读案例并查阅资料，思考并回答以下问题：

（1）小米公司在社群构建和运营的过程中，采用哪些具体的策略来吸引消费者？

（2）小米公司采用哪些方法挽留社群成员、培养成员的品牌忠诚度？

知识储备

“社群”一词最早出自社会学领域，由德国社会学家Ferdinand Tönnies（1881）在《共同体与社会》一书中提到“community”这个概念，并把它定义为“按照一定地理区域划分的社会生活共同体”。一般来说，社群是指由个人组成的社会群体，在这样的群体中，人们拥有更加亲密的关系、具有较强的凝聚力。随着社群的发展，在互联网时代，社群的含义已经大大扩

展，从传统社群、品牌社群、虚拟社群到电商社群不断更迭。有效的社群管理能够帮助提高企业实现与顾客一对一交流，提高顾客参与水平，从而把握顾客的真实需求，改进产品和服务质量，以改善客户关系。

一、社群定位

1. 社群分类

传统社群经过科学技术的发展转变，变为线上虚拟社群，传统社群与品牌的结合又形成品牌社群，虚拟社群与品牌社群结合形成了不受地域限制的对某品牌产生偏爱的线上品牌社群。电商社群的定义为借助互联网技术、脱离传统地域限制，由电商平台消费者为核心，企业等利益相关者共同构成的能够向成员提供价值的社会关系网络。

（1）传统社群。将传统社群分为血缘社群、地域社群、精神社群，血缘社群由拥有同样血缘关系的亲属群体构成，地域社群由一定地域范围的邻里、亲友构成，精神社群由对某些特殊事物有共同偏好或需求的群体构成，而对应于这三种社群的具体例子就是亲属关系、邻居关系、友谊关系。

（2）品牌社群。品牌社群是由以消费者为核心的，连同企业、产品、其他个体一起组成的一个网络圈。衡量该类型社群的最佳指标为社群用户的重复购买及社群用户转化为消费者的转化率。

（3）虚拟社群。借助互联网进行沟通、交流，形成共同的兴趣爱好和情感共鸣，由此产生的集合体就是虚拟社群。成员感知社群的利益（无论是实际交易的物质利益或是无形的知识获得、情感交流等），因而对社群产生归属感、认同感，选择保持自己的社群成员身份，即成员拥有社群承诺。因此，在虚拟社群中，衡量绩效的指标主要是成员关系、社群承诺。

（4）电商社群。电商社群主要分为三种：内容分享型、产品交易型、综合型。在内容分享型社群中，社群成员对在电商平台上购买的产品进行分享，交流使用心得等，或互相分享有价值的商品；在产品交易型社群中社群用户主要进行产品的二次交易等；综合型社群则是包括了上述两种社群的功能。

2. 社群定位的因素

社群定位的三种决定性因素——产品属性、用户画像、运营目标。

（1）产品属性

根据产品的单价和消费频次两个维度来重新定义社群，主要分为四大类：

①高频高价类：消费频次高、复购次数多，成本低、利润高的产品，易于和顾客建立紧密联系。如美妆、服饰、母婴、保健用品等。

②高频低价类：消费频次高、复购次数多，价格低、利润低的产品，如生鲜、食品、酒水饮料、餐饮等。

③低频高价类：消费频次低、复购次数少，价格高、利润高的产品，如珠宝、奢侈品、家电、家居、数码等。

④低频低价类：消费频次低、复购次数少，价格低、利润低的产品，如小装饰品批发、发饰、数据线等。

（2）用户画像

人群尽量垂直细分，用户画像尽量清晰具体，千万不要为了追求社群成员数量而将就，宁缺毋滥。同时，我们要快速判断非目标人群，避免太多这样的人进群。最后，我们要分析一下这些人群聚集在哪些平台、哪些渠道。

①用户属性：年龄、性别、城市、收入、学历、职业。

②用户行为特征：消费习惯、消费场景、消费痛点、消费需求、需求痛点、消费周期。

③用户需求：和相当爱好及同一层次的人交流的需求、 需要专家人士给予建议和解决方案的需求。

（3）运营目标

社群营销的价值无非就是提升品牌的知名度，刺激产品销售，维护客户的黏性。有价值肯定也需要回报载体，通过互惠互利的模式，然后进行销售转化，后期对核心用户进行维护。当然目标不局限于一个，因为每个阶段会有不同的任务，但是要确定一个最核心的终极的目标。运营目标要符合品牌运营的长期战略方向，在不同的阶段选择不同的运营目标，但是核心、终极的目标不会变，就是为了销售转化。

①销售转化目标：新客转化、复购转化、新品转化、大促转化、核心用户转化。

②流量运营目标：现有流量运营、流量的裂变、拉新。

③品牌服务目标：售前、售后、品牌曝光宣传、品牌价值观传递。

产品属性＋用户画像＋运营目标，三方面进行综合分析，选择适合的社群类型。

二、社群推广策略与技巧

对于社群来说，积累足够的用户才是运营的第一步，要让社群的人群基数上去，才能够为开展一系列的后期日常运营和活动提供更大的可能性，从而取得更好的效果。当社群人数达到一定的数量时，人们更容易对社群产生信任感。第二步是能够让他们长期留在社群中，加强社群内成员对于社群的归属感。可以让用户在社群内以不同的主题进行话题讨论或者举办一系列的活动，以此来建立社群内成员的人际关系以及社交行为。社群运营的最终目标就是能够完成最终的转化，完成变现这一步。通过各种活动将社群进行推广。

1. 社群分享

互联网造就了一个人人分享、人人享受分享的时代，“参与和分享”正在成为这个时代的关键词，影响着人们在虚拟社群中进行分享的意愿，微信社群营销中用户分享裂变能够成功，很大程度上得益于这种参与和分享精神的功劳，用户处在这样的时代，会选择浏览、评论、分享等行为，自发地参与到分享群体中。

2. 社群打卡

打卡社群的组建成为打卡群成员进行互动的虚拟时空，在这个时空中，成员的身体虽然不在相同空间，但是打卡群中成员的思想意识是存在于同一空间的，每一个成员都是因主观意愿而加入这个群体的。群内的打卡仪式活动包括群体组织要求的打卡图片分享、分组打卡信息分享，还包括群体成员之间的互动行为。

3. 利用红包

社群日常推广的手段有很多。其实红包是最有效的方法之一。很多社群并没有那么在意红包的价值，当然他们对红包的理解也是错误的。想要知道怎样发红包才有效，就必须清楚为什么有些红包发了毫无效果，最主要的原因是目的性不强。发红包的目的一般有以下几种：（1）活跃气氛；（2）新人报到；（3）激活群员；（4）宣布喜讯；（5）打赏个人；（6）发小广告。社群红包要师出有名，不能太任性，过于频繁发红包，会导致红包激励效果下降。

4. 福利分享

社群本身的基金或者与赞助商合作争取到的福利，也是帮助社群激发活跃度的一个利器。一般有以下几种方式：（1）物质类奖励。很多社群为有突出贡献的群内部成员发一些书籍或者是零食类的奖品等。（2）学习类奖励。我们可以给群成员奖励一些课程，课程可以是购买的也可以是“得到”“樊登读书”的知识红包，其实也可以奖励知识现金。（3）荣誉类的奖励。每次学习完一个课程都会获得毕业证书，这样就会有很强的荣誉感，还有很多社群也会给群内成员奖励一些称号比如分享官、会诊官等，可以根据群的不同定位设置不同称号。

5. 线下交流

社群中的成员虽然会在社群内进行交流，但是两个完全陌生的人，要产生更加深刻的感情和联系就需要线下活动进行连接，当社群内部成员与成员之间由于社群的活动而产生更加深刻的感情交流，获取了良好的社群体验时，会加深相互之间的情感，加快圈子的形成，从而变成社群更加忠实的拥护者。可以举办线下沙龙、社群派对、企业走访等线下活动，这样有利于加强成员之间的信任感。

三、社群用户运营策略与技巧

1. 常见的社群运营平台

选好平台让社群更有价值。与构建社群一同进行的是选择一个好的社群平台。当前新媒体平台种类很多，但较为流行的、适合社群运营的平台却比较有限。QQ 平台、微信平台、微博平台、百度贴吧等社群平台，各自存在着不同的优势和劣势。对于运营者来说，在选择社群运营平台时，应该根据建群目的、社群属性、目标群体等因素，来确定选择哪些平台进行社群运营。

拥有丰富社群运营经验的运营者，往往会通过多平台运营，来实现最大化的社群营销效果。但对于新手运营者来说，还是建议优先选择单一平台开展社群运营工作。

（1）微博平台不仅具有社交化、媒体化等特点，还聚集了大量明星、企业和媒体。此外，微博还会实时捕捉社会动态，并将其推送到用户面前，根据热门程度进行排行。“随时随地发现新鲜事”更成为微博平台的营销口号。在微博平台上，最为常见的一种社群运营模式就是与社群成员展开互动。转发是最为基础的一种形式。

（2）在微信平台上，产品类、内容类和好友类社群较为常见。微信平台上的社群成员之间的情感连接更为紧密，一些被内容吸引的社群成员会主动转发分享内容，这为运营者提供了很大的便利，也大大激发了社群的活跃度。

（3）QQ 群可以说是最早的一种社群。现在的 QQ 群具备了群签到、群公告、群视频、群直播等功能，可以满足大多数社群运营的场景，这一点是微博和微信所不具备的。作为一款即时通信软件，QQ 平台在话题讨论上要比微博平台的效率更高，社群成员的活跃程度也更高。

（4）百度贴吧可以说是百度最具社群属性的平台。作为网络热词的诞生地，百度贴吧涵盖生活、教育、游戏、体育、明星、企业、娱乐等方方面面的内容。百度贴吧中最多见的是以兴趣爱好为中心的社群，各种兴趣爱好的人都能在贴吧上找到适合自己的社群。

不同的社群平台具有不同的特点，因此在构建社群时，要在考虑自身社群属性的同时，结合平台特点，才能顺利构建起社群，并更好地运营下去。很多时候，平台选择影响着社群的最终价值，因此为社群选择最为合适的平台至关重要。

2. 社群用户运营策略与技巧

社群用户运营是在形成社群之后，针对社群中的用户开展拉新、留存、变现等运营活动。社群用户运营的目标主要是将新用户吸引到社群中，将老用户维持在社群中，同时还需要通过有效的方法让社群成员加入社群运营的活动中，让社群成员对社群保持长时间的持续关注。

（1）社群构建策略

想要构建一个成功的社群并不容易。在构建社群时，需要掌握一定的规律和方法。搭建一个成功的社群，必备 5 个方面的要素。

①找同好。社群“同好”主题之下要尽可能做到大家共同认同的价值观。共同爱好是构建社群的起点，也是基础。一般来说，建群的常见目的有以下几种：

◆销售产品型社群。a. 了解用户需求；b. 建立信任关系；c. 社群内部福利；d. 制定促活方案；e. 设计拉新计划；f. 产品服务转化。

◆提供服务型社群。a. 服务用户分层；b. 权益等级制度；c. 晋升机制确立；d. 企业形象 IP ；e. 完善群体层级；f. 策划营销活动。

◆拓展人脉型社群。a.“咖位”邀请确立；b. 制定入群门槛；c. 群内管理制度；d. 制造活动主题；e. 线下交流联动；f. 人脉资源整合。

◆聚集兴趣型社群。a. 制定入群门槛；b. 明确社群制度；c. 培养用户价值；d. 促进用户参与；e. 内容话题制作；f. 订单核销转化。

◆打造品牌型社群。a.IP 形象建设；b. 社群氛围管理；c. 建设沟通路径；d. 活动内容输送；e. 链接品牌触点；f. 宠粉形象建设。

②组织结构。社群的结构主要由成员结构和社群规则两个方面组成。社群成员主要由创建者、管理者、参与者、开拓者、分化者、合作者组成；社群规则主要由加人规则、入群规则、言行规则、分享规则、惩罚规则等组成。

③社群运营。一个社群想要保持活跃，想要长久地存在下去，就要合理地进行运营。根据社群设置群规，社群成员需要接受群规，其行为也要接受一定的奖惩。要让社群众成员各负其责，按规则行事，社群运营者还需要构建一个完整的社群成员成长体系。社群运营者还需要随时清理违规成员，定期招募新成员。

④价值输出。打造社群品牌，形成社群对外的品牌。社群中的核心人物很关键，要下功夫扶持社群核心成员，构建影响力，要让普通成员也能输出内容。

⑤复制规模。社群规模化是每个运营者都需要考虑的问题，想要得出这个问题的答案需要从社群垂直领域和社群运营成本等多个方面去考虑。在什么时候可以开始复制，按照怎样的节奏进行复制。

（2）客户获取策略

围绕着潜在用户的特点，针对目标客户制定合适的推广策略，以吸引潜在客户并建立初步的客户关系。

①精准的市场定位。企业出于在竞争中占据有利地位的考虑，根据顾客对产品某些属性的重视程度，塑造出符合顾客喜好，而又与竞争者不同的产品形象。

②差异化的推广渠道。差异化营销，从字面意思我们就能了解，主要是差异，有区别。差异化推广指的就是针对不同目标人群设计不同的营销推广方式组合，从而满足不同用户的需求。

（3）客户维系策略

①客户关怀。主要是针对老用户的回馈策略，当交易关系达成后，企业营销的重点就从获取新客户转向对老客户的维持。此时企业更要持续关注客户的后续需求和期望，保持与客户的沟通与联系，继续向客户提供包括经济价值和非经济价值的各种回馈性服务，从而维系长久与良好的客户关系。

②用户参与。满足粉丝的个性化需求，为了充分地挖掘市场需求，满足客户的个性化需要及提高对目标市场的反应速度，客户参与正越来越多地被企业利用在产品的研发中。

③社群延伸。依托其他机构等开展的一系列线上线下活动，将社群内的活跃范围由虚拟社区延伸到实际生活中，将社群粉丝紧密地结合在一起，极大地提高了社群成员的活跃度和用户黏性，增强了用户对社群成员的信任感。

（4）客户挽回策略

客户挽留是指企业为了保持企业的市场份额和效益而采取措施争取留下那些即将流失的有价值的客户。

①正向策略。完善售后服务实现客户忠诚补救，可以利用各种群、论坛、App等及时把握来自客户的反馈信息，也在最大程度上便利了消费者，让用户感受到企业的人文关怀，通过满足用户的利益诉求和情感诉求来防止客户流失。

②反向策略。关联营销构筑起客户的转移壁垒，在产品或品牌上寻找关联性，对消费者进行深层次的多面引导的营销方法。当用户交叉购买的程度越高，转移到其他品牌也就越困难。例如小米用户与小米产品紧紧地“绑”在一起，一方面为企业创造了新的利润来源，另一方面则提高了用户的转移成本。

行业洞察

聊天就是工作，工作就是聊天：走近“社群管理师”

一个微信群有管理员不稀奇，但一个管理员“管”近300个群、数万网友，你听说过吗？在上海市中心的一所商务楼宇里，这样的社群管理师已经有近百人。他们每天活跃在电脑的一端，与数以万计的网友“侃大山”，帮助企业维持群的活跃度、增强用户黏性。

1. 一人“管”近300个群

“恭喜您抢到优惠券，记得截图去门店领取哦”“请不要在群里发小广告，违者要踢出群哦”……安静的房间里，只听见电脑键盘啪嗒啪嗒的敲击声。一个年轻人端坐在桌子前，一边点开微信群查看消息，一边选择合适的用语，及时回复群友。

这就是社群管理师徐诺言每天的工作常态。作为专职服务某连锁快餐企业的社群管理师，她管理着近300个企业微信群，按照每个群200个人计算，就是近6万人。

以一对万，怎么“管”得过来？“术业有专攻。”培训机构七分网首席运营官王莹说，每个社群管理师在上岗前都会接受专业培训，对所服务的企业做到清晰了解。同时，培训团队还会建立起一个知识库，用来回复网友的常规问题。

“目前这个知识库大概能够解决30%的问题，剩下70%还需要社群管理师灵活应对。”王莹说，一个社群管理师需要身兼气氛组、客服中心、接梗王等多重身份。

“现在的社群管理师都是量身定制，如果是服务化妆品公司，就需要掌握一定的美妆知识；如果是乐园主题，可能需要懂漫威等角色，并且熟悉这类消费群体的心理。”上海美智人才服务有限公司负责人饶志芳说。

2. 社群经济崛起，行业需求巨大

如今，移动互联网行业发展进入下半场，企业在新增用户上的成本越来越高。据测算，企业吸引用户新下载一个App的成本在100元以上。如此一来，企业通过微信群盘活既有用户，就成为十分经济的选择。

随着用户基数越来越大，群的数量越来越多，单靠企业自身人员进行管理，显得力不从心。“以我们服务的一家连锁快餐企业为例，目前该企业旗下各个门店的微信群超过1万个，非常需要专业队伍提供帮助。”饶志芳说。

根据微信方面公布的数据，截至2020年底，企业微信上的真实企业与组织数量超过550万。饶志芳算了一笔账，如果按照10%的企业需要进行社群管理测算，那么也有50万家企业有相关需求，带动的就业岗位非常可观。

正是看到了行业有巨大需求，今年5月，上海市静安区将社群管理师的培训项目纳入区级职业培训补贴。

“静安户籍的失业人员和就业在静安的在职人员，在取得相应的培训合格证书后，每个项目可以补贴不超过2000元。”静安区就业促进中心相关负责人说。

3. 新经济带来新就业，创造新价值

“很多人平时看着闷声不响，线上却是气氛担当。通俗地说，闷骚的人比较适合社群管理师职业。”王莹说，当前线上社交已成为年轻人生活的重要一环，对于一些偏内向的年轻人来说，当社群管理师既提供了相对稳定的收入，又能扬个人所长。

“做自己有兴趣的事情就不会觉得累，而且时间久了群里的网友就像朋友。”徐诺言说，尽管正常情况下，每天晚上8点就下班了，但休息时间，只要群友有问题她还是会及时回复。

“为各类人群提供尽可能契合的工作岗位，让他们实现自身价值。”上海市静安区人力资源和社会保障局局长王光荣说，作为全国首个人力资源服务产业园区所在地，近年来静安推动了多个新职业的发展。

“可以预见的是，随着经济社会发展、科技进步，还会有越来越多的新职业浮现。密切关注、支持这些新职业，让劳动者们拥有个性化就业的机会，是政府部门的职责所在。”王光荣说。（来源：《半月谈》2021年第14期）

单元二 客户关系管理

引导案例

如何留住客户的心？

——电商平台 Allegro 教您如何提高客户忠诚度

当下，“以客户为中心”已经成为公司在市场上取得成功的必要条件，对电商行业来说这一点尤为重要。由于电商市场上存在大量的同类店铺及平台，消费者在网上购物时很难只选择一家平台或一个店铺。正因如此，客户在电商市场上的影响力越来越大。电商平台及卖家们若想要把一次性买家变成忠诚的长期客户，那就必须要对客户的特点和个性化需求了如指掌。

而被称为“波兰国民电商平台”的 Allegro 正是秉承了这样的理念。Allegro 是波兰最大的电商平台之一，在该市场已经有23年的发展历史。对很多波兰人来说，网购这一概念与 Allegro 密切相关。在客户忠诚度方面，Allegro 平台 NPS（净推荐值）截至2021年第4季度高达78.9，远超行业同等水平。Allegro 更是常年被评选为波兰“超级品牌”。更有趣的是，Allegro 还是波兰市场最受欢迎的产品搜索引擎之一，平台的月检索次数高达15亿次，现已发展为欧洲流量排名前三的在线市场，月活客户数高达2100万。

在保持客户忠诚度方面，Allegro 平台的两大“金刚”功不可没。

第一是针对客户特别打造的忠诚计划——Allegro Smart 免运费计划。参加该计划的客户仅需支付很少的费用就可以享受不限次数的免费配送和退货服务。在去年，Smart 计划已突破500万用户大关，而调查显示订购 Smart 计划的用户在平台的购买频率是普通用户的2.5倍，参加 Allegro Smart 的卖家业绩速度是普通卖家的5倍。

第二大忠诚计划则是 Allegro Pay“先买后付”服务，该计划旨在为客户的购物提供完全的自由。截至2021年，Allegro已向客户发放了共计20亿兹罗提（约合人民币33亿元）贷款。

这两项计划联合推动了平台购物体验的提升，促进更多用户通过Allegro平台进行便捷无忧的购物。（来源：Allegro）

通过阅读案例并查阅资料，思考并回答以下问题：

（1）电商行业客户流失的主要原因是什么？

（2）如何培育客户忠诚度？

知识储备

一．客户忠诚的概念与意义

1. 客户忠诚的概念

客户忠诚度是指客户因为接受了产品或服务，满足了自己的需求而对品牌或供应商产生的心理依赖及行为追捧。客户忠诚度是消费者对产品感情的量度，反映出一个消费者转向另一品牌的可能程度，尤其是当该产品价格、特性有变动时，随着对企业产品忠诚程度的增加，基础消费者受到竞争行为的影响程度降低了。所以客户忠诚度是反映消费者的忠诚行为与未来利润相联系的指示器，因为对企业产品的忠诚能直接转变成未来的销售。

客户满意度与客户忠诚度之不同在于，前者是测评过去的交易中满足客户原先期望的程度，而后者则是测量客户再购及参与活动的意愿。客户忠诚是指客户对企业的产品或服务的依恋或爱慕的感情，它主要通过客户的情感忠诚、行为忠诚和意识忠诚表现出来。其中情感忠诚表现为客户对企业的理念、行为和视觉形象的高度认同和满意；行为忠诚表现为客户对企业的产品和服务的重复购买行为；意识忠诚则表现为客户做出的对企业的产品和服务的未来消费意向。

具体来说，表现为下列内容：

（1）客户忠诚是指消费者在作出购买决策时，多次表现出来的对某个企业产品和品牌有偏向性的购买行为。

（2）忠诚的客户是企业最有价值的顾客。

（3）客户忠诚的小幅度增加会导致利润的大幅度增加。

（4）客户忠诚营销理论的关心点是利润。建立客户忠诚是实现持续的利润增长的最有效方法。

2. 客户忠诚的价值

（1）销售量上升

忠诚客户都是良性消费者，他们向企业重复购买产品或服务，而不会刻意去追求价格上的折扣，而且他们会带动和影响自己周围的人产生同样的购买行为，从而保证企业销量的不断上升，使企业拥有一个稳定的利润来源。

（2）加强竞争地位

忠诚客户持续地从企业而非企业的竞争对手处购买产品或服务，则企业在市场上的地位会变得更加稳固。如果客户发现所购产品或服务存在某些缺陷，或在使用中发生故障，能够以谅解的心情主动地向企业反馈信息，求得解决；而非以投诉或向媒体披露等手段扩大事端，因此，企业将会取得更多的收益，在激烈的竞争中立于不败之地。

（3）能够减少营销费用

首先，通过忠诚度高的客户的多次购买，企业可以定量分析出他们的购买频率，不必再花太多费用去吸引他们。其次，关系熟了，还会减少经营管理费用。再次，这些忠诚的客户还会向他们的朋友宣传，为企业赢得更多口碑。

（4）不必进行价格战

忠诚的客户会排斥企业的竞争对手，他们不会被竞争者的小利所诱惑，会自动拒绝其他企业的产品。

二、客户忠诚度管理方法

随着市场竞争的日益加剧，客户忠诚已成为影响企业长期利润的决定性因素，越来越多的企业开始注重提高客户的忠诚度，那么企业实现客户忠诚的方法有哪些？

企业要进行客户忠诚管理，可采取以下方法。

（1）建立员工忠诚度

客户忠诚度的培育与维持关键在于员工忠诚度的培育，员工如果对企业不满意，就不会有激情和活力投入工作中去，甚至不会对其工作尽职尽责。尤其是对那些直接向客户提供产品与服务的商业流通企业来说更是如此。只有忠诚的员工才能带来忠诚的客户，所以先让员工满意，才能留住客户。

（2）遵循“二八法则”

不同的客户对企业的贡献程度不同。帕累托的“二八法则”指出企业80%的营业收入来自20%的客户，而其他80%的客户只能给企业带来20%的收入，企业要区别对待不同的客户，对那些能够和企业长期合作的高价值型客户应该给予更多的客户关怀，这样可以有效分配企业的资源，避免资源浪费。

（3）了解客户所处的阶段

一个忠诚客户的形成会经历六个阶段：持币待购阶段、犹豫不决阶段、信任阶段、重复购买阶段、稳定合作阶段和长期合作阶段。要了解客户，使之成为忠诚客户，首先应了解客户处在哪一个阶段，并针对不同阶段的客户制定不同的策略，促使客户最终进入长期合作阶段。

（4）先提供服务，再推销产品

客户大多不喜欢强迫式推销，他们所期望的是企业能够尽可能让他们感到愉快和满足的交易方式。如果他们曾经在和其他企业的交易中得到了比较好的体验，他们会要求你的企业也这么做，如果做不到，那么客户可能就会感到不满意，甚至离开。

（5）深入了解客户看中的价值

忠诚的根源是企业带给客户的价值。要想培养客户的忠诚度，就要通过发掘客户看重的价值，然后让客户从产品或服务中加以体验。不同的客户对企业的要求不同，如有的客户认为，节约了交易时间就意味着提供了高价值的服务。因此企业应简化交易程序，为客户节约交易的时间成本。

（6）积极处理客户抱怨

一个不满意的客户通常会向一个以上的人传播他的不满，其不良影响不可低估。企业员工如果能当场处理好客户的抱怨，70% 的客户还会继续购买；如果能够当场解决问题，95% 的客户会继续购买。客户向企业宣泄他们的不满和抱怨时，企业只要能够妥善处理，便能留住客户。为此，企业应设置更多的更方便的渠道处理客户的抱怨，并对客户的抱怨给予及时、有效的反馈。

（7）与渠道伙伴合作

要想在错综复杂的市场环境中取得优势，企业应与渠道伙伴建立良好的合作关系。例如，欧洲的一家汽车生产厂商，将它的所有客户资料与渠道成员共享，从而得到了渠道成员的广泛支持，最终赢得了客户的忠诚。

（8）使用 CRM（客户关系管理）系统

许多企业虽然建立了 CRM 客户数据库，但是里面的客户信息却是不完整的和分散的，企业无法利用这些数据对客户进行全方位的评价，因而也就无法有效地实施客户忠诚度培养计划。

三、客户流失的原因

1. 公司人员流动导致客户流失

很多企业由于在客户关系管理方面不够细腻、规范，客户与企业之间业务员的桥梁作用就被发挥得淋漓尽致，而企业自身对客户影响相对乏力，一旦业务人员跳槽，老客户就随之而去。与此带来的是竞争对手实力的增强。

2. 竞争对手夺走了客户

市场竞争激烈，为能够迅速在市场上获得有利地位，竞争对手往往会不惜代价以优厚条件来吸引那些资源丰厚的客户。“重金之下，必有勇夫”，客户“变节”也不是什么奇怪现象了。

3. 市场波动导致失去客户

在市场经济的条件下，随着经济的发展，市场分工越来越明确，各个市场的波动是非常大的，所以企业要随时了解市场的动态，才能有更好的发展。

4. 缺乏诚信

客户最担心的是和没有诚信的企业合作，但是有些销售经理喜欢向客户随意承诺，结果又不能及时兑现，或者返利、奖励等不能及时兑现给客户。客户最担心和没有诚信的企业合作。一旦企业出现诚信问题，哪怕仅是很小的问题，客户往往也会选择离开。为了争取客户，就随意承诺，结果又因为某些原因，承诺无法实现，使得自己辛苦培育的客户掉头转向竞争对手。这无疑将会给企业带来巨大损失。

5. 细节的疏忽使客户离去

客户与商家的利益关系纽带是连在一起的，但情感也是一条很重要的纽带，一些细节的疏忽，往往也会导致客户的流失。某企业老板比较吝啬，其一代理商上午汇款50万并亲自来进货，中午企业却没安排人接待，只叫他去食堂吃了一个盒饭。代理商觉得很委屈，回去后就调整经营策略做起了别的品牌。

6. 没有做好市场调查，不能及时了解市场状况

有些企业只一味生产某种产品，并且保持很高的质量。但他们的产品销量却一直上不去，主要就在于他们的产品和服务没有及时得到更新。而市场是不断变化的，客户的需求也随之不断变化，因此，当企业无法满足客户的需求时，客户就会将其注意力转向其他企业。无疑，这一客户的流失将会给企业带来不小的损失。

7. 企业内部服务意识淡薄

员工傲慢、客户提出的问题不能得到及时解决、咨询无人理睬、投诉没人处理、服务人员工作效率低下等等，也是导致客户流失的重要因素。例如，某用户用的都是A牌电器，很少出现故障，不料前几天空调坏了，电话好不容易接通，结果企业的销售部门与服务部门相互推诿，一来二去，耽误了时间，事情也没得到解决。最后该用户决定再也不用A牌电器了。

8. 营销策略组合不当

这主要有：

（1）产品定价不合理，即产品价格的确定是否有相应的细分市场为基础，或者由于产品成本控制较差，导致价格无法较低。

（2）营销中间环节即销售渠道过长，致使客户得不到应有的技术指导从而导致客户的流失。

（3）产品的功能过于复杂，从而影响到其最主要功能的推荐，并因此增加了产品的成本，从而增加消费者的负担。

（4）产品的品牌认知度不高，企业必须在品牌建设上加大投入；或是产品的包装出了问题，如与营销市场的文化习俗冲突，未能体现产品和本企业的特色。企业需根据以上分析重新做出相应营销决策。

9. 企业管理不平衡，令中小客户离去

营销人士都知道二八法则，很多企业都设立了大客户管理中心，对小客户则采取不闻不问的态度。广告促销政策也都向大客户倾斜，使得很多小客户产生心理不平衡而离去。其实不要小看小客户20%的销售量，比如一个年销售额10亿元的公司，照推算其小客户产生的销售额也有2亿元，且从小客户身上所赚取的纯利润率往往比大客户高，算下来绝对是不菲的数目。

四、挽回客户流失的方法

1. 访问流失的客户，争取把流失的客户找回来

具体包括：

（1）设法记住流失的顾客的名字和地址。

（2）在最短的时间用电话联系，或直接访问。访问时，应诚恳地表示歉意，送上鲜花或小礼品，并虚心听取他们的看法和要求。

（3）在不愉快和不满消除后，记录他们的意见，与其共商满足其要求的方案。

（4）满足其要求，尽量挽回流失的顾客。

（5）制定措施，改进企业工作中的缺陷，预防再次发生。

（6）想方设法比竞争对手做得更多、更快、更好一些。

2. 为客户提供高质量服务

质量的高低关系到企业利润、成本、销售额。每个企业都在积极寻求用什么样高质量的服务才能留住企业优质客户。一般而言，制造类企业的主要精力都放在营销管理和技术研发上，但随着产品技术的日趋同质化，服务也越来越成为影响市场份额的关键因素。因此，为客户提供服务最基本的就是要考虑到客户的感受和期望，从他们对服务和产品的评价转换到服务的质量上。找准了基本点，与客服部一起设计一种衡量标准，以对服务质量做个有效的考核。

3. 保证高效快捷的执行力

要想留住客户群体，良好的策略与执行力缺一不可。许多企业虽能为客户提供好的策略，却因缺少执行力而失败。在多数情况下，企业与竞争对手的差别就在于双方的执行能力。如果对手比你做得更好，那么他就会在各方面领先。成功的企业，20% 靠策略，60% 靠企业各级管理者的执行力！作为管理者，重塑执行力的观念有助于制定更健全的策略。事实上，要制定有价值的策略，管理者必须同时确认企业是否有足够的条件来执行。在执行中，一切都会变得明确起来。面对激烈的市场竞争，管理者角色定位需要变革，从只注重策略制定，转变为策略与执行力兼顾。以行为导向的企业，策略的实施能力会优于同业，客户也更愿意死心塌地地跟随企业一起成长。

4. 加强企业管理，提升企业形象

即企业通过加强内部自身管理和外部客户管理，来赢得更多的客户与市场，获得更大的经济效益与社会效益。管理是现代企业前进的两大车轮之一，管理也是生产力。通过有效的管理，在客户和社会公众中树立、维持和提升企业形象。良好的企业形象既可以创造顾客消费需求，增强企业筹资能力，又可以改善企业现状，开拓企业未来。

5. 严把产品质量关，为客户提供高质量产品和服务

产品质量是企业为客户提供有利保障的关键武器。没有好的质量依托，企业长足发展就是个很遥远的问题。企业应提供令客户满意的产品和服务。这就要求企业必须识别自己的客户，调查客户的现实和潜在的要求，客户购买的动机、行为、能力，从而确定产品的开发方向与生产数量，进而提供适销对路的产品来满足或超越他们的需求和期望，使其满意。

6. 不断进行创新

面对瞬息万变的市场环境，面对个性化、多样化的顾客需求，面对优胜劣汰的游戏规则，企业唯有不断地创新、创新、再创新，才能赢得更多的客户，并持续地发展与壮大。企业通过技术创新、管理创新、产品创新、服务创新不断提高公司的核心竞争力，吸引和留住各方面的人才，实现经营利润的最大化。企业的产品一旦不能根据市场变化做出调整与创新，就会落于市场的后尘，分销商利益也就可能会受到重大影响，客户流失概率将大大增加；技术创新是产品创新的基础，核心技术的开发与拥有是公司未来竞争制胜的法宝；而管理创新和服务创新是公司提升核心竞争力、实现最佳经营目标必不可少的有效途径。创新本身就是在实践经营过程中不断完善不断进步的过程，公司具备内在发展的驱动力，产品和服务有广泛的市场基础，就一定能在激烈的市场竞争中脱颖而出。

7. 加强与客户的信息即时互通

在管理上最重要的是与客户沟通，提供知识信息，让企业的服务或营销人员控制协调好客户关系，传达好客户的要求、意见。多给客户提出一些在管理上的建议，和你对客户所在市

场的见解，让客户接受你的思维。这就需要企业员工要有较高的职业素养和对市场的敏感，以及丰富管理技巧。当然，要注意不能忽视人际角色，信息角色和决策角色不能干预客户更多的事情，除和客户正常的业务以外，不要掺杂其他内容，否则会影响客情关系。

8. 实行快速响应客户的战略

企业要想持续地保持客户，那么在与客户合作时，对于客户提出的要求、问题、意见或建议等，都应及时地做出回应，在合理的情况下，尽量满足客户需求。即使无法达到客户要求，也应及时地给予客户答复，而不应让客户长时间等待。

行业洞察

大数据“杀熟”，监管要亮剑

在一些电商平台，同样的消费，老客户却比新客户花钱多。技术是把“双刃剑”，大数据可以优化服务，也会被用来精准“杀熟”。把个性化服务变成坑人陷阱，既失信缺德，也涉嫌违法。对此，监管不能缺位，对违法行为必须严惩，让大肆薅用户羊毛者付出应有代价。

2021年7月2日，国家市场监督管理总局公布《价格违法行为行政处罚规定（修订征求意见稿)》，向社会公开征求意见。对于大数据“杀熟”，意见稿规定给予警告，可以并处上一年度销售总额1‰以上5‰以下的罚款，有违法所得的，没收违法所得；情节严重的，责令停业整顿，或者吊销营业执照。

1. 大数据“杀熟”就是“看人下菜”

到底什么是大数据“杀熟”？意见稿中给出了规范的定义，即电子商务平台经营者利用大数据分析、算法等技术手段，根据消费者或者其他经营者的偏好、交易习惯等特征，基于成本或正当营销策略之外的因素，对同一商品或服务在同等交易条件下设置不同价格的行为。简言之，就是“看人下菜”。通过大数据分析和独特的算法，平台可以动态掌握每个消费者的“小心思”，一旦发现对方已经是忠心耿耿的“铁粉”，或是反复浏览、预订，下单欲望很强烈，就会变魔术一般坐地起价，宰你没商量……

市场经济条件下，针对不同消费者给出不同的定价并不鲜见，如会员等级越高，享受的优惠越多。只要价格公开，不属于垄断销售或强买强卖，这种自主经营权应该得到尊重。但“杀熟”则有违商业伦理，属于变相价格歧视，还可能侵犯消费者的知情权、自主选择权和公平交易权。人们通过网站、App 选购商品时，通常会认为自己看到的价格公开透明，与其他消费者一样。正是基于这种朴素认知，消费者往往不会通过多个账号对比价格。如此，便容易被蒙蔽和欺诈。时下，由于商家占据信息优势和技术优势，且市场环境瞬息万变，消费者很难识破商家的“杀熟”行为。

2. 大数据"杀熟"或已成惯用手段

显而易见，互联网平台这种"两面三刀"的"杀熟"做法太不厚道，同时也有悖诚信与公平交易原则，因此备受诟病，成为千夫所指。但是由于平台自己不会不打自招，相关算法机制更是秘而不宣，加之在这方面也缺乏精准有力的制约法规和认定办法，导致这一问题长期未能得到有效的治理。

当某个平台靠低价倾销逐渐占据行业内的垄断地位后，往往会利用大数据进行涨价"杀熟"来侵害消费者合法权益，此类现象或已成为大数据时代互联网平台同行竞争和牟取利益的惯用手段。实际上，消费者在遇到大数据"杀熟"行为时往往束手无策，大数据"杀熟"的复杂性和隐蔽性也增加了对其进行鉴别和举证的难度。

3. 治理大数据"杀熟"需要创新监管

及时对大数据"杀熟"说不，让互联网商业保持基本的秩序和公平，是公众的共同呼声。意见稿给那些恶意营销的商家敲响了警钟，明确其不仅可能为违规行为付出巨额罚款，还可能面临彻底退出市场的严重后果。当然，除了规章的震慑，有关部门还要积极运用大数据技术实现智慧监管，有效反制"杀熟"行为。互联网商业不断发展的背景下，遏制商家利用技术作恶，不让消费者成为技术的"受害者"，不是什么苛刻的要求。

值得注意的是，意见稿把对电子商务平台的价格违法行为的行政处罚，从绝对额罚款更改为以销售额比例罚款，由此可见监管部门态度的坚决。当务之急是建立起适用于整个电子商务平台的完善法律体系，为消费者有效维权搭建合法监管平台；同时加强个人信息监管安全措施，从源头上保护消费者的切身利益。此外，位于平台两端的企业和用户也不能缺席。一方面，企业需确保价值中立，避免大数据滥用及危害消费者权益行为的发生；另一方面，消费者也要提升对于自身隐私的保护意识。（来源：中国经济网）

职业技能训练（三级）

一、单选题

1. 一个完整的销售过程，往往要经历（　　）、与顾客接触、处理异议和下单成交等不同的阶段。

A. 电话咨询　B. 现场促销　C. 广告宣传　D. 寻找顾客

标准答案：D

2. 从服务利润链分析可知，要保持顾客忠诚必须从（　　）着手。

A. 顾客　B. 领导　C. 员工　D. 老客户

标准答案：C

3. 以下选项中不属于老客户维护的是？（　　）

A. 发货关怀　B. 讨价还价　C. 签收关怀　D. 使用关怀

标准答案：B

4. 微信营销不属于下面哪种营销方式？（　　）

A. 互动营销　B. 主动营销　C. 老客户营销　D. 营销策略

标准答案：D

5. 以下选项中最可能属于老客户营销的是？（　　）

A. 首焦＋店铺周年庆活动　B. 直通车＋包邮活动

C. 给买过商品的客户发短信＋抵用券　D. 抽奖＋社区宣传

标准答案：C

6. 下面哪种做法最能影响店铺回头率？（　　）

A. 产品设计　B. 老客户的维护和营销　C. 店铺装修　D. 直通车投放

标准答案：B

7. 客户流失的原因不包括（　　）。

A. 质量不稳定　B. 客户收入不稳定　C. 缺乏创新　D. 竞争对手的挖掘

标准答案：B

8. 以下哪项不可以对客户的忠诚度进行测量？（　　）

A. 重复购买次数　B. 购买挑选时间

C. 对产品质量的承受力　D. 对产品包装的选择

标准答案：D

9. 识别客户不包括（　　）。

A. 将更多的客户名输入到数据库中　B. 采集客户有关信息

C. 分析客户的优势　D. 验证并更新客户信息，删除过时信息

标准答案：C

10. 客户忠诚给企业带来的效应不包括（　　）

A. 长期订单　　B. 回头客　　C. 额外的价格　　D. 良好的口碑

标准答案：C

二、多选题

1. 电子化客户关系管理具有（　　）的特点

A. 整合性　　B. 一对一　　C. 实时性　　D. 数据库

标准答案：ABCD

2. 对网店来说，获取新客户可以通过（　　）等渠道。

A. 老客户介绍　　B. 广告宣传　　C. 销售人员开发　　D. 客服人员的开发

标准答案：ABCD

3. 维护老客户的意义主要有（　　）

A. 使企业的竞争优势长久　　B. 使成本大幅度降低

C. 有利于发展新客户　　D. 会获取更多的客户份额

标准答案：ABCD

4. 克服成交的心理障碍，保持积极的成交态度，客服应该做到（　　）

A. 正确地对待失败　　B. 要有自信心

C. 要有积极主动的心态　　D. 保持职业自卑感

标准答案：ABC

5. "客户关系管理"的主要工作包括以下哪些项？（　　）

A. 客户营销　　B. 客户分组　　C. 客户关怀　　D. 数据收集

标准答案：BCD

三 . 判断题

1. 将电子商务和客户关系管理一体化，构造新型的客户关系管理模式是企业"赢家通吃"的网络经济环境下成为赢家的基础。（　　）

标准答案：√

2. 一个企业想健康平稳地发展必须做好一件事，就是不断挖掘新客户资源并将其发展成合作客户。(　　)

标准答案：×

3. 一般情况下，网络新客户的第一次成交难度是最高的，因为会存在着怀疑、不信任、怕承担风险等问题。(　　)

标准答案：√

4. 对待没有成交的顾客，客服应该想办法建立潜在顾客的数据库。(　　)

标准答案：√

5. 品牌的层次与其顾客参与的程度存在着一种反比的关系。(　　)

标准答案：×

模块十四 电子商务数据分析

学习目标

知识目标

- 了解商务数据分析工具的选择方法
- 熟悉数据分析工具的数据加载方法
- 掌握数据分析工具中数据模型设置方法
- 了解电子商务数据报表的设计原则
- 熟悉电子商务数据报表中的业务指标
- 掌握数据可视化图表的类型及特点
- 掌握电子商务数据报表的制作方法
- 了解商务数据统计分析的作用
- 熟悉交易数据分析方法
- 掌握营销活动数据分析方法

技能目标

- 能根据电子商务数据分析的要求，进行数据分析工具选择
- 能将电子商务相关数据加载到数据分析工具中
- 能根据数据分析内容的要求，在数据分析工具中设置数据模型
- 能根据业务需求，设计电子商务数据报表的整体结构
- 能根据业务需求，选择电子商务数据报表中需展示的业务指标及相应的可视化图表类型
- 能使用报表制作工具制作各项指标的可视化图表
- 能按照整体结构要求完成电子商务数据报表制作
- 能对交易相关数据进行统计分析
- 能对营销活动相关数据进行统计分析

素养目标

- ◆ 能够在电子商务数据分析过程中坚持正确的道德观
- ◆ 熟悉《中华人民共和国电子商务法》相关法规
- ◆ 熟悉《中华人民共和国网络安全法》
- ◆ 具备较好的数据保密意识，在数据统计及处理过程中具有耐心、细致的工作态度
- ◆ 具备法律意识，尊重公民隐私，不侵犯公民合法权益
- ◆ 具备严谨的数据分析态度，在数据分析过程中遵守职业道德

单元一 电子商务数据加载

引导案例

对数据进行统计描述是统计分析中最基本的工作，对于整理好的数据，通过描述性统计分析，可以挖掘出很多统计量的特征。以某家航空公司的网上售票处理时长分析为例，有顾客反映其售票处理的速度太慢，为此，航空公司收集了100位顾客购票所花费时间的样本数据，如表14-1-1所示。

表14-1-1 100位顾客购票花费时间（单位：分钟）

2.3	1.0	3.5	0.7	1.0	1.3	0.8	1.0	2.4	0.9
1.1	1.5	0.2	8.2	1.7	5.2	1.6	3.9	5.4	2.3
6.1	2.6	2.8	2.4	3.9	3.8	1.6	0.3	1.1	1.1
3.1	1.1	4.3	1.4	0.2	0.3	2.7	2.7	4.1	4.0
3.1	5.5	0.9	3.3	4.2	21.7	2.2	1.0	3.3	3.4
4.6	3.6	4.5	0.5	1.2	0.7	3.5	4.8	2.6	0.9
7.4	6.9	1.6	4.1	2.1	5.8	5.0	1.7	3.8	6.3
3.2	0.6	2.1	3.7	7.8	1.9	0.8	1.3	1.4	3.5
11	8.6	7.5	2.0	2.0	2.0	1.2	2.9	6.5	1.0
4.6	2.0	1.2	5.8	2.9	2.0	2.9	6.6	0.7	1.5

航空公司基于以上数据样本，分析得出结论：为一位顾客处理一次售票业务所需的时间设置在5分钟之内是合理的。

结合案例，思考并回答以下问题：

（1）上面的数据是否支持航空公司“为一位顾客处理一次售票业务所需的时间设置在5分钟以内是合理的”这一说法？

（2）使用哪个平均指标来分析上述问题比较合理？为什么？

知识储备

一、商务数据分析工具的选择

要想开展数据分析，就要涉及数据分析的工具，常用的数据分析工具包括 Excel、SPSS、SAS、Python、R 语言等，其中 Excel 中涵盖了大部分数据分析功能，能够有效地对数据进行整理、加工、统计、分析及呈现。掌握 Excel 的基础分析功能，就能解决大多数的数据分析问题。

Excel 被广泛运用到很多领域，例如企业日常运营、商业预测等等，如需开展较复杂的统计或数据分析，Excel 可以被当作一款入门的数据分析软件，使用 Excel“数据分析”加载项的分析工具可以节省大量数据分析操作步骤和时间，对于刚进入数据分析行业的新手来说也更容易掌握。

二、在 Excel 中添加“数据分析”加载项

一般情况下，Excel 是没有加载数据分析库的，需要用户自行加载安装，具体安装步骤如下：

步骤1：选择加载项

打开 Excel，点击“文件”选项卡，进入“文件”功能区，如图14-1-1所示。

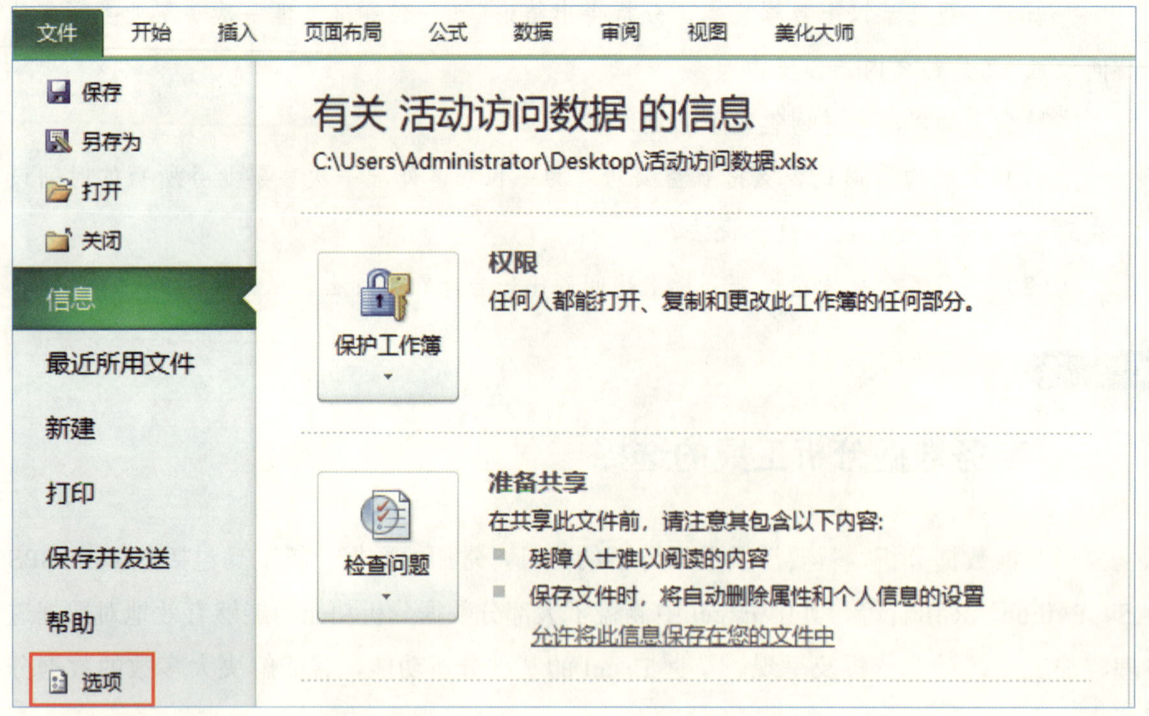

图14-1-1　Excel“文件”功能区

单击“选项”按钮，在弹出的Excel选项框中点击“加载项”按钮，如图14-1-1所示。在加载项对话框里找到“管理”功能区，点击其下拉列表，选择“Excel加载项”，并单击“转到”按钮，即可弹出“加载项”对话框。

步骤2：添加数据分析工具

如图14-1-2所示，在对话框中选中“分析工具库”、“分析工具库-VBA”（分析工具库的编程加载项），点击“确定”按钮，即可完成“数据分析”加载项的添加。如图14-1-3所示，在Excel“数据”菜单的右上角即出现了“数据分析”加载项。

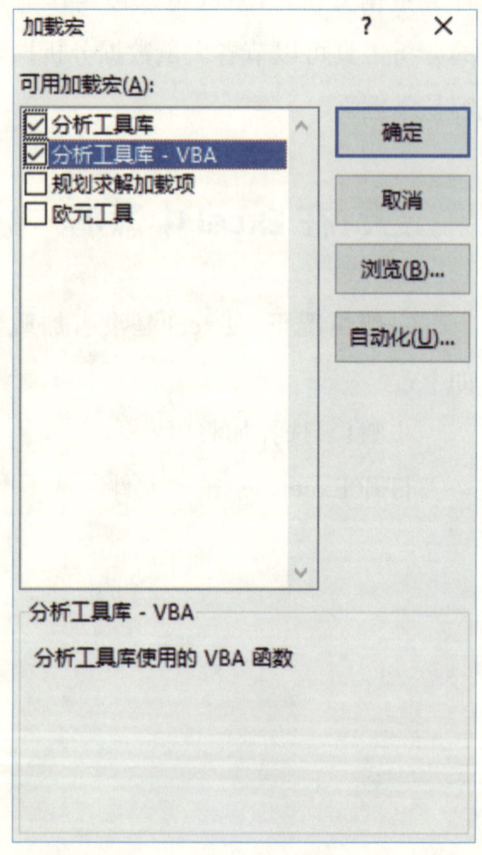

图14-1-2　Excel加载宏窗口

图14-1-3　完成数据分析工具添加

三、利用 Excel 进行数据的描述性统计分析

在 Excel 中进行数据的描述性统计分析，可以借助数据分析按钮中的“描述统计”分析工具对数据进行描述性统计分析。其操作步骤展示如下：

步骤1：数据获取

点击“2019年9月店铺访客数据 .xlsx”源数据表，选择需要分析的数据指标和数据维度，对数据进行初步整理，将访客数相关的数据添加至 Excel 工具中，添加后的效果如图14-1-4所示。

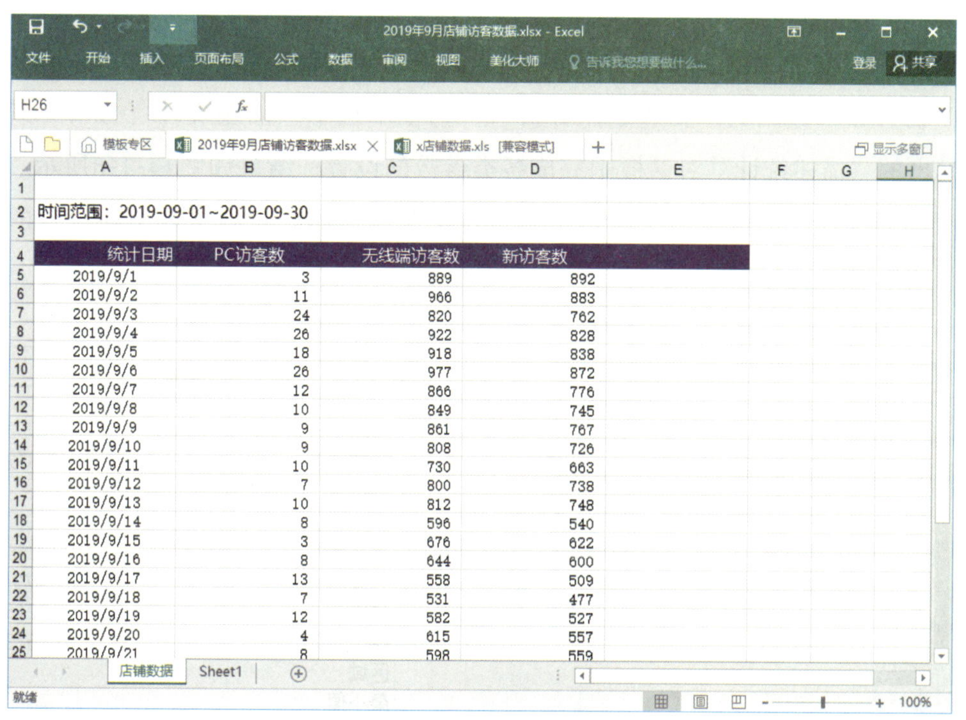

时间范围：2019-09-01~2019-09-30

统计日期	PC访客数	无线端访客数	新访客数
2019/9/1	3	889	892
2019/9/2	11	966	883
2019/9/3	24	820	762
2019/9/4	26	922	828
2019/9/5	18	918	838
2019/9/6	26	977	872
2019/9/7	12	866	776
2019/9/8	10	849	745
2019/9/9	9	861	767
2019/9/10	9	808	726
2019/9/11	10	730	663
2019/9/12	7	800	738
2019/9/13	10	812	748
2019/9/14	8	596	540
2019/9/15	3	676	622
2019/9/16	8	644	600
2019/9/17	13	558	509
2019/9/18	7	531	477
2019/9/19	12	582	527
2019/9/20	4	615	557
2019/9/21	8	598	559

图14-1-4　原始数据表整理

步骤2：数据整理

该店铺在9月1日开始营业以来，积累了一定的访问数据，现欲对访问数据进行描述性统计分析，统计访问量的均值、区间等数据值，借此来作为分析每天访问量价值的一个参考依

据。在数据表中可知店铺PC访客数、无线端访客数、新访客数，需要通过数据求和的方式对店铺各渠道访客数进行计算，操作结果如图14-1-5所示。

	A	B	C	D	E
4	统计日期	PC访客数	无线端访客数	新访客数	访客数
5	2019/9/1	3	889	892	892
6	2019/9/2	11	966	883	977
7	2019/9/3	24	820	762	844
8	2019/9/4	26	922	828	948
9	2019/9/5	18	918	838	936
10	2019/9/6	26	977	872	1003
11	2019/9/7	12	866	776	878
12	2019/9/8	10	849	745	859
13	2019/9/9	9	861	767	870
14	2019/9/10	9	808	726	817
15	2019/9/11	10	730	663	740
16	2019/9/12	7	800	738	807
17	2019/9/13	10	812	748	822
18	2019/9/14	8	596	540	604
19	2019/9/15	3	676	622	679
20	2019/9/16	8	644	600	652
21	2019/9/17	13	558	509	571
22	2019/9/18	7	531	477	538
23	2019/9/19	12	582	527	594
24	2019/9/20	4	615	557	619
25	2019/9/21	8	598	559	606
26	2019/9/22	5	535	483	540
27	2019/9/23	9	528	489	537
28	2019/9/24	8	595	547	603
29	2019/9/25	5	566	507	571
30	2019/9/26	16	572	512	588
31	2019/9/27	8	564	511	572
32	2019/9/28	9	626	573	635
33	2019/9/29	6	588	543	594
34	2019/9/30	10	650	601	660

图14-1-5　访客数数据计算

步骤3：数据描述性统计分析

选中“访客数”数据列，在“数据分析”对话框中选中“描述统计”分析工具，根据任务背景在弹出的“描述统计”对话框中完成各类参数的设置，结果如图14-1-6所示。

完成“描述统计”的设置后，点击“确定”按钮，描述统计结果就会在设定的输出区域展示，展示结果如图14-1-7所示。

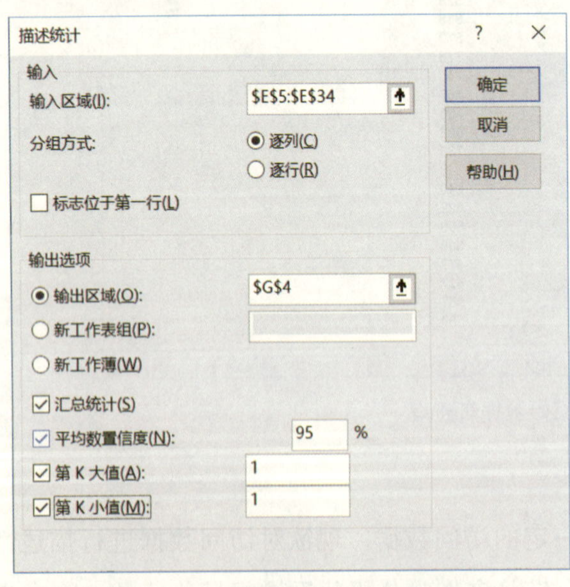

图14-1-6　“描述统计”属性设置

访客数	
平均	718.5333333
标准误差	27.67229135
中位数	656
众数	571
标准差	151.5673819
方差	22972.67126
峰度	-1.324523738
偏度	0.457392441
区域	466
最小值	537
最大值	1003
求和	21556
观测数	30
最大(1)	1003
最小(1)	537
置信度(95.0%)	56.59619054

图14-1-7　描述统计结果

步骤4：对描述性统计结果进行分析

通过以上的描述性统计分析可以看到平均值、众数、方差、标准差等统计数据，如图14-1-7所示，由数据结果可以得到数值的大体特征。例如，本例的访客数平均值是718.5333333，中位数为656，最大值是1003，最小值是537。再看偏度值及峰度值，峰度值小于0且偏度值大于0，说明数值分布是呈平阔峰式负偏态分布。

行业洞察

大数据杀熟

当前，电子商务经营者积累了大量的用户个人信息和交易记录等，并利用大数据对消费者进行个人画像，有目的地提供搜索结果，进行精准营销。但有些平台却利用大数据杀熟，引发公众不满。

一些消费者反映，在线预订酒店、预约车辆时遭遇平台、电商杀熟。一位姓廖的消费者称，自己经常通过某旅行服务网站预订某个特定酒店的房间，长年价格在380～400元。偶然一次他通过前台了解到，酒店房间淡季的价格在300元左右。用朋友的账号查询是300元，但用自己的账号去查询还是380元。

这就是典型的大数据杀熟。为此《电子商务法》第十八条和第七十七条做出了明确规定要求，一是在针对消费者个人特征提供商品和服务搜索结果的同时，要一并提供非针对性选项，通过提供可选信息，保护消费者的知情权和选择权。二是电子商务经营者发送广告的，还应遵守《中华人民共和国广告法》规定。三是明确违反本法第十九条规定搭售商品、服务的，由市场监督管理部门责令限期改正，没收违法所得，并处以罚款。

（资料来源：澎湃新闻，有改写。）

单元二 电子商务数据报表设计制作

引导案例

某电商企业于2022年7月25日—7月31日开展满减促销活动，活动结束一周后，运营人员计划对活动期间及活动后一周的各项关键数据进行统计，形成周报表。

此次报表制作的目的是对比活动前后各项数据的变化，查看活动效果，其中需要展现的关键指标有：访客数、浏览量、客单价、支付买家数、支付转化率、PC端跳失率、无线端跳失等。因要展现的是统计数据，运营人员搭建矩阵式报表框架，并对采集到的活动周和活动后一周的数据根据数据间的关系进行求和、求平均值操作，得出统计数据。

运营人员为了突出显示其中的异常数据，使用图标集对数据进行注释，如开展活动后，店铺的客单价反而比平时低，可用图标集在报表中强调，如图14-2-1所示。

某店销促销活动周报表					
访客数	活动周	4672（个）	浏览量	活动周	16806（页）
	本周	4069（个）		本周	15959（页）
客单价	活动周	63.29（元）	平均停留时长	活动周	18.24（秒）
	本周	72.38（元）		本周	17.98（秒）
PC端客单价	活动周	10.34（元）	无线端客单价	活动周	65（元）
	本周	12.8（元）		本周	74.21（元）

图14-2-1　某店促销活动周报

运营人员对周报表中的异常数据进行分析，了解到此次店铺的满减优惠活动设置不合理，虽然优惠力度较大，但活动门槛太高，不能够有效激发客户的购买欲望，且在活动期间取消了店铺原有的无门槛优惠券，再次使得成交量下降。运营人员总结经验，计划在即将迎来的七夕节调整活动方案，提升店铺产品销量及客单价。

结合案例，思考并回答以下问题：

（1）是否了解日常运营报表的重要性？

（2）在制作数据报表时，有哪些注意事项？

知识储备

一、日常数据报表制作

报表是用表格的形式呈现电商企业运营过程中特定时间段的各项数据。报表作为一种信息组织和分析的有效手段，一方面有利于了解经营动态，进行整体评估；另一方面可以统计数据，便于随时查找，也能够为经营策略的调整提供系统的参考信息。

为了使报表的功能最大化，在报表制作过程中，需要保证报表框架的合理性，以及统计数据的准确性、及时性。其具体过程如下：

步骤1，明确数据汇报的需求。数据报表的制作需要围绕电子商务日常数据汇报需求展开，明确需要达成的分析目标，如网店运营分析、销售分析，用户分析，竞品分析等。据此形成日、周、月报表。

步骤2，构思报表的大纲。针对确定的分析目标，构思报表的大纲，即从哪些维度来构建数据分析逻辑。

步骤3，进行报表数据指标的选择。确定了报表的维度后，选择其中的重要数据指标。此外，还需要结合报表的目标用户选择数据指标。目标用户的职务决定了其关注数据指标的差异，如一线运营人员更关注有利于开展工作的具体而细致的指标，决策层领导相比较而言更关注结论性指标。

步骤4，搭建报表框架。根据报表的分析目标和选定的指标，确定相适应的展现形式，在Excel中完成报表框架的搭建。

知识链接

报表根据展现形式的不同，可以分为以下两种：

1. 列表式

报表内容按照表头顺序平铺式展示，便于查看详细信息。

2. 矩阵式

主要用于多条件数据统计。矩阵式报表多用于数据汇总统计，更适合在进行数据分析时使用。

日、周、月报表，各有不同的侧重点。在搭建报表框架时需要分别体现各自的特色。

（1）日报表框架搭建。日报表是对电商企业每日各类数据指标的持续追踪，可在报表中综合体现各个维度的关键指标，如流量、销售、转化等；也可结合汇报需求，就某个维度，单独搭建日报表框架，如广告投入日报表、营销活动日报表等。

日报表建议采用列表式，各类数据指标按照表头顺序平铺式展示，便于查看，搭建的框架如图14-2-2所示。

**店铺基础数据日报表													
日期	流量					销售				转化			
	访客数	浏览量	平均访问深度	平均停留时长	跳失率	成交用户数	成交商品数	客单价	销售额	成交转化率	咨询转化率	收藏转化率	购物车转化率
2019/7/1													
2019/7/2													
2019/7/3													
2019/7/4													
2019/7/5													
2019/7/6													
2019/7/7													
2019/7/8													
2019/7/9													

图14-2-2 某店铺运营日报

（2）周报表框架搭建。周报表相对于日报表而言，需要体现一周的统计数据，并与上周数据进行比较，计算环比增长率，对其中的异常数据进行分析，可将分析结果简单呈现在报表中，搭建的框架如图14-2-3所示。

**店铺运营周报表（2019/7/1-2019/7/7）									
	时间	访客数	浏览量	跳失率	支付买家数	支付金额	转化率	客单价	退款金额
本周概况	上周（2019/6/24-2019/6/30）								
	本周（2019/7/1-2019/7/7）								
	环比								
本周工作总结									
下周工作计划									

图14-2-3　某店铺运营周报

（3）月报表框架搭建。月报表需要展现月度运营的重要信息，包括销售、流量、转化、推广等。月报表一般提交给管理层，其更关注结果性指标。这里以结果性指标为例，搭建月报表框架，如图14-2-4所示。

**店铺运营月报表（2019-08）							
日期	访客数	浏览量	跳失率	转化率	客单价	销售额	毛利率
2019年7月							
2019年8月							
环比							
分析总结							
访客数							
浏览量							
跳失率							
转化率							
客单价							
销售额							
毛利率							
其他							

图14-2-4　某店铺运营月报

步骤5，进行数据的采集与处理。报表的展现依赖于数据，原始数据的采集可以借助平台自身或第三方工具，平台如淘宝网的生意参谋，生意参谋提供了日常运营中的各类数据信息，可根据分析目标进行数据指标的勾选，并进一步完成数据的处理。

步骤6，报表的制作与美化。将采集到的数据导入搭建好的报表框架，并可根据展现的需要设置突出显示单元格，即把报表中需要突出的数据单元格用不同的颜色背景显示出来，如报表中突出显示访客数高于平均值的，如图14-2-5所示；也可设置数据条，如图14-2-6所示，帮助查看某个单元格相对于其他单元格的值，数据条越长，表示值越大，数据条越短，表示值越小。此外，为了使统计的数据信息更为直观，可在报表中适当插入图表，图表的制作将在单元三中详细讲解。

日期	访客数	浏览量
2019/7/1	582	2,511
2019/7/2	615	2,510
2019/7/3	598	1,901
2019/7/4	535	1,956
2019/7/5	528	2,420
2019/7/6	701	2,835
2019/7/7	566	2,526

图14-2-5 突出显示单元格

日期	访客数	浏览量
2019/7/1	582	2,511
2019/7/2	615	2,510
2019/7/3	598	1,901
2019/7/4	535	1,956
2019/7/5	528	2,420
2019/7/6	701	2,835
2019/7/7	566	2,526

图14-2-6 设置数据条

二、专项数据报表制作

相比较常规的日、周、月报表，专项数据报表更为聚焦，旨在单独呈现出某个维度的数据，有的放矢，为电子商务日常运营提供决策建议。根据电子商务发展的需要，专项数据报表的制作将围绕市场、运营、产品这三个维度展开。

专项数据报表与日常数据报表制作的步骤类似，同样需要明确分析需求、构思大纲选择指标、搭建框架，并完成数据的采集与处理。

1. 市场分析报表

市场分析报表需要结合行业发展数据、市场需求数据、目标客户数据、竞争对手销售及活动数据展开，各类数据采集的方法已在模块二中进行了详细讲解，这里需要结合需求，选中数据指标并搭建框架，如图14-2-7所示。

	A	B	C	D	E	F	G	H	I	J
1	**店铺市场分析报表									
2	行业数据	时间	行业总销售额	行业平均利润	行业增长率	行业访客数	行业搜索点击率	行业加购人数	行业卖家数	行业客单价
3		2019年5月								
4		2019年6月								
5		2019年7月								
6		2019年8月								
7	行业分析									
8	竞争对手数据	时间	竞争对手一				竞争对手二			
9			销售额	客单价	热销商品数	毛利率	销售额	客单价	热销商品数	毛利率
10		2019年5月								
11		2019年6月								
12		2019年7月								
13		2019年8月								
14	竞争对手分析									

图14-2-7　某店铺市场分析报表

2. 运营分析报表

运营分析报表需要综合呈现客户行为数据、推广数据、交易数据、服务数据、采购数据、物流数据、仓储数据，与日、周、月报表类似，在制作报表时需要结合分析目标灵活选择数据指标。

如某店铺在2019年2月1日—2019年2月7日开展了周年店庆活动，在活动结束后，需要统计活动期间无线端不同流量来源的各项数据，查看活动效果，如图14-2-8所示。

	A	B	C	D	E	F	G	H	I
1	**店铺周年店庆活动无线端流量报表（2019/2/1-2019/2/7）								
2	流量来源	来源明细	访客数	下单买家数	下单转化率	支付买家数	支付转化率	支付金额	UV价值
3	付费流量	淘宝客							
4	付费流量	直通车							
5	付费流量	智钻							
6	自主访问	购物车							
7	自主访问	我的淘宝							
8	淘内免费	手淘淘金币							
9	淘内免费	淘内免费其他							
10	淘内免费	手淘首页							
11	淘内免费	手淘搜索							
12	淘内免费	手淘消息中心							
13	淘内免费	手淘拍立淘							
14	淘内免费	手淘找相似							
15	淘内免费	手淘其他店铺							
16	淘内免费	手淘我的评价							
17	淘内免费	手淘微淘							

图14-2-8　某店铺周年店庆活动无线端流量报表

3. 产品分析报表

产品分析报表的制作围绕相关产品的行业数据、产品盈利能力数据展开，框架搭建示例如图14-2-9所示。

**店铺产品分析报表											
品类	时间	行业数据			店铺产品数据						
		访客数	搜索指数	交易指数	访客数	详情页跳出率	销售数量	销售金额	退货率	客单价	毛利率
毛衣	2019年6月										
	2019年7月										
	2019年8月										
外套	2019年6月										
	2019年7月										
	2019年8月										
T恤	2019年6月										
	2019年7月										
	2019年8月										

图14-2-9 某店铺产品分析表

行业洞察

监控员工私人微信是违法行为吗？

一个企业老板由于对公司近期业绩不满意，怀疑是公司员工利用公司客户资源接私单造成的，于是想要监控员工微信跟客户的聊天记录。为了省去给员工配工作手机的钱，老板偷偷给员工私人手机安装了监控软件。那么监控员工私人微信是违法行为吗？

在我国，以下三种情况均属于侵犯隐私权的范畴：(1) 公民享有姓名权、肖像权、住址、住宅电话、身体肌肤形态的秘密，未经许可，不可以刺探、公开或传播。(2) 公民的通信、日记和其他私人文件不受刺探或非法公开，公民的个人数据不受非法搜集、传输、处理、利用。(3) 公民的任何其他属于私人内容的个人数据，不可非法搜集、传输、处理、利用。因此该老板确实属于违法行为。我国宪法第四十条规定：中华人民共和国公民的通信自由和通信秘密受法律保护。除因国家安全或者追查刑事犯罪的需要，由公安机关或者检察机关依照法律规定的程序对通信进行检查外，任何组织或者个人不得以任何理由侵犯公民的通信自由和通信秘密。

三、数据可视化图表的类型及特点

数据可视化图表是指直观展示统计数据的图形结构，由表头和数据区两部分组成。在数据报告中，使用图表可以化冗长为简洁，化抽象为具体，使得想要传达的重要信息清晰明了，通俗易懂，更容易为受众所接受。图表类型多种多样，各有不同的适用场景。

（一）常见图表类型

1. 柱形图

柱形图是由一系列高度不等的长方形柱子表示数据差异、时间趋势的统计报告图。

（1）适用场景：柱形图适用于展示二维数据集，但只有一个维度需要比较。文本维度或时间维度通常作为 X 轴，数值维度作为 Y 轴。柱形图用于显示特定时间内的数据变化或各分类项目之间的比较情况，也可以用来反映时间趋势。

（2）优势：柱形图利用柱子的高度，可直观反映数据的差异。

柱形图还延伸出其他类型的图表，如堆积柱形图、瀑布图等，如图14-2-10所示。其中堆积柱形图不仅可以直观地看出每个系列的值，还能够反映系列的总和。

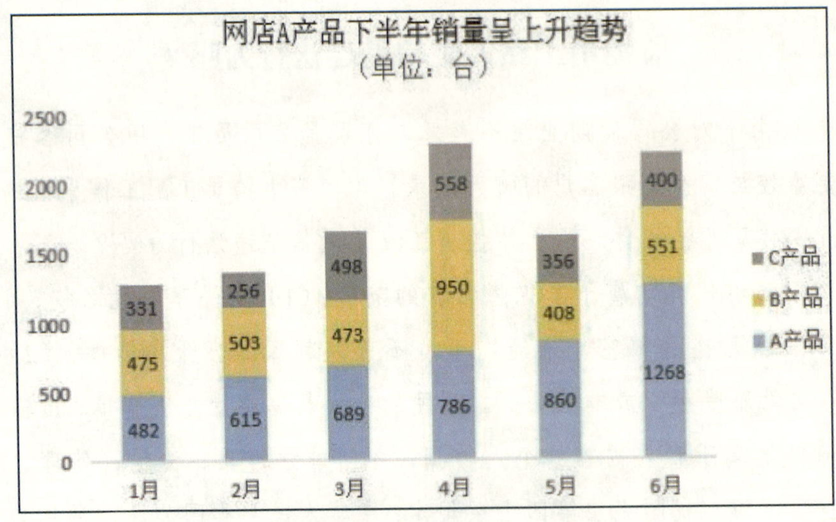

图14-2-10 堆积柱形图

2. 条形图

条形图的本质是旋转后的柱形图，如图14-2-11所示。

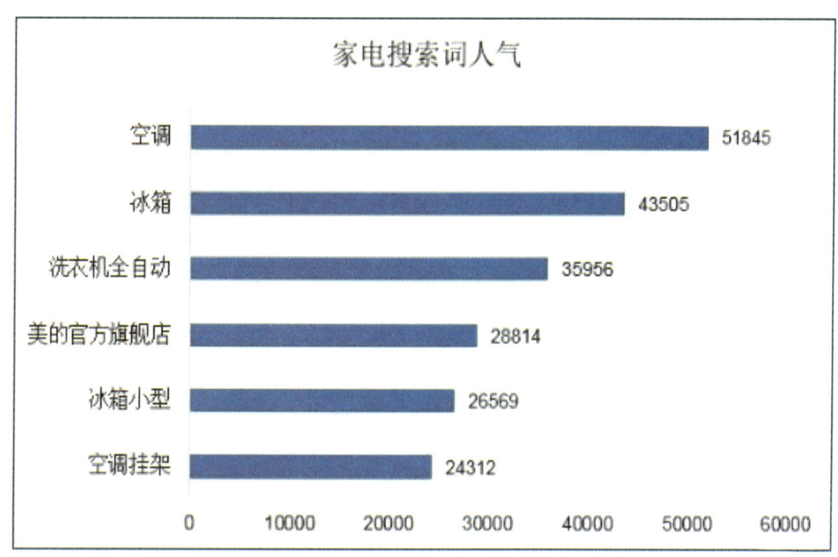

图14-2-11 条形图

（1）适用场景：常用于类别标签过长或较多的情况，显示分类项目之间的数据比较情况。

（2）优势：每个类别数据的差异清晰、直观。

3. 折线图

折线图是将数值标注成点，并通过直线将这些点按照顺序连接起来形成的数据趋势图，折线图一般使用时间维度作为 X 轴，数值维度作为 Y 轴。

（1）适用场景：折线图适合二维的大数据集，还适合多个二维数据集的比较。与柱形图不同，折线图更适合那些趋势比单个数据点更重要的场景。

（2）优势：折线图能很好地展现某个维度的变化趋势，并且可以比较多组数据在同一维度上的变化趋势，如图14-2-12所示。

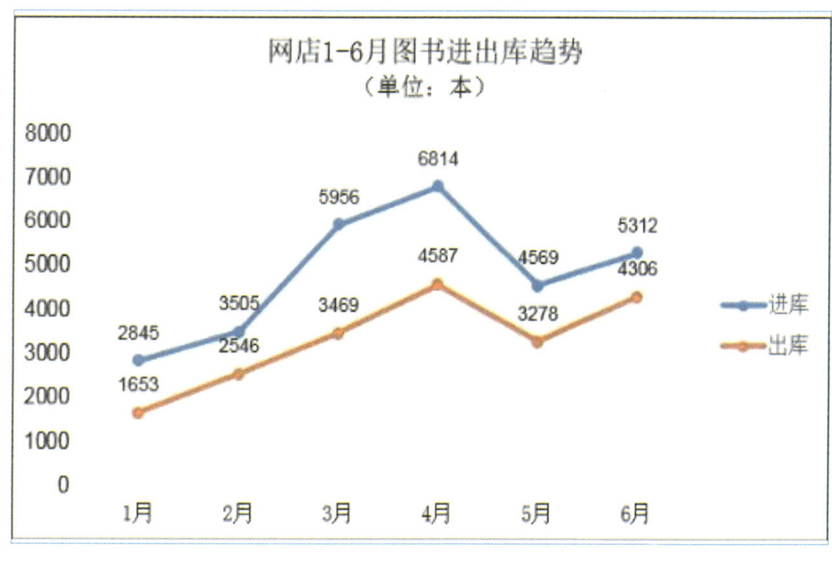

图14-2-12 折线图

4. 饼状图

饼状图是以饼状图形显示数据构成及占比，也称扇形统计图。为了表示占比，饼状图需要数值维度。

（1）适用场景：饼状图适用于单维度多项数据占总数据比重情况的对比，以及展示各项数据大小的分布情况。

（2）优势：可展现各项数据的占比情况，反映单项与单项、单项与整体的数据关系。如图14-2-13所示。

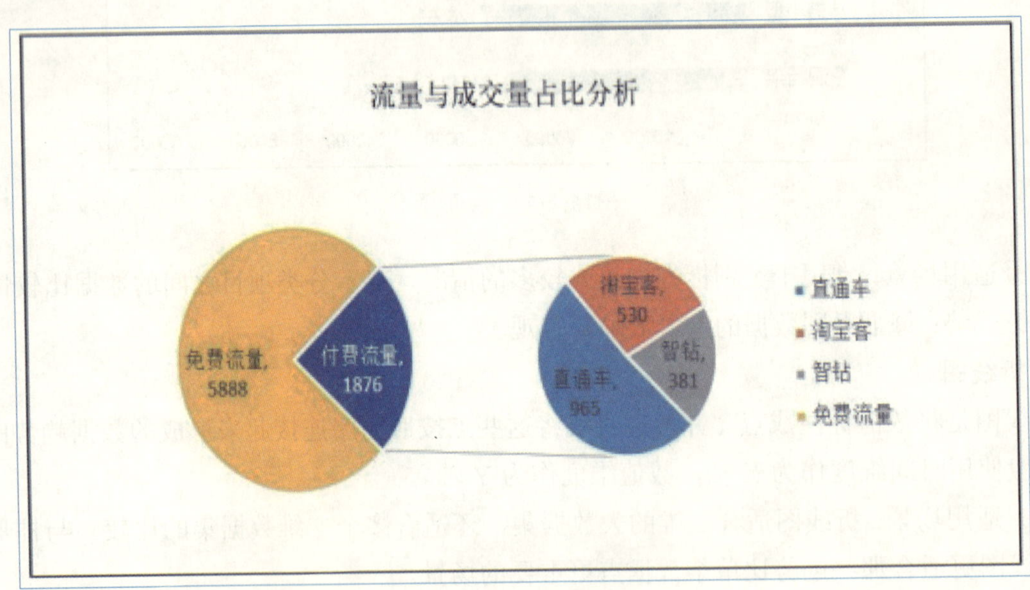

图14-2-13　复合饼图

5. 散点图

散点图将数据以点的形式展现，以显示变量间的相互关系或者影响程度，点的位置由变量的数值决定。

（1）适用场景：散点图适用于三维数据集中只有两维数据需要展示和比较的场景，如图14-2-14所示。

（2）优势：散点图可以展示数据的分布和聚合情况，适合展示较大的数据集。

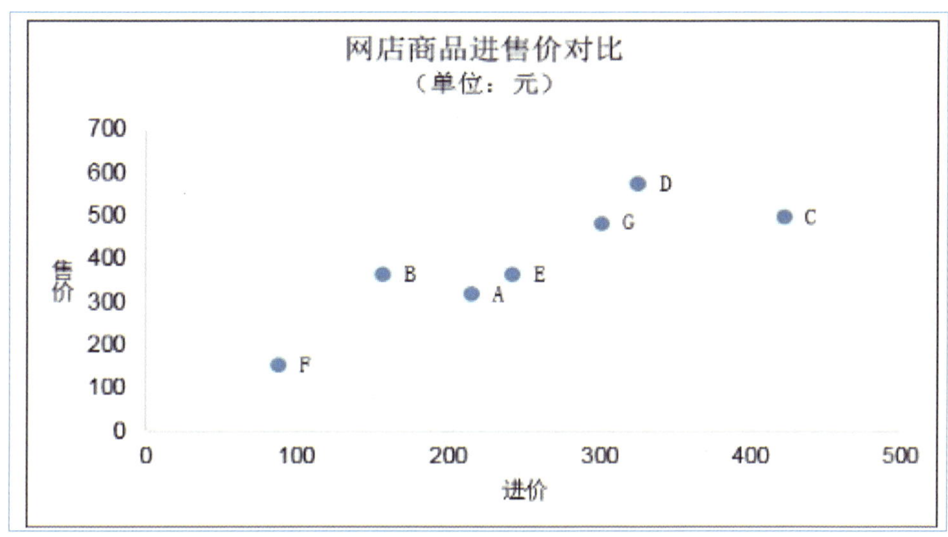

图14-2-14 散点图

6. 气泡图

气泡图是一种变形的散点图，绘制时将一个变量放在横轴，另一个变量放在纵轴，第三个变量用气泡的大小来表示数值的变化。

（1）适用场景：适用于展示三维数据之间的关系，如图14-2-15所示。

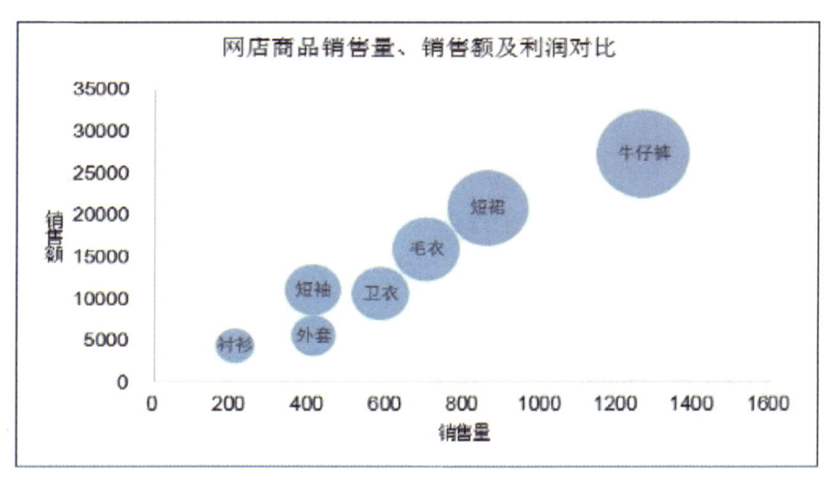

图14-2-15 气泡图

（2）优势：可从多维度展示数据信息。

7. 热力图

热力图是以高亮的形式展示数据信息。

（1）适用场景：用于显示访客热衷的页面区域和访客所在的地理区域。

（2）优势：可以清楚直观地看到页面上每个区域的访客兴趣焦点。

8. 雷达图

雷达图又称蛛网图，是将多个维度的数据映射到起始于同一个圆心的坐标轴上。

（1）适用场景：适用于多维数据（四维上）且每个维度必须可以排序，主要用来了解各项数据指标的变动情况及其好坏趋向，如图14-2-16所示。

（2）优势：有利于展现某个数据集的多个关键特征。

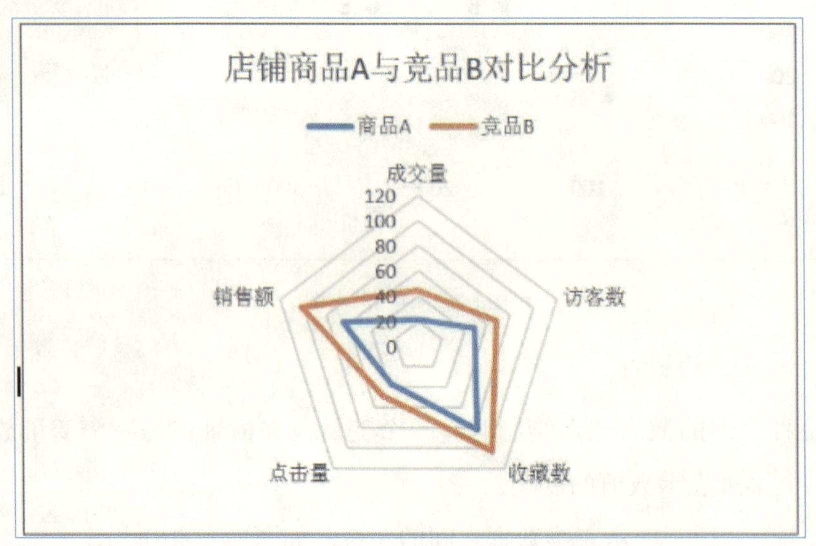

图14-2-16　雷达图

9. 交叉表

交叉表是由行、列、汇总字段三个元素组成的网状表格，是一种特殊的透视表。

（1）适用场景：使用交叉表可以对数据进行多种汇总计算，如求和、求平均值等，并可以重新组织数据的结构，通常用于分析两个或两个以上分组变量之间的关系。

（2）优势：可以高效率地展现各种数据，并且可以灵活查询数据。

（二）图表选择的原则与方法

1. 明确数据的关系

在进行图表选择前，首先要明确数据的各种关系，包括：构成、比较、分布、趋势和联系。

（1）构成。了解占比构成，展现不同类别数据相对于总体的占比情况。如果想表达的数据信息包括："份额""百分比"等，可以用饼状图、堆积柱形图、漏斗图等。

（2）比较。比较可以展示不同项目、类别间的数据比较，并区分不同的场景，如与计划目标的比较、进度完成情况、项目与项目的比较、地域间的数据比较。比较关系可选用柱形图、条形图等。

（3）分布。分布展示各数值范围内分别包含了多少项目，典型的信息包括："集中""频率""分布"等，在这种情况下可以选用散点图、气泡图等。此外，还可以根据地理位置数据，通过热力图展示不同的分布特征。

（4）趋势。趋势是较为常见的一种时间序列关系，展示数据如何随着时间的变化而变化，每周、每月、每年的变化趋势是增长、减少、上下波动还是基本不变，使用折线图可以更好地表现各项指标随着时间变化的趋势。

（5）联系。主要查看两个变量之间是否表达出所要证明的模式关系，用于表达"与……有关""随……而增长""随……而不同"的变量间的关系，可以选用散点图、气泡图、雷达图等。

2. 图表选择的原则与方法

同样一份数据，因为不同的立场和价值判断，不同的运营人员所发现的信息、得出的观点各有差异，所选用的图表类型也是不同的。为了使所选用的图表清晰地表现数据、传递信息，需要结合以下原则进行操作：

（1）客观性原则。梳理并分析已统计的电子商务数据。图表的绘制依赖于数据，但仅有数据是不够的，还需要理解并分析数据，从数据中提炼出关键信息，保证数据的客观性和真实性，不可造假或人为干预。

（2）准确性原则。明确想表达的数据关系。即结合数据中提炼出的关键信息，明确通过图表想要突出展示的数据关系，如销售额比较、经营收入结构、目标客户地域分布等。

（3）一致性原则。根据想表达的数据关系选择相应的图表类型。每种图表都有相适应的数据维度和场景，如想要分析目标客户的地域分布，就可以选用能展示数据分布关系的热力图。并且，同样的场景和数据关系使用同样的图表类型，保持一致性。

行业洞察

支付宝"内鬼"泄密20G海量用户信息被盗卖

电子商务数据为企业带来便利的同时，也会引发一定的安全隐患。某电子商务从业人员张某因"涉嫌非法获取公民个人信息罪"被杭州市公安局西湖分局刑事拘留。张某案发，由李某牵出。李某是支付宝的前技术员工，利用工作之便，多次在公司后台下载支付宝用户资料超20 GB。李某与两位同伙，随后将用户信息多次出售给电商公司和数据公司。支付宝在微博上公开证实了此事，并向用户道歉。

李某作为支付宝的技术员工，有相应的权限可以查看用户的部分信息，支付宝在监管方面出现了纰漏，尽管最后是由阿里巴巴公司报案，将李某移交警方，但用户信息已泄露，已产生一定的安全隐患。

《网络安全法》第四十条规定：网络运营者应当对其收集的用户信息严格保密，并建立健全用户信息保护制度。

第四十二条规定：网络运营者不得泄露、篡改、毁损其收集的个人信息；未经被收集者同意，不得向他人提供个人信息。但是，经过处理无法识别特定个人且不能复原的除外。

网络运营者应当采取技术措施和其他必要措施，确保其收集的个人信息安全，防止信息泄露、毁损、丢失。在发生或者可能发生个人信息泄露、毁损、丢失的情况时，应当立即采取补救措施，按照规定及时告知用户并向有关主管部门报告。

资料来源：经济观察报，有改写。

单元三　电子商务数据统计分析

引导案例

电子商务的运营与销售策略、方式和手段等都有别于实体行业。以店铺为例，其交易金额就是访客数（流量）转化率和客单价的乘积。

小苏新开了一家经营女士正装的店铺。店铺开张后，经过一系列常规的运营手段，访客数逐渐增多起来，更重要的是店铺受到了访客的一致好评，回头客相当多，短短几个月的时间回头客就占到了购买量的53%，新访客的转化率也远高于平均水平。但是店铺的销售额却不尽如人意。

在访客量和转化率较稳定的情况下，小苏发现客户成交的都是单件商品，客单价较低。发现问题后，小苏决定使用关联营销的方法，增加了衬衣和西裤搭配套餐销售，套餐的推广信息除了在详情页中展示外，还安排店铺客服人员给客户主动推荐套餐，使得衬衣和西裤两件商品的销量稳步上升，成功地提高了客单价，店铺的销售额也得到了增长。

客单价是影响销售额的主要因素之一。店铺要想提高销售数据，需要涉及方方面面的运营与管理操作。小苏成功的原因在于他敏锐地发现了自己的问题，使用关联营销的方式，起到立竿见影的效果。

店铺运营的最终目的是实现利润最大化。要想实现利润最大化，店铺经营者就必须分析影响店铺销售额的因素，并且通过不断优化影响销售额的因素，提升店铺的利润。

结合案例，思考并回答以下问题：

（1）影响店铺销售收益的核心因素是什么？

（2）影响客单价的因素有哪些？

知识储备

一、交易数据分析

在企业日常销售过程中，会有大量的销售数据，企业需要根据前期的销售数据和市场变化情况及时调整销售策略，帮助销售部门实现销售目标。

拿网店的销售额来说，销售额＝展现量×点击率×转化率×客单价＝访客数×转化率×客单价。

网店商品的展现量与商品的搜索排名有重大关系。网店商品的点击率与商品价格、主图设计等有重大关系。展现量与点击率相乘得到点击量，在实际网店经营中，用数据去重的访客数替代数据存在重复计算的点击量，将会使数据更具有参考价值。

转化率与商品主图、店铺首页、商品详情页设计、促销活动、客户评价等有重大关系，反映网店商品对每个访客的吸引力。在访客数稳定的情况下，提高转化率就能提高网店的销售额；反之，销售额下降。

客单价与商品定价、促销活动等有重大关系，反映平均每个客户（订单）的购买金额。在订单数量基本稳定的情况下，提高客单价就可以提高网店的销售额；反之，销售额下降。

在日常店铺运营过程中，在转化率平稳的前提下，高流量的获取和客单价的提升都可以提高店铺整体的销售额。下面就从爆款引流、客单价分析等方面来说明如何提升网店的销售额。

1. 爆款引流

爆款是指在商品销售中供不应求、销售量很高的商品。打造爆款是店铺的一种促销方式。现在，店铺的爆款已经成为其销售中的“催化剂”，它可以在最短的时间内给店铺带来大量的流量并提高成交转化率。

爆款是流量的重要入口。爆款的具体表现形式是高流量、高曝光量、高成交转化率。爆款能够在特定时间内为店铺带来大量的流量。许多经营者通常会借助各种购物平台官方的促销活动打造自己的爆款。

某淘宝店铺在5月17日参加了平台的“天天特卖”活动，成功打造了店铺的爆款。图14-3-1为该店铺最近25天的流量变化情况。

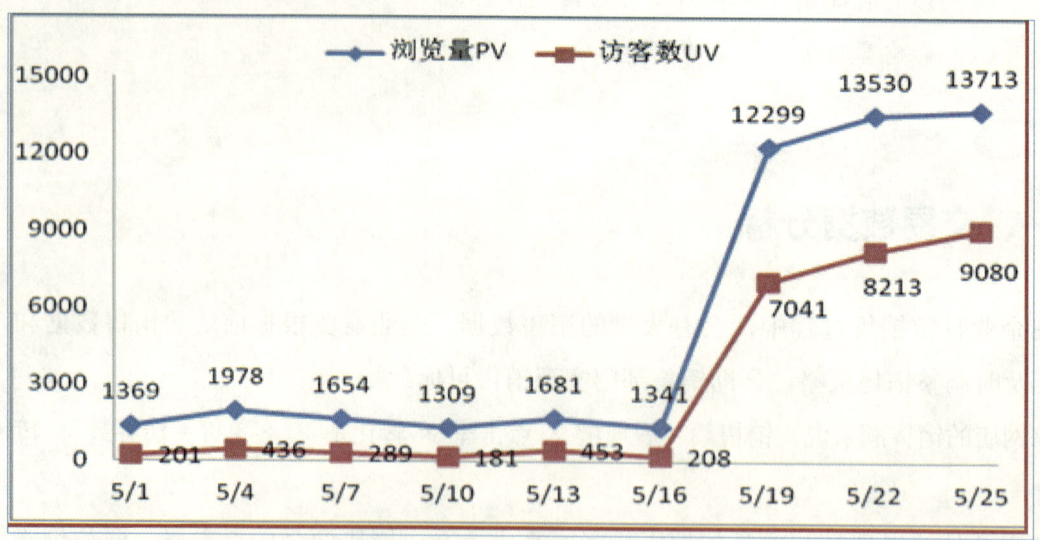

图14-3-1　店铺流量变化趋势图

从流量变化趋势图可以看出：该店铺在最近25天内流量变化很大。5月1日至5月16日，店铺的流量比较低；5月17日至5月19日，店铺的流量几乎呈直线上升趋势，5月20日至5月25日，流量的增加趋于稳定，总体趋势呈现平缓上升。预计在未来的3~5天内，店铺的流量可能会有所下降。

网店经营者以时间为维度，把与流量相关的数据浏览量（PV）、访客数（UV）、平均访问深度，以及访客回头率进行对比分析，如表14-3-1所示。

表14-3-1　店铺流量的相关数据表

时间	浏览量（PV）	访客数（UV）	平均访问深度	访客回头率
今日	16713	10860	2.78	21.85%
昨日	14219	9446	2.71	23.46%
上周同期	8329	6019	1.23	3.44%
同期增长比率	100.66%	80.43%	126.02%	535.17%

从表14-3-1中可知，爆款带来大量流量的同时，平均访问深度和访客回头率也得到了相应提升。平均访问深度从侧面反映了买家的黏性，买家的平均访问深度越高，说明买家对其他商品比较感兴趣。当客户对其他关联商品产生兴趣时，就有很大机会提升客单价。

2. 客单价分析

（1）认识客单价。客单价是每个用户在一定周期内，平均购买商品的金额，即平均交易金额。客单价＝成交金额 ÷ 成交用户数，销售额＝购买人数 × 客单价。例如，某店铺在14：00～15：00与10位买家完成交易，销售额为1000元，其中的8位买家分别成交1笔订单，2位买家各成交3笔订单，客单价＝成交金额 ÷ 成交用户数＝1000÷10＝100（元），在这个时段内店铺的客单价为100元。

从销售额的计算公式中可以看到，客单价是影响店铺盈利的因素之一，在流量相同的情况下，客单价越高，销售额就越高。

（2）影响客单价的因素。影响客单价的因素主要有商品定价、促销优惠、关联营销、购买数量等，详细内容见表14-3-2。

表14-3-2 影响客单价的因素

影响因素	具体影响
商品定价	商品定价的高低基本上决定了客单价，在实际销售中，客单价只会在商品定价范围内上下浮动
促销优惠	在大型促销优惠活动中，客单价的高低取决于优惠的力度。另外，基于优惠力度的大小，包邮最低消费标准的设置，对客单价也有重要影响。例如，在“双11”活动中，某店铺设置的包邮最低消费标准为299元，这样的包邮规则，可以让买家选择凑单购买多件商品，这时的客单价与日常相比就会有所提升
关联营销	店铺一般会在商品详情页推荐相关的购买套餐，同时加入其他商品的链接。这是一种关联营销，起到了互相引流的作用。现在很多电商平台通过大数据的算法，在首页、搜索页、详情页、购物车页、订单页等各种页面中都会有关联商品的推荐
购买数量	购买数量会因商品类目属性的不同而不同。定价不同的商品，买家花费的时间成本与操作成本是不同的。所以，要想提高客单价，可以提高单个买家购物的种类，以及单个订单内商品的数量。目前，许多电商平台上推出的“凑单”销售方式的原理就是如此

（3）提升客单价的方法。提升客单价最直接的方法就是引导顾客购买多件商品，常见的提升客单价的销售方式有如下几种。

①提供附加服务。通过设置满足一定的消费金额或消费数量后可以享受的服务。例如，一些纪念用品可以提供“免费刻字”活动；一些需要安装的商品可以策划“满多少免费上门安装”的活动，或者“消费多少免费提供多少日的免费维修服务”等。这些运营方式主要通过提供更多的附加服务来引导顾客多买多享。

②促销活动。在店铺经常看到的“买1送1”“2件8折，3件7折”“第2件半价”“× 件包邮”等就是常用的促销活动形式。运用适当的优惠活动，勾起顾客的购买欲，提升客单价。不过，这种运营方式需要店铺的商品种类和款式多，这样搭配起来才会产生不错的效果。

例如，某女装店铺发布优惠店庆活动，全场女装任意组合“2件9折，3件8折”，进行了产品活动组合数据预算，如表14-3-3所示。

表14-3-3　产品活动组合数据预算

商品名称	客单价 / 元	成本 / 元	利润 / 元
韩版学院风衬衣	99	29.7	69.3
中长款半身裙	119	35.7	83.3
宽松休闲西服	199	59.7	139.3
2件9折衬衣+西服	268.2	89.4	178.8
2件9折衬衣+裙子	196.2	65.4	130.8
2件9折裙子+西服	286.2	95.4	190.8
3件8折 衬衣+裙子+西服	333.6	125.1	208.5

通过预算数据可以看出，2件套餐和3件套餐活动大大提升了单笔订单的客单价，在提升客单价的同时，单笔利润也得到了提升。

促销活动有很多种，每种促销方式可以获得的效果各有千秋，所以，网店经营者要想通过促销活动取得好的效果，就要提前选择促销活动。

例如，某淘宝店铺主营运动休闲服，T恤的定价为45元，商品成本为23元，卖家为了提升店铺的客单价，预备设置满×件包邮和第×件×折两种促销方式，现在要对两种促销方式的获利情况进行对比，确定获利最优的促销活动。

a. 满×件包邮。要想通过满×件包邮提升客单价，首先要预算出店铺能承受的邮费成本和能接受的最大打折力度。在制定满×件包邮之前，需要核算出店铺的最大客单价与买家接受度的平衡点。

设置满×件包邮的促销活动，店铺能够承受的邮费成本是10。统计不同的促销方式与成交转化率，如表14-3-4所示。

表14-3-4　满x件包邮的客单价与成交转化率的关系

促销方式	人均购买笔数	客单价 / 元	成交转化率 /%	总成本 / 元	利润 / 元
1件包邮	1	45	15.3	33	12
2件包邮	1	90	10.6	56	34
3件包邮	1	135	7.8	79	56
3件以上包邮	1	>180	4.9	>102	>78

从表14-3-4中可以分析出：包邮提升客单价的方法最重要的是考虑到店铺的最大客单价与成交转化率之间的关系。从店铺的统计数据分析可知，满2件包邮为该店铺的最大客单价与买家接受度的平衡点。除此之外，还需要考虑邮费成本的问题。

从卖家能承受的邮费角度来分析，卖家能承受的平均邮费是10元/单，但是买家来自全国各地，部分偏远地区（如青海、新疆、西藏等）的邮费偏高。卖家在包邮之前，需要考虑偏远地区的邮费问题，不能为了提升客单价而盲目包邮促销。

b. 第×件×折。结合表14-3-4，该卖家为了利用多种促销方式提升人均购买笔数，又制定了另外一种促销方式，即第×件×折，第1件原价，客单价为45×1＝45（元）；第2件8折，即两件衣服的客单价为45＋45×0.8＝81（元），依此类推，分别求出第三件和第四件衬衫的客单价，如表14-3-5所示。

表14-3-5 第×件×折的客单价与成交转化率的关系

促销方式	人均购买笔数	客单价/元	成交转化率/%	总成本/元	利润/元
第1件原价	1	45	13.4	23	22
第2件8折	1	81	18.9	46	35
第3件7.5折	1	123.75	11.5	69	54.75
第4件7折	1	166.5	7.6	92	74.5

从表14-3-5中可以分析出，与表14-3-4相比，从客单价分析，包邮促销客单价稍微高于打折促销。从成交转化率分析，店铺采取“第1件原价”的促销方式，包邮促销成交转化率高于打折促销；店铺采取“第2件8折”的促销方式，打折促销明显高于包邮促销。从利润分析，店铺采取“第1件原价”的促销方式，打折促销高于包邮促销。所以，两种促销方式提升客单价各有千秋。淘宝卖家可以灵活运用不同的促销方式提升客单价。

c. 提供SKU销售套餐。在提供优惠套餐时，要根据店铺人群属性提供不同的套餐为买家提供多种不同的选择，通过SKU销售套餐可以有效提高每笔单价，从而提高客单价。

③详情页关联营销。适当地将互补商品搭配起来关联营销，如经营男装的店铺，将衬衣和裤子搭配好进行展示，当顾客在购买其中任意一种商品时，同时看到模特身上穿的关联商品，就可能对搭配商品产生兴趣。这种营销方式不仅可以减少顾客自主搭配的烦恼，优化了顾客的购物体验，而且可以提高客单价。

④客服推荐。客服是提高客单价的一个非常重要的方式，客服可以通过沟通来直接影响顾客的购买决策，通过优质合理的推荐，提高客单价。例如，经营母婴商品的店铺新手妈妈在第一次购买母婴商品时，会很愿意倾听客服的推荐，从而主动购买更多的相关商品。

二、营销活动数据分析

随着网店平台推广费用和流量成本的增加，不少卖家把目光聚集在举办各种店铺、平台活动上，报名参加各种活动，为店铺带来巨大的流量。平台活动为店铺带来的持续性购买是相当可观的，能直接在最短的时间内为店铺带来大量的流量。通过成交数据的累计，不断为店铺带来更多的流量。在活动期间，推广效果越好，未来的店铺流量提升越快。同时，也在一定程度上提升了店铺的买家回头率，让卖家获取最大化的收益。

如今，卖家不定期地开展促销活动已经成为一种常态。丰富的促销活动的确能非常有效地吸引买家的目光，但是促销活动绝不是随便打个折、送个赠品就能成功的。要想成功开展一次促销活动，卖家必须制订周详的计划，分阶段开展活动，把握活动成功的要点。避开活动误区，才能做到万无一失。

1. 活动推广阶段划分、重点工作任务及核心监控指标

根据活动实施周期，可以将活动划分为筹备期、蓄水期、预热（售）期、活动引爆期、总结复盘期，其各阶段的主要工作任务及核心监控指标如表14-3-6所示。

表14-3-6　活动各阶段的主要工作任务及核心监控指标

<table>
<tr><th>活动阶段</th><th colspan="2">重点工作任务</th><th>核心监控指标</th></tr>
<tr><td>筹备期
潜客拉新，粉丝蓄水</td><td colspan="2">活动计划制订
活动产品规划
费用预算
活动报名
活动商品报名
新品打造</td><td>展现量
加粉数
加会员数
引流成本</td></tr>
<tr><td>蓄水期
蓄水种草</td><td colspan="2">内容种草
标签加深
商品备货
活动商品培育
会场素材（活动）</td><td>产出比、成交转化率、收藏数、加购数
搜索展现量、点击率、点击花费、投入、内容互动量</td></tr>
<tr><td>预热（售）期
粉丝激活，收藏加购</td><td colspan="2">预售单品推广（多渠道）
引导加购、领券
老客户召回
促销利益点告知</td><td>预售数据：销售额、订单数、客单价、加购数、领券数等
直播数据：人均观看、观看停留、加购金额</td></tr>
<tr><td>活动引爆期
全场景收割</td><td colspan="2">数据跟踪
催付 / 转化
老客户召回
团队激励</td><td>实时流量、UV 转化率　销售额、加购数、收藏数，关注粉丝数</td></tr>
<tr><td>总结复盘期
人群沉淀</td><td>物流发货</td><td>审单
仓库发货
商品盘点
货品调拨
补货计划
清仓计划</td><td>物流时效类数据</td></tr>
</table>

续表

活动阶段	重点工作任务		核心监控指标
总结复盘期 人群沉淀	服务关怀	发货提醒 售后处理 引导加入会员 买家秀征集	客服响应时长、咨询转化率等数据
	产品复盘	产品复盘	核心产品售罄率
			客件数 / 客单价、连带率
			净收入、毛利、营销成本、退货率
	流量复盘	目标完成度	各流量组成和目标差异
		推广效率	各流量统计，同比、计划比、投资回报率、UV 价值等
		站外推广	展现量、点击率、转化率等
	人群复盘	新客户增量	新增客户数、客户属性等
		会员成交	新增会员数、会员成交比等
	内容复盘	粉丝增量	净增粉丝数
		直播效果	关注、人均观看次数、引导成交量等
		图文效果	阅读数、进店数、加购数等
	转化复盘	图片点击	点击率
		视频效果	完播率、引导加购、转化率等
		静默转化	成交占比、转化率等
		客服转化	询盘转化、订单支付率等

2. 活动推广效果分析的维度

活动推广效果分析的目的是通过对活动数据进行分析，发现活动中存在的问题和可参考的经验，总结活动流程、推广渠道、客户兴趣等内容，方便后续活动推广策略的优化。常见的活动推广分析维度有以下几个。

（1）活动推广流量分析。活动推广流量分析是判断推广效果的核心要素，是对推广活动为企业带来的流量情况进行分析。主要分析指标有：访客数、成交订单数、成交占比、成交额、投入成本、成交额、投入产出比等。

（2）活动推广转化分析。活动推广转化分析是对获取到的流量转化为收藏、加购、订单等状态的数据进行分析，主要的分析指标有：访客数、收藏数、加购数、成交订单数、收藏转化率、加购转化率、支付转化率等。

（3）活动推广拉新分析。活动推广拉新分析是对因活动带来的新客户数据进行分析，其分析的前提是先完成企业活动推广流量和转化分析，在此基础上将活动中的新客户单独拉出并对其相关数据进行分析。活动推广拉新分析的主要分析指标有：访客数、新访客数、新访客占比等。

（4）活动推广留存分析。活动推广留存分析是在活动结束一段时间后，对因活动成为企业粉丝客户的相关数据进行分析。这部分粉丝客户的共同表现是：在活动结束后仍在企业发生重复购买等活跃行为。活动推广留存分析的主要指标有：访客数、留存访客数、留存访客占比等。

3. 活动推广效果分析

（1）活动推广流量分析。图14-3-2是活动后的流量相关数据，以这组数为例，对该企业的活动推广流量进行分析。

日期	浏览量	访客数	跳失率	人均浏览量	平均停留时长	店铺加收藏人数	加购点击次数	下单转化率	浏览-支付转化率	客单价	新访客占比	新买家占比
9月12日	432	209	0.569378	2.06699	30.14833	17	37	0.014706	0.014706	14.27	0.799043	1
9月13日	426	215	0.562791	1.9814	34.9907	19	29	0.038835	0.029126	7.43	0.772093	1
9月14日	683	354	0.635593	1.92938	32.23164	21	40	0.011494	0.014368	9.55	0.875706	1
9月15日	1168	570	0.603509	2.04912	33.5807	37	66	0.033688	0.02305	6.27	0.912281	1
9月16日	6118	3208	0.562656	1.90711	22.16926	273	252	0.005054	0.004738	12.28	0.80985	1
9月17日	2539	1410	0.620567	1.80071	24.37872	116	92	0.00504	0.00504	12.05	0.797163	0.85714
9月18日	1899	1020	0.581373	1.86177	26.32549	81	88	0.002991	0.002991	16.69	0.787255	0.66667
9月19日	2290	1268	0.619874	1.80599	23.8265	85	108	0.004003	0.004003	15.13	0.780757	1
9月20日	1509	755	0.569536	1.99868	26.04768	45	91	0.016151	0.016151	12.79	0.810596	0.91667
9月21日	2331	1301	0.588778	1.7917	23.26441	64	92	0.004736	0.004736	13.74	0.790161	1
9月22日	1753	996	0.609438	1.76004	19.09337	53	63	0.008282	0.007246	16.52	0.767068	1

图14-3-2　企业活动后的流量相关数据

对活动期间访客数、加购人数、收藏次数进行分析，明确活动期间流量变化。根据图形可视化需要，更改系列图表类型，如图14-3-3、14-3-4所示。

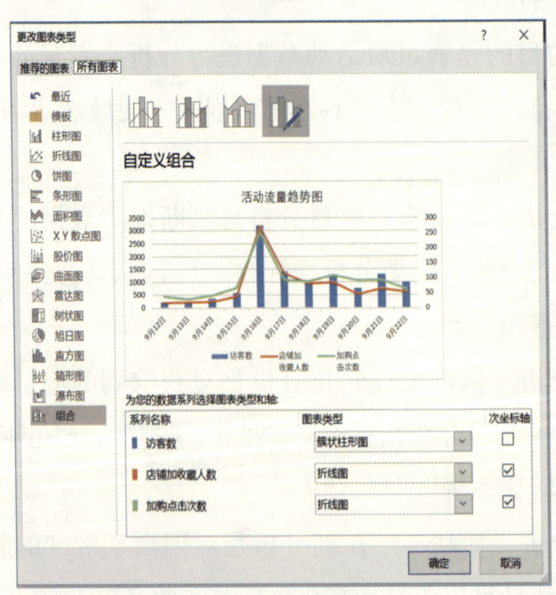

图14-3-3　更改图表类型

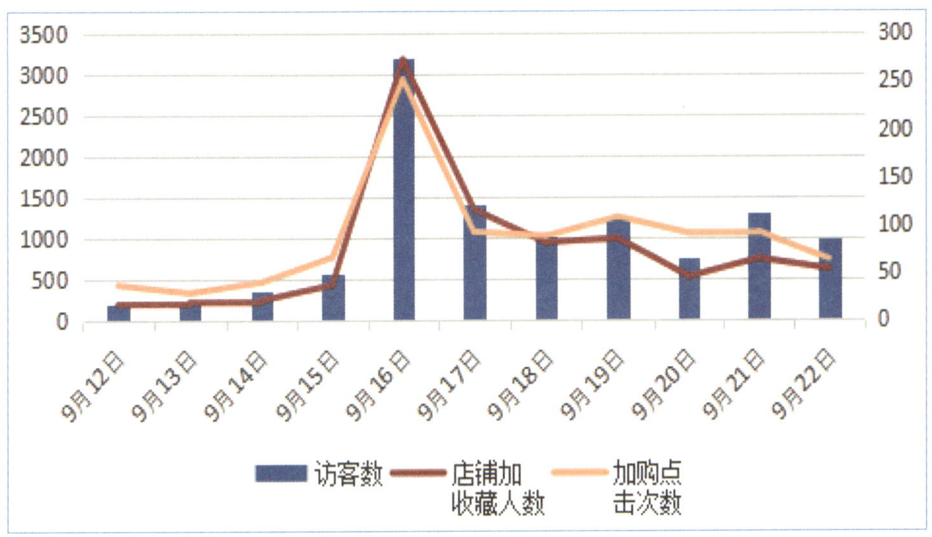

图14-3-4 活动推广效果

（2）活动流量结构分析。扫码或进入平台后台“流量分析 - 流量来源去向”获取流量数据，按照流量来源对数据进行分类，明确各渠道数据占比，如图14-3-5、图14-3-6所示。

	访客数	下单买家数	支付买家数	下单转化率	支付转化率	支付金额	客单价
频道	6407	6	5	0.09%	0.08%	67.62	13.52
其他	4439	45	42	1.01%	0.95%	566.67	13.49
平台首页	1454	3	3	0.21%	0.21%	46.15	15.38
搜索	1226	10	10	0.82%	0.82%	123.36	12.33
买家后台	623	33	32	5.30%	5.14%	416.25	13
购物车	198	21	21	10.61%	10.61%	302.91	14.42
收藏夹	1	0	0				

图14-3-5 各渠道推广数据

渠道	访客数	老访客数	新访客数	新访客下单买家	新访客支付买家
频道	6407	1355	5052	5	4
其他	4439	810	3629	36	34
平台首页	1454	269	1185	1	1
搜索	1226	54	1172	7	7
买家后台	623	105	518	25	25
购物车	198	54	144	18	18
收藏夹	1		1	0	0

图14-3-6 各渠道新老访客数据

对各渠道访客数、新访客数进行对比分析，如图14-3-7所示。

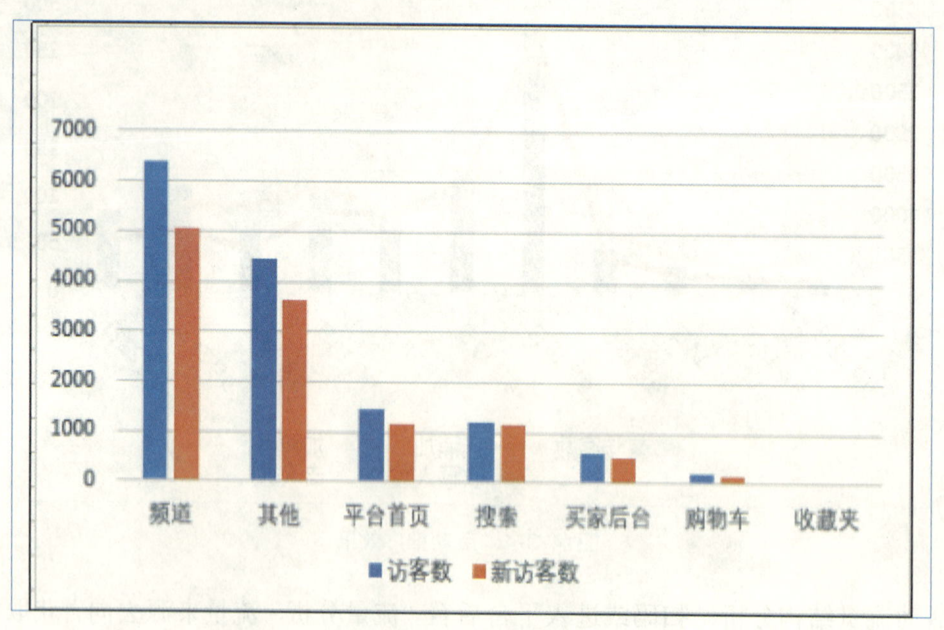

图14-3-7　访客分析

对访客、新访客的下单数进行分析，如图14-3-8所示。

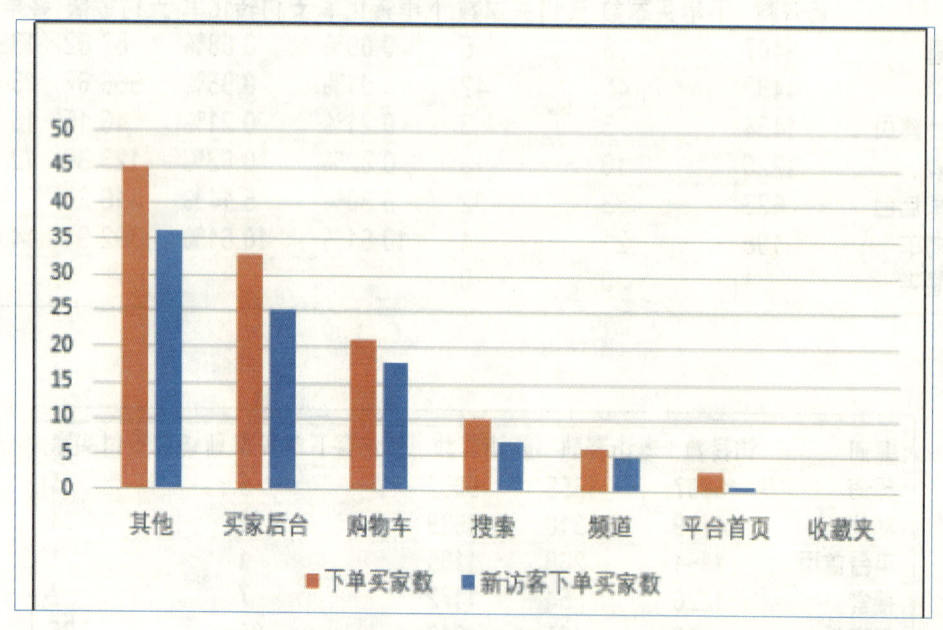

图14-3-8　下单转化分析

职业技能训练（三级）

一、单选题

1. 某店铺新上了10件衣服，其定价分别为：75、70、90、70、58、80、55、70、75、55元，则这组价格中的众数和中位数分别是（　　）。

A.70、75　B.70、69　C.55、75　D.70、70

标准答案：D

2. 数据的离散程度分析主要是用来反映数据之间的差异程度，（　　）说明集中程度越差，平均数的代表性越弱，反之，平均数的代表性越强。

A. 离散程度越大　B. 离散程度越小　C. 离散程度越均匀　D. 离散程度越无序

标准答案：A

3. 为了使报表的功用最大化，在制作报表的过程中，需要保证报表框架的合理性，统计数据的准确性、及时性，下列能够准确反映报表创建过程的是（　　）。

①明确数据汇报的需求　②构思报表的大纲　③进行报表数据指标的选择

④搭建报表框架　⑤进行数据的采集与处理　⑥报表的制作与美化

A. ①②③④⑤⑥　B. ①③②④⑤⑥　C. ②③①④⑤⑥　D. ①④③②⑤⑥

标准答案：A

4. 关于报表，下列说法错误的是（　　）。

A. 电商企业的日、周、月报表各有不同的侧重点

B. 报表根据展现形式的不同可以分为列表式和矩阵式

C. 报表是通用的，发送给运营人员和管理层人员的报表完全无需区分

D. 通过报表有助于运营人员了解电商企业经营动态，进行整体评估

标准答案：C

5. 现计划在图表中分别展示A店铺与B店铺2014—2019年成交金额的变化趋势，适合选用（　　）。

A. 折线图　B. 散点图　C. 热力图　D. 气泡图

标准答案：A

6. 下列不适合展示二维数据集的图表类型是（ ）。

A. 条形图　B. 雷达图　C. 折线图　D. 柱形图

标准答案：B

7. 条形图在下列哪种情景中使用较多（ ）。

A. 数据类别标签过长或较多

B. 多个三维数据集的比较

C. 单维度多项数据占总数据比重情况对比

D. 三维数据集中只有两维数据需要展示和比较的场景

标准答案：A

8. 以下属于柱状图延伸出的图表类型是（ ）。

A. 条形图　B. 瀑布图　C. 折线图　D. 散点图

标准答案：B

9.（ ）是以高亮的形式展示数据信息，并且可以清楚直观地看到页面上每一个区域的访客兴趣焦点。

A. 柱形图　B. 热力图　C. 雷达图　D. 交叉图

标准答案：B

10. 某销售水果的网店计划对其店中5个品种的橙子从甜度、个头、色泽、气味这4个维度进行综合分析，选用（ ）较为合适。

A. 柱形图　B. 雷达图　C. 散点图　D. 折线图

标准答案：B

二、多选题

1. 在统计分析中，通常要假设样本的分布属于正态分布，因此需要用（ ）两个指标来检查样本是否符合正态分布。

A. 偏度　B. 偏角　C. 峰度　D. 峰角

标准答案：AC

2. 图表的目的在于更清晰地表现和传递数据中的信息，在制作图表的过程中，需要注意以下事项（ ）。

A. 图表信息完整

B. 图表的主题应明确，在标题中清晰体现

C. 避免生成无意义的图表

D. 图表需要尽可能美观，背景图、网格线、填充色都要添加

标准答案：ABC

3. 图表制作完成后，还需要对图表进行美化，使得所呈现出来的图表简约大方，美化要点体现在（ ）。

A. 最大化数据墨水比　　B. 选择合适的字体及数字格式

C. 图表的色彩应柔和、自然、协调　　D. 图表中字体只能使用宋体或者微软雅黑

标准答案：ABC

4. 下列符合数据分析人员职业道德的行为是（ ）。

A. 依法合规采集所需的各类数据

B. 不经允许不私自泄露企业的任何非公开数据

C. 在制作图表时改变呈现方式，人为缩小数据间的巨大差异

D. 实事求是，对企业统计数据不瞒报，不谎报

标准答案：ABD

5. 流量来源可以分为哪些类型（ ）。

A. 站内流量　B. 免费流量　C. 站外流量　D. 付费流量

标准答案：ABCD

三、判断题

1. 客单价影响网店的利润，与销售额及成交人数密切相关。（ ）

标准答案：√

2. 数据报表的制作需要围绕电子商务日常数据汇报需求展开。（ ）

标准答案：√

3. 柱形图延伸出的堆积柱形图不仅可以直观地看出每个系列的值，还能够反映系列的总和。(　　)

标准答案：√

4. 饼状图适用于二维数据，主要用来反映各个数值在总量中的比例。(　　)

标准答案：√

5. 运营报表中需要综合呈现客户行为数据、推广数据、交易数据、服务数据、采购数据、物流数据、仓储数据等。(　　)

标准答案：√